U1016447

武汉大学学术丛书
自然科学类编审委员会

主任委员 李晓红

副主任委员 卓仁禧 周创兵 蒋昌忠 李 斐

委员 （以姓氏笔画为序）

文习山 石 兢 宁津生 刘经南
李文鑫 李晓红 李 斐 李德仁
吴庆鸣 何克清 杨弘远 陈 化
陈庆辉 卓仁禧 易 帆 周云峰
周创兵 庞代文 谈广鸣 蒋昌忠
樊明文

武汉大学学术丛书
社会科学类编审委员会

主任委员 李 健

副主任委员 冯天瑜 骆郁廷 谢红星

委员 （以姓氏笔画为序）

丁俊萍 马费成 邓大松 冯天瑜
李 健 汪信砚 沈壮海 陈庆辉
陈传夫 尚永亮 罗以澄 罗国祥
周茂荣 於可训 胡德坤 骆郁廷
郭齐勇 顾海良 黄 进 曾令良
谢红星 谭力文

秘书长 陈庆辉

袁银传

教授，中南财经政法大学政治系本科毕业，中国人民大学哲学系硕士研究生毕业，武汉大学哲学系博士研究生毕业，美国伊利诺大学（UIUC）政治学系高级访问学者。现任武汉大学马克思主义学院副院长、教授、博士生导师，马克思主义理论与中国实践协同创新中心研究员，国家重点学科“马克思主义基本原理”学科博士点负责人和学术带头人，武汉大学珞珈特聘教授，教育部新世纪优秀人才。担任全国高校马克思主义理论学科研究会副秘书长、湖北省哲学学会副会长、中央马克思主义理论研究和建设工程博士研究生思想政治理论课《中国马克思主义与当代》教学大纲编写课题组主要成员等职。

主要从事马克思主义哲学、马克思主义基本原理、马克思主义发展史、政治哲学和农民意识等教学和研究工作。先后主持国家社会科学基金重大项目、重点项目和一般项目等省部级以上科研课题8项，在《中国社会科学》、《哲学研究》、《马克思主义研究》、《人民日报》理论版、《光明日报》理论版等重要期刊发表学术论文120余篇，出版《从十六大到十七大：马克思主义基本原理在当代中国的运用和发展》、《马克思主义与当代中国社会发展》、《中国特色社会主义理论体系研究》、《小农意识与中国现代化》、《思想的谱系——西方思潮左与右》等学术著作10余部，荣获省部级以上优秀科研成果奖6项。

作者简介

『十二五』国家重点图书

中国特色社会主义理论体系的基本特征研究

武汉大学学术丛书

Wuhan University Academic Library

袁银传 著

武汉大学出版社
WUHAN UNIVERSITY PRESS

图书在版编目(CIP)数据

中国特色社会主义理论体系的基本特征研究/袁银传著. —武汉：武汉大学出版社,2014.8

武汉大学学术丛书

ISBN 978-7-307-13649-6

Ⅰ.中…　Ⅱ.袁…　Ⅲ.中国特色社会主义—理论体系—理论研究　Ⅳ.D616

中国版本图书馆 CIP 数据核字(2014)第 136204 号

责任编辑:胡程立　陈　帆　　责任校对:汪欣怡　　版式设计:马　佳

出版发行：武汉大学出版社　(430072　武昌　珞珈山)

(电子邮件：cbs22@whu.edu.cn　网址：www.wdp.com.cn)

印刷:武汉中远印务有限公司

开本：720×1000　1/16　　印张:32　字数:452 千字　插页:3

版次:2014 年 8 月第 1 版　　2014 年 8 月第 1 次印刷

ISBN 978-7-307-13649-6　　定价:80.00 元

版权所有，不得翻印；凡购我社的图书，如有质量问题，请与当地图书销售部门联系调换。

序　言　一

最近喜读袁银传教授的新著《中国特色社会主义理论体系的基本特征研究》书稿①，获益良多。

近代中国在资本帝国主义列强的残暴侵略下沦为灾难深重的半封建半殖民地，中国人为了救亡图存，历尽千辛万苦向西方寻找救国救民的理论，却一一破产；直到"十月革命一声炮响"，找到了马克思列宁主义，建立了中国共产党，中国革命的面貌才焕然一新，走上了民族复兴之路。马克思主义在中国之所以"一学就灵"，不仅因为它是科学的普遍真理，而且因为它在中国共产党人手里实现了与中国具体实际的正确结合，也就是实现了中国化。马克思主义中国化的"明效大验"就是中国革命建设的胜利。这一胜利的理论结晶就是毛泽东思想和中国特色社会主义理论体系两大成果。中国特色社会主义理论体系是改革开放 30 多年来中国共产党人领导

① 该著作是国家社会科学基金 2010 年度项目"中国特色社会主义理论体系的基本特征及逻辑结构研究"的最终结项成果，被遴选为 2013 年度"武汉大学人文社会科学学术丛书"。

全国各族人民艰苦探索的思想成果，是中国化的马克思主义的最新形态，是中国人民实现“中国梦”的指路明灯，也是对世界马克思主义宝库的巨大贡献。这一科学理论要发挥指导作用，必须掌握群众；要掌握群众，就必须从学理上深入探讨、解读和阐发。国内外理论界研究这一理论的论著如雨后春笋，成果累累，是势所必然的。由于作者的语境不同，倾向不同，眼界不同，方法不同，论著也各具特色。我认为袁银传教授的这部专著是在详细占有第一手材料并借鉴国内外已有成果的基础上写成的创新之作，至少有以下几个突出的特色和优点：

第一，本书对“什么是中国特色社会主义”作了细致的分析和表述。作者用五个“三位一体”来概括中国特色社会主义的基本构成和内在逻辑：一是中国特色社会主义总体部署的三位一体(包括总依据、总布局、总任务)；二是中国特色社会主义基本构成的三位一体(包括道路、理论体系、制度)；三是中国特色社会主义基本特征的三位一体(包括马克思主义基本原理和科学社会主义的基本原则、中国实际和中国特色、时代特征)；四是中国特色社会主义理论内容的三位一体(包括邓小平理论、“三个代表”重要思想、科学发展观)；五是中国特色社会主义实践纲领的三位一体(包括基本路线、基本纲领、基本经验)。这种概括和论证鲜明地揭示了中国特色社会主义的本质特征，有力地批驳了否定中国社会的社会主义性质的谬见，彰显了“中国道路”正是马克思主义的科学社会主义在中国得到创造性的实现之路。

第二，本书还进一步对中国特色社会主义理论体系(以下简称“特色理论”)作了有独到见解的分析。作者指出这一理论是一个“三位一体”的整体，是“马克思主义基本原理和科学社会主义基本原则”、“中国实际和中国特色”、“时代潮流和时代特征”三者辩证结合的统一整体，论证了这一理论既坚持了科学社会主义的基本原则，又体现了鲜明的中国特色和时代特色。这些论证有力地表明了“特色理论”确是马克思主义的普遍真理与当代中国实际相结合的产物，是当代的中国化的马克思主义。

第三，本书对“特色理论”的逻辑结构作了分析。作者认为这一理论包括三个基本的层面：它的基础和核心是实践性；它的突出标志是整体性；它的内在逻辑是辩证性（社会主义的“共性”与中国特色的“个性”的辩证统一，民族性与时代性的辩证统一，科学性与意识形态性的辩证统一，一脉相承性和与时俱进性的辩证统一）。其中对这一理论的实践性的论证尤为精彩：既分析了马克思创立的科学实践观是“特色理论”不可动摇的指导思想，又分析了中国革命建设的具体实践是“特色理论”赖以形成的丰厚土壤和活的源泉。作者对党的思想路线的历史发展过程进行了系统的阐释，使“特色理论”的实践性特征的丰富内涵得到了系统而深入的揭示。

第四，本书把与“特色理论”相对立的思潮概括为“三种教条主义”，即以新自由主义、民主社会主义、“普世价值”论为代表的“西教条”（或“洋教条”）；以“现代新儒学”为代表的文化保守主义的“儒教条”（或“古教条”）；以否定改革开放的主张为代表的“‘左’教条”。作者对这“三种教条主义”的谬误和危害作了深入犀利的剖析和评论，对澄清思想混乱起了很好的作用。

第五，本书运用了整体方法和比较方法。整体方法的特点是对每一问题的论述都坚持了历史和逻辑的一致。作者不仅以详实的材料和严密的分析阐明了“特色理论”与马克思列宁主义、毛泽东思想一脉相承而又与时俱进的关系，还梳理了与此有关的各种思想理论的历史背景、理论内容、逻辑结构和社会作用，而且不停留于就事论事。这就有利于清晰地展示“特色理论”在世界文明大道上的地位和意义。比较方法的特点是以宽阔的全球视野把“特色理论”与当代各种有代表性的其他思潮和理论一一对比，凸显出“特色理论”与其他理论的原则区别。其中对“特色理论”与西方马克思主义的对比分析，与民主社会主义理论的对比分析，与前苏联、越南、朝鲜、古巴、老挝的社会主义理论的对比分析，对国外马克思主义研究者对“特色理论”的各种见解的分析，都做得颇为详实细致，切中肯綮。澄清了对“特色理论”的各种误解和曲解，对帮助人们把握“特色理论”的真谛，有效地践行这一理论具有重要的作用。

作者处理的课题是极为繁难的，要全面深刻地回答这一课题方方面面的问题尤为不易。“特色理论”本身是开放的体系，还在随着实践的发展而发展，人们对它的认识也会在实践中不断地深化。本书展示的只可能是作者当前达到的阶段性的认识。作为一家之言，有不尽周全之处也在所难免。但瑕不掩瑜，本书终究是当前众多研究成果中的一部有分量的力作。我相信本书会得到学术界的高度重视和中肯评价，也相信作者会听取广大读者的意见进一步作更深入的研究。

陶德麟

2014 年 2 月 18 日

于武昌珞珈山

序　言　二

中国特色社会主义理论体系是改革开放30多年来中国共产党人进行理论创新所取得的最重要的成果和最宝贵的精神财富，是“中国经验”、“中国道路”的理论积淀和结晶。深化中国特色社会主义理论体系的学理研究，从整体角度和比较视域深入研究中国特色社会主义理论体系的基本特征，是巩固马克思主义在意识形态领域的指导地位，推进社会主义核心价值体系建设的需要；是深化对改革开放30多年来党的路线方针政策的认识，增强和巩固全党全国各族人民团结奋斗的共同思想基础，确立中国特色社会主义道路自信、理论自信、制度自信的需要；也是不断创新马克思主义中国化的理论，坚持和发展中国特色社会主义的需要。

最近喜读武汉大学马克思主义学院袁银传教授的新著《中国特色社会主义理论体系的基本特征研究》书稿。该著作是国家社会科学基金2010年度一般项目“中国特色社会主义理论体系的基本特征及逻辑结构研究”的最终结项成果，被遴选为2013年度“武汉大学人文社会科学学术丛书”。

该著作的鲜明特色是突出了整体研究和比较研究。在整体研究篇中，该著作系统地研究了中国特色社会主义理论体系的实践基础、历史演进、重大意义，揭示了中国特色社会主义理论体系基本特征的内容、中国特色社会主义的基本构成与逻辑结构、中国特色社会主义理论体系及其基本特征的逻辑结构，系统地梳理了邓小平、江泽民、胡锦涛、习近平关于中国特色社会主义基本特征的思想。在比较研究篇中，该著作从马克思主义发展史、马克思主义中国化史的角度切入，系统而深入地揭示了中国特色社会主义理论体系与马克思列宁主义、毛泽东思想的一脉相承性和与时俱进性，中国特色社会主义理论体系与苏联、越南、朝鲜、古巴、老挝社会主义理论的异同，中国特色社会主义理论体系与西方马克思主义理论、民主社会主义理论的根本区别和对立，揭示了中国特色社会主义理论体系的“个性”特征。这部新著可谓是从整体上研究中国特色社会主义理论体系基本特征的力作。

该书以理论和实践为根据，提出了一些新的学术见解：

第一，用五个“三位一体”来概括中国特色社会主义的基本构成和逻辑结构。即中国特色社会主义总体部署(总依据、总布局、总任务)的三位一体、中国特色社会主义基本构成(道路、理论体系、制度)的三位一体、中国特色社会主义基本特征(马克思主义基本原理和科学社会主义的基本原则、中国实际和中国特色、时代特征)的三位一体、中国特色社会主义理论内容(邓小平理论、“三个代表”重要思想、科学发展观)的三位一体、中国特色社会主义实践纲领(基本路线、基本纲领、基本经验)的三位一体。

第二，确认了中国特色社会主义理论体系的“三位一体”构成。它既坚持了科学社会主义的基本原则，又根据我国实际和时代特征赋予其鲜明的中国特色。它是“马克思主义基本原理和科学社会主义基本原则”、“中国实际和中国特色”、“时代潮流和时代特征”三者的有机统一和辩证结合。

第三，揭示了中国特色社会主义理论体系基本特征的逻辑结构。即中国特色社会主义理论体系基本特征由三个基本的层面构成：本质特征、基本特征和具体特征。实践性是其基础和核心，整体性是其突出标志，辩证性(社会主义的“共性”与中国特色的“个性”、民族性与时代性、科学性与意识形态性、一脉相承性和与时俱进性的辩证统一)是其基本理论特征。同时对于中国特色社会主义理论体系本质特征——实践性作了比较深入的分析:既分析了马克思科学实践观的基本内涵及其革命性变革,又分析了中国特色社会主义理论体系实践性特征的主要体现,还结合中国特色社会主义理论体系的精髓——党的思想路线的历史发展过程进行了系统阐释,这样就使得中国特色社会主义理论体系本质特征——实践性的内涵,得到了系统而深刻的揭示。

第四,提出并且分析了“三种教条主义”的主要理论特征及其错误和危害。认为当代中国主要社会思潮表现为“三种教条主义”,即以新自由主义、民主社会主义、“普世价值”为代表的“西教条”(或者“洋教条”),以“现代新儒学”为代表的文化保守主义的“儒教条”(或者“古教条”),以否定改革开放为代表的“‘左’教条”。

第五,系统概括和比较深入地分析了中国特色社会主义理论体系与西方马克思主义的本质区别。认为中国特色社会主义理论体系与西方马克思主义二者的本质区别主要表现在:中国特色社会主义理论体系的整体性与西方马克思主义的庞杂性;中国特色社会主义理论体系的实践性与西方马克思主义的理论与政治实践相脱离;中国特色社会主义理论体系的建设性与西方马克思主义的社会批判性;中国特色社会主义理论体系的科学性与西方马克思主义的解放乌托邦;中国特色社会主义理论体系的人民性与西方马克思主义的人本主义色彩。

中国特色社会主义理论体系是一个开放的体系,本著作对于中国特色社会主义理论体系基本特征的概括和总结也只是一家之言,对中国特色社会主义理论体系与民主社会主义理论的本质区别等问题的研究还可以进一步展开。但是瑕不掩瑜,本著作是以马克思主义经典文本和中国化马克思主义的历史文献为理论根据,以开阔的比较视野全面而深入研究中国特色社会主义理论体系基本特征的力作。

梅荣政

2014 年 2 月 19 日

于武汉大学

目　录

比较研究篇

Study on the Basic Features of the Theoretical System of Socialism with Chinese Characteristics

---

CONTENTS

导　　论

马克思主义在与中国革命、建设和改革实践相结合的历史过程中，先后产生了两大理论成果，这就是毛泽东思想和包括邓小平理论、“三个代表”重要思想、科学发展观在内的中国特色社会主义理论体系。中国特色社会主义理论体系坚持和发展了马克思列宁主义、毛泽东思想，凝结了几代中国共产党人带领人民不懈探索实践的智慧和心血，是马克思主义中国化的最新成果，是党最宝贵的政治财富和精神财富，是全国各族人民团结奋斗的共同思想基础和精神旗帜，是坚持和发展中国特色社会主义的行动指南。在当代中国，坚持中国特色社会主义理论体系，就是坚持马克思主义，坚持科学社会主义。

一、研究的理论意义和现实意义

中国特色社会主义是一个总体性概念，它是在中国特色社会主义旗帜统率下的中国特色社会主义道路、中国特色社会主义理论体系、中国特色社会主义制度“三位一体”的有机统一整体。中国特色社会主义理论体系是改革开放30多年来中国共产党人进行理论创新所取得的最重要的理论成果和最宝贵的精神财富，是“中国经验”、“中国道路”、“中国智慧”的理论积淀和理论结晶。科学总结“中国经验”、“中国道路”、“中国智慧”的基本特点，特别是从整体角度和比较视域深刻揭示“中国经验”、“中国道路”、“中国智慧”的理论结晶——中国特色社会主义理论体系的基本特征及逻辑结构，具有重要的理论意义和现实意义。

第一，本课题的研究是巩固马克思主义在意识形态领域的指导地位，推进社会主义核心价值体系建设的需要。

当今世界正处在大发展、大变革、大调整时期，世界多极化和经济全球化深入发展，科技进步日新月异，国际金融危机影响深远，世界经济格局发生新变化，国际力量对比出现新态势，全球思想文化交流、交融、交锋呈现新特点，综合国力竞争和各种力量较量更趋激烈。西方大国凭借其经济和科技优势加紧对我国进行意识形态渗透，意识形态领域的斗争十分激烈。在国内，由于各种社会矛盾错综复杂，思想观念冲突激荡，也产生了一些与主流意识形态和社会主义核心价值体系不和谐的噪音和杂音。在世界形势复杂多变和我国经济社会深刻变革的过程中，从国家意识形态安全的视角切入，深入探讨中国特色社会主义理论体系的基本内容、理论主题、基本特征、逻辑结构、理论价值和现实意义，对于维护国家意识形态安全，促进社会和谐进步具有重要意义。

中国特色社会主义理论体系是当代中国马克思主义的最新理论成果和指导中国特色社会主义建设的主流意识形态，社会主义核心价值体系是社会主义意识形态的本质体现，确立和保证中国特色社会主义理论体系与社会主义核心价值体系在当代中国社会意识形态的主导地位，是当代中国意识形态建设的核心内容和根本支点。而对中国特色社会主义理论体系基本特征及其逻辑结构深入的理论研究，可以深刻理解和把握中国特色社会主义理论体系与马克思列宁主义、毛泽东思想的一脉相承性和与时俱进性，中国特色社会主义理论体系与苏联社会主义理论，中国特色社会主义理论体系与越南、朝鲜、古巴、老挝社会主义理论的异同，中国特色社会主义理论体系与西方马克思主义理论、民主社会主义理论的本质区别，以及中国特色社会主义理论体系与当代中国反马克思主义社会思潮的根本对立，从而在理论上划清马克思主义与反马克思主义的界限，巩固马克思主义在意识形态领域的指导地位，提高用中国特色社会主义理论体系武装全党和教育人民，用中国特色社会主义共同理想凝聚力量的自觉性，坚定中国特色社会主义的道路自信、理论自信和制度自信。

第二，本课题的研究有助于深化对改革开放30多年来党的路线、方针、政策的认识，提高认真学习、深刻领会与贯彻执行党的路线、方针、政策的自觉性和坚定性。

理论上的彻底性和坚定性是政治路线、方针、政策的坚定性、自信性的前提和基础。中国改革开放30多年来的巨大历史进步和历史成就，就是在中国特色社会主义理论体系的旗帜指引下取得的。中国特色社会主义理论体系，立足于中国特色社会主义伟大实践，坚持把马克思主义基本原理同当代中国的具体实际相结合，坚持解放思想、实事求是、与时俱进、求真务实，正确回答了当代人类实践发展、社会主义历史发展、中国改革实践发展提出的重大理论和现实问题，深化了对共产党执政规律、社会主义建设规律和人类社会发展规律的认识，探索出一条在经济文化比较落后的国家进行社会主义现代化建设，实现中华民族伟大复兴的中国梦的成功道路——中国特色社会主义道路，形成了包括邓小平理论、“三个代表”重要思想、科学发展观在内的中国特色社会主义理论体系，发展和完善了中国特色社会主义制度，确立了一系列适合中国国情的社会主义初级阶段的正确路线、方针和政策。

但是我们也要十分清醒地看到：我们在取得巨大成就的同时，也面临着各种模糊甚至错误的思想认识和社会思潮的挑战。例如，有人认为我们国家所处的社会主义初级阶段已经起了变化，国内的主要矛盾和工作重心也需要发生转移，怀疑和动摇“一个中心、两个基本点”的社会主义初级阶段的基本路线，甚至将邓小平理论与科学发展观对立起来，认为邓小平理论主张“以经济建设为中心”，而科学发展观主张“以社会建设为中心”。有人把中国特色社会主义理论体系与毛泽东思想对立起来，认为毛泽东思想是“斗争哲学”，中国特色社会主义理论体系是“和谐哲学”。有人将改革开放前30年与后30年根本对立起来，或者以前30年否定后30年，否定改革开放的历史功绩；或者以后30年否定前30年，否定以毛泽东为核心的党的第一代中央领导集体对中国社会主义建设道路探索的历史功绩。有人对中国特色社会主义的基本特征缺乏科学理解，错误地认为中国特色社会主义是中国特色的资本主义，是新民主主义，是民主社会主义在中国的翻版，主张“只有民主社会主义才能救中国”。有人对于中国改革开放30多年的历史功绩和历史经验进行错误的解读，认为中国改革开放30多年来所走过的历程就是新自由主义在中国的实践过程，就是不断学习和实践以西方价值观为核心的所谓人类“普世价值”的过程；认为30多年改革开放的历史功绩就是使中国重新融入以西方资本主义为代表的世界文明的轨道，使“普世价值”逐步成为我们文明中的核心价值。

这些都说明了深入研究和科学揭示中国特色社会主义理论基本特征的必要性、重要性和紧迫性。只有深入研究和科学揭示中国特色社会主义理论基本特征，才能澄清各种模糊认识，批判各种错误认识，划清马克思主义与各种非马克思主义、反马克思主义理论观点的界限，才能不断提高贯彻执行党的路线、方针、政策的自觉性和坚定性。

第三，本课题的研究有助于澄清在中国社会发展的旗帜和道路、社会主义的前途和命运等重大问题上的理论是非，增强和巩固全党全国人民团结奋斗的共同思想理论基础。

在当前经济全球化、政治多极化、文化多元化、信息网络化的国际背景下，在国内经济体制深刻变革，社会结构深刻变动，利益格局深刻调整，思想观念深刻变化等新的历史条件下，各种社会思潮相互激荡，意识形态领域的斗争十分激烈。在关于社会主义前途命运与中国特色社会主义性质方向等重大问题上，以迷信新自由主义和民主社会主义为代表的“洋教条”(或西教条)、以现代新儒学为代表的“儒教条”(或“古教条”)、以否定改革开放为代表的“左”教条对中国特色社会主义旗帜和道路的干扰，尤其值得我们警惕和注意。对此，我们思想理论工作者要针对现实中存在的问题从理论上廓清人们思想认识上的误区，必须从理论上深刻揭示中国特色社会主义与新自由主义、西方马克思主义、民主社会主义的本质区别，中国特色社会主义与苏联社会主义以及越南、朝鲜、古巴、老挝社会主义的异同。中国特色社会主义既是对科学社会主义的历史传承和创新发展，又是植根中华民族悠久、优秀的历史传统文化，具有鲜明中国特色的活生生的创造；既是对资本主义的历史性超越，又是对资本主义积极成果的学习和吸纳；既是对传统社会主义模式的破除和革新，又增加了许多具有中国风格、中国气派的新元素。中国特色社会主义是一个"三位一体"的有机统一整体，它既坚持了科学社会主义的基本原则，又根据我国实际和时代特征赋予其鲜明的中国特色。它是"马克思主义基本原理和科学社会主义基本原则"、"中国实际和中国特色"、"时代潮流和时代特征"三者的有机统一和辩证结合。对中国特色社会主义"三位一体"的整体特征的深刻揭示，可以破除和消解人们在中国社会发展的旗帜与道路、前途与命运等重大问题上的疑虑和误区，增强和巩固全党全国人民团结奋斗的共同思想理论基础，坚定中国特色社会主义道路自信、理论自信、制度自信。

第四，本课题的研究是实现和推进当代中国马克思主义大众化和国际化的需要。

党的十七大提出了"推动当代中国马克思主义大众化"①的重要任务，党的十七届四中全会也提出了"不断推进马克思主义中国化、时代化、大众化"②的根本要求，党的十八大强调要"推进马克思主义中国化、时代化、大众化，坚持不懈用中国特色社会主义理论体系武装全党、教育人民"③。所谓"马克思主义中国化"，就是

---

① 中共中央文献研究室编：《十七大以来重要文献选编》上，中央文献出版社 2009 年版，第 26 页。

② 《中共中央关于加强和改进新形势下党的建设若干重大问题的决定》，人民出版社 2009 年版，第 7 页。

③ 胡锦涛：《坚定不移沿着中国特色社会主义道路前进　为全面建成小康社会而奋斗——在中国共产党第十八次全国代表大会上的报告》，人民出版社 2012 年版，第 31 页。

要使马克思主义“说中国话”而不是说“德国话”、“苏联话”或者“美国话”，就是实现马克思主义的基本原理与中国实际的辩证结合和双向互动，让中国的同志解决中国的问题。所谓“马克思主义时代化”就是让马克思主义说“新话”、“实话”而不是说“旧话”、“老话”、“假话”、“大话”、“空话”，就是使马克思主义不断反映时代精神和时代规律，用发展着的马克思主义理论指导新的实践。所谓“马克思主义大众化”就是使马克思主义“说人民群众喜闻乐见的话”，而不是说人民群众“不想听”、“不愿听”、“听不懂”的话，就是要关注人民群众的根本利益，使人民群众心悦诚服地接受马克思主义，掌握马克思主义，使马克思主义成为人民群众认识世界和改造世界的强大精神武器。无论是马克思主义中国化、时代化还是大众化，都是一个理论与实践之间双向互动的过程，其实质都是“两化”，即“马克思主义化中国”与“中国化马克思主义”、“马克思主义化时代”与“时代化马克思主义”、“马克思主义化大众”与“大众化马克思主义”。马克思主义中国化、时代化、大众化是一个“三位一体”的统一整体，其中马克思主义中国化是前提和基础，马克思主义时代化是关键，马克思主义大众化是根本落脚点和最终归宿，其根本都是马克思主义基本原理与中国国情、时代特征和人民群众的结合。

要推进当代中国马克思主义的大众化，首先是一个马克思主义理论内容本身的问题，而不仅仅是一个马克思主义理论的宣传形式和技巧的问题。马克思主义大众化不能只追求某种形式上的“热闹”和“剧场效应”，而是要使马克思主义面向生活、面向实践、面向大众。马克思主义要不断反映新的时代精神，科学揭示时代的发展本质和规律，只有这样马克思主义理论才能显示出高度的科学性和解释力；同时马克思主义要关注、代表和实现最广大人民群众的根本利益，只有这样马克思主义理论才能显示出彻底的革命性、价值性和感召力。只有具有高度科学性和彻底革命性的理论，才能为广大人民群众所接受。马克思在《〈黑格尔法哲学批判〉导言》中曾经指出：“批判的武器当然不能代替武器的批判，物质力量只能用物质力量来摧毁；但是理论一经掌握群众，也会变成物质力量。理论只要说服人[ad hominem]，就能掌握群众；而理论只要彻底，就能说服人[ad hominem]。所谓彻底，就是抓住事物的根本。但是，人的根本就是人本身。”①“理论在一个国家实现的程度，总是决定于理论满足这个国家的需要的程度。”②而这个“需要”，说到底就是最广大人民群众根本利益的需要。马克思、恩格斯在《神圣家族》一书中还特别强调：“‘思想’一旦离开‘利益’，就一定会使自己出丑。”③

其次，马克思主义理论的大众化要“深入浅出”，即要运用人民群众喜闻乐见的形式、手段、风格、话语来阐释、传播、宣传马克思主义。向人民群众阐释和传播马克思主义必须“深入浅出”而不能“浅入浅出”或者“不入就出”，更不能故作高深、故弄玄虚，用谁也听不懂的语言表达一个谁都知道的道理，将现实中隐含的理论问题用晦涩、含糊的语言遮蔽起来，而不是用通俗易懂的语言将之剥离开来。

要推进马克思主义的中国化、时代化、大众化，就要坚持不懈地用马克思主义中国化的最新理论成果武装全党、教育人民，广泛开展中国特色社会主义理论体系的宣传普及活动，用发展着的马克思主义指导新的实践，使马克思主义中国化的最新理论成果真正进入广大党员干部和人民群众的头脑，并用之指导自己的思想和行为。对中国特色社会主义理论体系基本特征及其逻辑结构的深入研究和揭示，是实现马克思主义中国化、时代化、大众化的基础环节和重要任务。

目前国际学术界对“中国特色社会主义”十分关注，对于“中国模式”、“中国道路”、“中国经验”的基本特点和世界意义非常重视，对于中国特色社会主义理论体系的基本特征迫切地需要了解。同时，西方发达资本主义国家的“反华”势力和“反社会主义”势力，始终没有放弃“分化”、“西化”社会主义中国的战略图谋。它们凭

① 《马克思恩格斯选集》第1卷，人民出版社1995年版，第9页。
② 《马克思恩格斯选集》第1卷，人民出版社1995年版，第11页。
③ 《马克思恩格斯全集》第2卷，人民出版社1957年版，第103页。

借雄厚的经济实力、科技实力和传媒优势形成话语霸权，不断制造“中国威胁论”、“中国崩溃论”、“中国责任论”等噪音和杂音，使中国的国际形象妖魔化。因此，本课题的研究是进行国际学术交流和对话，传播当代中国马克思主义最新理论成果，使世界全面、客观、公正地了解中国、理解中国，支持中国的现实需要，同时也是用“中国话语”讲“中国故事”，建构具有中国特色的话语体系的需要。

第五，本课题的研究有助于加强马克思主义理论学科建设和思想政治理论课教育教学，提高马克思主义理论的科学研究水平和教学水平。

目前，在党中央高度重视、亲切关怀和马克思主义理论学界同仁共同努力下，马克思主义理论学科发展很快。据粗略估算，自从2005年设立马克思主义理论一级学科以来，目前全国共有马克思主义理论一级学科博士点37个，马克思主义理论一级学科硕士点191个；马克思主义理论二级学科博士点78个，马克思主义理论二级学科硕士点212个。马克思主义理论学科从外延发展走向内涵发展迫切需要强化基础理论研究和学理支撑。而“中国特色社会主义理论体系的基本特征研究”无疑是马克思主义基础理论研究中的重要问题之一，而且对此问题的研究可以彰显马克思主义理论学科的整体性。“中国特色社会主义理论体系的基本特征研究”既需要运用马克思主义基本原理进行理论概括和总结，又需要从马克思主义发展史的视域进行比较研究，同时它本身就是马克思主义中国化研究的最重要的问题之一，还需要借助与国外马克思主义基本理论特征相比较的国际视野。因此，本课题的研究有助于培养、锻炼和提高研究者的整体思维能力和研究方法，而这正是马克思主义理论学科理论研究和人才培养的基本范式和根本要求。而且，对中国特色社会主义理论体系基本特征的深入研究，可以深化高校思想政治理论课（特别是“马克思主义基本原理概论”、“毛泽东思想和中国特色社会主义理论体系概论”、“中国近现代史纲要”、“中国特色社会主义理论与实践研究”、“中国马克思主义与当代”等）的课程内容，可以深入回答大学生深层次的思想理论问题，从而为思想政治理论课教育教学提供坚实的学理支撑。

二、国内外研究现状及其分析

中国特色社会主义理论体系基本特征的研究主要融入到对当代中国马克思主义、中国特色社会主义等的研究之中。从某种意义上说，对当代中国马克思主义、中国特色社会主义的研究也就是对中国特色社会主义理论体系基本特征的研究。因此，学术界关于当代中国马克思主义、中国特色社会主义的研究成果构成了对中国特色社会主义理论体系的基本特征进行专题研究的前提与基础。

1. 中国特色社会主义理论体系基本特征的国内研究状况

改革开放以来，特别是进入新世纪以来，对中国特色社会主义理论及其基本特征的研究成为热门课题，涉及的学科领域广泛，取得的研究成果众多，尤其是党的十七大提出“中国特色社会主义理论体系”的重大命题以来，对于中国特色社会主义理论体系基本特征的研究更是成为学术界研究的热点问题之一。据不完全统计，仅从 2000 年以来，我国理论界出版的有关马克思主义中国化、当代中国马克思主义、中国特色社会主义、中国特色社会主义理论体系的学术专著就有 320 多部，学术论文约有 5500 篇。其中既有整体性(中国化的马克思主义或者中国特色社会主义理论)的研究，又有分阶段(邓小平理论、“三个代表”重要思想、科学发展观)的研究，还有分领域(马克思主义哲学、政治经济学、科学社会主义或者经济、政治、文化、社会、生态、军事、党建等)的研究。

(1)整体性研究成果及其特点

在整体性研究方面，从理论方面进行整体性研究的成果主要有：中共中央宣传部理论局组织编写的《中国特色社会主义理论体系学习读本》(学习出版社 2009 年版)、《中国特色社会主义学习读本》(学习出版社 2013 年版)、《六个“为什么”——对几个重大问题的回答》(学习出版社 2009 年版)，吴树青、赵曜主编的《中国特色社会主义文库》四卷本(团结出版社 1999 年版)，赵曜主编的《中国特色社会主义理论体系读本》(红旗出版社2008年版),靳辉明主编的《中国特色社会主义理论体系研究》(海南出版社1998年版),教育部邓小平理论研究中心组编的《有中国特色社会主义论丛》(山东人民出版社1999年版),龚育之著的《中国特色社会主义论二十题》(中共中央党校出版社1995年版),顾海良主编的《中国特色社会主义理论体系研究》(中国人民大学出版社2009年版)和《中国特色社会主义理论体系研究》(武汉大学出版社2008年版),罗文东主编的《中国特色社会主义理论体系新论》(人民出版社2008年版),唐家柱著的《现代化进程中的中国特色社会主义理论体系》(人民出版社2008年版),王东著的《中华腾飞论——毛泽东、邓小平、江泽民三代领导集体的理论创新》(中国人民大学出版社2001年版),刘林元主编的《中国马克思主义理论的丰碑》(南京大学出版社2001年版),梅荣政著的《中国特色社会主义基本问题研究》(武汉大学出版社2007年版),何萍、李维武著的《马克思主义中国化探论》(人民出版社2002年版),于书伟、姜金林主编的《中国马克思主义基本理论研究》(红旗出版社2007年版),张森年著的《中国马克思主义理论创新之道》(上海人民出版社2007年版),徐久刚、郭宝厚、吴晓东著的《中国马克思主义发展论纲》(当代中国出版社2007年版),李惠斌、薛晓源主编的《中国马克思主义研究前沿报告》(华东师范大学出版社2007年版),康渝生、李楠明著的《当代中国马克思主义的生成与发展逻辑》(黑龙江人民出版社2006年版)等著作。而中共中央宣传部理论局组织编写的《中国特色社会主义理论体系学习读本》(学习出版社2009年版),习近平同志发表在《求是》2008年第7期上的重要文章《关于中国特色社会主义理论体系的几点认识》,刘奇葆同志发表在《人民日报》2013年7月8日的重要文章《关于中国特色社会主义理论体系的几点认识》无疑最具有权威性和理论指导性。

从历史方面进行整体研究的成果有:由中国人民大学马列主义发展史研究所编的《马克思主义史》第四卷(人民出版社1996年版),陈先达著的《马克思和马克思主义》(中国人民大学出版社2006年版),郭德宏主编的《中国马克思主义发展史》(中共中央党校出版社2001年版)，李屏南主编的《社会主义观：从马克思到江泽民》(1—7卷)(湖南师范大学出版社2002年版)，钟家栋主编的《重铸中国魂——20世纪马克思主义中国化的历程》(复旦大学出版社2001年版)，顾海良主编的《从十四大到十六大：马克思主义在当代中国的新发展》(高等教育出版社2004年版)、《从"三个代表"重要思想到科学发展观》(高等教育出版社2007年版)、《马克思主义发展史》(中国人民大学出版社2009年版)，袁银传等著的《从十六大到十七大：马克思主义基本原理在当代中国的运用和发展》(中国社会科学出版社2008年版)等。

对于从理论方面进行整体研究的成果，在具体写作旨意与思路方面是各不相同的，研究的角度与切入点也是各异，都有着自己特定的研究问题和目标，但在总体上展示出中国化马克思主义理论包括中国特色社会主义的一些共同特征。概括起来，主要体现在以下几个方面。

第一，从中国化马克思主义创新与发展的基本经验、基本规律展开研究。这些研究成果几乎都从总体上分析了中国化马克思主义，包括当代中国马克思主义的一些基本经验与基本规律。例如，张森年在《中国马克思主义理论创新之道》中，从主体性角度揭示了中国化马克思主义理论创新的八条基本规律，即坚持与发展相统一、解放思想与实事求是相统一、理论与实践相统一、文本研究与把握精髓相统一、国际性与民族化相统一、体系的完备性与理论的开放性相统一、探索真理与反倾向相统一、提高全民族理论素养与领袖人物理论创新活动相统一。① 刘林元主编的《中国马克思主义理论的丰碑》则总结了中共在实践中发展马克思主义的基本思路：反对本本主义，坚持马克思主义普遍原理与中国国情相结合，按照实践的发展来推动马克思主义前进；实事求是、解放思想是马克思主义的出发点和生长点；坚持马克思主义的开放性；从"三个有利于"标准到"三个代表"理论：面向新世纪发展马克思

① 张森年：《中国马克思主义理论创新之道》，上海人民出版社2007年版，第25页。

主义的指导性纲领。①

第二，直接研究和揭示了中国化马克思主义，包括当代中国马克思主义的基本特点，这些特点包括了一脉相承性、与时俱进性、全面性、整体性、创新性等。例如，梅荣政所著的《中国特色社会主义基本问题研究》围绕中国特色社会主义理论和实践这一主题，在经济全球化、新科技革命的世界历史和时代背景下，揭示中国特色社会主义理论是一个发展着的整体。该著的全部内容展现了中国特色社会主义历史发展中两个交互作用的过程：客观经济社会发展过程和主体实践活动过程。前者包括中国特色社会主义的经济、政治、文化、社会发展过程；后者包括中国共产党及其领导下的广大人民群众创造历史，实现社会主义现代化的实践过程，不论从横向上还是纵向上都是一个发展的整体，这就为中国特色社会主义提供了一个真实全面的图景。徐久刚、郭宝厚、吴晓东著的《中国马克思主义发展论纲》着眼于通过具体材料的展示，从思想路线、社会主义观、发展道路、社会经济、民主政治建设、文化建设、和谐社会、祖国和平统一、外交思想、统一战略思想、群众路线、党的建设等具体问题展开，详细梳理了马克思主义中国化三大理论成果——毛泽东思想、邓小平理论和"三个代表"重要思想之间的关系，令人信服地证明这三者的一脉相承又与时俱进的特点。这种一脉相承性在总体上又体现在世界观和方法论的一脉相承、基本原则的一脉相承、理论主题的一脉相承、宗旨的一脉相承。

第三，从马克思主义中国化与中国现代化的关系的角度展开，把马克思主义中国化看做与中国现代化相联系的运动过程。马克思主义中国化与中国现代化是一个内在统一的历史发展过程。中国现代化的过程，其实就是把马克思主义普遍真理与中国具体实际相结合的过程，从理论上讲，就是马克思主义中国化的过程。王东的《中华腾飞论——毛泽东、邓小平、江泽民三代领导集体的理论创新》，围绕中国现代化主线索探讨了三代领导集体在中国特色社会

① 刘林元主编：《中国马克思主义理论的丰碑》，南京大学出版社 2001 年版，第 707～725 页。

主义现代化道路上的理论创新，紧紧把握了三代领导集体在中国特色社会主义现代化道路上理论创新的关键与关节点。作者认为，毛泽东、邓小平、江泽民代表新中国三代领导集体，提出了探索中国特色社会主义的三大构想，即中国特色社会主义工业化大道，中国特色社会主义现代化起飞之道，中国21世纪现代化持续发展之道。这三大构想一脉相承又不断开拓创新，指引着亿万中国人民的伟大实践。何萍、李维武在《马克思主义中国化探论》中明确主张把马克思主义中国化置于世界现代化和中国现代化选择中加以研究，这样才能走出单纯的认识论探讨，从认识论、本体论、方法论和政治哲学多层面展示马克思主义中国化的进程。①

如果说从理论方面进行整体研究主要侧重于“论”，那么从历史方面进行整体研究则更侧重从“史”的角度展开研究，其基本原则是尊重事实、尊重历史，其研究目的是总结历史，以史为鉴，让历史告诉未来。由中国人民大学马列主义发展史研究所编的《马克思主义史》(四卷本)是一部出版较早又具有权威性的马克思主义发展史著作。其中，第四卷详细地考察了以毛泽东为代表的中国共产党人对中国社会主义建设道路的初次探索及其成功经验与失败教训，以及以邓小平为核心的中国共产党第二代领导集体把马克思主义基本原理同中国具体实际相结合形成建设有中国特色社会主义理论的过程。郭德宏主编的《中国马克思主义发展史》通过对中国马克思主义发展历程的考察，得出如下结论：中国马克思主义产生是有历史的必然性的，中国马克思主义富有生命力和远大发展前途，中国马克思主义的根本原则和生命力就在于马克思主义与中国的实际相结合。而要实现好这种结合，应该坚信马克思主义的正确性，坚持理论联系实际的方针，不搞教条主义，要作认真的调查研究，认清中国国情即中国的实际，处处从中国的实际出发，要警惕右，但主要是防止“左”。② 顾海良主编的《从十四大到十六大：马克思

① 何萍、李维武：《马克思主义中国化探论》，人民出版社2002年版，第3页。

② 郭德宏主编：《中国马克思主义发展史》，中共中央党校出版社2001年版，第449~454页。

主义在当代中国的新发展》、《从“三个代表”重要思想到科学发展观》、《马克思主义发展史》三部著作主要研究了中国马克思主义的最新发展历史，并总结了马克思主义中国化的最新理论成果的创新规律：正确把握时代主题和历史脉搏，密切结合当代世界和中国社会发展的新情况和新特点，解放思想、实事求是、与时俱进、求真务实；始终坚持马克思主义学风，大力弘扬理论联系实际的优良作风，尊重群众，尊重实践；始终坚持中国共产党的根本宗旨，牢固树立马克思主义群众观，实现最广大人民群众的根本利益；高度重视马克思主义与中国本土的优秀文化的密切结合，努力探索具有“中国特色、中国风格、中国气派”的理论表达方式和表现形式。①

(2)分阶段研究成果及其特点

分阶段研究的理论成果有：石仲泉著的《当代中国邓小平理论》(湖北人民出版社 1998 年版)，冷溶主编的《当代中国马克思主义——邓小平同志建设有中国特色社会主义理论的形成和发展》(上、中、下卷)(河北科学技术出版社 1994 年版)和《科学发展观与构建社会主义和谐社会》(社会科学文献出版社 2007 年版)，李君如著的《邓小平理论是当代中国的马克思主义》(学习出版社 1998 年版)和主编的《国内邓小平理论研究述评》(高等教育出版社 2004 年版)及《社会主义和谐社会论》(人民出版社 2005 年版)，梅荣政等著的《马克思主义中国化的第二座丰碑》(郑州大学出版社 2002 年版)，中共中央宣传部的《“三个代表”重要思想学习纲要》(学习出版社 2003 年版)，秦宣主编的《邓小平理论研究述评》(中国人民大学出版社 2002 年版)和《“三个代表”重要思想研究述评》(中国人民大学出版社 2006 年版)，庞正元的《当代中国科学发展观》(中共中央党校出版社 2004 年版)，广西社会科学院编著的《科学发展观与构建社会主义和谐社会》(广西人民出版社 2006 年版)等。

改革开放以来，随着中国特色社会主义实践的向前发展，中国共产党人不断进行理论创新，在不同的历史时期分别诞生了邓小平

① 顾海良主编：《从“三个代表”重要思想到科学发展观》，高等教育出版社 2007 年版，第 375~380 页。

理论、“三个代表”重要思想、科学发展观等重大理论成果，这些理论创新成果构成了当代中国的马克思主义，是中国特色社会主义理论体系的构成部分。理论界对于邓小平理论、“三个代表”重要思想、科学发展观等重大理论成果的分别研究中均涉及这样一些共同方面。

第一，关于邓小平理论、“三个代表”重要思想和科学发展观之间的内在逻辑关系的研究以及它们与马列主义、毛泽东思想的继承与发展关系研究。例如，梅荣政等著的《马克思主义中国化的第二座丰碑》主要研究和论述了邓小平理论关于初级阶段理论、社会主义本质论、市场经济理论、社会主义政治思想和民主理论以及党的建设理论等基本问题。研究突出了邓小平理论与马列主义、毛泽东思想一脉相承性，同时它又立足于新的时代，回答了中国实践提出的新问题，具有鲜明的创新性。该著作认为，邓小平不仅捍卫毛泽东思想，而且是马克思主义中国化的新开拓者，邓小平理论是当代中国的马克思主义。

第二，关于邓小平理论、“三个代表”重要思想和科学发展观的科学体系、逻辑结构及主要内容的研究。例如，靳辉明在《中国特色社会主义理论体系研究》中指出，邓小平理论体系含有四个相互关联的逻辑层次：第一个层次是实事求是的哲学基础，是最高的理论层次；第二个层次是四个理论基石和一系列基本观点；第三个层次是建立在基本理论之上的党的基本路线和政策；第四个层次是理论的基本范畴。这四个层次概括起来就是社会主义初级阶段的基本理论、基本纲领、基本路线、基本政策。事实上，关于邓小平理论体系的逻辑结构问题存在多种不同观点。而关于“三个代表”重要思想的逻辑体系与结构问题，学术界也有不同观点，有人认为“三个代表”重要思想体系呈现辐射式的逻辑构架，有人认为是由三大板块组成，还有人认为是一个多元体系结构，等等。①

第三，关于邓小平理论、“三个代表”重要思想和科学发展观

① 秦宣主编：《“三个代表”重要思想研究述评》，中国人民大学出版社2006年版，第166~168页。

的理论主题的研究。关于邓小平理论、“三个代表”重要思想和科学发展观的理论主题到底是什么，学术界都存在一定的争论。例如，关于“三个代表”重要思想的理论主题，学术界就有以下几种不同的观点：有人认为是“建设什么样的党，怎样建设党”；有人则认为它应该是包括“党的建设和社会主义建设”双重理论主题。此外，还有认为“发展”或“中国特色社会主义”是“三个代表”重要思想的理论主题等。①

第四，关于邓小平理论、“三个代表”重要思想和科学发展观的形成发展(即形成的时代背景、实践基础、现实依据、历史依据、形成发展过程)、历史地位、指导意义等方面的研究。

第五，党的十八大以来，理论界又突出了对中华民族伟大复兴的“中国梦”的研究，重点研究了“中国梦”的基本内涵、精神实质、实现途径、重大意义等问题，体现了中国特色社会主义理论体系的开放性。

总之，这些分阶段研究从逻辑与时代两个角度更加清晰地展示出当代中国马克思主义的继承性、时代性、实践性等理论特征。

(3)分领域研究成果及其特点

在分领域研究方面，马克思主义哲学中国化方面的理论成果有：黄楠森、庄福龄、林利主编的《马克思主义哲学史》(八卷本)(北京出版社 1996 年版)，陶德麟著的《哲学的现实与现实的哲学：马克思主义哲学及其中国化研究》(北京师范大学出版社 2005 年版)和主编的《马克思主义哲学中国化：历史与反思》(北京师范大学出版社 2007 年版)，郭建宁著的《二十世纪中国马克思主义哲学》(北京大学出版社 2005 年版)，刘林元主编的《中国马克思主义哲学史》(上、下卷)(江苏人民出版社 2007 年版)，雍涛著的《马克思主义哲学中国化的历史进程》(武汉大学出版社 2006 年版)，颜晓峰主编的《当代中国马克思主义哲学思想研究》(人民出版社 2005 年版)，李毅著的《中国马克思主义与现代新儒学》(天津教育出版

① 秦宣主编：《“三个代表”重要思想研究述评》，中国人民大学出版社 2006 年版，第 238~240 页。

社 2007 年版)，胡延风、王桂泉著的《当代中国马克思主义哲学方法论》(辽宁大学出版社 2006 年版)等。

马克思主义经济学中国化方面的理论成果有：孙居涛著的《马克思主义经济理论中国化基本问题》(中国社会科学出版社 2008 年版)，张秀生著的《当代中国的马克思主义政治经济学：邓小平经济理论研究》(湖北人民出版社 2001 年版)，王钰、孙自铎主编的《当代中国的马克思主义政治经济学：邓小平对社会主义政治经济学的发展》(安徽人民出版社 1997 年版)等。

科学社会主义中国化方面的理论成果有：江流、徐崇温主编的《20—21 世纪：社会主义的回顾与瞻望》(中国社会科学出版社 1995 年版)，李会滨主编的《社会主义：20 世纪的回顾与前瞻》(华中师范大学出版社 1999 年版)，俞思念、于文俊的《中国社会主义认识史》(湖北人民出版社 2001 年版)和《社会主义在当代中国的理论创新》(湖北人民出版社 2004 年版)等。

政治、军事等方面中国化研究的理论成果有：邹吉忠著的《当代中国马克思主义政治文明论：邓小平江泽民制度建设思想研究》(河南人民出版社 2004 年版)，姜普敏、臧士明主编的《当代中国的马克思主义军事理论》(国防大学出版社 1997 年版)，阎树群著的《当代中国的马克思主义学风》(中国社会科学出版社 2004 年版)等。

马克思主义各个领域的中国化研究是马克思主义中国化整体性研究的深入展开和具体化。其中，马克思主义哲学、经济学、科学社会主义中国化研究已经发展为比较成熟的学科专业，除此之外，也包括了一些具体问题的专题化研究，但无论哪一个领域的研究都无法回避这样一些基本问题的研究：

第一，马克思主义中国化的可能性与必要性。马克思主义中国化的可能性与必要性的问题，是马克思主义中国化的前提性问题。对此，国内学术界有两种针锋相对的理论观点。少数人对马克思主义中国化的可能性与必要性持否定的观点，而绝大多数学者持肯定的观点。对于马克思主义中国化的可能性持否定观点的理由主要有三：一是中国人理解的马克思主义不是“真正的”马克思主义；二是中国人要想理解“真正的”马克思主义几乎不可能；三是即使中国人理解了“真正的”马克思主义，要使它中国化也几乎不可能。而怀疑马克思主义中国化必要性的观点主要有二：一是认为解决中国的问题未必需要马克思主义；二是解决中国的问题只有原原本本地照着马克思的文本找答案，要“回到马克思”。

对于怀疑和否定马克思主义中国化的可能性与必要性的上述观点，陶德麟在《马克思主义中国化的两个前提性问题》①、《对马克思主义中国化研究中两个问题的理解》②等论文中，进行了深入的理论分析和逐一回应。

学者们普遍认为，马克思主义的中国化，不仅是马克思主义理论本身的内在要求，更是中国革命、建设和改革开放的实践需要。改革开放的实践给我们提出了许多现实的问题，迫切需要我们把马克思主义基本原理同中国的具体实际相结合，使马克思主义中国化，用发展着的马克思主义指导新的实践，不断解答中国改革开放的实际问题，同时也发展马克思主义理论本身。例如，中国社会主义初级阶段应该实行什么样的所有制和分配制度，社会主义能不能搞市场经济，中国特色社会主义道路到底是一种什么样的社会发展道路等一系列的现实问题，都迫切需要我们解放思想、实事求是，破除各种教条主义的束缚，根据新的实践作出新的理论回答。

第二，马克思主义中国化的难题与任务。学者们认为，马克思主义哲学中国化的难题在于如何处理马克思主义哲学与中国哲学、西方哲学的融合问题，如何使马克思主义哲学中国化、当代化，以有效地解释和解答当代中国实践中的现实课题，指导中国特色社会主义建设实践。马克思主义哲学中国化目标就是建构中国化马克思主义哲学的当代形态，建构具有中国特色的马克思主义哲学。同样，马克思主义经济学也面临如何正确处理与西方经济学的关系，

---

① 参见陶德麟：《马克思主义中国化的两个前提性问题》，《武汉大学学报》(人文社会科学版)2005 年第 1 期。

② 参见陶德麟：《对马克思主义中国化研究中两个问题的理解》，《中国社会科学》2009 年第 1 期。

防止被边缘化的问题，建立起中国特色社会主义经济学。

第三，马克思主义中国化的途径与方法。例如，有学者把马克思主义哲学中国化、现代化的基本途径总结为：(1)从世界观和方法论的高度总结中国革命和建设的基本经验；(2)总结和继承中国哲学和传统文化的优秀遗产；(3)吸取现代科学中的哲学养料和西方现当代哲学及“西方马克思主义”哲学中的合理成分。①

第四，马克思主义中国化的成果与经验。中国化的成果与经验和中国化进程是密切联系的同一过程的不同方面。如果我们按照实践主题的转换和解答来划分，这一进程总体上经历了两次历史飞跃，产生了两大理论与实践成果。但也有学者明确区分了学术领域的中国化与意识形态领域的中国化，即中国共产党人的探索与实践。关于中国化的基本经验，雍涛在《马克思主义哲学中国化的历史进程》中总结为：要以发展的眼光看待马克思主义，反对教条主义倾向；要从中国国情(包括中国的社会历史实际和中国文化传统的实际)出发，而不是从本本出发；既要继承前人，更要大胆探索创新。②

从以上研究成果及其特点的分析可以看出，上述研究成果都从不同层面或侧面涉及甚至直接论述和概括了当代中国马克思主义的基本理论特征。例如，有的学者将当代中国马克思主义的本质特征概括为实事求是；有的学者将当代中国马克思主义的基本特征概括为一脉相承性和与时俱进性；有的学者概括为体现时代性，把握规律性，富于创造性；还有的学者则概括为科学性和人民性的统一；等等。

根据我们对上述成果的初步了解和粗浅分析，国内学者对当代中国马克思主义及其理论特征的研究有“三多三少”的情况：

第一，对当代中国马克思主义的理论特征的分散论述比较多，

---

① 苏振富：《马克思主义哲学中国化现代化途径初探》，《厦门大学学报》(哲社版)1998年第2期。

② 雍涛：《马克思主义哲学中国化的历史进程》，武汉大学出版社2006年版，第25~29页。

而进行系统分析、层次分析、逻辑分析和整体理论特征分析，特别是对其理论特征的逻辑结构分析相对比较少。其原因主要在于目前的研究并没有自觉地把研究的旨意和目标直接放在当代中国马克思主义的理论特征考察上，而往往是在研究和回答其他问题的过程中，涉及对当代中国马克思主义理论特征的回答。

第二，对当代中国马克思主义基本理论特征的静态分析和研究比较多，而从马克思主义发展史的角度，特别是与毛泽东思想，苏联马克思主义，越南、朝鲜、古巴、老挝马克思主义，西方马克思主义等进行比较分析的相对比较少。

第三，对当代中国马克思主义分阶段(邓小平理论、“三个代表”重要思想、科学发展观)的理论特征的概括和分析比较多，而对其中的共性和整体特征的揭示相对比较少。中国特色社会主义理论体系概念的提出，必将要求并推动整体性研究这一工作的向前发展。

总之，国内学者的上述研究成果是我们进行课题研究的前提、基础、重要参考和理论借鉴。

2. 中国特色社会主义理论体系基本理论特征的国外研究状况

国外关于中国特色社会主义理论体系基本理论特征的研究起源于当代中国学，包含于对中国建设、改革阶段以及对中国共产党第二代、第三代领导人及其思想理论的研究之中。新中国成立之后，毛泽东和毛泽东思想成为中国学研究的中心，至 20 世纪 60—70 年代形成了毛泽东研究热。1978 年后，研究的重点逐渐转向邓小平和邓小平理论，20 世纪 80 年代在欧美出现了“邓小平热”，在日本掀起了“邓旋风”。目前，关于邓小平和邓小平理论的研究仍以比较“热”的态势持续发展。党的十四大后对江泽民及其党的“三个代表”重要思想，党的十六大以后对胡锦涛的科学发展观、和谐世界等思想，国外学者的研究也逐渐多起来。特别是进入新世纪以来，中国改革开放 30 年的巨大成就以不争的事实展示在世人面前，促使国外学者更加理性地从整体上全面反思中国改革开放以来所走的发展道路和发展模式。

概括说来，关于中国马克思主义、中国特色社会主义的相关研究，有数十个国家的几百个研究机构和成千上万的研究人员在从事这方面的工作，并取得了数量可观的成果。其中，最负盛名的研究机构如由美国费正清创办的哈佛大学费正清东亚研究中心，日本的亚洲政治经济学会、中国研究所、京都大学人文科学研究所，加拿大的多伦多大学、约克大学、蒙特利尔大学等创办的东亚研究中心，法国的现代中国资料中心，德国科隆的联邦东方与国际研究所和汉堡的亚洲事务研究所，俄罗斯的远东研究所，等等。

英国的《中国季刊》、美国的《当代中国》、日本的《中国研究》、俄罗斯的《远东问题》等刊物都是极有影响的。美国学者费正清是很有影响的中国学研究专家，而美国的施瓦茨、施拉姆、迈斯纳、特里尔、韦克曼、戴维·W. 张，日本学者竹内实、井上清、中嶋岭雄、岩村三千夫、国分良成，俄罗斯学者雅可夫列夫，加拿大学者埃文斯，波兰学者维克多等，也都是颇有影响的中国学研究专家。

截至目前，已经出版的颇有影响的研究资料和专著也极为丰富。其中，在资料方面有英国培格曼出版公司出版的《邓小平文集》，苏联出版的《邓小平选集》等。著作方面，戴维·W. 张的《邓小平领导下的中国》、国分良成的《邓小平时代与毛泽东时代的异同》，冈部达味、毛理和子的《改革开放时代的中国》，郭苏建的《后毛时代的中国：从极权主义到权威主义?》，迈斯纳的《马克思主义、毛泽东主义与乌托邦主义》，洪谟·蒂因、云汗·楚主编的《江泽民领导下的中国》，埃文斯的《费正清看中国》，乔纳森·昂哥主编的《中国政治的本质：从毛泽东到江泽民》，以及约翰·奈斯比特、多丽丝·奈斯比特合著的《中国大趋势》等，都是极有影响的。

从研究内容划分，国外关于中国特色社会主义具体问题的研究比较丰富。国外对中国特色社会主义思想中的重要内容，如毛泽东思想、邓小平理论、“三个代表”重要思想、科学发展观、和谐社会思想以及中国特色社会主义的历史等方面都有广泛涉及和研究。

关于毛泽东思想的研究主要涉及以下问题：毛泽东思想与马列主义的关系、毛泽东思想的哲学基础、毛泽东思想的价值取向、毛泽东思想的历史地位等。代表性的著作有：史华慈的《中国共产主义与毛泽东的崛起》、魏斐德的《历史与意志：毛泽东思想的历史透视》、施拉姆的《毛泽东的思想》、迈斯纳的《李大钊与中国马克思主义的起源》和《马克思主义、毛泽东主义与乌托邦主义》、威尔逊的《在历史天平上的毛泽东》。

关于邓小平理论的研究主要涉及以下几个方面：邓小平理论与马列主义的关系、邓小平理论与毛泽东思想的关系、邓小平理论的哲学基础、邓小平理论的价值取向、邓小平的历史地位。代表性著作有：克林伯格的《中国的对外开放：对资本主义的试验》、迈斯纳的《毛泽东的中国及后毛泽东的中国》、大卫·古德曼的《邓小平与中国革命》、石池雨的《中国对外政策的精髓》、戴维·W. 张的《邓小平领导下的中国》等。

关于"三个代表"重要思想的研究主要涉及以下问题："三个代表"重要思想的理论性质、"三个代表"重要思想的执政理念、"三个代表"重要思想的价值取向、江泽民的历史地位等。代表性著作有：布鲁斯·迪克森的《中国的红色资本主义》，罗伯特·劳伦斯·库恩的《他改变了中国：江泽民传》，乔纳森·昂哥的《中国政治的本质：从毛泽东到江泽民》，洪谟·蒂因、云汗·楚的《江泽民领导下的中国》等。

关于科学发展观的研究主要涉及以下问题：科学发展观思想来源、中国坚持和平发展的哲学基础、中俄改革价值取向比较、新的中央领导集体理论创新、中国化马克思主义的思想实质及未来走向。代表性著作有：维尼·沃-蓝普·兰姆的《中国政治的胡锦涛时代：新领导、新挑战》，艾玛·V. 布鲁弗尔德的《危险的概念：中国威胁论》，凯文·洪林·张的《作为世界工厂的中国》，闵心·佩的《从改革到革命：中国共产主义的死亡》，布鲁斯·盖勒的《中国民主的未来》，郑永年的《中国将变得更加民主吗？——精英、阶级以及政权转型》等。

国外关于中国特色社会主义历史的研究大致可以分为阶段史和通史两大类。其中关于中国特色社会主义某一阶段历史的文献较多。此类代表性文献有：费正清著的《伟大的中国革命（1800—

1985)，费正清、施瓦茨、布兰特合著的《中国共产主义文献史(1921—1951)》，迈斯纳著的《毛泽东的中国及后毛泽东的中国》、《邓小平时代：对中国社会主义命运的探询(1978—1994)》，邹谠著的《二十世纪中国政治》，格卢宁著的《1949—1959年中国社会主义革命》，波尔加科夫著的《中华人民共和国对社会经济发展道路的探索(20世纪70年代末至90年代上半期)》、《中华人民共和国的经济改革和政治斗争》，毕仰高著的《农民与革命：中国革命的起源(1915—1949)》等。

关于中国特色社会主义通史的文献相对比较少。代表性的文献有：R. 麦克法夸尔、费正清编的《剑桥中华人民共和国史——革命的中国的兴起(1949—1965)》、《剑桥中华人民共和国史——中国革命内部的革命(1966—1982)》，宇野重昭、小松弘二、矢吹晋合著的《现代中国的历史：1949—1985》。

国外关于当代中国马克思主义研究的主要内容可以划分为三类：

一是对邓小平、江泽民、胡锦涛等党和国家领导人的生平、传记和思想的研究，而这种研究在很大程度上同时又是一种比较性研究，这是这一类研究的必然倾向。这类著作有：美国人弗雷德里克·C. 泰韦斯的《从毛泽东到邓小平》，美国人张大卫的《中流砥柱　各有千秋——周恩来与邓小平》，德国人乌利·弗兰茨的《邓小平传》，匈牙利人巴拉奇·代内什的《邓小平》，英国人约翰·加德纳的《毛泽东和他的继承者》，美国人莫里斯·迈斯纳的《毛泽东的中国及后毛泽东的中国》等。① 在这些研究当中，关于邓小平历史地位、人格风范、邓小平基本理论备受关注。对于邓小平经济思想、政治思想、社会主义本质论、对外开放思想、外交思想、军事思想、"一国两制"等都有较为深入而细致的分析。马启民著的《国外邓小平理论研究评析》详细地介绍和探析了国外邓小平理论研究的历史、内容、特点和方法等情况。

---

① 秦宣主编：《邓小平理论研究述评》，中国人民大学出版社2002年版，第3页。

二是对中国共产党的理论、路线、方针、政策(或中国特色社会主义理论)及其对中国和世界发展影响的研究。例如，围绕着中国共产党建设的中国特色社会的性质问题，国外学者提出许多不同观点。有学者认为中国特色社会主义是一种“原始资本主义积累”式的国家资本主义道路，有人则认为中国特色社会主义是一个类似列宁提出的“新经济政策”阶段，还有人认为中国特色社会主义是一种介于计划经济和新自由主义之间的发展模式，等等。关于中国特色社会主义的特征问题，有学者提出政治实用主义是中国发展模式和政治文化的显著特色，也有学者认为中国发展的路径建立在特殊的体制与文化上。关于中国改革开放和中国特色社会主义的影响问题，许多学者称之为“中国奇迹”、“中国崛起”，最引起关注的是乔舒亚·库珀·雷默把中国模式上升为“北京共识”在世界范围内产生了广泛的影响。①

三是如何正确处理同中国的关系。美国学者费正清就长期关注和研究中美关系问题，在不同的历史阶段对发展中美关系提出了自己深刻而独到的见解。在《费正清集》的《序》中，费正清认为：“今天我们全都进入了同一个世界……我们的生存大体取决于各国人民进行合作的程度。”②他认为，中美这两个国家及其代表的文化是能够共存的，关键在于相互了解。如果美国人需要一个更安全的未来，那么就要使他们了解中国，并且用这种知识来认识中美关系。③

关于“中国模式”、“中国经验”、“中国道路”的世界意义和影响问题的研究。高盛公司高级顾问乔舒亚·库珀·雷默(Joshua Cooper Ramo)的《北京共识》、《中国形象：外国学者眼里的中国》，约翰·奈斯比特和多丽丝·奈斯比特合著的《中国大趋势》，值得

① 徐觉哉：《国外学者论中国特色社会主义》，《中国特色社会主义研究》2008 年第 3 期。

② 费正清：《费正清集》，天津人民出版社 1992 年版，第 4 页。

③ 陶文钊：《费正清与美国的中国学历史研究》，《历史研究》1999 年第 1 期。

我们重点关注、研究和评析。

从目前的文献看，海外学者比较重视具体问题和现实问题的研究，对中国社会主义的研究以某一阶段或时期的问题为主，或以政治活动为主。关于中国特色社会主义思想虽有广泛涉及，但目前还没有系统地、宏观地研究中国特色社会主义理论体系及其基本特征的著作。

另外，我们也应该注意到，国外学者对当代中国马克思主义、中国特色社会主义、中国特色社会主义理论体系及其基本特征的分析和研究，也有其很大的局限性：由于有的对于中国历史文化传统和现实国情缺乏深入而具体的了解，有的囿于意识形态和阶级偏见，有的基于本国的国家利益，他们对于中国特色社会主义、中国特色社会主义理论体系及其基本特征的认识、评价和解读也有主观性、片面性的一面。

总之，国外学者在对当代中国马克思主义、中国特色社会主义理论体系的分析和研究过程中，涉及中国特色社会主义理论体系及其基本特征的各个方面，例如中国特色社会主义理论体系与马克思主义思想的关系、与中国传统文化的关系、与中国具体国情的关系、与各个时代的历史的关系、与各个代表人物自身经历和性格兴趣的关系，“中国模式”、“中国经验”、“中国道路”的世界影响及其与中国特色社会主义理论体系的关系，等等。这些问题尽管国内学者也有涉及，但由于所处的文化背景、研究方法的差异，国外学者的解读与我们的解读存在着许多不同。而国外学者对于中国特色社会主义理论体系及其基本内容特征的合理的认识和评价，也给我们研究中国特色社会主义理论体系的基本特征，提供了国际比较视域和有益启示。

关于国内学者对国外当代中国马克思主义研究方面的介绍和评述的成果，有梁怡等的《近十年来美国研究中共党史管窥》(载《中共党史研究》2001 年第 5 期)，徐觉哉的《国外学者论中国特色社会主义》(载《中国特色社会主义研究》2008 年第 3 期)，马启民著的《国外邓小平理论研究评析》(高等教育出版社 2002 年版)，袁银传的《近年来国内马克思主义理论研究趋势述评》(载《思想理论教育导刊》2009 年第 3 期），等等。

三、研究进路与研究方法

（一）研究进路

本课题研究始终坚持以马克思主义为指导，本着积极推进理论创新和解决现实问题的根本原则，坚持逻辑与历史、理论与实际相统一的根本方法，以中国化马克思主义的理论文献和中国共产党的历史文献为文本依据、理论根据和研究重点，立足当代中国社会实践特别是社会主义初级阶段经济、政治、文化、社会、生态等基本特征的深入分析，从理论、历史、现实三者统一的维度，多层面地、系统而深入地揭示中国特色社会主义理论体系的基本特征，深入揭示中国特色社会主义旗帜、道路、理论体系、制度之间的辩证关系，深刻揭示中国特色社会主义理论体系及其基本特征的逻辑结构。

中国特色社会主义理论体系是马克思主义中国化的最新理论成果，也是科学社会主义的最新理论成果。在当代中国，坚持中国特色社会主义理论体系，就是坚持马克思主义，坚持科学社会主义。将中国特色社会主义理论体系及其基本特征放在马克思主义发展史、社会主义发展史中进行考察，从马克思主义发展史和中国化的马克思主义史的历史视域切入，通过历史研究和比较研究，揭示中国特色社会主义理论体系与马克思列宁主义、毛泽东思想的一脉相承性和与时俱进性，中国特色社会主义理论体系与苏联、越南、朝鲜、古巴、老挝社会主义理论的异同，中国特色社会主义理论体系与西方马克思主义、民主社会主义的本质区别，立体揭示中国特色社会主义理论体系的“个性”特征。

（二）研究方法

本书以文献研究为基础和核心，比较研究为背景，从整体上立体揭示中国特色社会主义理论体系的基本特征及其逻辑结构。具体方法有：

1. 文献研究法。文献研究是我们研究的基础、核心和重点。文献研究包括马克思主义经典作家(马克思、恩格斯、列宁、斯大林)的文献研究以及中国化马克思主义的文献研究，其中又以研究当代中国马克思主义的文献为重点。通过对当代中国马克思主义的理论文献和十一届三中全会以来中共中央重要文献(特别是从十二大到十八大中国共产党全国代表大会的报告)的系统研究和深入研究，系统梳理邓小平、江泽民、胡锦涛、习近平关于中国特色社会主义基本特征的思想，从整体上研究和揭示中国特色社会主义理论体系的实践基础、思想渊源、历史进程、理论主题、理论内容、基本构成、逻辑结构、历史意义，从中提炼中国特色社会主义理论体系的基本特征。

2. 比较研究法。比较研究是我们研究的背景和参照，可以拓宽我们的研究视域，深化对中国特色社会主义理论体系基本特征及其逻辑结构的研究内容。比较研究包括马克思主义、科学社会主义"家族"内部的比较，也包括与非马克思主义、反马克思主义社会思潮的比较。通过比较，深入研究中国特色社会主义理论体系对马克思列宁主义、毛泽东思想的继承和发展，中国特色社会主义理论体系与苏联社会主义理论以及越南、朝鲜、古巴、老挝社会主义理论的异同，中国特色社会主义理论体系与西方马克思主义、民主社会主义的本质区别，揭示出中国特色社会主义理论体系的"个性"特征。

3. 逻辑与历史相统一的方法。逻辑与历史的辩证统一，是指思维的逻辑进程与客观的历史发展进程在本质上、内在规律上、总体发展趋势上是相一致、相统一的。历史是指过去所发生的一切，是人的实践活动在一定时间和空间系列的展开，历史是逻辑的前提和基础；逻辑是历史发展的客观规律在理论上的再现。在人们的认识活动过程中，理论的思维逻辑进程反映着客观对象发展的历史进程。作为理论形态的逻辑体系，其思想进程是随着客观现实的历史发展而发展的，是对客观历史进程观念形态的反映和掌握。正如恩格斯深刻指出的："历史从哪里开始，思想进程也应当从哪里开始，而思想进程的进一步发展不过是历史过程在抽象的、理论上前后一贯的形式上的反映；这种反映是经过修正的，然而是按照现实的历史过程本身的规律修正的。"①

中国特色社会主义理论体系是在中国特色社会主义的历史实践中产生、形成和发展的，因此课题的研究必须对中国特色社会主义实践发展的历史脉络进行系统梳理和揭示，又必须从历史追踪中抽取出相应的逻辑层次，注重从逻辑体系上揭示中国特色社会主义理论体系的逻辑结构和发展规律，阐明其独特的历史意义和时代价值。逻辑与历史的统一是辩证的统一，不是简单的历史陈述加上单纯的逻辑演绎。既要史论结合，又要坚持以论为主。我们的研究是在文献研究和比较研究的基础上，从理论、历史、现实三者统一的维度，立体揭示中国特色社会主义理论体系的实践基础、历史发展、理论主题、主要内容、基本构成、基本特征和逻辑结构。

4. 理论联系实际的方法。理论联系实际是马克思主义理论研究的本质要求，也是对中国特色社会主义理论体系的基本特征及逻辑结构进行研究的基本方法。中国特色社会主义是在中国特色社会主义旗帜统帅下的中国特色社会主义道路、中国特色社会主义理论体系、中国特色社会主义制度的有机统一的整体。中国特色社会主义理论体系是在中国特色社会主义实践过程中产生、形成和发展的，因此，将中国特色社会主义理论体系的研究与中国共产党十一届三中全会以来中国特色社会主义实践探索的研究相结合，将中国特色社会主义理论体系形成过程的研究与中国特色社会主义道路探索过程和中国特色社会主义制度的形成过程的研究相结合，将中国特色社会主义理论体系基本特征的研究与中国特色社会主义实践特征（特别是社会主义初级阶段的基本特征）的研究相结合，将中国特色社会主义理论体系的内在逻辑和发展规律研究与中国特色社会主义实践逻辑和实践规律的研究相结合，是本课题研究的基本路径。马克思指出："理论在一个国家实现的程度，总是决定于理论

① 《马克思恩格斯选集》第2卷，人民出版社1995年版，第43页。

满足这个国家的需要的程度。"①毛泽东强调："马克思列宁主义来到中国之所以发生这样大的作用，是因为中国的社会条件有了这种需要，是因为同中国人民革命的实践发生了联系，是因为被中国人民所掌握了。任何思想，如果不和客观的实际的事物相联系，如果没有客观存在的需要，如果不为人民群众所掌握，即使是最好的东西，即使是马克思列宁主义，也是不起作用的。"②

(三)重点难点

第一，从整体上揭示中国特色社会主义理论体系的基本理论特征及其逻辑结构，既是本著作研究的重点，也是主要难点。目前国内外研究成果比较集中在对中国特色社会主义理论体系某一阶段或者其理论特征某一方面或几个方面分散的理论探索中，对于中国特色社会主义理论体系基本特征的系统而整体的研究成果不多，要实现课题的研究目标，需要作深入的文本研究、历史的比较研究和高度的理论概括。

第二，从历史与比较的视域深入揭示中国特色社会主义理论体系与苏联、越南、朝鲜、古巴、老挝社会主义理论的异同，与西方马克思主义理论、新自由主义理论、民主社会主义理论的本质区别，彰显中国特色社会主义理论体系的"个性"特征，是本著作研究的又一重点和难点。而苏联社会主义理论，涉及历史时期较长，情况比较复杂，概括和评析难度较大。越南、朝鲜、古巴、老挝社会主义理论，涉及多个国家和领域，虽然一般介绍和理论内容等方面的研究成果比较多，但是对其基本理论特征的研究，特别是与中国特色社会主义理论体系的基本特征进行比较研究的成果较少。而西方马克思主义思潮内部错综复杂、流派众多，各个流派之间观点各异并且其思想理论观点的发展具有开放性。收集比较翔实的研究材料，理清西方马克思主义发展路径和逻辑线索，进行整体研究和比较研究，是本书研究的重点和难点。

---

① 《马克思恩格斯选集》第1卷，人民出版社1995年版，第11页。

② 《毛泽东选集》第4卷，人民出版社1991年版，第1515页。

第三，深入分析当代中国主要社会思潮(三种教条主义)在理论上的误区，分析中国特色社会主义理论体系与当代中国主要社会思潮的本质区别，从学理上深刻揭示中国特色社会主义理论体系“三位一体”整体性的基本理论特征及其辩证特征(社会主义的“共性”与中国特色的“个性”、民族性与时代性、真理性与价值性、一脉相承性和与时俱进性的辩证统一)，澄清和批判在中国特色社会主义道路、理论体系、制度等问题上的模糊认识和错误认识(诸如，“中国特色社会主义是中国特色的资本主义”，“中国特色社会主义是民主社会主义”，“中国特色社会主义是新民主主义”等)，划清在此问题上的马克思主义与反马克思主义社会思潮的界限，是本著作研究中的第三个重点和难点。

整体研究篇

第一章

中国特色社会主义理论体系的实践基础、历史演进、重大意义

中国特色社会主义理论体系，是改革开放30多年成功实践的理论结晶。改革开放30多年来，中国共产党人接力探索、开拓前进，不断进行社会主义的实践创新、理论创新、制度创新，在推进中国改革开放和社会主义现代化建设事业凯歌行进的实践进程中，先后创立了邓小平理论、“三个代表”重要思想、科学发展观，形成了中国特色社会主义理论体系。中国特色社会主义理论体系，是以和平与发展为时代主题、以改革开放历史新时期为社会背景、以社会主义初级阶段为基本国情、以中国特色社会主义道路的不断探索为实践基础、以“五位一体”为总布局、以实现社会主义现代化和中华民族伟大复兴的中国梦为价值目标的，是同马克思列宁主义、毛泽东思想既一脉相承又与时俱进的科学理论体系，是马克思主义中国化的最新理论成果。

一、中国特色社会主义理论体系的实践基础

中国特色社会主义理论体系的形成，有它的时代背景和实践基

础。马克思、恩格斯曾经指出："一切划时代的体系的真正的内容都是由于产生这些体系的那个时期的需要而形成起来的。所有这些体系都是以本国过去的整个发展为基础的。"① 中国特色社会主义理论体系就是在和平与发展成为时代主题的历史条件下，在经济全球化、政治多极化、文化多元化、信息网络化国际背景下，在我国改革开放和社会主义现代化建设的实践过程中，在总结我国社会主义建设的历史经验和其他国家社会主义兴衰成败的经验教训基础上，逐步形成和发展起来的。就实践根据而言，中国特色社会主义理论体系反映了时代的潮流、人民的愿望和现实的需要。

1. 宏观定位：把握时代潮流

马克思曾经指出：任何真正的哲学都是自己时代精神的精华。理论是时代的产物，理论创新是时代的召唤。每个历史时代都有自己的时代主题、时代潮流和时代精神。所谓时代主题，是指在一定历史时期内，由世界主要矛盾以及主要力量对比所决定的，反映世界基本特征并且对世界形势走向具有全局性影响和战略性意义的问题。所谓时代潮流则是由时代的主要矛盾决定和推动的历史发展大趋势，它是时代主题在实践层面的展开而形成的。所谓时代精神则是时代主题和时代潮流的集中反映和体现，它引领时代发展前进的方向。

第二次世界大战结束后特别是20世纪70年代末以来，整个世界发生着大变动、大调整。其中最显著的变化，就是和平与发展成为时代主题，世界多极化和经济全球化深入发展，科技进步日新月异，综合国力竞争日趋激烈。尤其是冷战结束之后，世界上的各种力量出现了新的分化和组合，大国之间的关系不断调整，广大发展中国家总体实力增强，国际形势总体趋向缓和，地区冲突和局部战争不断，求和平、谋发展、促合作是世界人民的共同愿望和呼声。经济全球化深入发展促使世界各国经济日益紧密联系在一起，全球资金、市场、资源的合作和竞争更加复杂，国与国之间经济实力的竞争和较量越来越激烈，经济安全特别是金融安全越来越重要。当

① 《马克思恩格斯全集》第3卷，人民出版社1960年版，第544页。

代科学技术的发展突飞猛进，给世界生产力和人类经济社会的发展带来了极大的推动和新的希望，科技竞争成为综合国力竞争的焦点。新科技革命及其带来的重大科技发明，以互联网为代表的新的科学技术的广泛应用，推动世界范围内生产方式、生活方式和经济社会发生了前所未有的深刻变化，也引起全球经济格局、利益格局、安全格局发生了前所未有的重大变化。文化软实力已经成为国家综合国力和实力的重要标志，文化软实力的竞争日趋激烈。

面对如此深刻、如此巨大的变化，我们党要反映时代的新潮流，解决时代提出的新课题，迎接时代提出的新挑战，开创党和人民事业发展的新局面，就必须不断解放思想、实事求是、与时俱进，坚持用马克思主义的宽广眼界观察世界，既要用中国的眼光看世界，又要用世界的眼光看中国，把中国的发展放到世界大局中进行整体思考。坚持理论与实践具体的历史的统一的马克思主义认识论原则，以理论创新和实践创新推动社会主义事业的新开拓、新发展。可以说，中国特色社会主义道路的探索、中国特色社会主义制度的完善、中国特色社会主义理论体系的形成都是中国共产党人在顺应世界发展潮流，借鉴其他国家兴衰成败的经验教训，吸收借鉴人类文明一切优秀成果的基础上形成和发展起来的。

在改革开放初期，邓小平就敏锐地观察到世界历史和国际形势变化的新趋势，明确提出和平和发展是当今世界两大主题的科学论断，并且把维护世界和平与促进共同发展作为中国制定国际发展战略和我国外交政策的根本立足点和价值目标。1984 年 10 月，邓小平在会见外国客人时指出：“国际上有两大问题非常突出，一个是和平问题，一个是南北问题。还有其他许多问题，但都不像这两个问题关系全局，带有全球性、战略性的意义。”① 1985 年 3 月，他在会见外国客人时再次强调：“现在世界上真正大的问题，带全球性的战略问题，一个是和平问题，一个是经济问题或者说发展问题。和平问题是东西问题，发展问题是南北问题。概括起来，就是

① 《邓小平文选》第 3 卷，人民出版社 1993 年版，第 96 页。

东西南北四个字。南北问题是核心问题。”① 此后，邓小平对于世界主题问题作过多次阐述。

党的十三届四中全会以后，以江泽民同志为核心的党的第三代中央领导集体，面对纷繁复杂、风云变幻的国际形势，对当今时代主题和时代潮流作了新的科学论述，对和平与发展的思想作了新的发展。党的十四大将“和平与发展”的主题称作“时代主题”和“时代特征”，党的十五大和十六大一直沿用“当今时代主题”的提法。“时代主题”强调世界要和平，人类要发展，国家要合作，社会要进步是时代潮流，强调虽然当今世界还很不安宁，人类面临许多严峻挑战，但是追求和平与发展是时代的主流。

党的十六大以来，党中央对时代特征作出了新的科学判断，深刻概括了当今世界潮流和时代特征是“和平、发展与合作”。将“合作”作为世界潮流与“和平”、“发展”相提并论，鲜明地反映了我们党对时代特征的科学思维和认识达到了新的高度。“和平、发展与合作”正是十六大以来我们党推进理论创新的时代背景和时代要求。既然发展是世界潮流和时代特征，我们就要抓住重要战略机遇期，发扬求真务实、开拓进取的精神，坚持理论创新和实践创新，着力深化改革开放，推动科学发展，保持社会稳定，促进社会和谐。

党的十八大在“和平、发展、合作”基础上，又强调“共赢”的价值理念，强调尽管当今世界正在发生深刻复杂的变化，但是和平与发展仍然是时代主题。中国将继续高举和平、发展、合作、共赢的旗帜，坚定不移地致力于维护世界和平，促进共同发展。可见，从党的十六大到党的十八大，我们党提出的树立和落实科学发展观，构建社会主义和谐社会，高举和平、发展、合作、共赢旗帜，推动建设和谐世界等若干重大战略思想，正是党中央深谋远虑，审时度势，顺应时代潮流和历史趋势进行理论创新的重大成果。

---

① 《邓小平文选》第3卷，人民出版社1993年版，第105页。

2. 历史反思：总结正反经验

历史是一面镜子，是由过去、现实、未来构成的“时间之箭”。反思和总结历史的经验教训，是为了更好地指导现实、开辟未来。中国特色社会主义理论体系，是中国共产党人在认真总结和吸取我国社会主义发展的历史经验，认真借鉴其他国家（尤其是苏联东欧社会主义国家和拉美国家）兴衰成败的历史教训的基础上形成和发展的。从改革开放历史新时期开始，我们党就特别重视中国社会主义建设历史经验的科学总结。党的十一届三中全会认真总结正反两方面的历史经验，吸取“文化大革命”的历史教训，果断地停止使用“以阶级斗争为纲”这一不适合社会主义建设的“左”的口号，重新确立解放思想、实事求是的思想路线，彻底否定了“以阶级斗争为纲”的错误理论和实践，毅然决然地作出把党和国家工作中心转移到经济建设上来，实现改革开放的历史性决策。党的十一届六中全会作出《关于建国以来党的若干历史问题的决议》，认真清理重大历史是非，既从根本上否定了“文化大革命”和“无产阶级专政下继续革命”的理论，又客观公正地评价了毛泽东同志的历史功绩和毛泽东思想的伟大价值。同时坚持和继承了我们党在长期社会主义建设实践中取得的一切积极成果，完成了党在思想路线、政治路线和组织路线上的拨乱反正。

在改革开放和社会主义现代化建设进程中，中国共产党人认真吸取其他国家，特别是苏联、东欧社会主义国家以及拉丁美洲等发展中国家建设和发展的经验教训，吸取2008年美国金融危机爆发以来当代资本主义发展的惨痛教训，为更好地发展中国特色社会主义提供了重要借鉴。十月革命的伟大胜利和苏联社会主义建设的伟大成就的历史经验以及东欧剧变、“拉美陷阱”和美国金融危机的惨痛教训深刻地表明：20世纪选择走社会主义道路的国家是成功的，苏联由于选择走社会主义道路实现了国家的“跨越式”发展，由沙皇俄国时期落后的封建小农国家跃迁为经济实力和综合国力位列欧洲第一、世界第二的强大的社会主义国家；而东欧剧变之后的俄罗斯，由于奉行民主社会主义和新自由主义，国民经济和人民生活水平每况愈下，直到普京执政之后，恢复社会主义的某些优良传统，国民经济才得以恢复。拉丁美洲等发展中国家由于奉行“依附理论”，迷信“新自由主义”，导致经济衰退，政局和社会动荡，巴西债务危机，阿根廷、智利等南美国家的金融危机和社会危机；2008年美国金融危机爆发以来，美国、欧洲、日本等主要资本主义国家出现严重经济衰退，至今仍然经济增长乏力就是明证。可以说，中国特色社会主义道路的开辟和拓展，中国特色社会主义制度的确立和完善，中国特色社会主义理论体系的形成和发展，都是与我们党认真总结和深刻汲取国内外正反两方面经验和教训分不开的。正如邓小平同志所指出的：没有对历史经验教训的深刻总结，“就不可能制定十一届三中全会以来的思想、政治、组织路线和一系列政策”①。

中国共产党人既注重对自己过去的历史经验教训和国外发展的经验教训的总结，更注重对自己当下的、现实的、鲜活的实践经验的总结。实践是认识的来源和发展动力，也是理论创新的源泉。改革开放30多年来，中国共产党人坚持解放思想、实事求是、与时俱进的思想路线，大力弘扬求真务实的科学精神，及时地、科学地总结实践经验，回答了一系列重大理论和实际问题，在实践的基础上提升和发展理论，不断推进理论创新。中国特色社会主义理论体系就是对我国改革开放和社会主义现代化建设实践经验进行科学总结的理论成果。科学判断并且始终立足社会主义初级阶段的基本国情，是中国特色社会主义理论体系的立论基础。准确把握我国社会主义所处的历史方位和发展阶段，是我们党推进理论创新，制定正确的路线方针、政策的根本出发点。我国仍然处于并将长期处于社会主义初级阶段，是新时期我们党在总结历史经验教训的基础上形成的对现阶段我国基本国情科学判断的基本结论。在社会主义发展的阶段问题上，邓小平总结了“大跃进”、“文化大革命”的历史教训，科学判断中国的社会主义建设在目前还处在初级阶段，是初级阶段的社会主义，这是中国最大、最基本的国情；中国社会主义建设的一切路线、方针、政策，都必须从这个基本国情出发；提出

① 《邓小平文选》第3卷，人民出版社1993年版，第272页。

了“一个中心、两个基本点”的社会主义初级阶段的基本路线至少要管一百年的思想。党的十三大在邓小平相关论述的基础上，对社会主义初级阶段理论作了系统阐述，强调必须充分认识社会主义建设的长期性、艰巨性、复杂性，不断增强从社会主义初级阶段这个实际出发的自觉性。党的十四大、十五大、十六大都重申了社会主义初级阶段问题，强调我们想问题、做决策、办事情，不能从主观愿望出发，必须从社会主义初级阶段这个最大的实际出发。党的十七大和十七届四中全会都明确指出：我国仍处于并将长期处于社会主义初级阶段的基本国情没有变；人民日益增长的物质文化需求同落后的社会生产之间的矛盾这一社会主要矛盾没有变。党的十八大报告进一步强调“三个没有变”：我国仍处于并将长期处于社会主义初级阶段的基本国情没有变；人民日益增长的物质文化需求同落后的社会生产之间的矛盾这一社会主要矛盾没有变；我国是世界最大发展中国家的国际地位没有变。在任何情况下都要牢牢把握社会主义初级阶段这个最大国情，推进任何方面的改革发展都要牢牢立足社会主义初级阶段这个最大实际。党的基本路线是党和国家的生命线，必须坚持把以经济建设为中心同四项基本原则、改革开放这两个基本点统一于中国特色社会主义伟大实践，既不妄自菲薄，也不妄自尊大，扎扎实实夺取中国特色社会主义新胜利。党的十八大报告同时又指出，我国发展呈现一系列新的阶段性特征，出现一系列新情况、新问题，而这些发展的阶段性特征，是社会主义初级阶段基本国情在新世纪新阶段的具体表现；强调认清社会主义初级阶段基本国情，不是要妄自菲薄、自甘落后，也不是要脱离实际、急于求成，而是要认识改革开放和社会主义现代化建设的长期性、艰巨性、复杂性、繁重性，要把社会主义初级阶段作为推进改革开放、谋划科学发展的根本依据。可以说，中国特色社会主义理论体系之所以正确、之所以能够指引改革开放伟大实践，归根到底就是因为它始终立足于社会主义初级阶段这一基本国情及其阶段性特征的基础之上。

我们党领导的改革开放和社会主义现代化建设的生动实践，是中国特色社会主义理论体系形成和发展的实践根据。改革开放是党在新的历史条件下带领人民进行的新的伟大革命，是发展中国特色社会主义的强大动力。新时期最鲜明的特点是改革开放，最显著的成就是快速发展，最突出的标志是与时俱进。党的十一届三中全会以后的30多年来，中国全面改革和对外开放的步伐一路凯歌行进：从农村改革到城市改革，从经济领域改革到其他各个领域的改革，从经济特区的兴办、沿海城市的开放到沿江沿边和省会城市的开放，从“东部地区率先发展战略”到“西部大开发”再到“振兴东北老工业基地”和“中部崛起战略”，从提出有计划的商品经济到建立社会主义市场经济体制，从物质文明和精神文明“两手抓”到“建设高度的社会主义政治文明”、“构建社会主义和谐社会”，再到按照中国特色社会主义经济建设、政治建设、文化建设、社会建设、生态文明建设“五位一体”总体布局全面推进现代化建设和党的建设新的伟大工程。这场历史上从未有过的大改革、大开放、大发展，使中国由一个人口多、底子薄的发展中大国，以世界上少有的速度持续快速地发展起来，目前中国经济总量和进出口总额均跃居世界第二。我国的综合国力也明显增强，国际地位不断提高，人民生活显著改善，各项事业蓬勃发展。中国特色社会主义理论体系在这场波澜壮阔的改革开放实践中产生和形成，又在这场波澜壮阔的改革开放实践中接受检验并得到丰富和发展。可以说，一部改革开放的历史，就是中国共产党人在新时期进行实践探索和理论创新的历史，就是中国特色社会主义理论体系产生、形成和发展的历史。

3. 价值导向：反映人民愿望

科学性与价值性的高度统一是马克思主义的基本特征和重要原则。马克思主义理论之所以能够掌握群众，根本原因是马克思主义既科学地揭示了人类社会发展的客观规律，具有高度科学性，又代表了无产阶级和最广大人民的根本利益，具有彻底革命性。马克思在《〈黑格尔法哲学批判〉导言》中曾经指出：“理论一经掌握群众，也会变成物质力量。理论只要说服人［ad hominem］，就能掌握群众；而理论只要彻底，就能说服人［ad hominem］。所谓彻底，就是抓住事物的根本。但是，人的根本就是人本身。”① 马克思、恩格斯在《共产党宣言》中论述国际共产主义运动的性质时就指出：“过去的一切运动都是少数人的或者为少数人谋利益的运动。无产阶级的运动是绝大多数人的、为绝大多数人谋利益的独立的运动。”② 毛泽东强调：“为什么人的问题，是一个根本的问题，原则的问题。”③ 胡锦涛指出：“相信谁、依靠谁、为了谁，是否始终站在最广大人民的立场上，是区分唯物史观和唯心史观的分水岭，也是判断马克思主义政党的试金石。对于马克思主义执政党来说，坚持立党为公、执政为民，实现好、维护好、发展好最广大人民的根本利益，充分发挥全体人民的积极性来发展先进生产力和先进文化，始终是最紧要的。”④ 习近平总书记也以朴素的语言反复强调：“千万要记住政府前面的‘人民’两字”，“群众在干部的心里有多重，干部在群众心中就有多重”，“要始终与人民心心相印、与人民同甘共苦、与人民团结奋斗”、“常怀忧患之思，常念人民之托”。⑤ 中国共产党人的根本宗旨是全心全意为人民服务，人民的愿望和利益是党进行理论创新的根本动因。中国特色社会主义理论体系的产生和形成，正是准确地反映和表达了人民愿望与利益诉求的结果。

中国的改革是从农村开始的，搞农村家庭联产承包责任制就是中国农民的发明创造。改革开放是人民的选择，邓小平理论反映了人民的意愿，是人民利益和愿望的集中表达。在整个改革开放过程中，邓小平始终强调要以人民群众拥护不拥护、赞成不赞成、满意不满意、高兴不高兴作为判断改革开放得失成败的根本标准。在改革开放初期，邓小平就指出：“中国现在实行对外开放、对内搞活

---

① 《马克思恩格斯选集》第 1 卷，人民出版社 1995 年版，第 9 页。

② 《马克思恩格斯选集》第 1 卷，人民出版社 1995 年版，第 283 页。

③ 《毛泽东选集》第 3 卷，人民出版社 1991 年版，第 857 页。

④ 中央保持共产党先进性活动领导小组：《保持共产党员先进性教育读本》，党建读物出版社 2005 年版，第 255 页。

⑤ 习近平：《人民群众是我们力量的源泉》，《人民日报》（海外版）2012 年 12 月 27 日。

经济的政策，有谁改得了？如果改了，中国百分之八十的人的生活就要下降，我们就会丧失人心。我们的路走对了，人民赞成，就变不了。”① 在著名的南方谈话中，邓小平提出了判断改革开放和我们一切工作得失成败的“三个有利于”标准。从十三届四中全会到党的十六大，江泽民主政13年期间集中思考和深刻论述了党与人民群众的关系，提出了“三个代表”重要思想，强调“三个代表”重要思想的核心是“立党为公、执政为民”，强调把维护好、实现好最广大人民根本利益作为我们党和政府一切工作的出发点和落脚点。

从党的十六大到党的十八大，党中央领导集体深刻洞察全局，抓住了“民生”这个人民群众最为关注和迫切需要解决的问题：社会物质财富比较丰富了，但如何共享发展成果的矛盾突出起来；综合国力大大增强了，但地区之间、城乡之间发展失衡；群众生活条件好起来了，但社会上出现了道德滑坡的状况；经济增长了，但却以巨大的能源资源消耗为代价；国内生产总值增加了，但生态环境却遭到了破坏。在这样的情况下，人民群众渴望共享发展成果，渴望地区之间、城乡之间协调发展，渴望社会道德得到提升，渴望生态环境得到修复和保护，渴望经济、政治、文化、社会、生态的全面进步。人民的利益和愿望是党进行理论创新的鲜明价值导向。正如胡锦涛同志在2012年“7·23”重要讲话中所强调的：我们要全面审视当今世界和当代中国发展大势，全面把握我国发展新要求和人民群众新期待，科学制定适应时代要求和人民愿望的行动纲领和大政方针，更加奋发有为、兢兢业业地工作，继续推动科学发展、促进社会和谐，继续改善人民生活、增进人民福祉，奋力完成时代赋予的光荣而艰巨的任务。科学发展观的核心是“以人为本”，强调“发展为了人民、发展依靠人民、发展成果由人民共享”②，党的十七大和十八大突出强调了以改善民生为重点的社会建设。党的十八大

① 《邓小平文选》第3卷，人民出版社1993年版，第59页。

② 中共中央文献研究室编：《十六大以来重要文献选编》下，中央文献出版社2008年版，第651页。

指出：为人民服务是党的根本宗旨，以人为本、执政为民是检验党一切执政活动的最高标准。任何时候都要把人民利益放在第一位，始终与人民心连心、同呼吸、共命运，始终依靠人民推动历史前进。因此，包括邓小平理论、“三个代表”重要思想、科学发展观在内的中国特色社会主义理论体系及时、准确地反映和表达了当代中国人民的根本利益和共同愿望，因而一经提出，就获得了最广大人民群众的衷心拥护和广泛支持。

4. *现实需要：破解发展难题*

“理论在一个国家实现的程度，总是决定于理论满足这个国家的需要的程度。”① 理论创新必须立足于解决重大的现实问题，这是理论创新的生命力所在，也是创新理论存在的价值所在。改革开放初期，面对百废待兴的局面，邓小平同志强调必须在总结历史经验教训的基础上把握中国下一步的发展问题，在世界发展的潮流中抓住中国未来发展的重要时机，并且提出了“发展才是硬道理”的著名思想。20 世纪 80 年代末 90 年代初，面对风云变幻的国内外局势和保持改革、发展、稳定三者之间“张力”的难题，以江泽民为核心的党的第三代中央领导集体把发展问题同党的性质、党的执政理念联系起来，提出了发展是党执政兴国的第一要务的重要思想。

从党的十六大到党的十八大，党中央审时度势，紧紧抓住世情、国情、党情的新变化，敏锐洞察经济全球化、政治多极化、文化多元化、信息网络化给我国经济社会发展带来的机遇和挑战，深刻认识到随着改革开放的深入发展和社会主义市场经济体制的建立，我国社会经济成分、组织形式、就业方式、利益关系和分配方式等多样化带来的利益矛盾更为突出的难题，全面分析在中国特色社会主义改革创新事业中如何保持和发展党的先进性的新问题，及时破解发展难题。一方面，从全面分析国情入手，探讨了在经济全球化时代和我国改革发展关键阶段“实现什么样的发展”的问题；另一方面，深入思考统筹解决矛盾和问题的新思路，提出了“怎

① 《马克思恩格斯选集》第 1 卷，人民出版社 1995 年版，第 11 页。

样发展”的一系列重大战略思想和政策措施。

党的十八大以来，以习近平为总书记的党中央继续强调通过改革开放破解发展难题，习近平总书记指出：“改革开放是我们党的历史上一次伟大觉醒”，“改革不停顿、开放不止步”，“改革开放是决定当代中国命运的关键一招，也是决定实现‘两个100年’奋斗目标、实现中华民族伟大复兴的关键一招”。2012年12月在广东考察时，习近平总书记强调，改革开放要“敢于啃硬骨头，敢于涉险滩，既勇于冲破思想观念的障碍，又勇于突破利益固化的藩篱”。① 在2013年7月湖北调研期间，习近平总书记强调：应对当前我国发展面临的一系列矛盾和挑战，关键在于全面深化改革。必须从纷繁复杂的事物表象中把准改革脉搏，把握全面深化改革的内在规律，特别是要把握全面深化改革的重大关系，处理好解放思想和实事求是的关系、整体推进和重点突破的关系、顶层设计和摸着石头过河的关系、胆子要大和步子要稳的关系、改革发展和稳定的关系。党的十八届三中全会提出了全面深化改革的时间表和路线图，十八届三中全会通过的《中共中央关于全面深化改革若干重大问题的决定》是新时期指导全面深化改革的纲领性文献。我们党以解决重大现实课题为理论创新的紧迫要求，使得理论创新更显针对性和务实性，因而大大增强了其实践效应。

从国内情况来看，我国进入新世纪、新阶段，对党的理论创新提出了直接的要求。所谓新阶段，可归纳为发展新阶段、改革新阶段和实力新阶段。一是我国进入了全面建设小康社会的发展新阶段。进入新世纪，我国开始实施第三步战略目标；到2020年，要完成全面建成小康社会的历史性任务。所以，我们这一代共产党人承担着庄严而艰巨的历史使命。改革开放30多年来，我们在实施第一步、第二步战略目标的过程中取得了举世瞩目的历史性成就，但与此同时也出现了许多新情况、新矛盾和新问题。主要表现在：发展中不平衡、不协调、不可持续问题依然突出，科技创新能力不

① 习近平：《增强改革的系统性整体性协同性做到改革不停顿开放不止步》，《人民日报》2012年12月12日。

强，产业结构不合理，农业基础依然薄弱，资源环境约束加剧，制约科学发展的体制机制障碍较多，深化改革开放和转变经济发展方式任务艰巨；城乡区域发展差距和居民收入分配差距依然较大；社会矛盾明显增多，教育、就业、社会保障、医疗、住房、生态环境、食品药品安全、安全生产、社会治安、执法司法等关系群众切身利益的问题较多，部分群众生活比较困难；一些领域存在道德失范、诚信缺失现象；一些干部领导科学发展能力不强，一些基层党组织软弱涣散，少数党员干部理想信念动摇，宗旨意识淡薄，形式主义、官僚主义问题突出，奢侈浪费现象严重；一些领域消极腐败现象易发多发，反腐败斗争形势依然严峻。所有这些，都迫切需要我们在全面建成小康社会的历史进程中全力加以解决。二是我国进入了建立比较完善的社会主义市场经济体制的改革新阶段。按照党的十四届三中全会、十六届三中全会的既定部署，我国从 21 世纪初到 2010 年已经建立起比较完善的社会主义市场经济体制。在建立和完善社会主义市场经济体制过程中，出现经济体制深刻变革、社会结构深刻变动、利益格局深刻调整、思想观念深刻变化等现象。这种空前的社会变革既能给我国的发展进步带来巨大动力，注入强大活力，也使我们面临新的矛盾和问题。三是我国进入了人均国内生产总值超过 1000 美元的实力新阶段。这又使我们面临着“两个前所未有”，即面临的发展机遇前所未有，面对的挑战前所未有。

在上述时代背景和我国发展的新阶段，我们党能否继续抓住机遇谋发展，同时又能有效抵御各种风险，战胜各种困难，把中国特色社会主义事业进一步推向前进，关键在于毫不动摇地坚持党的基本理论、基本路线、基本纲领，顺应时代发展的潮流，坚持一切从实际出发，研究新情况，解决新问题，不断推进理论创新、实践创新、制度创新。所以，在党的十八大报告中，胡锦涛同志总结十七大以来的五年工作、十六大以来的十年工作，既客观总结了我们取得的新的重大成就，也客观分析了我们工作中存在的许多不足以及前进道路上存在的困难和问题。强调党的十六大以来的这十年，我们紧紧抓住和用好我国发展的重要战略机遇期，战胜一系列重大挑战，奋力把中国特色社会主义推进到新的发展阶段，取得历史性成就，靠的是党的基本理论、基本路线、基本纲领、基本经验的正确指引，靠的是新中国成立以来特别是改革开放以来奠定的深厚基础，靠的是全党全国各族人民的团结奋斗。这正是十六大以来党中央带领人民推进中国特色社会主义历史发展的经验总结。

二、中国特色社会主义理论体系的历史演进

马克思主义在与中国革命、建设和改革的实践相结合的过程中，先后产生了两大理论成果，这就是毛泽东思想和中国特色社会主义理论体系。毛泽东是马克思主义中国化的开拓者和奠基人，他在理论和实践的层面为马克思主义中国化作出了独创性的贡献，奠定了马克思主义中国化的基石。以邓小平、江泽民、胡锦涛、习近平为主要代表的当代中国共产党人，坚持马克思主义思想路线，不断探索和回答了什么是马克思主义、怎样对待马克思主义，什么是社会主义、怎样建设社会主义，建设什么样的党、怎样建设党，实现什么样的发展、怎样发展等重大理论和实际问题，不断推进马克思主义中国化，坚持并丰富党的基本理论、基本路线、基本纲领、基本经验，形成了包括邓小平理论、“三个代表”重要思想、科学发展观在内的中国特色社会主义理论体系。

1. 毛泽东思想与中国特色社会主义理论体系的思想先导

在马克思主义中国化史上，毛泽东率先冲破教条主义的牢笼，最早明确提出马克思主义中国化的命题和历史任务，并且指明了马克思主义中国化的核心思想，即马克思主义基本原理与中国具体实际相统一的思想；他第一次鲜明提出“相结合”的科学概念，向全党提出了“使马克思主义在中国具体化”和“使中国实际马克思主义化”的双重任务，要求全党同志运用马克思主义的立场、观点和方法来具体研究中国的历史和现状，具体解决中国革命的问题，以坚持马克思主义的普遍真理与尊重中国的具体实际为前提和基础，独立地制定和实施适合中国国情的路线、方针和政策；他首创了马克思主义与中国实际相结合的革命道路，探索了实现马克思主义中国化的具体路径，赋予了马克思主义以中国的民族特点、民

族形式、民族风格和民族气派；他奠定了马克思主义中国化的深刻的思想理论基础——实事求是；他领导的整风运动解决了马克思主义中国化所要求的学风问题。

马克思主义中国化包括两个基本的方面：一是要“学会把马克思列宁主义的理论应用于中国的具体的环境”①，即用马克思主义的立场、观点和方法分析和回答中国革命、建设和改革实践进程中的实际问题，用毛泽东同志的话来说，就是用马克思主义之“矢”去射中国革命之“的”，这是一个由理论到实践的过程；二是要使中国实际马克思主义化，即按照马克思主义的立场、观点和方法总结中国传统文化的优秀思想和中国共产党人的实践经验，把中国经验上升为科学理论，形成具有中国特色、中国风格、中国气派的马克思主义理论，这是一个由实践到理论的过程。毛泽东在这两个方面都作出了开拓性、独创性、奠基性的贡献。这些贡献的理论成果集中体现在毛泽东的《反对本本主义》、《中国革命战争的战略问题》、《实践论》、《矛盾论》、《中国共产党在民族战争中的地位》、《〈共产党人〉发刊词》、《中国革命和中国共产党》、《新民主主义论》、《论人民民主专政》、《论十大关系》、《关于正确处理人民内部矛盾的问题》等著作中。

就马克思主义中国化的理论层面而言，毛泽东独创性的理论贡献主要有：实事求是的思想路线论、新民主主义革命性质论、农村包围城市的革命道路论、土地革命中心论、农民作为主要革命动力论、对资产阶级一分为二和民族资产阶级两面性的辩证分析论、无产阶级革命战争的辩证法和认识论、人民民主专政论、生产资料社会主义改造论、关于社会主义社会基本矛盾和正确处理两类不同性质的矛盾论、人民群众主体论、党的建设的伟大工程论、独立自主的和平外交论、关于“三个世界”划分的理论等。这些创新理论既完全是马克思主义的，又完全是中国化的；既是关于中国革命、建设和改革探索正确的理论原则和经验总结，又是对马克思主义所作的具有中国特色的科学概括和凝练；既是毛泽东同志独创性的理

① 《毛泽东选集》第2卷，人民出版社1991年版，第534页。

论贡献，又是中国共产党人集体智慧的结晶。毛泽东思想是由新民主主义理论、社会主义革命理论、社会主义建设理论三部分构成的科学理论体系，是马克思主义中国化的第一次历史性飞跃的伟大理论成果。

2. 邓小平理论与中国特色社会主义理论体系的开创

在马克思主义中国化的历史进程中，以邓小平同志为核心的党的第二代中央领导集体参与创立、继承发展了马克思主义中国化的第一大理论成果，并且继毛泽东之后，把马克思主义基本原理与中国社会主义建设的具体实际和时代特征相结合，创造性地回答了“什么是社会主义，怎样建设社会主义”这一马克思主义中国化的新主题，实现了马克思主义中国化的第二次历史飞跃；明确提出了“建设有中国特色的社会主义”的新命题，创立了邓小平理论这一马克思主义中国化的第二大理论成果，奠定了中国特色社会主义理论体系的基石，为马克思主义中国化的第三大理论成果的形成奠定了思想理论基础，从而在马克思主义中国化进程中起了承先启后的重要作用。

邓小平同志对马克思主义中国化突出的理论贡献主要表现在以下两个方面：

第一，在拨乱反正中正确解决了在新的历史条件下实现马克思主义中国化的基本前提问题，科学回答了什么是马列主义、毛泽东思想和如何对待马列主义、毛泽东思想的问题。

如何对待马克思主义，尤其是如何对待毛泽东思想，是在新的历史条件下正确实现马克思主义中国化的基本前提性的问题，这个问题处理不好，马克思主义中国化的事业将会由此而中断。当时社会上出现了两种错误倾向：一是来自教条主义的“左”的错误倾向，即把马列主义，特别毛泽东思想教条化，鼓吹“两个凡是”；二是来自资产阶级自由化的右的错误倾向，即认为马列主义，特别是毛泽东思想过时了，全盘否定毛泽东同志对于马克思主义中国化的历史贡献，全盘否定马克思主义中国化的第一大理论成果——毛泽东思想，否定“四项基本原则”。邓小平同志坚决反对了这两种错误倾向，端正了对待马列主义，特别是毛泽东思想的态度。

首先，邓小平同志提出了要完整准确地理解马列主义、毛泽东思想科学体系的思想，否定了把马列主义、毛泽东思想教条化的错误倾向。针对把马克思主义教条化和“两个凡是”的错误倾向，邓小平同志指出：“对马克思列宁主义，应该准确地完整地理解它的体系。”① “要对毛泽东思想有一个完整的准确的认识。”② 并且特别强调：“我们必须世世代代地用准确的完整的毛泽东思想来指导我们全党、全军和全国人民。”③

所谓完整准确地理解马列主义、毛泽东思想，就是要运用马克思主义的辩证唯物主义和历史唯物主义的基本立场、观点和方法，即运用联系的、发展的、全面的、具体的、历史的观点和方法分析和理解马列主义、毛泽东思想，反对在分析和理解上的随心所欲的唯心主义和断章取义的形而上学；就是不能拘泥于马克思主义经典作家基于当时具体情况所提出的个别观点和具体结论，而必须从总体上把握马克思主义的基本原理、基本精神和基本方法，要将基本原理与个别结论、正确思想与某些错误严格区别开来。对此，列宁曾经指出：“马克思主义的全部精神，它的整个体系，要求人们对每一个原理都要（α）历史地，（β）都要同其他原理联系起来，（γ）都要同具体的历史经验联系起来加以考察。”④ 邓小平同志也强调指出：“毛泽东同志在这一个时间，这一个条件，对某一个问题所讲的话是正确的，在另外一个时间，另外一个条件，对同样的问题讲的话也是正确的；但是在不同的时间、条件对同样的问题讲的话，有时分寸不同，着重点不同，甚至一些提法也不同。所以我们不能够只从个别词句来理解毛泽东思想，而必须从毛泽东思想的整个体系去获得正确的理解。”⑤ “我们坚持的和要当作行动指南的是马列主义、毛泽东思想的基本原理，或者说是由这些基本原理构

---

① 《邓小平文选》第 2 卷，人民出版社 1994 年版，第 67 页。
② 《邓小平文选》第 2 卷，人民出版社 1994 年版，第 42 页。
③ 《邓小平文选》第 2 卷，人民出版社 1994 年版，第 39 页。
④ 《列宁全集》第 47 卷，人民出版社 1990 年版，第 464 页。
⑤ 《邓小平文选》第 2 卷，人民出版社 1994 年版，第 42~43 页。

成的科学体系。至于个别的论断，那末，无论马克思、列宁和毛泽东同志，都不免有这样那样的失误。但是这些都不属于马列主义、毛泽东思想的基本原理所构成的科学体系。”① 正因为如此，邓小平同志始终强调要把毛泽东思想的科学体系与毛泽东晚年的错误严格区分开来，强调既不能因为毛泽东晚年犯了错误而否认毛泽东思想的基本原理，否认毛泽东在马克思主义中国化历史进程中的历史功绩以及毛泽东思想的理论价值；又强调不能因为要坚持毛泽东思想而讳言和否认毛泽东晚年的错误，对于毛泽东同志和毛泽东的话搞“句句是真理”，搞“凡是”。

其次，邓小平同志提出要在新的条件下坚持和发展马列主义、毛泽东思想，反对否认马列主义、毛泽东思想的资产阶级自由化的错误倾向。针对由于“文化大革命”以及苏联解体、东欧剧变，社会主义处于低潮而出现的否认马列主义、毛泽东思想和所谓“非毛化”的资产阶级自由化的右的错误倾向，邓小平同志指出：“马克思主义是打不倒的。打不倒，并不是因为大本子多，而是因为马克思主义的真理颠扑不破。”② 不要因为暂时的曲折而惊慌失措，“不要认为马克思主义就消失了，没用了，失败了。哪有这回事!”③ “我坚信，世界上赞成马克思主义的人会多起来的，因为马克思主义是科学。它运用历史唯物主义揭示了人类社会发展的规律。”④ 他特别强调：“毛泽东思想这个旗帜丢不得。丢掉了这个旗帜，实际上就否定了我们党的光辉历史。”⑤ “毛泽东思想过去是中国革命的旗帜，今后将永远是中国社会主义事业和反霸权主义事业的旗帜，我们将永远高举毛泽东思想的旗帜前进。”⑥

对于马列主义、毛泽东思想，我们既要坚持，又要发展，而且只有在发展中才能真正地坚持。因此，邓小平同志指出：马克思去

① 《邓小平文选》第2卷，人民出版社1994年版，第171页。
② 《邓小平文选》第3卷，人民出版社1993年版，第382页。
③ 《邓小平文选》第3卷，人民出版社1993年版，第383页。
④ 《邓小平文选》第3卷，人民出版社1993年版，第382页。
⑤ 《邓小平文选》第2卷，人民出版社1994年版，第298页。
⑥ 《邓小平文选》第2卷，人民出版社1994年版，第172页。

世以后一百多年，世界形势发生了巨大变化，现代科学技术日新月异，我们“绝不能要求马克思为解决他去世之后上百年、几百年所产生的问题提供现成答案。列宁同样也不能承担为他去世以后五十年、一百年所产生的问题提供现成答案的任务。真正的马克思列宁主义者必须根据现在的情况，认识、继承和发展马克思列宁主义”。① “不以新的思想、观点去继承、发展马克思主义，不是真正的马克思主义者。”② 他强调：“马克思主义理论从来不是教条，而是行动的指南。它要求人们根据它的基本原则和基本方法，不断结合变化着的实际，探索解决新问题的答案，从而也发展马克思主义理论本身。”③

再次，强调坚持和发展马克思主义就是要把马克思主义的普遍真理与中国的具体实际相结合，认识和掌握中国的国情。对此，邓小平同志强调指出：“中国搞社会主义，强调要有中国的特色。我们坚信马克思主义，但马克思主义必须与中国实际相结合。只有结合中国实际的马克思主义，才是我们所需要的真正的马克思主义。”④ 并且指出：坚持马克思主义普遍真理与中国实际相结合，走自己的路，是我们党总结长期的历史经验得出的基本结论。在邓小平同志的倡导下，我们党深化了对马克思主义普遍真理与中国实际相结合这一原理的认识，明确了实现马克思主义中国化，把马克思主义普遍真理与中国实际相结合的道路，“关键在于深刻认识和掌握马克思主义，深刻认识和掌握中国的国情，并把两者正确地统一于革命和建设的实践之中。掌握马克思主义，最重要的是掌握它的精神实质，运用它的基本原理和立场、观点、方法观察分析问题。认识中国国情，最重要的是认识对中国革命和建设有重大影响的一切有利的和不利的现实因素，特别是认识中国社会的性质和发

---

① 《邓小平文选》第3卷，人民出版社1993年版，第291页。

② 《邓小平文选》第3卷，人民出版社1993年版，第292页。

③ 中共中央文献研究室编：《邓小平年谱（1975—1997）》下，中央文献出版社2004年版，第1079页。

④ 《邓小平文选》第3卷，人民出版社1993年版，第213页。

展阶段，认识社会主要矛盾和它的变化。在实现两者结合的过程中，必须始终坚持党的一切从实际出发、实事求是的思想路线，勇于探索和创新，在实践中检验真理和发展真理；坚持党的群众路线，从群众中来到群众中去，集中人民群众的实践经验和智慧；坚持独立自主地分析和解决中国的问题，找出适合我国情况的前进道路。"① 我们党获得的这些新的认识，为实现马克思主义基本原理与中国实际相结合的第二次历史飞跃奠定了深刻的思想理论基础。

第二，在改革开放和社会主义现代化建设中转换和解答了马克思主义中国化的新主题，创立了马克思主义中国化的第二大理论成果——邓小平理论。

马克思主义中国化在第二阶段的新主题，是要回答在经济文化比较落后的中国如何建设、巩固和发展社会主义，即如何把中国建设成为富强、民主、文明、和谐的社会主义现代化国家，如何实现中华民族伟大复兴的问题。以邓小平同志为核心的党的第二代中央领导集体科学解答了马克思主义中国化的新主题，创立了马克思主义中国化的第二大理论成果——邓小平理论，实现了马克思主义中国化的第二次历史飞跃。

邓小平理论是在和平与发展成为时代主题的历史条件下，在我国改革开放和社会主义现代化建设的实践过程中，在科学而深刻地总结我国社会主义胜利和挫折的历史经验教训以及其他社会主义国家兴衰成败的经验教训的基础上，逐步形成和发展起来的。它以论述中国特色社会主义为主题，系统阐述了中国特色社会主义的根本任务、发展道路、发展阶段、发展动力、外部条件、国际战略、战略步骤、领导力量和依靠力量、一国两制和祖国统一等一系列基本问题。邓小平理论是马克思列宁主义的基本原理与当代中国实际和时代特征相结合的产物，是毛泽东思想的继承和发展，是当代中国的马克思主义。它是全党全国人民集体智慧的结晶，是中国共产党的指导思想和中华民族复兴的强大精神支柱。

---

① 中共中央文献研究室编：《十三大以来重要文献选编》下，人民出版社1993年版，第1634页。

改革开放30多年来，在邓小平理论的指导下，中国社会发生了天翻地覆的变化，社会生产力空前发展，人民生活水平空前改善，综合国力空前增强，社会全面进步，中国由不发达的社会主义国家逐步变成初步繁荣昌盛的社会主义国家，社会主义制度的优越性初步显示出来。中国人民也从改革开放中看到了社会主义的光明前途和中华民族复兴的希望。正如江泽民同志所指出的："没有毛泽东同志的领导，就没有新中国的建立；没有邓小平同志的领导，就没有建设有中国特色社会主义道路的开创。"① 邓小平同志作为我们党的第二代中央领导集体的核心，作为中国改革开放的总设计师，"他的最突出的贡献就在于，不仅领导我们的党和国家从'文化大革命'造成的深重灾难中走了出来，而且还以对当代中国和世界的深刻了解，为党和国家重新走在时代潮流前面，为中华民族以更强大的力量自立于世界民族之林，规划了崭新的和切合实际的宏伟蓝图"②。

3. "三个代表"重要思想与中国特色社会主义理论体系的丰富

十三届四中全会以来，以江泽民同志为核心的党的第三代中央领导集体，继承毛泽东和邓小平开辟的马克思主义中国化的伟大事业，高举邓小平理论的伟大旗帜，带领全党全国各族人民坚持党的基本理论、基本路线，在国内外形势十分复杂、世界社会主义出现严重曲折的严峻考验面前捍卫了中国特色社会主义，依据新的实践确立了党的基本纲领、基本经验，确立了社会主义市场经济体制的改革目标和基本框架，确立了社会主义初级阶段的基本经济制度和分配制度，开创全面改革开放新局面，推进党的建设新的伟大工程，以马克思主义的巨大理论勇气进行理论创新，逐步形成了"三个代表"重要思想这一系统的科学理论。"三个代表"重要思想在建设中国特色社会主义的思想路线、发展道路、发展阶段、发展战略、根本任务、发展动力、依靠力量、国际战略、领导力量和

① 中共中央文献研究室编：《十五大以来重要文献选编》上，人民出版社2000年版，第679页。

② 江泽民：《论党的建设》，中央文献出版社2001年版，第115页。

根本目的等重大问题上提出了一系列紧密联系、相互贯通的新思想、新观点、新论断，进一步回答了什么是社会主义，怎样建设社会主义的问题，创造性地回答了建设什么样的党，怎样建设党的问题。“三个代表”重要思想涵盖了经济、政治、文化和党的建设等各个领域，体现在改革、发展、稳定，内政、外交、国防，治党、治国、治军各个方面，是一个系统的科学理论。“三个代表”重要思想的形成，表明我们党对共产党执政规律、社会主义建设规律和人类社会发展规律的认识达到了新的理论高度，开辟了马克思主义发展的新境界，谱写了马克思主义中国化的历史新篇章，在马克思主义发展史和中国化的马克思主义发展史上具有重要的历史地位。具体表现在以下几个方面：

第一，“三个代表”重要思想坚持马克思主义的世界观和方法论，创造性地运用它们分析当今世界和中国的实际，为我们在新的历史条件下运用辩证唯物主义和历史唯物主义认识和把握社会发展规律，更好地推进中国特色社会主义事业作出了新的理论概括。辩证唯物主义和历史唯物主义的世界观和方法论，是马克思主义最根本的理论特征。马克思主义坚持从社会物质生产，特别是生产力和生产关系、经济基础和上层建筑的矛盾运动的层面来解释世界，把社会基本矛盾看成是社会发展的根本动力，其中生产力的发展是社会发展的最终动力。中国共产党始终代表中国先进生产力的发展要求，是对于马克思主义关于生产力和生产关系、经济基础和上层建筑辩证关系这一基本原理的运用和阐发，集中体现了当代人类社会实践的新要求；中国共产党始终代表中国先进文化的前进方向，是对马克思主义关于物质生活和精神生活、社会存在和社会意识的辩证关系这一基本原理的运用和阐发，深刻反映了当代科学技术日新月异的新变化；中国共产党始终代表中国最广大人民的根本利益，是对马克思主义关于人民群众是历史的创造者，是推动社会历史前进的动力这一基本原理的运用和阐发，深刻揭示了当代中国政治实践发展的新要求。“三个代表”重要思想所具有的基本点，马克思主义经典作家都有论述，中国化的马克思主义者毛泽东、邓小平也有很多阐释，但是，把发展先进生产力和先进文化、实现最广大人民的根本利益同坚持党的先进性联系在一起，上升到党的性质和宗旨的高度，构成一个完整的体系，这是以江泽民为代表的中国共产党人对辩证唯物主义和历史唯物主义的创造性运用和发展，是对马克思主义中国化的继承和发展。

第二，“三个代表”重要思想坚持党的最高纲领和最低纲领的统一，为我们坚持马克思主义的最终奋斗目标，根据实际制定和实施推动中国特色社会主义建设的科学战略提供了新的理论基础。实现物质财富极大丰富、人民精神境界极大提高、每个人自由而全面发展的共产主义，是马克思主义最崇高的社会理想，也是中国共产党人最高的价值目标。“三个代表”重要思想强调树立共产主义远大理想和坚定信念，同时强调共产主义只有在社会主义社会充分发展和高度发达的基础上才能实现，实现共产主义是一个非常漫长的历史过程，要立足我国正处于并将长期处于社会主义初级阶段这个实际，脚踏实地地为实现党在现阶段的基本纲领而不懈努力。这是在新世纪、新阶段继承和发展毛泽东、邓小平倡导的把马克思主义的普遍真理与中国实际相结合，把远大理想与求真务实精神相结合的具体体现。中国共产党人坚持走适合中国国情的社会主义发展道路，以实现中华民族的伟大复兴为己任，经过长期的努力，不断使经济更加发展、民主更加健全、科教更加进步、文化更加繁荣、社会更加和谐、人民生活更加殷实，不断促进人的全面发展，不断向党的最终目标前进。忘记远大理想而只顾眼前就会失去方向，离开现实工作而空谈远大理想就会脱离实际。“三个代表”重要思想既鲜明地坚持了马克思主义的社会理想，同时又为在锲而不舍的努力中不断朝着共产党人的远大理想和最终目标胜利前进指明了现实途径。

第三，“三个代表”重要思想坚持马克思主义关于无产阶级政党必须植根于人民的政治立场，注重从人民群众的实践中吸取养分，为我们坚持马克思主义群众观点，不断实现最广大人民的根本利益提出了新的理论要求。实现最广大人民的根本利益是马克思主义最鲜明的政治立场，是无产阶级政党区别于资产阶级政党以及其他一切剥削阶级政党最显著的标志。“三个代表”重要思想强调中国共产党是中国工人阶级的先锋队，同时是中国人民和中华民族的先锋队，是中国特色社会主义事业的领导核心。建设中国特色社会主义的根本目的是不断实现好、维护好、发展好最广大人民的根本利益，党的理论、路线、纲领、方针、政策和工作必须以符合最广大人民的根本利益为最高衡量标准。必须坚持实践第一的观点，以最广大人民的实践为理论创新的源泉，以实现最广大人民的根本利益为理论创新的目的。这些重要理论观点，适应中国共产党历史地位和执政条件的发展变化，适应我国人民利益要求和社会结构的发展变化，是对马克思列宁主义、毛泽东思想、邓小平理论关于党群关系理论的继承和发展。

第四，“三个代表”重要思想坚持马克思主义与时俱进的理论品质，体现了马克思主义理论创新的勇气，为我们坚持马克思主义基本原理，不断在实践中推进理论创新打开了新的理论视野。坚持一切从实际出发，理论联系实际，实事求是，在实践中检验真理和发展真理，是马克思主义最重要的理论品质。这种与时俱进的理论品质，是150多年来马克思主义始终保持蓬勃生命力的关键所在。“三个代表”重要思想强调实践没有止境，创新也没有止境，党的全部理论和工作要体现时代性，把握规律性，富于创造性。“三个代表”重要思想创造性地运用马克思列宁主义、毛泽东思想，特别是创造性地运用了邓小平理论，紧密结合中国特色社会主义建设的新实际，提出了关于建立社会主义市场经济体制的思想，关于公有制为主体、多种所有制经济共同发展是我国社会主义初级阶段的基本经济制度的思想，关于按劳分配为主体、多种分配方式并存的思想，关于实行全方位对外开放战略的思想，关于正确处理改革、发展、稳定之间的关系的思想，关于建设社会主义法治国家的思想，关于以法治国和以德治国相结合的思想，关于走中国特色精兵之路的思想，关于巩固党的阶级基础和扩大党的群众基础的思想，等等。这些都是对马克思主义中国化的重大贡献。“三个代表”重要思想既坚持马克思主义的基本原理，又不从书本、概念和抽象的原则出发，而是一切从实际出发，深刻总结实践创造的新鲜经验并上升到理论，在推动马克思主义中国化发展的进程中卓有成效地坚持了马克思主义。“三个代表”重要思想既是坚持马克思主义的典范，又是发展马克思主义的典范。

第五，“三个代表”重要思想是同马克思列宁主义、毛泽东思想、邓小平理论既一脉相承又与时俱进的科学理论。所谓一脉相承，是指“三个代表”重要思想与马克思列宁主义、毛泽东思想、邓小平理论具有内在的、本质上的一致性。这种内在的、本质上的一致性包括它们都具有共同尊奉的初级文本（即马克思列宁主义的文本）、共同的世界观和方法论（辩证唯物主义和历史唯物主义）、共同的话语系统和言说方式、共同的价值理念（全心全意为人民服务）、共同的信仰追求（即实现人的自由全面发展和共产主义社会）以及共同的理论品质（与时俱进）。“三个代表”重要思想与马克思列宁主义、毛泽东思想、邓小平理论的一脉相承性，并不是说“三个代表”重要思想与马克思列宁主义、毛泽东思想、邓小平理论中的具体观点和具体结论完全相同，而是指其基本原理、基本观点、内在精神和思维方法与马克思列宁主义、毛泽东思想、邓小平理论完全一致。就内在精神和思维方法而言，主要是唯物辩证的方法、深层的历史感和历史主义方法、科学的批判精神以及与时俱进的理论品质。所谓与时俱进，是指“三个代表”重要思想与马克思列宁主义、毛泽东思想、邓小平理论一样，都不是封闭的、宗派主义的教条体系，而是随着实践的发展而发展的科学的开放体系，其精神是革命的、批判的。“三个代表”重要思想是以江泽民为主要代表的中国共产党第三代领导集体站在当代人类实践、人类科学以及人类文化发展的最前沿，立足社会主义初级阶段基本国情，总结中国特色社会主义建设的规律，特别是共产党执政规律而提出来的。它体现了继往与开来、坚持与发展、继承与创新的有机统一，是马克思主义中国化新的理论成果。

4. 科学发展观与中国特色社会主义理论体系的最新成果

党的十六大以来，党中央高举邓小平理论和“三个代表”重要思想的伟大旗帜，抓住重要战略机遇期，发扬求真务实、开拓进取精神，在全面建设小康社会进程中推进实践创新、理论创新、制度创新，创造性地提出坚持以人为本、全面协调可持续发展的科学发展观，构建社会主义和谐社会，建设社会主义新农村，建设创新型国家和创新型社会，树立社会主义荣辱观，加强党的执政能力建设和党的先进性建设，推动建设和谐世界，加快生态文明建设等一系列重大战略思想，形成了以科学发展观为核心的中国共产党创新理论和中国特色社会主义理论体系的最新理论成果，谱写了马克思主义中国化的历史新篇章。

党的十六大以来，党中央坚持解放思想、实事求是、与时俱进、求真务实，立足社会主义初级阶段基本国情，勇于推进实践基础上的理论创新，集中全党智慧，形成和贯彻了科学发展观。科学发展观，是对党的三代中央领导集体关于发展的重要思想的继承和发展，是马克思主义同当代中国实际和时代特征相结合的产物，是马克思主义关于发展的世界观和方法论的集中体现，对新形势下实现什么样的发展，怎样发展等重大问题作出了新的科学回答，把我们对中国特色社会主义规律的认识提高到新的水平，开辟了当代中国马克思主义发展新境界。科学发展观是中国特色社会主义理论体系最新成果，是中国共产党集体智慧的结晶，是指导党和国家全部工作的强大思想武器，是党必须长期坚持的指导思想。

首先，科学发展观是对近代工业革命以来传统发展观的检讨和矫正。

近代以来，在“知识就是力量”、“科技理性至上”、“人类中心主义”的价值理念的支配下，人类结束了依赖自然、顺应自然、与自然和谐共处的农业时代，开始了征服自然、与自然抗争的工业化时代。在“现代化=工业化”、“发展=经济增长”的口号鼓动下，从17世纪后半期一直到20世纪前半期这段相当长的工业化历史时期里，发展和现代化一般都被视为经济增长，单纯的经济增长是传统发展观的核心内容，对于物质财富的追求成为人们的主要价值目标，从而形成了以经济增长为核心、“以物为本”的传统发展观。

按照传统发展观的发展理念，发展即为经济的增长和物质财富的积累，一切有利于经济增长的发展成为社会历史进步的最高评价尺度。在这种以追求经济增长为核心价值目标的单向度发展观的指引下，工业化国家在物质财富方面取得了辉煌的成绩，社会生产力得到了空前的提高，人的主体性空前增强。这是不可否认的世界性的伟大成绩。但与此同时，在这种片面的发展观的导向下，工业文明的发展已经使人类陷入了种种不可自拔的危机之中，出现了空前严重的全球问题、社会问题和人性问题。从人与自然的关系看，以追求经济增长为价值目标的工业技术文明的片面发展，带来了资源短缺、环境污染、气候恶化、灾害频繁、人口爆炸、城市病态、交通拥挤、核弹威胁等一系列问题，它们意味着当代人与自然之间出现了严重的对立和不和谐。从人与社会的关系看，以追求经济增长为价值目标的工业技术文明的片面发展，虽然提高了人们的物质生活水平，但同时破坏了人与人之间的和谐关系，出现了社会系统紊乱、贫富两极分化、人际矛盾加剧、人情荒疏冷漠、竞争残酷无情等社会问题。人与自然、人与社会关系的对立和不和谐，必然渗入人性内部，造成人性的异化和扭曲，人的身心的对立和不和谐，产生种种人性问题，如人格分裂、精神空虚、心理失衡、精神家园失落、生活无目标、无意义，具体表现为拜金主义、享乐主义、极端个人主义的人生观和价值观泛滥、膨胀。因此，在西方发达资本主义国家工业化的过程中，单纯的经济增长并没有带来经济的可持续发展和社会的全面进步，也没有给人类带来幸福。相反，在人类物质财富显著增加的同时，人与自然之间、人与社会之间、人与人之间以及人的身心之间越来越不和谐，人与自然之间的关系越来越紧张，人与人的关系日益功利化、商品化、庸俗化，人自身也变得越来越不完整，越来越工具化、片面化、表面化、边缘化，人生的全部意义和价值淹没在对物欲的恶劣追求之中。这些问题的空前凸显和加剧，已经将人类逼入发展的“困境”，以致在许多发达的资本主义工业化国家，出现了“高增长，低发展”或者“有增长，无发展”的现象。这种“无发展的增长”实际上是“恶的增长”、“畸形的发展”。其结果是经济的发展难以持续，甚至出现经济衰退、政治腐败、文化失落、社会动荡的恶性循环和发展“怪圈”。

第二次世界大战结束之后，特别是20世纪70年代以来，面对单纯追求经济增长带来的全球问题和人性问题，面对以“天灾”形式反映出来的“人祸”，人类开始反思和检讨自工业革命以来形成的“以物为本”的传统发展观。正如美国学者威利斯·哈曼博士所指出的：“我们唯一最严重的危机主要是工业社会意义上的危机。我们在解决‘如何’一类的问题方面相当成功，但与此同时，我们对‘为什么’这种具有价值含义的问题越来越变得糊涂起来，越来越多的人意识到谁也不明白什么是值得做的。我们的发展速度越来越快，但我们却迷失了方向。”① 在反思和检讨“以物为本”的传统发展观的基础上，人们提出了“以人为本”综合发展观，将综合发展理解为经济增长加社会的全面进步，从而实现了发展观在价值向度上的重要转变。

发展观价值向度的转变主要体现在两个方面：第一，将“发展”与“增长”两个概念严格区别开来。1972 年，罗马俱乐部发表了麻省理工学院丹尼斯·梅多斯等人完成的关于人类困境的研究报告——《增长的极限》。该报告认为，如果世界在人口、工业、粮食生产以及资源利用等方面按照当时的速度增长下去，那么，未来地球上的经济增长将达到极限，随之将出现经济大衰退。因此，避免这种局面出现的最好办法是限制增长，甚至“零增长”。此书一出，立即引起了世界经济界、思想界以及人们思想观念的强烈震动。虽然该书对西方传统发展观的批判带有悲观主义色彩，但开创了综合发展观的先河。1983 年法国社会学家弗朗索瓦·佩鲁受联合国教科文组织的委托，发表了《新发展观》。该书检讨了将经济增长作为发展核心的传统发展观，纠正了传统发展观中的价值偏失，指出了“为什么而发展”，“应当如何发展”以及“在什么条件下经济增长才是有益的”这个目的性、价值性、前提性的问题。弗朗索瓦·佩鲁认为，新的发展应该是整体的、综合的和内生的，经济增长只是发展的手段，发展的目的是社会和人的需要。而且，这种需要不仅仅是物质需要，还包括与各民族的价值和传统相一致的社会、文化和精神需要。

第二，提出了可持续发展问题。1980 年，世界自然保护同盟、

---

① ［美］威利斯·哈曼：《未来启示录》，徐元译，上海译文出版社 1988 年版，第 193 页。

世界野生生物基金会和联合国环境规划署等组织编辑、出版了《世界自然保护大纲》一书，首次提出了可持续发展的概念，强调要唤醒人们对日益遭受破坏的地球生态环境的重视以及对于保护自然环境、合理利用自然资源的关注。1987 年联合国环境与发展委员会在《我们共同的未来》的报告中，对可持续发展作了经典的定义，指出“可持续发展是既满足当代人的需要，又不对后代人满足其需要的能力构成危害的发展”①。1992 年 6 月，在巴西里约热内卢召开的联合国环境和发展大会上，通过了《里约热内卢环境与发展宣言》和《21 世纪议程》两个国际性文件，正式将可持续发展理论付诸行动。1995 年 3 月，在丹麦首都哥本哈根召开的世界发展首脑会议上通过的《发展宣言》和《行动纲领》则明确提出：“社会发展的最终目的是改善和提高全体人民的生活质量”，“社会发展与其发生的文化、生态、政治和精神环境不可分割”。② 此后，在世界范围内还召开了一系列关于可持续发展的重要会议，并且越来越达成共识——可持续发展的目标和中心是人。可持续发展强调了社会经济的发展必须与人口增长、环境保护与资源环境的合理开发利用相协调的问题，说明了当代人的发展不能危及后代人的发展问题，明确了发展的价值目标是维持、延续和发展人类自身。它体现了经济增长与社会的全面进步相统一的内在要求，表达了人类经过几个世纪的发展和探索之后所追求到的真正科学而合理的发展观，即发展内容上的整体性、系统性、协调性和发展价值目标上的以人为本。

第二次世界大战结束之后，广大的亚洲、非洲、拉丁美洲的国家和地区，纷纷摆脱殖民地、半殖民地的地位而实现了国家的独立和民族的解放，成为发展中国家和地区。为了迅速摆脱贫困，追赶经济发达的工业化国家，实现“跨越式”发展，发展中国家大多

---

① 世界环境与发展委员会：《我们共同的未来》，王之佳等译，吉林人民出版社 1997 年版，第 52 页。

② 社会发展问题世界首脑会议第 14 次全体会议：《社会发展问题世界首脑会议〈行动纲领〉》，1995 年 3 月 12 日。

采取了追求经济增长的发展模式，以实现由农业化向工业化、乡村化向城镇化、农业国向工业国的转变。在发展理念上，由于许多发展中国家不是从本国国情出发思考本国的发展模式和发展道路问题，而是一味照搬西方的发展模式和发展道路，重走西方传统工业化的老路，其发展的结局是，许多发展中国家的贫困和悲惨地位并没有得到根本改变，与发达国家之间的差距不仅没有缩小，反而拉大了。不仅如此，由于许多发展中国家在经济、文化甚至政治上过于依赖发达的资本主义国家，经济发展长期低迷，甚至陷入了动乱和内战的深渊。非洲国家长期贫困，东南亚金融危机，南美巴西债务危机，阿根廷和智利的金融危机，就是明证。

在深刻反思和检讨西方发达国家工业化发展道路以及许多发展中国家发展的历史经验教训的基础上，党中央既着眼于世界的发展潮流，又立足于中国发展的现实，既高屋建瓴又实事求是，明确提出了中国共产党人新的发展观——以人为本、全面协调可持续发展的科学发展观，即将“发展”作为科学发展观的第一要义，将“以人为本”作为科学发展观的核心，将“全面、协调、可持续发展”作为科学发展观的基本要求，将“统筹兼顾”作为科学发展观的根本方法。

其次，科学发展观是对改革开放以来中国社会发展经验的反思和总结。

党的十一届三中全会之前，我们在发展问题上，由于片面强调发展的高速度、高积累，而不重视经济效益的提高，导致国民经济比例严重失调。尽管新中国成立以来，我们的经济发展速度总体说来比较高，但是经济质量和经济效益一直是困扰经济建设和发展的突出问题。反思中国经济发展中存在的突出问题，邓小平同志在改革开放初期就明确指出：“过去十多年来，我们一直没有摆脱经济比例的严重失调，而没有按比例发展就不可能有稳定的、确实可靠的高速度。”① “正确的政治领导的成果，归根结底要表现在社会生

① 《邓小平文选》第2卷，人民出版社1994年版，第161页。

产力的发展上，人民物质文化生活的改善上。”① “发展生产力要讲究经济效果。”② 之后，在中国特色社会主义发展进程中，邓小平提出了“发展才是硬道理”的著名论断。发展是硬道理，并不“硬”在单纯的经济增长的高速度上，而是体现在经济效益和社会效益上。在邓小平开创的中国特色社会主义理论的正确指导下，经过改革开放 30 多年的发展，中国这样一个人口众多的发展中大国，以世界上少有的速度持续快速发展起来，经济实力、综合国力不断增强，基础设施和城乡面貌发生巨大变化，人民生活总体上达到小康水平。改革开放 30 多年来中国的国民生产总值（GDP）年平均增长 9.8%，远远高于同时期世界经济平均 3%左右的增长速度，目前中国的经济总量和进出口额都跃升至世界第二。政治建设、文化建设、社会建设、生态文明建设取得举世瞩目的成就。中国的发展，不仅使中国人民稳步地走上了富裕安康的广阔道路，而且为世界经济发展和人类文明进步作出了重大贡献。事实雄辩地证明，改革开放是决定当代中国命运的关键抉择，是发展中国特色社会主义，实现中华民族伟大复兴的中国梦的必由之路；只有社会主义才能救中国，只有改革开放才能发展中国，发展社会主义，发展马克思主义。

改革开放以来，我们党和国家在取得社会主义现代化建设的举世瞩目成就的同时，也创造和积累了丰富的中国发展的实践经验。这些宝贵的“中国经验”就是：在改革开放的历史进程中，我们党把坚持马克思主义基本原理同推进马克思主义中国化结合起来，把坚持四项基本原则同坚持改革开放结合起来，把尊重人民首创精神同加强和改善党的领导结合起来，把坚持社会主义基本制度同发展市场经济结合起来，把推动经济基础变革同推动上层建筑改革结合起来，把提高效率同促进社会公平结合起来，把坚持独立自主同参与经济全球化结合起来，把促进改革发展同保持社会稳定结合起来，把推进中国特色社会主义伟大事业同推进党的建设新的伟大工

① 《邓小平文选》第 2 卷，人民出版社 1994 年版，第 128 页。
② 《邓小平文选》第 2 卷，人民出版社 1994 年版，第 312 页。

程结合起来。

虽然改革开放以来我国经济持续快速增长，国家面貌发生了历史性的变化，人民生活水平总体上达到了小康，但是，我国仍然是发展中国家，还没有从根本上摆脱不发达状况，仍然带有社会主义初级阶段的明显特征。而且随着改革开放和社会主义现代化建设向纵深发展，发展过程中深层次的矛盾也日益凸显出来。主要表现在：

第一，工业化、现代化的历史任务还没有完成，前现代、现代性与后现代的矛盾和问题同时聚焦。我国的工业化和现代化，在经济上包括双重任务：既要推进常规工业化，又要实现跨越式发展，要迎头赶上世界新科技革命的潮流，以信息化带动工业化。目前，我国产业结构还比较落后，增长方式粗放，用现代科学技术改造传统农业和整个农村经济还处在初级阶段，在工业生产、流通和其他社会经济生活的诸多方面仍然有大量落后设备存在。整个国家的科技水平、国民教育水平和文化素质与发达国家相比还有比较大的差距。而且当今中国社会发展很不平衡，既存在前现代化问题，又有现代性的问题，还有后现代的问题。对于中国绝大多数地区尤其是广大中西部农村地区来说，主要是解决前现代化的矛盾和问题。而对于东部沿海地区和大城市而言，则主要是解决现代性和后现代的矛盾和问题。

第二，农业基础依然薄弱，资源环境的压力加大、约束加剧。我国资源虽然十分丰富，但是人均数量少，开发利用率低，人均资源占有量远远低于世界平均水平。从耕地、淡水、森林和草地这四种人类基本生存资源看，我国耕地面积 18 亿亩，人均面积 1.25 亩，为世界人均耕地面积 5.5 亩的 22.5%；森林面积大约 17 亿亩，人均 1.42 亩，为世界人均森林面积 15.5 亩的 9%；草原面积 48 亿亩，人均不到 4 亩，为世界人均草原面积 11.4 亩的 35%；我国的水资源十分短缺，中国的人均水资源拥有量只是世界的 1/4，被列入人均水资源高度缺乏的 13 个国家之一，全国 600 多个城市中 400 多个城市缺水，其中 110 个城市严重缺水，所以，江泽民同志强调：“缺水的危害性绝不亚于水患。没有水，人都不能生存，还谈什么开发和发展?”① 中国的石油、天然气、铜和铅的人均储量仅分别相当于世界人均水平的8.3%、4.1%、25.5%和9.7%。在资源短缺的同时，多年来，我们的经济发展又是粗放型经济增长方式，高消耗、低产出，资源利用率低，环境污染严重，荒漠化问题突出。

第三，城乡二元化结构矛盾突出，“三农问题”凸显。经过改革开放30多年的发展，我们虽然总体上达到小康水平，但是仍然是低水平的、不完全的、发展很不平衡的小康社会。例如，到2000年进入小康社会时，我们原定的16项监测指标和小康临界值有三项没有达到。一是农民的人均收入，指标是人均1200元，实际人均收入为1066元；二是人均蛋白质日摄入量，指标是人均75克，实际人均蛋白质日摄入量为73克；三是建成农村初级卫生保健基本合格县，指标是100%，实际上建成80%。而且，这几年农民收入增长率连续三年下降，城乡差别进一步扩大。此外，由于教育和公共卫生等公共事业，国家投入少，资源的分配不公平，老百姓负担重，农民和城镇低收入群体出现了“读书难、读书贵”，“看病难、看病贵”，“住房难、住房贵”的问题。特别是这些年在经济发展过程中，有些地方盲目征地，出现了一批无土地、无就业岗位、无社会保障的“三无农民”。据统计，全国“三无农民”达4000万人，这将是造成社会动荡极其危险的因素。

第四，发展中不平衡、不协调、不可持续问题依然突出，地区之间、城乡之间发展差距和居民收入分配差距依然较大。由于自然条件和历史基础的差异，加上政策倾斜等多种因素，我国东中西部地区和城乡之间的发展差距依然较大。另外，我国目前居民收入分配差距依然较大。据统计，我国居民贫富差距基尼系数已经超过国际警戒线0.4；在个人银行存款中，20%储户占存款总量的80%，80%储户只占存款总量的20%；我国有300万以上的百万富翁，但是还有近千万农村居民和城市困难职工至今仍然生活在贫困线

① 中共中央文献研究室编:《江泽民论有中国特色社会主义》(专题摘编)，中央文献出版社2002年版，第294页。

以下。

党的十七大报告对新世纪新阶段我国发展呈现出的一系列新的阶段性特征和深层次的矛盾进行了归纳，指出这些阶段性特征和突出矛盾是：经济实力显著增强，同时生产力水平总体还不高，自主创新能力还不强，长期形成的结构性矛盾和粗放型增长方式尚未根本改变；社会主义市场经济体制初步建立，同时影响发展的体制机制障碍依然存在，改革攻坚面临深层次矛盾和问题；人民生活总体上达到小康水平，同时收入分配差距拉大趋势还未根本扭转，城乡贫困人口和低收入人口还有相当数量，统筹兼顾各方面利益难度加大；协调发展取得显著成绩，同时农业基础薄弱、农村发展滞后的局面尚未改变，缩小城乡、区域发展差距和促进经济社会协调发展任务艰巨；社会主义民主政治不断发展，依法治国基本方略扎实贯彻，同时民主法制建设与扩大人民民主和经济社会发展的要求还不完全适应，政治体制改革需要继续深化；社会主义文化更加繁荣，同时人民精神文化需求日趋旺盛，人们思想活动的独立性、选择性、多变性、差异性明显增强，同时社会结构、社会组织形式、社会利益格局发生深刻变化，社会建设和管理面临诸多新课题；对外开放日益扩大，同时面临的国际竞争日趋激烈，发达国家在经济、科技上占优势的压力长期存在，可以预见和难以预见的风险增多，统筹国内和对外开放要求更高。

党的十八大对于我们工作中存在的不足、前进道路上出现的困难和问题，进行了分析，指出我们当前存在的矛盾和问题主要是：发展中不平衡、不协调、不可持续问题依然突出，科技创新能力不强，产业结构不合理，农业基础依然薄弱，资源环境约束加剧，制约科学发展的体制机制障碍较多，深化改革开放和转变经济发展方式任务艰巨；城乡区域发展差距和居民收入分配差距依然较大；社会矛盾明显增多，教育、就业、社会保障、医疗、住房、生态环境、食品药品安全、安全生产、社会治安、执法司法等关系群众切身利益的问题较多，部分群众生活比较困难；一些领域存在道德失范、诚信缺失现象；一些领导干部科学发展能力不强，一些基层党组织软弱涣散，少数党员干部理想信念动摇、宗旨意识淡薄，形式主义、官僚主义问题突出，奢侈浪费现象严重；一些领域消极腐败现象易发多发，反腐败斗争形势依然严峻。

为了解决发展过程中出现的深层次的矛盾和问题，党中央立足社会主义初级阶段基本国情，系统总结了改革开放30多年来中国特色社会主义建设的历史经验，借鉴国外发展经验，适应新世纪新阶段发展要求，明确提出了以人为本、全面协调可持续发展的科学发展观。胡锦涛同志深刻指出：要牢固树立协调发展、全面发展、可持续发展的科学发展观，积极探索符合实际的新路子，进一步完善社会主义市场经济体制，把加大结构调整力度同培育新的经济增长点结合起来，把推进城市发展和推进农村发展结合起来，把发展科学技术的作用和发挥人力资源的优势结合起来，把发展经济与保护环境结合起来，把对外开放与对内开放结合起来，努力走出一条生产发展、生活富裕、生态良好的文明发展道路。科学发展观是世界上人口最大的发展中国家在系统反思和总结国内改革开放和社会主义现代化建设30多年的历史经验教训的基础上对发展问题的深刻思考，是指导全面建设小康社会和社会主义现代化建设的根本思想，是中国共产党人对发展问题认识的新的里程碑。

再次，科学发展观是对马克思主义社会发展理论的继承和创新。

科学发展观是对马克思主义社会发展理论的继承和创新。马克思主义的社会发展理论，特别是马克思主义的社会有机体的理论和人的自由全面发展理论，是科学发展观的重要思想理论来源。

马克思在《〈政治经济学批判〉序言》中以经典的语言表述了历史唯物主义的基本原理，特别是社会结构理论和社会有机体的思想。在《1844年经济学—哲学手稿》、《共产党宣言》、《哥达纲领批判》、《资本论》等著作中，马克思对资本主义“以物为本”、“以钱为本”的发展观和价值观给予了猛烈的批判，把实现人的自由全面发展作为人类追求的终极价值目标。恩格斯在继承和发展了马克思社会发展理论的基础上，在其晚年关于历史唯物主义的通信中，在强调经济因素是社会历史发展决定性的基础的同时，重点强调了政治的和思想的上层建筑对于经济基础的能动的反作用，强调社会历史发展的实际进程是经济、政治、文化等多种因素交互作用的结果，提出了著名的“合力论”思想。尽管马克思和恩格斯没有也不可能对无产阶级取得政权之后社会主义国家如何发展的问题提出完整的设想和具体方案，但是他们提出的比较完备的社会发展理论和对共产主义社会（包括它的第一阶段——社会主义社会）的科学预测，为科学发展观的形成奠定了世界观和方法论的理论基础。

中国共产党三代领导集体在继承马克思主义经典作家关于社会发展理论的基础上，结合中国社会主义建设和改革开放的实际，重点探讨了中国社会主义建设和发展问题，形成了中国特色的社会主义发展理论。中国共产党三代领导集体关于中国特色社会主义发展的重要思想，为科学发展观的形成提供了直接的思想理论来源。

毛泽东同志虽然没有提出系统的科学发展理论，并且由于缺乏经验，在探索社会主义发展道路的实践上也出现过重大失误，但其关于社会主义发展问题的思考许多方面至今都闪烁着“科学性”的光芒。这主要表现在：在《论十大关系》和《关于正确处理人民内部矛盾的问题》等著作中，毛泽东同志强调在发展过程中要正确处理好人民内部矛盾，要正确处理好各方面的关系（主要是“十大关系”），要“统筹兼顾，适当安排”①；在面对国际敌对势力对社会主义新中国的经济封锁、军事威胁、政治孤立、外交制裁的情况下，毛泽东强调“独立自主，自力更生”② 的发展方针；强调人在社会发展中的地位和作用，特别是人的主观能动性和精神动力在社会主义建设和发展中的作用，强调发展的目的是“为人民服务”③，等等。

在马克思主义发展史上，邓小平的发展理论是第一个完备的科学发展理论。其社会发展理论主要体现在以下几个方面：在发展的

---

① 《毛泽东文集》第7卷，人民出版社1999年版，第289页。

② 中共中央文献研究室编：《十一届三中全会以来重要文献选读》上，人民出版社1987年版，第466页。

③ 《毛泽东选集》第3卷，人民出版社1991年版，第1083页。

战略地位上，邓小平基于中国经济文化比较落后的实际和“文化大革命”忽视经济发展的沉痛教训，强调“发展才是硬道理”，而发展主要是“发展经济”，从而形成了“一个中心、两个基本点”的社会主义初级阶段的基本路线；在发展目的和评价标准上，邓小平提出了人民本位价值标准，指出发展的目的是满足人民群众日益增长的物质文化生活需要，判断改革开放和社会主义现代化建设发展得失成败的标准是人民“高兴不高兴”、“赞成不赞成”、“拥护不拥护”、“答应不答应”；在发展的战略步骤上，邓小平从我国处在社会主义初级阶段的基本国情出发，制定了分“三步走”基本实现现代化的发展战略，提出了建立和建设小康社会的历史任务；在发展的动力问题上，邓小平继承了马克思主义关于社会基本矛盾运动的理论，创造性地提出了改革是社会主义发展动力的思想，强调“改革开放要贯穿中国整个发展过程”①；在发展的内容上，邓小平认为社会主义建设的任务是多方面的，单打一不行，应该做到经济、政治、思想文化全面发展，强调“两手抓、两手都要硬”②，强调社会主义的发展是经济与政治、物质文明与精神文明的协调发展。邓小平的发展理论是在和平与发展成为时代主题的历史条件下，在总结我国社会主义建设以及世界社会主义国家发展的历史经验教训的基础上形成和发展起来的。他第一次比较系统地和科学地回答了“什么是发展”以及经济文化比较落后的中国“如何发展”的问题。邓小平关于中国特色社会主义的发展理论是科学发展观的直接思想理论来源。

在世界多极化、经济全球化、科技进步日新月异、综合国力竞争日趋激烈的历史条件下，为了解决中国特色社会主义发展过程中出现的新的矛盾和问题，以江泽民为核心的党的第三代领导集体在继承邓小平的“发展才是硬道理”的基础上，把发展作为党执政兴国的第一要务，坚持要用发展的办法解决前进中的问题，提出

---

① 《邓小平文选》第3卷，人民出版社1993年版，第265页。

② 中共中央文献研究室编：《十五大以来重要文献选编》上，人民出版社2000年版，第222页。

“发展要有新思路，改革要有新突破，各项工作要有新举措”①。其中“发展要有新思路”就是不能走西方国家工业化发展和传统计划经济发展的老路，而必须走中国特色社会主义市场经济发展的新路。在发展战略上，以江泽民同志为核心的党的第三代领导集体主要提出并且实施了三大发展新战略——科教兴国发展战略、西部大开发战略和可持续发展战略。即通过实施科教兴国发展战略，注重依靠科技进步和提高劳动者素质，走新型工业化道路，通过信息化带动工业化；通过实施西部大开发战略，调节东西部地区之间发展不平衡，将西部地区的资源优势转化为经济优势；通过实施可持续发展战略，使发展具有长足的后劲和活力，实现人与自然之间、经济与社会之间的和谐发展，推进经济的发展和社会的全面进步；不断推进社会主义物质文明、政治文明和精神文明的发展，促进人的自由全面发展。江泽民的发展理论与邓小平关于中国特色社会主义的发展理论一样，都是科学发展观的直接思想理论来源，科学发展观是对邓小平和江泽民关于中国特色社会主义社会发展理论的系统总结和逻辑提升。

在我国全面进入小康社会，加快推进社会主义现代化的新的历史发展阶段，党中央以马克思主义社会发展理论为指导，继承和发展了中国共产党三代领导集体关于发展的重要思想，深刻总结了国内外在发展问题上的经验教训，科学分析了我国发展进程中面临的各种新情况、新问题，提出了以人为本、全面协调可持续的发展观，从而把马克思主义的社会发展理论和中国共产党人的发展观推向了新境界。科学发展观紧密结合新的发展实践，在继续坚持“一个中心、两个基本点”的社会主义初级阶段基本路线的前提下，更加突出强调“以人为本”，强调城乡之间、区域之间、经济社会之间、人与自然之间的协调发展，强调社会的可持续发展；更加突出地坚持经济建设、政治建设、文化建设、社会建设和生态建设的协调发展，强调促进社会的全面进步和人的自由全面发展；更加注重宏观调控，注重统筹兼顾，注重改革创新，着力用发展的办

① 《江泽民文选》第3卷，人民出版社2006年版，第544页。

法解决经济社会发展中的突出矛盾和问题，解决关系人民切身利益的民生问题。科学发展观的提出，是我们党对于共产党执政规律、社会主义建设规律、人类社会发展规律认识上的新探索、新概括和新升华，是继邓小平理论和“三个代表”重要思想之后，我们党在改革开放和社会主义现代化建设事业指导思想上的又一次与时俱进，是中国特色社会主义理论体系的最新理论成果，谱写了马克思主义中国化的历史新篇章。

三、中国特色社会主义理论体系的重大意义

党的十七大全面回顾和深刻总结了改革开放的伟大历程和宝贵经验，指出:“改革开放以来我们取得一切成绩和进步的根本原因，归结起来就是：开辟了中国特色社会主义道路，形成了中国特色社会主义理论体系。高举中国特色社会主义伟大旗帜，最根本的就是要坚持这条道路和这个理论体系。”① 党的十八大在全面回顾总结改革开放的历史经验时，进一步强调：“在改革开放三十多年一以贯之的接力探索中，我们坚定不移高举中国特色社会主义伟大旗帜，既不走封闭僵化的老路、也不走改旗易帜的邪路。中国特色社会主义道路，中国特色社会主义理论体系，中国特色社会主义制度，是党和人民九十多年奋斗、创造、积累的根本成就，必须倍加珍惜、始终坚持、不断发展。”② 全面理解和深刻把握中国特色社会主义理论体系，对于正确理解改革开放30多年来波澜壮阔的历程，深入领会党的十八大提出的重大理论观点、重大战略思想、重大工作部署，切实把思想和行动统一到党的十八大精神上来，把智慧和力量凝聚到实现党的十八大确定的各项任务上来，具有重要

① 胡锦涛:《高举中国特色社会主义伟大旗帜　为夺取全面建设小康社会新胜利而奋斗》，见《十七大报告辅导读本》，人民出版社2007年版，第10~11页。

② 胡锦涛:《坚定不移沿着中国特色社会主义道路前进　为全面建成小康社会而奋斗——在中国共产党第十八次全国代表大会上的报告》，人民出版社2012年版，第12页。

意义。

1. 马克思主义中国化的最新理论成果

从马克思主义发展史的角度看，中国特色社会主义理论体系以其特有的中国特色、中国风格和中国气派丰富和发展了马克思主义理论宝库，是马克思主义中国化的最新理论成果，是中国的马克思主义者对马克思主义的卓越贡献，是马克思主义发展史上的重大成就。

中国特色社会主义理论体系绝不是马克思主义发展史上的“异端”，而是对马克思列宁主义、毛泽东思想的继承和发展，是与马克思列宁主义、毛泽东思想既一脉相承而又与时俱进的科学理论体系。在内容上，它运用马克思主义的立场、观点和方法，分析和解决中国社会主义建设和改革开放的实际问题，揭示中国社会主义建设和改革发展的客观规律，并且把中国共产党人在社会主义现代化建设和改革开放实践中所积累起来的丰富经验加以科学总结和理性提升，使之上升为理论，成为当代中国的马克思主义，从而以中国特有的独创性的内容，丰富和发展马克思主义理论宝库。在形式上，它根据中华民族的特点，运用中国人民群众熟悉、习惯的民族形式和民族语言，深入浅出地阐释马克思主义的基本原理，阐明中国社会主义建设和改革开放的理论和政策，从而成功地解决了马克思主义民族化的问题。

作为中国特色社会主义建设的指导思想，马克思主义是我们党制定路线、方针、政策的依据，是我们党的思想、理论的渊源。但是，马克思主义具有与时俱进的品质，具有向实践敞开的开放性特征，它随着时间的推进和实践的发展，需要结合实践和时代的经验发展和丰富自身。只有这样，马克思主义才能永葆其科学的本质和旺盛的生命力。中国共产党是一个具有创新精神的政党，是一个富有坚持和发展马克思主义使命的政党，结合自己的国情和现实实践经验，以充实和丰富马克思主义理论宝库，一直是中国共产党的自觉追求。

2. 全面建设和建成小康社会的根本指针

中国特色社会主义理论体系，是立足社会主义初级阶段基本国情，总结我国发展实践，借鉴国外发展经验，适应新的发展要求提出的，是指导我国经济社会发展，推动全面建设和建成小康社会，推进党的建设新的伟大工程的重要指导方针，具有重大的现实意义。

首先，中国特色社会主义理论体系是我国经济社会发展的重要指导方针。进入新世纪、新阶段，我国发展呈现出一系列阶段特征。继续推进中国特色社会主义伟大事业，全面建设小康社会，实现中华民族的伟大复兴，需要我们立足社会主义初级阶段基本国情，科学分析我国全面参与经济全球化的新机遇和新挑战，全面认识工业化、信息化、城镇化、市场化、国际化深入发展的新形势和新任务，深刻把握我国发展面临的新课题和新矛盾，更加自觉地走科学发展、和谐发展、和平发展的道路。正如胡锦涛同志在论述构建社会主义和谐社会问题时所指出的："构建社会主义和谐社会是一个新的重大课题，很多问题还需要在实践中进一步探索。""特别要围绕一些具有全局性、前瞻性、战略性的重大课题，领导干部带头，组织理论界和实际工作部门的同志，开展调查研究，加强理论分析。""要注重把握新趋势、新特点、新动向，努力取得有分析、有见解的研究成果，为构建社会主义和谐社会提供科学的理论指导。"① 而科学发展观、构建社会主义和谐社会等重大战略思想和中国共产党创新理论，为我们解决复杂的国际国内矛盾，应对各种风险和挑战，提供了强大的思想理论武器，是推动我国经济社会又好又快发展，发展中国特色社会主义必须长期坚持的重要指导方针和重大战略思想。

其次，中国特色社会主义理论体系是全面建设和建成小康社会的理论指导。在改革开放初期，邓小平就提出了著名的"三步走"发展战略，明确将"小康社会"作为承上启下的中国特色社会主义发展的重要阶段。党的十六大提出了在新世纪的头 20 年，我国将全面展开建设小康社会的任务和目标，并且在 2020 年实现全面

① 胡锦涛：《在省部级主要领导干部提高构建社会主义和谐社会能力研讨班上的讲话》，《人民日报》2005 年 6 月 27 日。

建成小康社会的目标。党的十七大根据科学发展观的要求，在十六大确立的全面建设小康社会目标的基础上，对于小康社会建设提出了更加明确、更有针对性的要求。所谓小康社会，就是惠及十几亿人口的，使经济更加发展、民主更加健全、科教更加进步、文化更加繁荣、社会更加和谐、人民生活更加殷实的社会。这是实现现代化建设第三步战略目标必经的承上启下的发展阶段，也是完善社会主义市场经济体制和扩大对外开放的关键阶段。党的十八大报告根据我国经济社会发展实际，提出要在十六大、十七大确立的全面建设小康社会目标的基础上，努力实现经济持续健康发展，人民民主不断扩大，文化软实力显著增强，人民生活水平全面提高，资源节约型、环境友好型社会建设取得更大进展的新的目标要求。但是，随着我国改革进入攻坚阶段，我国经济社会发展面临的矛盾更加复杂。实践的新特点及其前所未有的复杂性，要求有新的理论和思想体系加以指导。这是中央在新形势下提出创新理论思想的内在根据。为了使发展在高起点上呈现新变化、新面貌，必须以新的发展观为指导；为了在利益矛盾分化时期保证社会稳定而快速地发展，必须把建设社会主义和谐社会提上议事日程；为了使中国特色社会主义建设事业达到预期目标，必须加强党的执政能力建设。因此全面建设和建成小康社会，需要新的指导思想。而中国特色社会主义理论体系，正是立足中国国情，面对中国的现在和未来发展而提出的，是全面建设和建成小康社会的理论指导思想。

再次，中国特色社会主义理论体系是推进党的建设新的伟大工程的根本指针。建设中国特色社会主义，关键在党。坚持科学发展、和谐发展、和平发展，关键也在党。改革开放30多年来，特别是进入新世纪、新阶段以来，我们在党的事业发展过程中，进一步明确了新时期党建工作的新思路。这就是，要以加强党的先进性建设为主线，以加强党的执政能力建设为重点，全面加强党的思想、组织、作风和制度建设。同时，要坚持不懈地开展反腐败斗争，完善监督制度，加强廉政建设和领导干部的思想作风、学风、工作作风、领导作风、生活作风建设。这是我们坚持执政为民，全面贯彻科学发展观，构建社会主义和谐社会的根本保障。党的十七大在党的十六届四中全会等中央全会关于党的建设思想基础上，深刻论述了科学发展观与加强党的建设的辩证关系，明确指出，要站在完成党执政兴国使命的高度，把提高党的执政能力，保持和发展党的先进性，体现到领导科学发展上来，使党的工作和党的建设更加符合科学发展观的要求，从而进一步明确了党的执政使命，提升了党的执政理念。同时，十七大要求以改革创新的精神加强党的自身建设，以坚定理想信念为重点加强思想建设，以高素质党员、干部队伍为重点加强组织建设，以保持党同人民群众的血肉联系为重点加强作风建设，以健全民主集中制为重点加强制度建设，以完善惩治和预防腐败体系为重点加强反腐倡廉建设，使党始终成为立党为公、执政为民，求真务实、改革创新，艰苦奋斗、清正廉洁，富有活力、团结和谐的马克思主义政党，始终成为中国特色社会主义事业的领导核心，为科学发展提供可靠的政治和组织保证。党的十八大提出建设学习型、服务型、创新型马克思主义政党的新要求，强调加强党的执政能力建设、先进性和纯洁性建设，全面提高党的建设科学化水平。这些重要论断和具体要求，丰富和发展了马克思主义的党的建设理论，成为推进党的建设新的伟大工程的根本指导思想。

3. 全党全国各族人民团结奋斗的共同思想基础

从国际共产主义运动的发展史看，中国特色社会主义理论体系的产生及其成功实践，给国际马克思主义者、世界无产阶级和共产党人树立了光辉的榜样，坚定了马克思主义、社会主义必胜的信念，成为全党全国各族人民团结奋斗的共同思想基础。

共同思想基础，是一个政党、一个国家、一个民族赖以存在和发展的根本前提和精神支柱。没有共同的思想基础，政党就会土崩瓦解，国家就会分崩离析，民族就会四分五裂。以共同的理想信念作为精神支撑，既是中国共产党人领导中国人民取得革命、建设和改革伟大历史成绩的宝贵经验，也是苏联、东欧社会主义国家剧变的惨痛教训。

中国共产党人十分重视共同思想基础建设。改革开放 30 多年来，中国共产党人不断进行实践探索和理论创新，开辟了中国特色社会主义道路，形成了中国特色社会主义理论体系，发展和完善中国特色社会主义制度。在包括中国特色社会主义道路、中国特色社会主义理论体系、中国特色社会主义制度在内的中国特色社会主义伟大旗帜指引下，在全党和全国人民中形成了中国特色社会主义的共同理想。中国特色社会主义的共同理想是凝集全党全国各族人民团结奋斗的共同思想基础，是中国特色社会主义伟大事业取得成功的力量源泉、精神支柱和根本保证。毛泽东指出：党要有“共同语言”，社会主义国家要有“统一意志”。邓小平同志强调：推进中国特色社会主义伟大事业“最重要的是人的团结，要团结就要有共同的理想和坚定的信念。我们过去几十年艰苦奋斗，就是靠用坚定的信念把人民团结起来，为人民自己的利益而奋斗。没有这样的信念，就没有凝聚力。没有这样的信念，就没有一切。我们共产党人的最高理想是实现共产主义，在不同历史阶段又有代表那个阶段最广大人民利益的奋斗纲领”①。江泽民同志指出：“一个民族、一个国家，如果没有自己的精神支柱，就等于没有灵魂，就会失去凝聚力和生命力。有没有高昂的民族精神，是衡量一个国家综合国力强弱的一个重要尺度。综合国力，主要是经济实力、技术实力，这种物质力量是基础，但也离不开民族精神、民族凝聚力，精神力量也是综合国力的重要组成部分。”② 胡锦涛同志在纪念红军长征胜利 70 周年大会上的讲话中也指出：“崇高理想，坚定信念，是凝聚人心、催人奋进的伟大旗帜，是战胜困难、赢得胜利的力量源泉。”③ 并且在党的十七大报告中强调：“中国特色社会主义伟大旗帜，是当代中国发展进步的旗帜，是全党全国各族人民团结奋斗的旗帜。”④ 习近平

---

① 《邓小平文选》第 3 卷，人民出版社 1993 年版，第 190 页。

② 中共中央文献研究室编：《江泽民论有中国特色社会主义》(专题摘编)，中央文献出版社 2002 年版，第 395 页。

③ 胡锦涛：《在纪念红军长征胜利 70 周年大会上的讲话》，人民出版社 2006 年版，第 9 页。

④ 胡锦涛：《高举中国特色社会主义伟大旗帜为夺取全面建设小康社会新胜利而奋斗——在中国共产党第十七次全国代表大会上的报告》，人民出版社 2007 年版，第 1 页。

总书记也强调："理想信念就是共产党人精神上的'钙'，没有理想信念，理想信念不坚定，精神上就会'缺钙'，就会得'软骨病'。"他在第十二届全国人民代表大会第一次会议上也深刻指出：中国梦归根到底是人民的梦；实现中国梦必须走中国道路，弘扬中国精神，凝聚中国力量。

苏联东欧剧变之后，国际共产主义运动处于低潮期，马克思主义"过时论"、社会主义"失败论"、资本主义"终结历史论"、民主社会主义"救中国论"沉渣泛起。如何认识资本主义、社会主义、马克思主义的前途和命运成为人们普遍关注的焦点。中国特色社会主义理论体系的产生及其成功实践雄辩地证明马克思主义"过时论"、社会主义"失败论"、资本主义"终结历史论"、民主社会主义"救中国论"的荒谬和错误。在中国特色社会主义理论体系伟大旗帜的指引下，中国社会主义现代化建设和改革开放事业取得的巨大成功，中国的繁荣昌盛和中华民族的伟大复兴，已经而且必将继续给世界社会主义事业和国际共产主义运动以强有力的推动和支持。

4. 实现中华民族伟大复兴的中国梦的光辉旗帜

从中华民族的历史发展看，中国特色社会主义理论体系成功解决了中国社会主义建设和改革开放历史阶段的任务，是实现社会主义现代化和中华民族伟大复兴中国梦的光辉旗帜。

实现中华民族的伟大复兴是近代以来中国人民努力追寻的梦想和愿望，也是中国共产党人与生俱来的历史使命和为之奋斗的现实价值目标。中国共产党深深扎根于中华民族之中。党从成立那一天起，就是中国工人阶级的先锋队，同时是中国人民和中华民族的先锋队，肩负着实现中华民族伟大复兴的庄严使命。在新民主主义革命时期，我们党团结和带领全国各族人民完成民族独立和人民解放的历史任务，为实现中华民族伟大复兴创造了前提。新中国成立后，我们党创造性地完成由新民主主义到社会主义的过渡，实现中国历史上最伟大最深刻的社会变革，开始了在社会主义道路上实现中华民族伟大复兴的历史征程。党的十一届三中全会以来，我们党成功地开辟了中国特色社会主义道路，形成了包括邓小平理论、

“三个代表”重要思想、科学发展观在内的中国特色社会主义理论体系，赋予民族复兴新的强大生机，中华民族的伟大复兴展现出灿烂的前景。历史表明，只有在中国共产党的领导下，走中国特色社会主义道路，以中国特色社会主义理论体系为指导，中华民族才能实现伟大复兴的中国梦。

中国是世界四大文明古国之一，也曾经是世界上生产力最发达，文明、文化发展程度最高，综合国力最强的国家。自公元前221年秦始皇灭六国建立统一的中央集权制国家，一直到15世纪之前，中国无论在科学技术和经济实力还是在政府的有效管理等方面，在世界上一直处于领先地位。其拥有的繁荣和强盛，远非同一历史时期其他国家所能比拟。即使到了国运转衰的清朝，也还出现过“康乾盛世”（1661—1796）。在这个时期，中国的经济水平在世界上还是领先的。乾隆末年，中国经济总量居世界第一位，人口占世界的三分之一，对外贸易长期出超。也正是在这一时期，西方发生了工业革命，生产力和科学技术快速发展。但是，当时的清朝统治者却夜郎自大，不看这个世界的大变化，闭关自守，拒绝学习西方先进的科学技术、科学管理和思想文化。最后，在短短一百多年的时间里，就大大落后于西方国家，直至在西方列强的坚船利炮面前不堪一击。于是，中华民族便在屈辱中步入近代。

从1840年到1949年中国一百多年的近代史，是一部受西方列强欺辱、奴役和压迫的历史，也是中国人民奋起抗争、艰难探索，寻求国家的独立和解放、民族的富强和复兴道路的历史。

鸦片战争后，中国被帝国主义列强强行纳入世界历史的轨道。西方的资本主义和中国的封建主义相结合，把中国变成了半殖民地半封建社会。在帝国主义、封建主义和官僚资本主义“三座大山”的压迫下，中华民族的民族危机和社会危机空前深重，国家日益贫弱，社会战乱不已，人民饥寒交迫。西方帝国主义与中华民族的矛盾、国内封建主义与人民大众的矛盾构成了鸦片战争后中国社会的主要矛盾。求得民族的独立和人民的解放，实现国家的繁荣富强和人民的共同富裕成为中华民族面对的两大历史任务。为了救亡图存，许多仁人志士艰苦求索，寻找救国救民、振兴中华，实现民族复兴的真理和道路。为了改变自己的悲惨境遇，中国人民进行了英勇卓绝、可歌可泣的斗争。从鸦片战争到中法战争、甲午中日战争，从太平天国运动到义和团运动，从戊戌变法到辛亥革命，中国人民都表现出了不甘屈服于西方列强奴役和封建统治压迫的顽强反抗精神，在当时的社会条件下为拯救中国作出了自己的贡献。正是这些此起彼伏、连续不断的斗争，粉碎了帝国主义把中国变成殖民地的企图。伟大的民主主义先行者孙中山先生首先提出了“振兴中华”的口号，他领导的辛亥革命推翻了统治中国几千年的封建君主专制制度，对于中华民族的复兴和社会的进步具有重大意义，但是，辛亥革命并没有改变中国半殖民地半封建社会的社会性质和人民的悲惨命运。

历史事实表明，不触动封建根基的自强运动和改良主义、旧式的农民战争、资产阶级革命派领导的民主革命，以及照搬西方资本主义的其他种种方案，都不可能改变中国半殖民地半封建社会的社会性质，不可能完成救亡图存、民族复兴的历史使命。从洪秀全、康有为到孙中山，都曾经努力向西方学习，但都没有能够找到救国救民，实现民族复兴的真理和道路。帝国主义的侵略打破了中国人照搬西方的迷梦。中华民族仍然苦难深重，找不到解放和复兴的出路。

正当中国人民苦苦探寻救亡图存、民族复兴的道路时，1917年和1919年，俄国和中国发生了两件大事，这就是俄国的十月革命和中国的五四运动。十月革命一声炮响，给我们送来了马克思列宁主义这一先进的科学理论。从五四运动开始，中国工人阶级作为独立的政治力量和先进的社会力量登上历史舞台，同时，一批先进的知识分子高举民主和科学的旗帜，为马克思主义在中国的传播开辟了道路。在马克思主义与中国工人运动相结合的进程中，中国共产党诞生了。从此，领导反帝反封建的革命斗争，争取民族独立和人民解放，实现中华民族复兴的伟大使命，历史地落到了中国共产党身上。中国共产党的成立为中华民族的伟大复兴奠定了坚实的基石。

民族复兴的前提是民族的独立和解放。当以毛泽东同志为核心的中国共产党的第一代中央领导集体登上中国的政治舞台时，中华民族正处在帝国主义、封建主义和官僚资本主义的黑暗统治之下，国家四分五裂，民族备受凌辱，军阀混战不已，人民在苦难中挣扎。以毛泽东同志为核心的第一代领导集体在十月社会主义革命的影响下，把马克思列宁主义的基本原理同中国的具体实际结合起来，领导我们党和人民找到了一条适合中国国情的新民主主义革命的正确道路。经过北伐战争、土地革命、抗日战争和解放战争，终于推翻了压在中国人民头上的帝国主义、封建主义和官僚资本主义"三座大山"，建立了中华人民共和国，中国人民在世界上光荣地站起来了。新中国成立之后，面对帝国主义对我们的武力威胁、经济封锁、政治孤立、外交制裁，中国共产党紧紧依靠人民，坚持独立自主、自力更生的方针，迅速医治了战争创伤，创造性地完成了由新民主主义到社会主义的过渡，实现了中国历史上最伟大最深刻的社会变革，开始了在社会主义道路上实现中华民族伟大复兴的历史征程。

在建立适合中国国情的社会主义基本制度的基础上，以毛泽东同志为核心的党的第一代中央领导集体积极探索适合中国国情的社会主义建设的道路，开始全面大规模的建设。在短短的二三十年时间里，就建立起比较完整的独立的工业体系和国民经济体系。正是在以毛泽东同志为核心的中国共产党第一代领导集体的领导下，中国社会发生了天翻地覆的变化。中国从一个半殖民地半封建的旧时代，进入到社会主义的新时代；由一个受帝国主义掠夺和奴役的国家，变成了一个享有主权的独立国家；由一个四分五裂、一盘散沙的国家，变成了一个除台湾等岛屿外实现统一的国家；由一个人民备受欺凌压迫的国家，变成了一个人民当家做主，享有民主权利的国家；由一个经济文化落后的国家，变成了一个走向经济繁荣、全面进步的国家；由一个在世界上被人们看不起的国家，变成了一个受到国际社会普遍尊重的国家。所有这些，都为建立富强、民主、文明的社会主义现代化国家提供了基本的经济、政治和文化条件，为实现中华民族的伟大复兴奠定了根本的政治前提和制度基础。正如邓小平同志在评价毛泽东同志时所指出的："他多次从危机中把党和国家挽救过来。没有毛主席，至少我们中国人民还要在黑暗中摸索更长的时间。毛主席最伟大的功绩是把马列主义的原理同中国革命的实际结合起来，指出了中国夺取革命胜利的道路。”①

只有社会主义才能救中国，只有社会主义才能发展中国，这是近代以来从中国革命和建设的历史发展和历史经验中得出的基本结论，也是总结世界很多国家特别是发展中国家发展的经验教训得出的基本结论。从世界范围来看，在20世纪，没有任何一个发展中国家由于选择走资本主义道路而走向繁荣富强的。相反，许多选择走资本主义道路的发展中国家，由于过分依赖西方资本主义国家而长期陷入严重的债务危机、金融危机，甚至使本国的国民经济跌入崩溃的边缘和深渊。从东南亚金融危机到南美巴西的债务危机、阿根廷的金融危机，以至美国次贷危机引发的全球金融危机和经济危机，都充分证明了这一点。而前苏联由于选择走社会主义道路，在短短的几十年中就由一个封建农奴制度积习深重的落后的农业国迅速成长为可以与世界头号资本主义强国美国相抗衡，经济总量排名世界第二的强大国家。中国也正是由于从“走俄国的路”到“走自己的路”，并且找到了中国特色的社会主义道路，国家日益强盛，民族得以复兴。而中国特色社会主义道路的开创者就是我们敬爱的邓小平同志。

党的十一届三中全会以来，在十分复杂的国内外环境中，以邓小平同志为核心的党的第二代中央领导集体，解放思想，实事求是，正本清源，领导全党和全国各族人民迅速扭转“文化大革命”十年内乱造成的严重局势，从困难中重新奋起，把党和国家的重点转移到以经济建设为中心的社会主义现代化建设的轨道上来。通过改革开放，终于探索出一条中国特色社会主义建设的正确道路，形成了邓小平建设有中国特色社会主义理论和党在社会主义初级阶段的基本路线，从而赋予中华民族伟大复兴新的强大生机。邓小平理论，是在和平与发展成为时代主题的历史条件下，在我国改革开放和社会主义现代化建设的实践过程中，在科学而深刻地总结我国社

① 《邓小平文选》第2卷，人民出版社1994年版，第344~345页。

会主义胜利和挫折的历史经验教训以及其他社会主义国家兴衰成败的经验教训的基础上，逐步形成和发展起来的。它科学地把握社会主义的本质，第一次比较系统地初步回答了什么是社会主义以及在中国这样的经济文化比较落后的国家如何建设、巩固和发展社会主义，如何实现中华民族的伟大复兴等一系列基本问题。

邓小平理论是马克思列宁主义的基本原理与当代中国实际和时代特征相结合的产物，是毛泽东思想的继承和发展，是当代中国的马克思主义。它是全党全国人民集体智慧的结晶，是中国共产党的指导思想和中华民族复兴的强大精神支柱。改革开放多年来，在邓小平理论的指导下，中国社会发生了天翻地覆的变化，社会生产力空前发展，人民生活水平空前改善，综合国力空前增强，社会全面进步，中国由不发达的社会主义国家逐步变成初步繁荣昌盛的社会主义国家，社会主义制度的优越性初步表现出来。中国人民也从改革开放中看到了中华民族伟大复兴的灿烂前景。正如江泽民同志所指出的："没有毛泽东同志的领导，就没有新中国的建立；没有邓小平同志的领导，就没有建设有中国特色社会主义道路的开创。"①邓小平同志作为我们党的第二代领导集体的核心，作为改革开放的总设计师，"他的最突出的贡献就在于，不仅领导我们的党和国家从'文化大革命'造成的深重灾难中走了出来，而且还以对当代中国和世界的深刻了解，为党和国家重新走在时代潮流前面，为中华民族以更强大的力量自立于世界民族之林，规划了崭新的和切合实际的宏伟蓝图"②。改革开放 30 多年的实践证明，由邓小平同志开创的建设有中国特色社会主义道路是富国之路、强国之路，是中华民族的复兴之路。

以江泽民同志为核心的党的第三代中央领导集体高举邓小平理论的伟大旗帜，以全面建设小康社会，实现中华民族的伟大复兴为己任。经历了 20 世纪 80 年代末 90 年代初的国内外政治风波以及

---

① 中共中央文献研究室编：《十五大以来重要文献选编》上，人民出版社 2000 年版，第 679 页。

② 江泽民：《论党的建设》，中央文献出版社 2001 年版，第 115 页。

亚洲金融危机、严重的洪涝灾害、美国悍然袭击我驻前南斯拉夫大使馆、“法轮功”组织聚众闹事、李登辉抛出分裂祖国的所谓“两国论”、“台独”分子陈水扁在台湾地区选举中当选以及随后抛出的所谓“一边一国论”等一系列重大事件的严峻考验，以江泽民同志为核心的党的第三代中央领导集体始终坚持党的基本路线不动摇，把中国特色社会主义伟大事业成功推向 21 世纪，以实现中华民族在 21 世纪的伟大复兴作为自己的现实价值目标。在以江泽民同志为核心的党中央的坚强和正确的领导下，我们从容应对上述一系列关系我国主权和安全的国际突发事件，战胜了在政治、经济领域和自然界出现的困难和风险，经受住一次又一次考验，排除各种干扰，捍卫中国特色社会主义，创建社会主义市场经济新体制，开创全面开放新局面，推进党的建设新的伟大工程，创立“三个代表”重要思想，继续引领改革开放的航船沿着正确方向破浪前进。我们按照邓小平“一国两制”的思想顺利迎来了香港、澳门的回归，正式成为世界贸易组织（WTO）的成员，成功申请举办 2008 年奥运会和 2010 年世界博览会，国民经济长期持续、健康、稳定、高速发展，社会全面进步，综合国力显著增强，中华民族的伟大复兴出现新的曙光。

党的十六大以来，中国共产党人和广大人民群众在党中央的领导下，高举中国特色社会主义伟大旗帜，以邓小平理论和“三个代表”重要思想为指导，深入贯彻落实科学发展观，顺应国内外形势发展变化，抓住重要战略机遇期，发扬求真务实、开拓进取精神，坚持理论创新和实践创新，着力推动科学发展，促进社会和谐，完善社会主义市场经济体制，在全面建设小康社会实践中坚定不移地把改革开放的伟大事业和中华民族伟大复兴的光辉事业继续向前推进。

从党的十六大到党的十八大，是中华民族发展史上不平凡的历史时期，也是中华民族实现伟大复兴的重要战略机遇期。在这一历史时期里，国际环境复杂多变，改革开放任务艰巨繁重。党中央高举中国特色社会主义伟大旗帜，以邓小平理论和“三个代表”重要思想为指导，团结带领全国各族人民，战胜各种困难和风险，开创了中国特色社会主义新局面，开拓了马克思主义中国化新境界，形成了以科学发展观为核心的一系列重大战略思想。在科学发展观的指引下，中国经济大幅提升，国内生产总值年平均增长10%以上，进出口额和经济总量跃至世界第二位，2010年中国已经成为仅次于美国的世界第二大经济体。人民生活发展到总体小康水平，政治建设、文化建设、社会建设、生态文明建设、国防和军队建设、党的建设取得举世瞩目的成就，中华民族大踏步赶上时代前进潮流，迎来了伟大复兴的光明前景。

党的十八大以来，以习近平为总书记的党中央带领全党和全国各族人民，高举中国特色社会主义伟大旗帜，以邓小平理论、“三个代表”重要思想、科学发展观为指导，坚持和发展中国特色社会主义，以对党、对人民、对民族高度负责的精神，总揽全局、运筹帷幄，励精图治、奋发有为，创造性地提出了“中国梦”的重大战略思想，开展党的群众路线教育实践活动，吹响全面深化改革开放的时代号角，汇聚起实现中华民族伟大复兴中国梦的强大力量，正在谱写实现中华民族伟大复兴中国梦的历史新篇章。

第 二 章

中国特色社会主义理论体系基本特征的内容

自从党的十七大提出中国特色社会主义理论体系的概念以来，党中央和理论界都对中国特色社会主义理论体系的基本特征从不同角度进行了概括和阐释。党的十七大闭幕不久，习近平同志于2008年3月1日在中央党校2008年春季学期开学典礼上发表重要讲话，系统而深入地阐释了中国特色社会主义理论体系及其基本特征问题。该重要讲话强调邓小平理论、“三个代表”重要思想以及科学发展观等重大战略思想，既一脉相承又与时俱进，并且对中国特色社会主义理论体系的“一脉相承性”和“与时俱进性”作了具体而深入的阐释。同时，习近平同志强调中国特色社会主义体系具有“实践特色”、“民族特色”、“时代特色”，指出“中国特色社会主义理论体系，集中体现了当今世界和当代中国的发展变化对党和国家工作的新要求，集中体现了全党全国各族人民的意志，集中体现了当代中国马克思主义的实践特色、民族特色、时代特色，是我们党励精图治、开拓进取、探索真理、把握规律的结果”。①

① 中共中央文献研究室编：《十七大以来重要文献选编》上，中央文献出版社2009年版，第255页。

胡锦涛同志在2012年的“7·23讲话”和党的十八大报告中，从整体上全面而深入地概括了中国特色社会主义的“实践特色”、“理论特色”、“民族特色”、“时代特色”。① 党的十八大报告强调：“我们一定要毫不动摇坚持、与时俱进发展中国特色社会主义，不断丰富中国特色社会主义的实践特色、理论特色、民族特色、时代特色。”党的十八大之后，刘奇葆同志在2013年7月8日的《人民日报》上发表了《关于中国特色社会主义理论体系的几点认识》的重要文章，系统而深入地论述了中国特色社会主义理论体系独特的理论品格和基本特征问题。刘奇葆同志指出：中国特色社会主义理论体系，创造性地提出了一系列紧密联系、相互贯通的新思想、新观点、新论断，体现了鲜明的实践特色、理论特色、民族特色、时代特色。一是开创性，开辟了马克思主义中国化的新境界；二是继承性，始终坚持了科学社会主义基本原则；三是实践性，植根于实践又对实践发挥着强大指导作用；四是开放性，随着时代、实践和科学的发展而不断与时俱进。胡锦涛同志、习近平同志、刘奇葆同志代表党中央对中国特色社会主义理论体系基本特征的高度概括和精辟论述，为我们研究中国特色社会主义理论体系的基本特征，提供了文本依据和理论根据。

改革开放30多年来，中国共产党带领人民不断进行理论创新和实践探索，一直在纵深探索和回答的基本问题就是，什么是社会主义，怎样建设社会主义，建设什么样的党，怎样建设党，实现什么样的发展，怎样发展。中国特色社会主义理论体系，紧紧围绕这三大基本问题展开，创造性地提出了一系列紧密联系、相互贯通的新思想、新观点、新论断，体现了鲜明的实践特色、理论特色、民族特色、时代特色。中国特色社会主义理论体系是与马克思列宁主义、毛泽东思想既一脉相承又与时俱进的科学理论体系，具有鲜明的实践性、整体性、辩证性（社会主义的“共性”与中国特色的

① 胡锦涛：《坚定不移沿着中国特色社会主义道路前进　为全面建成小康社会而奋斗——在中国共产党第十八次全国代表大会上的报告》，人民出版社2012年版，第13页。

"个性")以及民族性与时代性、真理性与价值性、一脉相承性和与时俱进性的有机统一性等理论特征。以实践性为基础、本质和核心，整体性为突出标志，民族性与时代性、真理性与价值性、一脉相承性和与时俱进性的有机统一，是中国特色社会主义理论体系的基本理论特征。

一、实践性与中国特色社会主义理论体系的本质特征

实践范畴是马克思主义哲学最核心、最基础的范畴。正是在实践基础上，马克思主义哲学才超越了以往的唯心主义和旧唯物主义哲学，实现了唯物论与辩证法、唯物辩证的自然观与历史观、本体论与认识论的高度统一。马克思正是从物质资料生产实践即生产劳动出发，找到了理解全部人类社会发展历史的"钥匙"。实践性是马克思主义的本质特征，是马克思主义区别于其他社会历史理论、学说、思潮最显著的本质特征和根本标志。马克思主义既不是一种道德浪漫主义的批判思潮，又不是后现代主义的虚无主义解构，也不幻想建立包罗万象的"永恒真理"体系，而是强调在"批判旧世界中发现新世界"①，强调"任何真正的哲学都是自己时代的精神上的精华"②，强调理论必须来源于实践又指导实践，并且在实践中检验、修正、丰富和发展理论本身。马克思主义的科学实践观告诉我们：全部社会生活在本质上是实践的，人类社会存在的基础和发展的动力是以物质生活资料的生产为根本的实践活动，人类社会发展规律的"秘密"只能到实践中去探求，而不应当与此相反；人类社会的一切"问题"都是在实践中发生的，解决这些问题也只能通过"变革的实践"，而不能停留于"解释世界"；人的认识是否具有客观的真理性，这不是一个理论问题，而是一个实践的问题，检验真理的标准只能是实践，离开实践的争论是"纯粹经院哲学的问题"。马克思以其在《关于费尔巴哈的提纲》一书中的名

① 《马克思恩格斯文集》第10卷，人民出版社2009年版，第7页。
② 《马克思恩格斯全集》第1卷，人民出版社1995年版，第220页。

言“哲学家们只是用不同的方式解释世界，而问题在于改变世界”① 作为自己在英国伦敦北郊墓碑上的墓志铭。马克思主义的基本精神和理论品格是实践的、革命的、批判的。在《德意志意识形态》中马克思和恩格斯表达了其哲学的基本精神、理论品格和历史使命：“实际上，而且对实践的唯物主义者即共产主义者来说，全部问题都在于使现存世界革命化，实际地反对并改变现存的事物。”②

实践性也是中国特色社会主义理论体系的本质特征，是中国特色社会主义理论体系产生、形成的基础和发展的动力。在理论与实践的双向互动过程中实现理论创新，是中国特色社会主义理论体系产生、形成、发展和永葆生机活力的源泉与不竭动力，也是中国特色社会主义理论体系科学性、开放性、革命性和创新性的基础。中国特色社会主义理论体系是在中国特色社会主义建设和改革开放实践过程中产生、形成和发展的，中国特色社会主义理论体系的形成和发展过程与中国特色社会主义道路的实践探索过程，与十一届三中全会以来党的路线、方针、政策的形成和发展过程，与改革开放历史经验的科学总结以及共产党执政规律、社会主义建设规律、人类社会发展规律的科学探索过程，是同一社会历史过程。

党的十一届三中全会之前关于真理标准的大讨论，破除了“两个凡是”的教条和迷信，确立了实践是检验真理的唯一标准，极大地解放了党和人民的思想，为改革开放和中国特色社会主义道路的成功探索奠定了思想理论基础。党的十一届三中全会重新确立了党的思想路线，即一切从实际出发，理论联系实际，实事求是，在实践中检验真理和发展真理。在经济文化比较落后的中国建设社会主义，实现社会主义现代化和中华民族伟大复兴的中国梦，是前无古人的伟大事业，既没有现成理论可抄，也没有既成模式可搬，只能在实践中探索前进。正如邓小平同志指出的：“我们改革开放

---

① 《马克思恩格斯选集》第 1 卷，人民出版社 1995 年版，第 61 页。
② 《马克思恩格斯选集》第 1 卷，人民出版社 1995 年版，第 75 页。

的成功，不是靠本本，而是靠实践，靠实事求是。”① 同样，中国特色社会主义理论体系的产生、形成和发展也不是靠“本本”，而是靠实践，靠实事求是。实事求是是马克思主义的精髓，也是中国特色社会主义理论体系的精髓。

中国特色社会主义理论体系植根于当代中国丰富而深刻变革的改革开放和社会主义现代化建设的实践活动之中，它是在和平和发展成为时代主题，世界多极化和经济全球化的趋势在曲折中发展，科技进步日新月异，综合国力竞争日趋激烈，世界的力量组合和利益分配正在发生新的深刻变化，国内经济体制深刻变革，社会结构深刻变动，利益格局深刻调整，思想观念深刻变化等新的历史条件下，对马克思列宁主义、毛泽东思想的继承和创造性发展。它面向现代化、面向世界、面向未来，坚持用邓小平理论、“三个代表”重要思想、科学发展观观察当今世界和当代中国，依靠和运用解放思想这个精髓和法宝不断研究新情况，解决新问题，及时总结、科学概括、理论提升中国特色社会主义建设的实践经验，不断深化对共产党执政规律、社会主义建设规律、人类社会发展规律的认识，从而丰富和发展马克思主义理论宝库。

中国特色社会主义理论体系的实践性特征主要体现在以下四个方面：

第一，中国特色社会主义理论体系始终坚持一切从实际出发，理论联系实际，实事求是，在实践中检验真理和发展真理的思想路线，并且以此作为自己的思想理论精髓和精神实质。

“实事求是”一词最早出自中国古代成语。《汉书・河间献王传》曰：“修学好古，实事求是。从民得善书，必为好写与之，留其真。”毛泽东同志对实事求是作了马克思主义的新阐释，在《改造我们的学习》一文中指出：“‘实事’就是客观存在着的一切事物，‘是’就是客观事物的内部联系，即规律性，‘求’就是我们去研究。我们要从国内外、省内外、县内外、区内外的实际情况出发，从其中引出其固有的而不是臆造的规律性，即找出周围事变的

① 《邓小平文选》第3卷，人民出版社1993年版，第382页。

内部联系，作为我们行动的向导。”① 毛泽东同志还反复强调，实事求是的态度，就是党性的表现，就是理论和实际统一的马克思列宁主义的作风。回顾中国共产党的历史，可以清晰地看到：正是坚持实事求是的思想路线，中国共产党领导人民取得了中国革命和社会主义建设的巨大成就；也正是由于背离了实事求是的思想路线，我们党在新民主主义革命时期曾经遭到大革命、第五次反围剿的失败，在社会主义建设时期犯过“大跃进”和“文化大革命”的严重错误。

新时期，我们党解放思想、实事求是思想路线的重新确立，是实现拨乱反正，推进中国特色社会主义伟大事业的逻辑前提和历史起点。“文化大革命”结束后，为了冲破“两个凡是”的思想禁锢，打开中国特色社会主义建设的历史新局面，邓小平同志在1977年4月致当时党中央负责同志的信中提出：我们必须世世代代地用准确的完整的毛泽东思想来指导我们全党、全军和全国人民，把党和社会主义的事业，把国际共产主义运动的事业，胜利推向前进。此后，邓小平同志一再强调，毛泽东思想的精髓是实事求是，并亲自领导和支持了关于实践是检验真理唯一标准的大讨论，彻底否定了“两个凡是”的错误思想和路线，为党的十一届三中全会的召开作了必要的思想理论准备。在为党的十一届三中全会作准备的中央工作会议上，邓小平同志在《解放思想，实事求是，团结一致向前看》的报告中指出：“一个党，一个国家，一个民族，如果一切从本本出发，思想僵化，迷信盛行，那它就不能前进，它的生机就停止了，就要亡党亡国。”② 并且强调：“实事求是，是无产阶级世界观的基础，是马克思主义的思想基础。过去我们搞革命所取得的一切胜利，是靠实事求是；现在我们要实现四个现代化，同样要靠实事求是。”③ 这个报告实际上确定了党的十一届三中全会的主题，是开创我国改革开放历史新时期和中国特色社会主义建设新局面的宣言书。

---

① 《毛泽东选集》第3卷，人民出版社1991年版，第801页。
② 《邓小平文选》第2卷，人民出版社1994年版，第143页。
③ 《邓小平文选》第2卷，人民出版社1994年版，第143页。

邓小平同志对解放思想、实事求是的强调是一以贯之的。在中国社会主义建设的重大历史关头，邓小平同志都强调解放思想、实事求是的重要性，反对“两个凡是”。在1978年支持“真理标准”大讨论中，邓小平同志发表《解放思想，实事求是，团结一致向前看》的重要讲话，从而使全党摆脱了“两个凡是”的思想束缚，使改革开放成为全国人民的共识。1992年，在改革开放遭受了一系列挫折而停滞不前的时候，邓小平同志再次重申解放思想、实事求是，从而解决了困扰中国改革开放的一系列重大问题，实现了社会主义与市场经济相结合，确立了社会主义市场经济的改革目标。不仅如此，邓小平理论中的一系列重要观点都贯彻和体现了解放思想、实事求是的思想路线。社会主义初级阶段论、社会主义本质论、社会主义市场经济论、“一国两制”论最能体现邓小平解放思想、实事求是的思维特点。正是在实事求是地分析了中国的国情后，邓小平同志才作出了中国的社会主义还不够合格，还处于初级阶段的科学论断。同样在实事求是地考察了世界各国社会主义运动兴衰成败的经验教训后，邓小平同志提出了全新的社会主义本质论，大大深化了我们对社会主义的认识。在1992年以前，人们普遍认为，市场与资本主义是必然联系在一起的，计划与社会主义是必然联系在一起的。而邓小平同志在深刻考察了世界社会主义运动的经验和现实后，提出了计划和市场都是手段，都是配置资源的方式，而不是区别社会主义和资本主义本质特征这一重要论断。正是基于对中国历史和现实、中国与世界关系（特别是与英国、葡萄牙、美国、日本等复杂关系）的冷静分析以及利弊得失的反复权衡，邓小平同志提出“一国两制”的伟大构想。正是基于“解放思想，实事求是”在中国特色社会主义理论和实践中的重要地位和作用，江泽民同志在中国共产党第十四次全国代表大会报告中指出：“解放思想，实事求是，是建设有中国特色社会主义理论的精髓，是保证我们党永葆蓬勃生机的法宝。”① 而将“解放思想”和

---

① 中共中央文献研究室编：《江泽民论有中国特色社会主义》（专题摘编），中央文献出版社2002年版，第625页。

“实事求是”并列并将之作为中国共产党思想路线的首倡者正是邓小平同志。邓小平同志在党内重新确立解放思想、实事求是的思想路线，为改革开放和中国特色社会主义道路的成功开辟奠定了思想基础。

党的十三届四中全会以来，以江泽民同志为核心的党的第三代中央领导集体进一步提出党的思想路线是解放思想，实事求是，与时俱进，丰富和发展了马克思主义精髓的思想。

首先，江泽民同志对于解放思想、实事求是的思想路线，特别是二者的统一性作了进一步的阐发。在党的十四大报告中，江泽民同志指出：“解放思想同实事求是是统一的，就是要求我们的思想认识符合客观实际，在马克思主义指导下，冲破落后的传统观念和主观偏见的束缚，改变因循守旧、不接受新事物的精神状态。我们决不能停留在对马克思主义的某些原则、某些本本的教条式理解上，或者停留在对社会主义的一些不科学的甚至扭曲的认识上，或者停留在那些超越社会主义初级阶段的不正确的思想上，而必须用辩证唯物主义和历史唯物主义的世界观、方法论去分析和解决问题，使思想适应发展变化的新形势。”① 他还指出：“解放思想和实事求是是统一的，应一以贯之。不解放思想，教条主义盛行，不可能做到实事求是；离开实事求是，脱离实际，脱离亿万群众的创造性实践，不是真正的解放思想。在工作比较顺利的时候，不能头脑发热、忘乎所以，不要提出不切实际的要求。在工作遇到困难的时候，不能灰心丧气、畏首畏尾，要善于在困难的条件下开拓新的局面。全党同志首先是各级领导干部必须始终坚持马克思主义历史的实践的发展的观点，坚持实践是检验真理的唯一标准，发挥历史的主动性和革命的创造性，不断研究和解决新问题。”②

其次，江泽民同志对于党的思想路线的重要性作了重点强调。他指出：“解放思想、实事求是，是建设有中国特色社会主义理论

---

① 《江泽民文选》第1卷，人民出版社2006年版，第246页。
② 《江泽民文选》第3卷，人民出版社2006年版，第131页。

的精髓，是保证我们党永葆蓬勃生机的法宝。”① “解放思想、实事求是，是马克思主义活的灵魂，是我们认识新事物、适应新形势、完成新任务的根本思想武器。二十多年我国改革和发展的历程，就是在邓小平理论指导下，全党同志总结以往的历史经验教训，坚持一切从实际出发，解放思想、实事求是，不断探索创新，从而不断推进建设有中国特色社会主义事业的伟大历程。如果没有全党坚持解放思想、实事求是，就不可能有改革开放和现代化建设的一系列新政策，也就不可能有今天这样党和国家事业发展的大好局面。”②

再次，江泽民同志对于党的思想路线的内容作了新的补充和发展，强调与时俱进是马克思主义的理论品质。江泽民同志指出：“马克思主义是我们立党立国的根本指导思想，是全国各族人民团结奋斗的共同理论基础。马克思主义的基本原理任何时候都要坚持，否则我们的事业就会因为没有正确的理论基础和思想灵魂而迷失方向，就会归于失败。这就是我们为什么必须始终坚持马克思主义基本原理的道理所在。马克思主义具有与时俱进的理论品质。如果不顾历史条件和现实情况的变化，拘泥于马克思主义经典作家在特定历史条件下、针对具体情况作出的某些个别论断和具体行动纲领，我们就会因为思想脱离实际而不能顺利前进，甚至发生失误。”③ 在党的十六大报告中，江泽民同志在阐述“三个代表”重要思想时，进一步强调：贯彻“三个代表”重要思想，关键在坚持与时俱进，核心在坚持党的先进性，本质在坚持执政为民。贯彻“三个代表”重要思想，必须使全党始终保持与时俱进的精神状态，不断开拓马克思主义理论发展的新境界。坚持党的思想路线，解放思想、实事求是、与时俱进，是我们党坚持先进性和增强创造力的决定性因素。

从党的十六大到党的十八大，党中央坚持解放思想、实事求是、与时俱进的思想路线不动摇，把党的思想路线不断推向前进，

---

① 《江泽民文选》第1卷，人民出版社2006年版，第246页。

② 《江泽民文选》第3卷，人民出版社2006年版，第130页。

③ 《江泽民文选》第3卷，人民出版社2006年版，第282~283页。

赋予党的思想路线新的科学内涵。

首先，胡锦涛同志将党的思想路线概括为马克思主义最重要的理论品质。2003 年 7 月 1 日，在“三个代表”重要思想理论研讨班上的讲话中，胡锦涛同志指出：坚持一切从实际出发，理论联系实际，实事求是，在实践中检验真理和发展真理，是马克思主义最重要的理论品质。其次，胡锦涛同志将“求真务实”规定为党的思想路线的核心内容。2004 年 1 月 12 日，在中共中央纪律检查委员会第三次全体会议上的讲话中，胡锦涛同志强调要在全党大力弘扬求真务实的精神，大兴求真务实之风。他指出：求真务实，是辩证唯物主义和历史唯物主义一以贯之的科学精神，是我们党的思想路线的核心内容，也是党的优良传统和共产党人应该具备的政治品格。再次，胡锦涛同志将解放思想作为发展中国特色社会主义的一大法宝。在党的十七大报告中，胡锦涛同志指出：中国特色社会主义伟大旗帜，是当代中国发展进步的旗帜，是全党全国各族人民团结奋斗的旗帜。解放思想是发展中国特色社会主义的一大法宝，改革开放是发展中国特色社会主义的强大动力，科学发展、社会和谐是发展中国特色社会主义的基本要求，全面建设小康社会是党和国家到 2020 年的奋斗目标，是全国各族人民的根本利益所在。胡锦涛同志还强调：全党必须继续解放思想，充分发挥这一法宝的伟大作用。最后，将解放思想、实事求是、与时俱进、求真务实概括为科学发展观的精神实质。在党的十八大报告中，胡锦涛同志指出：解放思想、实事求是、与时俱进、求真务实，是科学发展观最鲜明的精神实质。实践发展永无止境，认识真理永无止境，理论创新永无止境。全党一定要勇于实践、勇于变革、勇于创新，把握时代发展要求，顺应人民共同愿望，不懈探索和把握中国特色社会主义规律，永葆党的生机活力，永葆国家发展动力，在党和人民创造性实践中奋力开拓中国特色社会主义更为广阔的发展前景。

第二，中国特色社会主义理论体系始终坚持马克思主义的群众观点和群众路线，坚持人民群众是中国特色社会主义的实践主体，并且以人民群众的根本利益作为判断改革开放得失成败的根本标准。

是否主张人民群众是历史的创造者和社会实践的主体，是唯物主义历史观与唯心主义历史观的分水岭；是否始终站在最广大人民的立场上，承诺并且践行全心全意为人民服务的根本宗旨，是无产阶级政党区别于剥削阶级政党和其他社会团体的试金石。对于历史动力和主体问题，马克思、恩格斯曾矫正了德国古典哲学家和青年黑格尔派的本末倒置的观念，走向历史的深处，从物质资料生产实践出发，深刻论述了人民群众是历史创造者的思想。在马克思和恩格斯合著的第一部著作《神圣家族》一书中，马克思和恩格斯对以布鲁诺·鲍威尔为代表的青年黑格尔派所持的英雄史观进行了针锋相对的批驳，指出："历史活动是群众的事业，随着历史活动的深入，必将是群众队伍的扩大。"① 在《共产党宣言》中，马克思和恩格斯强调："过去的一切运动都是少数人的或者为少数人谋利益的运动。无产阶级的运动是绝大多数人的、为绝大多数人谋利益的独立的运动。"② 在《法兰西内战》中，马克思总结了世界上第一个无产阶级政权巴黎公社的基本原则：把官僚国家改造为工人阶级领导的崭新的劳动人民当家做主的新式国家，消灭任何官僚特权，把国家官僚改造为全心全意为人民服务的人民公仆，由人民自己选举并可随时罢免的人民代表取代旧式官僚来管理国家，使人民代表置于人民的监督之下，向他的选民和人民负责，定期向人民汇报工作，由人民来决定他们的工作岗位和职责，决定他们的去留。

伟大的无产阶级革命导师列宁在总结十月革命胜利的历史经验时指出："俄国的整个新纪元正是靠人民的热情赢得并且支持下来的。"③ 并且强调："生气勃勃的创造性的社会主义是由人民群众自己创立的"，"只有相信人民的人，只有投入生气勃勃的人民创造力泉源中去的人，才能获得胜利并保持政权。"④ 斯大林在《论辩证唯物主义和历史唯物主义》一文中指出："历史科学要想成为真

① 《马克思恩格斯全集》第 2 卷，人民出版社 1957 年版，第 104 页。

② 《马克思恩格斯选集》第 1 卷，人民出版社 1995 年版，第 283 页。

③ 《列宁全集》第 13 卷，人民出版社 1987 年版，第 81 页。

④ 《列宁全集》第 33 卷，人民出版社 1985 年版，第 53、57 页。

正的科学，就不能再把社会发展史归结为帝王将相的行动，归结为那些蹂躏他国的‘侵略者’和‘征服者’的行动，而首先应当研究物质资料生产者的历史，劳动群众的历史，各国人民的历史。”①

中国共产党人继承并发展了马克思列宁主义的群众史观。毛泽东同志在《论联合政府》报告中，对人民群众的主体作用作了简洁明快的表达：“人民，只有人民，才是创造世界历史的动力。”②中国革命的历史证明，中国共产党人之所以能够成功地推翻三座大山，夺取政权，建立新中国，就在于我们依靠人民群众进行的是一场人民战争。正如毛泽东同志指出的：“因为革命战争是群众的战争，只有动员群众才能进行战争，只有依靠群众才能进行战争。”③中国革命成功的根本经验是我们依靠人民群众，中国社会主义现代化建设和改革开放同样要依靠人民群众，人民群众是中国特色社会主义伟大事业的力量源泉和胜利之本。

改革开放 30 多年来，以邓小平、江泽民、胡锦涛、习近平为代表的当代中国共产党人，把马克思主义群众史观同中国社会主义建设与改革开放的具体实践相结合，在新的历史条件下进一步丰富和发展了马克思主义群众观点和群众路线，深入论述了人民群众是历史的创造者和中国特色社会主义的实践主体，人民群众是中国特色社会主义实践发展的力量源泉，实现最广大人民的根本利益是检验中国特色社会主义实践成功和改革开放得失成败的根本标准。

首先，当代中国共产党人始终坚持人民群众是历史的创造者和中国特色社会主义的实践主体。

改革开放以来，当代中国共产党人始终坚持马克思主义群众观点和群众路线。“文化大革命”结束后，以邓小平同志为核心的党的第二代中央领导集体首先积极恢复和发扬毛泽东同志为我们党树立的群众路线的优良传统和作风。邓小平同志指出：“毛泽东同志

---

① 《斯大林全集》下卷，人民出版社 1979 年版，第 443 页。

② 《毛泽东选集》第 3 卷，人民出版社 1991 年版，第 1031 页。

③ 《毛泽东选集》第 1 卷，人民出版社 1991 年版，第 136 页。

倡导的作风，群众路线和实事求是这两条是最根本的东西。”① 又说：“群众是我们力量的源泉，群众路线和群众观点是我们的传家宝。党的组织、党员和党的干部，必须同群众打成一片，绝对不能同群众相对立。如果哪个党组织严重脱离群众而不能坚决改正，那就丧失了力量的源泉，就一定要失败，就会被人民抛弃。全党同志，各级干部，特别是领导干部，必须经常记住这一点，经常用这个标准检查自己的一切言行。”② 江泽民同志指出：“建设有中国特色的社会主义，是我国各族人民为实现自己利益、创造美好生活的共同事业。党的领导、党的一切工作，都要依靠人民，相信人民，服务人民，汲取人民的智慧，尊重人民的创造，接受人民的监督。这里既有共产党人的世界观、人生观、价值观，也有共产党人的工作方法。”③ “群众观点是我们党的基本的政治观点，群众路线是我们党的根本工作路线。这是由我们党的全心全意为人民服务的宗旨所决定的。我们所做的一切工作和事业，目的都是为了人民群众的利益，都必须真心实意地依靠群众才能做好。”④ “政治问题主要是对人民的态度问题、同人民群众的关系问题。” “真正掌握和实践了群众观点、群众路线，也就真正掌握和实践历史唯物主义和党的实事求是的思想路线，也就从根本上懂得了政治。”⑤ 并且江泽民同志特别强调：“我们党来自人民，植根于人民，服务于人民。建设有中国特色社会主义全部工作的出发点和落脚点，就是全心全意为人民谋利益。”⑥ 在党的十八大报告中，胡锦涛同志提出了在新

---

① 《邓小平文选》第 2 卷，人民出版社 1994 年版，第 45 页。

② 《邓小平文选》第 2 卷，人民出版社 1994 年版，第 368 页。

③ 中共中央文献研究室编：《江泽民论有中国特色社会主义》（专题摘编），人民出版社 2002 年版，第 637 页。

④ 中共中央文献研究室编：《江泽民论有中国特色社会主义》（专题摘编），人民出版社 2002 年版，第 638 页。

⑤ 中共中央文献研究室编：《江泽民论有中国特色社会主义》（专题摘编），人民出版社 2002 年版，第 638 页。

⑥ 中共中央文献研究室编：《江泽民论有中国特色社会主义》（专题摘编），人民出版社 2002 年版，第 639 页。

的历史条件下夺取中国特色社会主义新胜利，必须牢牢把握的八项基本要求，其中将“必须坚持人民主体地位”放在第一条。胡锦涛同志强调指出：“必须坚持人民主体地位。中国特色社会主义是亿万人民自己的事业。要发挥人民主人翁精神，坚持依法治国这个党领导人民治理国家的基本方略，最广泛地动员和组织人民依法管理国家事务和社会事务，管理经济和文化事业，积极投身社会主义现代化建设，更好保障人民权益，更好保证人民当家作主。”① 习近平总书记在党的十八届一中全会上的讲话中也强调：“我们要坚持党的群众路线，坚持人民主体地位，时刻把群众安危冷暖放在心上，及时准确了解群众所思、所盼、所忧、所急，把群众工作做实、做深、做细、做透。”②

其次，当代中国共产党人始终尊重人民群众的首创精神，集中人民群众的智慧和经验，坚持人民群众是推动中国特色社会主义发展的力量源泉。

改革开放初期，邓小平同志就指出：“社会主义现代化建设的极其艰巨复杂的任务摆在我们的面前。很多旧问题需要继续解决，新问题更是层出不穷。党只有紧紧地依靠群众，密切地联系群众，随时听取群众的呼声，了解群众的情绪，代表群众的利益，才能形成强大的力量，顺利地完成自己的各项任务。”③ 邓小平同志在会见外宾时就坦言：“我个人做了一点事，但不能说都是我发明的。其实很多事是别人发明的，群众发明的，我只不过把它们概括起来，提出了方针政策。”④ 事实上，改革开放当中许多发明创造，都是来源于人民群众，人民群众在实践中积累了丰富的智慧成果。所以邓小平同志指出：“农村搞家庭联产承包，这个发明权是农民

---

① 胡锦涛：《坚定不移沿着中国特色社会主义道路前进　为全面建成小康社会而奋斗——在中国共产党第十八次全国代表大会上的报告》，《人民日报》2012 年 11 月 18 日。

② 习近平：《全面贯彻落实党的十八大精神要突出抓好六个方面工作》，《求是》2013 年第 1 期。

③ 《邓小平文选》第 2 卷，人民出版社 1994 年版，第 342 页。

④ 《邓小平文选》第 3 卷，人民出版社 1993 年版，第 272 页。

的。农村改革中的好多东西，都是基层创造出来，我们把它拿来加工提高作为全国的指导。”① 他还说：“农村实行承包责任制后，剩下的劳动力怎么办，我们原来没有想到很好的出路。……发展多种经营，发展新型的乡镇企业，这个问题就能解决。乡镇企业容纳了百分之五十的农村剩余劳动力。那不是我们领导出的主意，而是基层农业单位和农民自己创造的。”② 江泽民同志担任党的总书记不久，在党的十三届五中全会上就指出：“任务要依靠群众去完成，经验要依靠群众去积累，新事物要依靠群众去创造，困难也要依靠群众才能克服。”③ 江泽民同志在新世纪、新阶段提出了“三个代表”的重要思想，并且强调：“始终做到‘三个代表’，是我们党的立党之本、执政之基、力量之源。”④ 江泽民同志还对于“三个代表”重要思想三个方面的辩证关系作了深刻阐释，在中国共产党成立八十周年大会上的讲话中，江泽民同志指出：“代表中国先进生产力的发展要求，代表中国先进文化的前进方向，代表中国最广大人民的根本利益，是统一的整体，相互联系，相互促进。发展先进的生产力，是发展先进文化，实现最广大人民根本利益的基础条件。人民群众是先进生产力和先进文化的创造主体，也是实现自身利益的根本力量。不断发展先进生产力和先进文化，归根到底都是为了满足人民群众日益增长的物质文化生活需要，不断实现最广大人民的根本利益。”⑤ 从党的十六大到党的十八大，党中央提出并且实施了“以人为本”的科学发展观。在《在中共中央举办的省部级主要领导干部提高构建社会主义和谐社会能力专题研讨班开班式上的讲话》中，胡锦涛同志深刻阐述了以人为本的内涵：“必须坚持以人为本，始终把最广大人民的根本利益作为党和国家工作

① 《邓小平文选》第3卷，人民出版社1993年版，第382页。

② 《邓小平文选》第3卷，人民出版社1993年版，第251~252页。

③ 江泽民：《在党的十三届五中全会上的讲话》，《人民日报》1989年11月22日。

④ 中共中央文献研究室编：《江泽民论有中国特色社会主义》（专题摘编），人民出版社2002年版，第578页。

⑤ 《江泽民文选》第3卷，人民出版社2006年版，第280~281页。

的根本出发点和落脚点，在经济发展的基础上不断满足人民群众日益增长的物质文化需要，促进人的全面发展；必须尊重人民群众的创造精神，通过深化改革、创新体制，调动一切积极因素，激发全社会的创造活力。"① 党的十六届六中全会通过《中共中央关于构建社会主义和谐社会若干重大历史问题的决定》明确指出以人为本是构建社会主义和谐社会的指导原则之一，"必须坚持以人为本。始终把最广大人民的根本利益作为党和国家一切工作的出发点和落脚点，实现好、维护好、发展好最广大人民的根本利益，不断满足人民日益增长的物质文化需要，做到发展为了人民、发展依靠人民、发展成果由人民共享，促进人的全面发展"。② 在党的十八大报告中，胡锦涛同志强调："坚持以人为本、执政为民，始终保持党同人民群众的血肉联系。""坚持问政于民、问需于民、问计于民，从人民伟大实践中汲取智慧和力量。"③ 中共中央总书记习近平同志在十八届中共中央政治局常委同中外记者见面时的讲话中就指出："人民是历史的创造者，群众是真正的英雄。人民群众是我们力量的源泉。"④ 在十八届中共中央政治局第一次集体学习时的讲话中，习近平总书记也强调："要从人民伟大实践中汲取智慧和力量，办好顺民意、解民忧、惠民生的实事，纠正损害群众利益的行为。"⑤

再次，当代中国共产党人始终坚持实现最广大人民的根本利益

---

① 胡锦涛：《在省部级主要领导干部提高构建社会主义和谐社会能力专题研讨班上的讲话》，人民出版社 2005 年版，第 15 页。

② 中共中央文献研究室编：《十六大以来重要文献选编》下，中央文献出版社 2008 年版，第 651 页。

③ 胡锦涛：《坚定不移沿着中国特色社会主义道路前进 为全面建成小康社会而奋斗——在中国共产党第十八次全国代表大会上的报告》，《人民日报》2012 年 11 月 18 日。

④ 习近平：《人民对美好生活的向往就是我们的奋斗目标》，《人民日报》2012 年 11 月 16 日。

⑤ 习近平：《紧紧围绕坚持和发展中国特色社会主义学习宣传贯彻党的十八大精神》，《人民日报》2012 年 11 月 19 日。

是检验中国特色社会主义实践成功和改革开放得失成败的根本标准。

我们党的一切奋斗，归根结底都是为了实现最广大人民的根本利益。过去我们搞革命，是为了人民翻身求解放；现在我们搞建设，是为了人民富裕求发展。面对我国改革开放和社会主义现代化建设过程中利益关系的巨大变革与深刻调整，以邓小平、江泽民、胡锦涛、习近平为代表的当代中国共产党人在中国特色社会主义伟大实践中始终高度重视人民群众的利益需求，努力实现好、维护好、发展好广大人民群众的根本利益，正确处理好人民群众内部利益关系。邓小平作为我国改革开放和现代化建设的总设计师，在制定党的路线方针政策时，始终坚持人民利益至上的原则，提出了“三个有利于”标准，强调要以“人民拥护不拥护”、“人民赞成不赞成”、“人民高兴不高兴”、“人民答应不答应”，作为制定路线、方针、政策的出发点和依据。邓小平同志强调：“党只有紧紧地依靠群众，密切地联系群众，随时听取群众的呼声，了解群众的情绪，代表群众的利益，才能形成强大的力量，顺利地完成自己的各项任务。”① 以江泽民为核心的党的第三代中央领导集体在继承前人的基础上，提出了“三个代表”重要思想，强调我们党要始终代表中国最广大人民的根本利益。“三个代表”重要思想不仅将群众利益作为衡量执政党一切工作的根本标准，而且对于“人民群众利益”的具体体现及人民群众利益的实现途径和方式都进行了全面系统的阐述。江泽民同志强调：“我们党始终坚持人民的利益高于一切。党除了最广大人民的利益，没有自己特殊的利益。党的一切工作，必须以最广大人民的根本利益为最高标准。”②“全心全意为人民服务，立党为公，执政为民，是我们党同一切剥削阶级政党的根本区别。任何时候我们都必须坚持尊重社会发展规律与尊重人民历史主体地位的一致性，坚持为崇高理想奋斗与为最广大人民

① 《邓小平文选》第2卷，人民出版社1994年版，第342页。
② 《江泽民文选》第3卷，人民出版社2006年版，第280页。

谋利益的一致性，坚持完成党的各项工作与实现人民利益的一致性。”① 从党的十六大到党的十八大，党中央提出了“以人为本”的科学发展观，进一步明确了“发展为了人民、发展依靠人民、发展成果由人民共享”② 的中国共产党人的执政理念和价值取向。强调“群众利益无小事”，共产党人要始终做到“权为民所用，情为民所系，利为民所谋”③。在党的十八大报告中，胡锦涛同志强调指出：“为人民服务是党的根本宗旨，以人为本、执政为民是检验党一切执政活动的最高标准。”④ 在2012年中共十八届一中全会上，中共中央总书记习近平同志在同500多名中外记者见面时，把中央领导集体的使命概括为三个责任：对民族的责任、对人民的责任、对党的责任，这是中央领导集体对人民作出的郑重承诺。习近平指出：“人民对美好生活的向往，就是我们的奋斗目标。”⑤“要正确处理最广大人民的根本利益、现阶段群众的共同利益、不同群体特殊利益的关系，切实把人民利益维护好、实现好、发展好。”⑥

第三，中国特色社会主义理论体系始终坚持理论来源于实践又指导实践，坚持实践是认识的最终目的。

马克思一生致力于人的自由全面发展与人类的解放事业，他的探索不只是为了从理论上解答人的自由全面发展与解放问题，更重要的是为了实际地改变现存的世界。早在《〈黑格尔法哲学批判〉

---

① 《江泽民文选》第3卷，人民出版社2006年版，第279页。

② 胡锦涛：《坚定不移沿着中国特色社会主义道路前进　为全面建成小康社会而奋斗——在中国共产党第十八次全国代表大会上的报告》，《人民日报》2012年11月18日。

③ 《十六大以来重要文献选编》上，中央文献出版社2005年版，第225页。

④ 胡锦涛：《坚定不移沿着中国特色社会主义道路前进　为全面建成小康社会而奋斗——在中国共产党第十八次全国代表大会上的报告》，《人民日报》2012年11月18日。

⑤ 习近平：《人民对美好生活的向往就是我们的奋斗目标》，《人民日报》2012年11月16日。

⑥ 习近平：《全面贯彻落实党的十八大精神要突出抓好六个方面工作》，《求是》，2013年第1期。

导言》中，马克思就指出："批判的武器当然不能代替武器的批判，物质力量只能用物质力量来摧毁。"① 在《关于费尔巴哈的提纲》中，马克思更是以简洁精练的语言指出：哲学家们只是用不同的方式解释世界，而问题在于改变世界。在实践中产生并接受实践检验，又随着实践的发展而不断发展，并且指导社会实践，发挥改造世界的强大力量，是马克思主义的本质特征和根本精神。

中国特色社会主义理论体系的形成过程，与中国特色社会主义道路的探索过程，与改革开放历史经验的总结过程，与十一届三中全会以来党的路线方针政策的形成过程，是同一社会历史过程的两个方面。创立和发展中国特色社会主义理论体系的过程，实际上是总结中国特色社会主义实践经验的过程，也是用中国特色社会主义理论体系指导和推动改革发展的过程。同时，新鲜生动的伟大实践又在检验着新的理论，有力证明了中国特色社会主义理论体系的科学真理性。新时期、新阶段以来，中国共产党的历次代表大会，都在对改革开放进行阶段性经验总结的基础上，对中国特色社会主义理论作出新的理论概括，从邓小平理论、"三个代表"重要思想再到科学发展观，不断实现马克思主义的与时俱进，推进马克思主义中国化的历史进程，谱写马克思主义中国化的历史新篇章。同时，又强调用科学理论武装全党，教育人民，指导实践，推动工作的任务。比如，党的十四大提出认真学习建设有中国特色社会主义的理论；党的十五大提出兴起学习邓小平理论新高潮；党的十六大提出兴起学习贯彻"三个代表"重要思想新高潮；党的十七大提出深入学习贯彻中国特色社会主义理论体系，深入学习实践科学发展观；党的十八大提出用中国特色社会主义理论体系武装全党、教育人民，围绕保持党的先进性和纯洁性，在全党深入开展以为民、务实、清廉为主要内容的党的群众路线教育实践活动。理论创新和理论武装两轮齐驱，充分发挥理论对实践的指导作用，实践的成就彰显理论的巨大威力，从而实现理论与实践的双向互

① 《马克思恩格斯选集》第1卷，人民出版社1995年版，第9页。

动、双重创新。

第四，中国特色社会主义理论体系始终坚持实践的开放性，在实践探索中不断丰富和发展中国特色社会主义理论体系自身。

恩格斯曾经强调指出："我们的理论是发展着的理论，而不是必须背得烂熟并机械地加以重复的教条。"① 随着时代、实践和科学的发展而不断与时俱进，是马克思主义的理论品质。马克思主义既不是一种道德浪漫主义的批判思潮，又不是后现代主义的虚无主义解构，也不是建立包罗万象的"永恒真理"体系，而是强调在"批判旧世界中发现和建设新世界"，强调理论必须来源于实践又指导实践，并且在实践中检验、修正、丰富和发展理论本身。

中国特色社会主义理论体系是与时俱进的开放的理论体系。它在实践中产生，又在实践中得到检验、丰富和发展。而实践永无止境，探索和创新也永无止境。中国特色社会主义理论体系必须随着时代、实践、科学的发展而发展，这是马克思主义的本质体现，也是中国特色社会主义理论体系的内在要求。世界上没有放之四海而皆准的发展模式和发展道路，也没有一成不变的发展模式和发展道路。中国特色社会主义事业是前无古人的开创性事业，没有经典可依，也没有成例可援，只有靠中国共产党领导中国人民把马克思主义的普遍真理和中国的具体实际结合起来进行独立的探索。世界在变化，时代在前进，实践在发展。中国特色社会主义作为一项全新的事业，在前进过程中必然会遇到许多新情况、新矛盾、新问题，这就要求我们必须始终坚持解放思想、实事求是、与时俱进、求真务实的思想路线，紧密结合新的时代条件和新的实践特点，及时总结实践新经验，提出解决新矛盾和新问题的新办法，在科学认识的前提下勇于创新，不断丰富和发展中国特色社会主义理论体系。正如邓小平同志所指出的："马克思主义理论从来不是教条，而是行动的指南。它要求人们根据它的基本原则和基本方法，不断结合变

① 《马克思恩格斯选集》第4卷，人民出版社1995年版，第681页。

化着的实际，探索解决新问题的答案，从而也发展马克思主义理论本身。”①

二、整体性与中国特色社会主义理论体系的结构特征

整体性是指系统与要素、环境之间的辩证统一，系统与要素之间、要素与要素之间、系统与环境之间都是相互联系的有机整体。作为一个整体性的理论体系，必须具有共同的理论主题，其基本范畴、理论内容、理论形态之间相互依存、相互支撑、逻辑自洽，并且具有一脉相承性和相对的稳定性。

马克思和恩格斯在创立唯物史观，揭示人类社会的本质及其发展规律时，就把人类社会作为一个有机统一的系统来把握，反对脱离社会整体孤立地观察、理解和解释个别社会现象。在1847年的《哲学的贫困》一书中，马克思批判了蒲鲁东的唯心史观和形而上学的研究方法，强调社会是“一切关系在其中同时存在而又互相依存的社会机体”②。在1859年的《〈政治经济学批判〉序言》中，马克思以经典的语言表述了历史唯物主义的基本原理，特别是社会整体结构的理论和社会有机体的思想。他指出：“人们在自己生活的社会生产中发生一定的、必然的、不以他们的意志为转移的关系，即同他们的物质生产力的一定发展阶段相适合的生产关系。这些生产关系的总和构成社会的经济结构，即有法律的和政治的上层建筑竖立其上并有一定的社会意识形式与之相适应的现实基础。物质生活的生产方式制约着整个社会生活、政治生活和精神生活的过程。不是人们的意识决定人们的存在，相反，是人们的社会存在决定人们的意识。社会的物质生产力发展到一定阶段，便同它们一直在其中运动的现存生产关系或财产关系（这只是生产关系的法律用语）发生矛盾。于是这些关系便由生产力的发展形式变成生

---

① 中共中央文献研究室编：《邓小平年谱（1975—1997）》下，中央文献出版社2004年版，第1079页。

② 《马克思恩格斯选集》第1卷，人民出版社1995年版，第143页。

产力的桎梏。那时社会革命的时代就到来了。随着经济基础的变更，全部庞大的上层建筑也或慢或快地发生变革。”① 从这段经典论述中可以看出，在马克思看来，人类社会是一个由经济结构、政治结构和文化结构相互联系的有机系统；人类的生活包括物质生活、政治生活、精神生活和社会生活；生产力与生产关系、经济基础与上层建筑的矛盾运动是人类社会发展的根本动力；经济因素是社会历史发展的基础，经济基础决定上层建筑，但是政治和思想的上层建筑对于经济基础也具有能动的反作用。

“有机体”这一概念，只是一个形象的比喻，旨在用这一术语形象地描述人类社会的最一般特征，即社会的系统性、整体性和有机性。正如马克思所指出的：“现在的社会不是坚实的结晶体，而是一个能够变化并且经常处于变化过程中的有机体。”② 列宁在批评那种把社会关系视为只是这些或那些现象的简单的机械的联结的形而上学观点时，也曾经指出：“按照马克思的理论，每一种这样的生产关系体系都是特殊的社会机体，它有自己的产生、活动和向更高形式过渡即转化为另一种社会机体的特殊规律。”③ 并且强调：“马克思主义的全部精神，它的整个体系，要求人们对每一个原理都要（α）历史地，（β）都要同其他原理联系起来，（γ）都要同具体的历史经验联系起来加以考察。”④

马克思的社会有机体思想强调社会的系统性、整体性和有机性，与当时自然科学的发展状况有着密切的联系。马克思创立唯物史观的年代，正好是近代自然科学由分析走向辩证综合的发展阶段。虽然当时相对论和量子力学还没有诞生，但是19世纪30年代之后的自然科学的三大发现（细胞学说、能量守恒的转化定律、进化论）深刻揭示了物质世界普遍联系及其发展的整体性，也深刻地改变着人们的世界观和方法论。细胞学说揭示了生命有机体的

---

① 《马克思恩格斯选集》第2卷，人民出版社1995年版，第32~33页。
② 《马克思恩格斯选集》第2卷，人民出版社1995年版，第102页。
③ 《列宁选集》第2卷，人民出版社1995年版，第785页。
④ 《列宁全集》第47卷，人民出版社1990年版，第464页。

产生、成长、构造的秘密及其转化的机理，揭示了生命世界的普遍联系。能量守恒的转化定律揭示了物质形态的相互转化及其能量的整体均衡。而进化论则揭示了生命世界不断进化的整体链条。19世纪自然科学的三大发现颠覆了孤立、片面的近代形而上学的思维方式，为马克思、恩格斯辩证唯物主义和历史唯物主义整体的世界观和方法论的产生和形成，奠定了重要的自然科学的理论基础。

众所周知，列宁虽然主张马克思主义包括马克思主义哲学、政治经济学、科学社会主义三大组成部分，并且写过《马克思主义的三个来源和三个组成部分》等名篇著作，但是，列宁同时又十分强调马克思主义是“由一整块钢铸成的”① 严整的科学体系。他指出：“马克思的观点极其彻底而严整，这是马克思的对手也承认的。”② 在列宁看来，马克思主义之所以具有强大的生命力，就在于它具有高度的科学性、彻底的革命性和理论的完整性，“它完备而严密，它给人们提供了决不同任何迷信、任何反动势力、任何为资产阶级压迫所作的辩护相妥协的完整的世界观”③。并且列宁特别强调：“马克思和恩格斯称之为辩证方法（它与形而上学方法相反）的，不是别的，正是社会学中的科学方法，这个方法把社会看作处在不断发展中的活的机体（而不是机械地结合起来因而可以把各种社会要素随便配搭起来的一种什么东西）。”④ “辩证方法要我们把社会看作活动着和发展着的活的机体。”⑤

从马克思主义的理论内容及其历史发展来看，马克思主义哲学、马克思主义政治经济学、科学社会主义本身就是一个有机统一的整体。“马克思的全部理论，就是运用最彻底、最完整、最周密、内容最丰富的发展论去考察现代资本主义。自然，他也就要运用这个理论去考察资本主义的即将到来的崩溃和未来共产主义的未

① 《列宁选集》第2卷，人民出版社1995年版，第221页。
② 《列宁全集》第26卷，人民出版社1990年版，第52页。
③ 《列宁选集》第2卷，人民出版社1995年版，第309页。
④ 《列宁选集》第1卷，人民出版社1995年版，第32页。
⑤ 《列宁选集》第1卷，人民出版社1995年版，第55页。

来的发展。"① 马克思为了揭示人类社会的本质及其发展的客观规律，特别是揭示资本主义产生、发展、灭亡的历史规律，首先是以科学的研究方法为前提和理论基础，寻找"过河"的"桥"和"船"，所以，马克思首先创立了唯物史观，找到了观察、分析人类社会的科学方法，唯物史观成为马克思主义世界观和方法论的基础，也是马克思主义整个理论体系的理论基础。然后，马克思运用唯物史观的科学世界观和方法论去观察、分析人类社会，特别是资本主义社会，揭示了资本主义生产方式产生、发展、灭亡的历史规律，这就是马克思主义政治经济学的主要内容，也是马克思主义理论的主要内容，所以列宁说："使马克思的理论得到最深刻、最全面、最详尽的证明和运用的是他的经济学说。"② 在马克思看来，虽然与封建主义等前资本主义生产方式相比较，资本主义生产方式具有历史的合理性和进步性，但是与未来社会、与共产主义相比较，资本主义既没有效率（因为资本主义生产方式必然产生周期性的经济危机从而破坏生产力），又不公平正义（因为资本主义生产方式是资本的剥削逻辑而不是劳动的人本逻辑，资本主义生产是异化劳动），因此资本主义必然为共产主义所代替，这也就是科学社会主义的基本原理和主要内容，也是马克思主义理论体系的核心内容和最终结论。因此，无论从马克思思想的历史发展还是理论逻辑来看，马克思主义本身就是一个统一的整体。马克思主义哲学、政治经济学、科学社会主义的三大组成部分之间是相互渗透、相互补充、相互贯通的，共同构成一个有机联系、不可分割的、整体的马克思主义科学体系。

另外，在马克思的理论体系那里，唯物史观也只是具有逻辑上的"在先性"，马克思并不是首先提供哲学（唯物史观）的文本，然后再去提供政治经济学的文本，最后提供科学社会主义的文本。事实上，马克思主义三大组成部分的理论文本是同时提供出来的。马克思的许多最重要的文本本身就是一个三者结合的整体，例如，

---

① 《列宁全集》第31卷，人民出版社1990年版，第52页。

② 《列宁全集》第26卷，人民出版社1990年版，第62页。

《1844年经济学—哲学手稿》、《德意志意识形态》、《哲学的贫困》、《共产党宣言》、《资本论》以及马克思晚年的历史学、人类学笔记等，我们很难说它们到底是单纯的马克思主义哲学、马克思主义政治经济学还是科学社会主义，或者说，它们应该既是马克思主义哲学，又是马克思主义政治经济学，还是科学社会主义。

马克思主义的整体性还体现在马克思主义发展的一脉相承性。马克思列宁主义、毛泽东思想、中国特色社会主义理论体系是一脉相承而又与时俱进的科学理论体系。所谓一脉相承性是指马克思列宁主义、毛泽东思想、中国特色社会主义理论体系之间具有内在的、本质上的一致性。这种内在的、本质上的一致性包括它们都具有共同尊奉的初级文本基础——马克思列宁主义的文本，共同的世界观和方法论——辩证唯物主义和历史唯物主义，共同的价值理念——全心全意为人民服务，共同的信仰追求——实现人的自由全面发展和共产主义社会等。马克思列宁主义、毛泽东思想、中国特色社会主义理论体系的一脉相承性，并不是说中国特色社会主义理论体系与马克思列宁主义、毛泽东思想的个别具体观点和具体结论完全相同，而是指其基本原理、基本观点、内在精神和思维方法的完全一致。就内在精神和思维方法而言，主要是唯物辩证的方法、深层的历史感和历史主义方法、科学的批判精神以及与时俱进的理论品质。

作为马克思主义基本原理与中国实际和基本国情相结合的马克思主义中国化的最新理论成果——中国特色社会主义理论体系，也是一个有机统一的整体理论体系。中国特色社会主义理论体系是运用辩证唯物主义和历史唯物主义的世界观和方法论，从整体上揭示中国特色社会主义的建设规律，从整体上谋划和布局中国特色社会主义的伟大事业，从整体上设计中国特色社会主义的建设目标的。

首先，中国特色社会主义理论体系从整体上揭示了中国特色社会主义的建设规律。中国特色社会主义理论体系涵盖了经济、政治、文化、社会、生态文明、党的建设等各个领域，体现在改革、发展、稳定，内政、外交、国防，治党、治国、治军等各个方面，是一个系统的、完整的科学理论体系。中国特色社会主义理论体系的三大组成部分（邓小平理论、“三个代表”重要思想、科学发展观）虽然各有侧重，但是它们都从整体上探索和回答了“什么是马克思主义、怎样对待马克思主义”，“什么是社会主义、怎样建设社会主义”，“建设什么样的党、怎样建设党”，“实现什么样的发展、怎样发展”等重大理论和现实问题，从整体上揭示中国特色社会主义经济建设、政治建设、文化建设、社会建设、生态文明建设、党的建设的基本规律。

其次，中国特色社会主义理论体系从整体上谋划和布局中国特色社会主义的伟大事业。在中国特色社会主义理论体系的视域中，中国特色社会主义事业总体布局是一个有机统一的整体，是以经济建设为中心，政治、文化、社会、生态文明建设有机配合的我国现代化建设的战略构想和结构框架。其中，经济建设是中心，它为政治、文化和社会建设提供物质基础和物质保证。政治、文化和社会建设同经济建设相互联系，发挥着各自不可或缺、不可替代的重要功能。政治建设为经济、文化和社会建设提供制度保障，规定着经济、文化和社会建设的政治方向。文化建设为经济、政治和社会建设提供精神动力、智力支持、理论先导、舆论支持、精神动力和思想保证。社会建设则为经济、政治和文化建设提供和谐的社会环境和社群支撑。生态文明建设为中国特色社会主义提供良好的生态环境。而中国特色社会主义建设事业的基本框架就是社会整体的和谐。正如胡锦涛同志在《中共中央举办的省部级主要领导干部提高构建社会主义和谐社会能力专题研讨班开班式上的讲话》中深刻而简明地指出的：“构建社会主义和谐社会，同建设社会主义物质文明、政治文明、精神文明是有机统一的。我们要通过发展社会主义社会的生产力来不断增强和谐社会建设的物质基础，通过发展社会主义民主政治来不断加强和谐社会建设的政治保障，通过发展社会主义先进文化来不断巩固和谐社会建设的精神支撑，同时又通过和谐社会建设来为社会主义物质文明、政治文明、精神文明建设创造有利的社会条件。”① 在总结改革开放以来中国共产党关于中

---

① 胡锦涛：《中共中央举办的省部级主要领导干部提高构建社会主义和谐社会能力专题研讨班开班式上的讲话》，《人民日报》2005 年 2 月 20 日。

国特色社会主义事业总体布局思想的基础上，胡锦涛同志指出：中国特色社会主义事业的总体布局，“由社会主义经济建设、政治建设、文化建设三位一体发展为社会主义经济建设、政治建设、文化建设、社会建设四位一体”①。党的十七大报告全面论述了社会主义经济建设、政治建设、文化建设、社会建设四位一体的总体布局。党的十八大报告将中国特色社会主义“四位一体”建设发展为“五位一体”建设，进一步阐明了中国特色社会主义五位一体的总体布局，明确提出要“全面落实经济建设、政治建设、文化建设、社会建设、生态文明建设五位一体总体布局，促进现代化建设各方面相协调，促进生产关系与生产力、上层建筑与经济基础相协调，不断开拓生产发展、生活富裕、生态良好的文明发展道路”②，反映了中国共产党人对于中国特色社会主义规律认识的深化。

再次，中国特色社会主义理论体系从整体上设计中国特色社会主义的建设目标。中国特色社会主义的奋斗目标，是把我国建设成为富强、民主、文明、和谐的社会主义现代化国家，实现中华民族伟大复兴的中国梦。其中富强是经济建设目标，民主是政治建设目标，文明是文化建设目标，和谐是包括社会建设、生态文明建设在内的整体建设目标。从邓小平同志提出的物质文明和精神文明“两手抓，两手都要硬”的“两个文明”建设目标，到江泽民同志提出“建设社会主义政治文明”从而发展出“三大文明”的目标框架，再到党中央在党的十七大报告强调加快推进以改善民生为重点的社会建设，提出“四位一体”的总体目标，再到党的十八大报告强调生态文明建设和“五位一体”的总布局，反映出中国共产党人对中国特色社会主义建设目标的认识不断深入、发展和

---

① 胡锦涛：《在省部级主要领导干部提高构建社会主义和谐社会能力专题研讨班上的讲话》，人民出版社 2005 年版，第 2 页。

② 胡锦涛：《坚定不移沿着中国特色社会主义道路前进　为全面建成小康社会而奋斗——在中国共产党第十八次全国代表大会上的报告》，人民出版社 2012 年版，第 9 页。

完善。

中国特色社会主义理论体系是一个“三位一体”的整体体系，它既坚持了科学社会主义的基本原则，又根据我国实际和时代特征赋予其鲜明的中国特色。它是“马克思主义基本原理和科学社会主义基本原则”、“中国实际和中国特色”、“时代潮流和时代特征”三者的有机统一和辩证结合。离开其中的任何一个方面都不可避免地陷入教条主义和错误思潮的泥潭。而中国特色社会主义理论体系整体性的理论特征正是在对当代中国主要社会思潮（三种教条主义——“西教条”或“洋教条”、“古教条”或“儒教条”、“马教条”或“‘左’教条”）的批判和回应中得到彰显的。

在中国发展的旗帜与道路、前途与命运等重大理论和现实问题上，迷信新自由主义和民主社会主义的“西式教条主义”（“洋教条”）的主要理论特征，是离开马克思主义基本原理和科学社会主义基本原则，离开中国国情、实际和中国特色，片面强调“时代潮流和时代特征”。而在“西式教条主义”话语中所谓的“时代潮流和时代特征”就是“华盛顿共识”确立的经济全球化的游戏规则和美国的价值理念（所谓的“普世价值”）或者瑞典的民主社会主义模式。以现代新儒学为代表的文化保守主义（“古教条”或者“儒教条”）的主要理论特征是离开马克思主义基本原理和科学社会主义基本原则，离开时代潮流和时代特征，片面强调所谓的“中国特色”。而在文化保守主义视域中所谓的“中国特色”，只不过是“孔孟老庄”的新瓶装旧酒，实际上是中国传统的封建主义特色。而教条主义的马克思主义（“马教条”或者“‘左’教条”）则是离开中国国情和实际，离开时代潮流和时代特征，只是固守马克思主义经典作家基于当时的历史条件和具体情况得出的个别论断、具体结论和行动纲领，而不能与时俱进地发展马克思主义，甚至以马克思主义经典作家的个别论断、具体结论和行动纲领为根据，怀疑和否定改革开放。因此，三种教条主义实质上是一种形而上学的思维方式，它们只是“强调一点、不及其余”。

对于中国特色社会主义理论体系的整体性，江泽民同志曾经作了高度概括和深刻论述。他强调指出：“建设有中国特色社会主义理论，是一个完整的科学体系，其中的各个基本观点、基本原理都不是孤立的，而是有着内在联系的。我们在学习和运用中，要始终注意从总体上、相互联系上和精神实质上去全面地正确地把握，不能搞片面性，否则是学不好和用不好这一理论的。”①

三、中国特色社会主义理论体系是民族性与时代性的辩证统一

马克思主义创始人马克思和恩格斯在《共产党宣言》中就提出了这样一个辩证观点：“工人没有祖国”，但是工人“本身还是民族的”。② 这说明无产阶级的国际性和民族性是辩证统一的，无产阶级的世界性、国际性蕴涵在民族性之中。在《共产党宣言》正文以及《共产党宣言》1872 年德文版序言中，马克思和恩格斯还强调指出：马克思主义的理论原理“是现存的阶级斗争、我们眼前的历史运动的真实关系的一般表述”③。“不管最近 25 年来的情况发生了多大的变化，这个《宣言》中所阐述的一般原理整个说来直到现在还是完全正确的”。“这些原理的实际运用，正如《宣言》中所说的，随时随地都要以当时的历史条件为转移”④。后来，列宁在 1899 年《我们的纲领》一文中进一步发挥了《共产党宣言》中的这一思想。列宁强调：“对于俄国社会党人来说，尤其需要独立地探讨马克思的理论，因为它所提供的只是总的指导原理，而这些原理的应用具体地说，在英国不同于法国，在法国不同于德国，在德国又不同于俄国。”⑤ 他还指出：“在每个国家通过具体的途径来完成统一的国际任务……的时候，都必须查明、弄清、

① 中共中央文献研究室编：《江泽民论有中国特色社会主义》（专题摘编），中央文献出版社 2002 年版，第 14 页。

② 《马克思恩格斯选集》第 1 卷，人民出版社 1995 年版，第 291 页。

③ 《马克思恩格斯选集》第 1 卷，人民出版社 1995 年版，第 285 页。

④ 《马克思恩格斯选集》第 1 卷，人民出版社 1995 年版，第 248 页。

⑤ 《列宁选集》第 1 卷，人民出版社 1995 年版，第 274~275 页。

找到、揣摩出和把握住民族的特点和特征。"① 这就是说，在民族国家还存在的条件下，马克思主义一旦与现实世界发生联系，成为一个民族国家的无产阶级的思想理论和行动纲领，这个民族国家的无产阶级就必须运用马克思主义基本原理创造性地解决本民族、本国家的实际问题。因此，马克思主义的民族化是马克思主义的题中应有之义，是马克思主义的一个基本原则。

列宁及其领导的布尔什维克党开辟了马克思主义的民族化的道路，十月革命是列宁把马克思主义的普遍真理与俄国的具体实践相结合，实现马克思主义俄国民族化的成功范例。十月革命一声炮响，给我们送来了马克思列宁主义。中国共产党人最初所走的马克思主义中国化的道路，就是在列宁和十月革命的影响下进行的。经过革命、建设和改革各个阶段的艰难探索，使马克思主义这样一种原本是西方的哲学社会思潮终于在中国的土壤上生根、开花、结果，形成了具有中国特点、中国风格、中国形式、中国话语和中国气派的完全中国化了的马克思主义。

中国共产党是在马克思主义指导下，在共产国际的帮助下，按照列宁的建党原则建立起来的党。中国共产党自成立之日起就把马克思主义写在自己的旗帜上，作为党的指导思想。但是，马克思主义是产生于19世纪40年代的欧洲的无产阶级理论，如何使这种来自西方的理论在中国的土壤上生根、开花、结果，一直是中国共产党早期领导人和思想家思考的问题。在中国共产党早期领导人和思想家中，最早强调马克思主义的民族化，指出在中国搞社会主义要有自己民族特色的是李大钊。早在五四运动时期，李大钊在论述马克思主义的基本原理时就明确强调："马氏的学说，实在是一个时代的产物"，我们"不可拿这一个时代一种环境造成的学说，去解释一切历史，或者就那样整个拿来，应用于我们生存的社会"②；"马克思的学说真是拯救中国的导星"，我们"应该细细的研考马

① 《列宁选集》第4卷，人民出版社1995年版，第200页。

② 《李大钊文集》下，人民出版社1984年版，第68~69页。

克思的唯物史观，怎样应用于中国今日的政治经济情形”①，以争取民族的独立和解放。这就初步阐明了马克思主义理论应当与中国实际相结合这一马克思主义在中国的民族化即中国化的极端重要的原则。在1923年9月题为“社会主义与社会运动”的讲课中，李大钊就指出：社会主义的理想，“因各地、各时之情形不同，务求其适合者行之，遂发生共性与特性结合的一种新制度（共性是普遍者，特性是随时随地不同者），故中国将来发生之时，必与英、德、俄……有异”②。1938年10月，毛泽东同志在中共六届六中全会上所作的题为《论新阶段》的报告中，对于马克思主义的民族化作了全面而深刻的分析，并且首次明确提出“马克思主义中国化”的基本概念和命题。他指出：“共产党员是国际主义的马克思主义者，但是马克思主义必须和我国的具体特点相结合并通过一定的民族形式才能实现。马克思列宁主义的伟大力量，就在于它是和各个国家具体的革命实践相联系的。对于中国共产党说来，就是要学会把马克思列宁主义的理论应用于中国的具体的环境。成为伟大中华民族的一部分而和这个民族血肉相连的共产党员，离开中国特点来谈马克思主义，只是抽象的空洞的马克思主义。因此，使马克思主义在中国具体化，使之在其每一表现中带着必须有的中国的特性，即是说，按照中国的特点去应用它，成为全党亟待了解并亟须解决的问题。”③ 应该说，“马克思主义中国化”是一个关于对待马克思主义与中国实际关系的总体性概念，它包含了马克思主义必须在中国具体化（民族化）和中国实际必须马克思主义化的双向互动的过程，但是当时强调的重点是使马克思主义的普遍原理在中国具体化，反对教条主义，避免空洞抽象的马克思主义。

改革开放30多年来，以邓小平、江泽民、胡锦涛、习近平为主要代表的当代中国共产党人，始终坚持马克思主义的民族性，坚持把马克思主义的基本原理与中国具体实际相结合，不断推进马克

---

① 《李大钊文集》第4卷，人民出版社1999年版，第376页。

② 《李大钊全集》第4卷，人民出版社2006年版，第197页。

③ 《毛泽东选集》第2卷，人民出版社1991年版，第534页。

思主义中国化，从党的十二大到党的十八大，中国共产党历届全国代表大会的鲜明主题都是“中国特色社会主义”。

党的十一届三中全会以来，邓小平同志就一再告诫全党：要根据我国的实际情况，确定实现四个现代化的具体道路、方针、政策和措施。在 1979 年 3 月，他首次提出“中国式现代化道路”的命题，强调：“过去搞民主革命，要适合中国情况，走毛泽东同志开辟的农村包围城市的道路。现在搞建设，也要适合中国情况，走出一条中国式的现代化道路。”① 1982 年 9 月，在党的十二大开幕词中，邓小平在深刻总结了我国革命和建设正反两方面历史经验的基础上，首次明确提出“走自己的道路，建设有中国特色的社会主义”的口号和科学命题，并且对中国特色社会主义道路的基本含义作了经典性的表述。邓小平指出：“我们的现代化建设，必须从中国的实际出发。无论是革命还是建设，都要注意学习和借鉴外国经验。但是，照抄照搬别国经验、别国模式，从来不能得到成功。这方面我们有过不少教训。把马克思主义的普遍真理同我国的具体实际结合起来，走自己的道路，建设有中国特色的社会主义，这就是我们总结长期历史经验得出的基本结论。”②“建设有中国特色的社会主义”的口号和科学命题，既是总结我们党长期革命和建设历史经验的基本结论，又是我们党在新时期的理论主题和实践主题；既是开创改革开放和社会主义现代化建设历史新局面的逻辑起点，又是整个新时期的历史起点。

党的十三大的主题报告就是《沿着有中国特色的社会主义道路前进》。党的十三大提出了社会主义初级阶段的理论，确立了以“一个中心、两个基本点”为主要内容的党在社会主义初级阶段的基本路线，对中国特色社会主义道路的核心内容作了准确表述。党的十三大报告指出：“在中国这样落后的东方大国中建设社会主义，是马克思主义发展史上的新课题。我们面对的情况，既不是马克思主义创始人设想的在资本主义高度发展的基础上建设社会主

---

① 《邓小平文选》第 2 卷，人民出版社 1994 年版，第 163 页。

② 《邓小平文选》第 3 卷，人民出版社 1993 年版，第 2~3 页。

义，也不完全相同于其他社会主义国家。照搬书本不行，照搬外国也不行，必须从国情出发，把马克思主义基本原理同中国实际结合起来，在实践中开辟有中国特色的社会主义道路。”① “在社会主义初级阶段，我们党的建设有中国特色的社会主义的基本路线是：领导和团结全国各族人民，以经济建设为中心，坚持四项基本原则，坚持改革开放，自力更生，艰苦创业，为把我国建设成为富强、民主、文明的社会主义现代化国家而奋斗。”②

党的十四大的主题是“加快改革开放和现代化建设步伐，夺取有中国特色社会主义事业的更大胜利”。十四大根据邓小平视察南方谈话的精神，将邓小平建设有中国特色社会主义的主要内容，概括为九个方面：社会主义的发展道路、社会主义的发展阶段、社会主义的根本任务、社会主义的发展动力、社会主义建设的外部条件、社会主义建设的政治保证、社会主义建设的战略步骤、社会主义的领导力量和依靠力量以及祖国统一。十四大报告对邓小平开辟中国特色社会主义道路，创立中国特色社会主义理论的历史功绩作出了高度评价：“邓小平同志是我国社会主义改革开放和现代化建设的总设计师。他尊重实践，尊重群众，时刻关注最广大人民的利益和愿望，善于概括群众的经验和创造，敏锐地把握时代发展的脉搏和契机，既继承前人又突破陈规，表现出了开辟社会主义建设新道路的巨大政治勇气和开拓马克思主义新境界的巨大理论勇气，对建设有中国特色社会主义理论的创立做出了历史性的重大贡献。”③

党的十五大的主题是《高举邓小平理论伟大旗帜，把建设有中国特色社会主义事业全面推向二十一世纪》。在 1997 年 10 月召开的党的十五大上，由邓小平创立的马克思主义中国化第二大理论成果——建设有中国特色社会主义理论，被正式命名为邓小平理

① 中共中央文献研究室编：《十三大以来重要文献选编》上，人民出版社 1991 年版，第 11 页。

② 中共中央文献研究室编：《十三大以来重要文献选编》上，人民出版社 1991 年版，第 15 页。

③ 中共中央文献研究室编：《十四大以来重要文献选编》上，人民出版社 1996 年版，第 13~14 页。

论，并且确立为党的指导思想。党的十五大报告对邓小平理论的历史地位和指导意义作了高度评价和系统总结。报告指出："马克思列宁主义同中国实际相结合有两次历史性飞跃，产生了两大理论成果。第一次飞跃的理论成果是被实践证明了的关于中国革命和建设的正确的理论原则和经验总结，它的主要创立者是毛泽东，我们党把它称为毛泽东思想。第二次飞跃的理论成果是建设有中国特色社会主义理论，它的主要创立者是邓小平，我们党把它称为邓小平理论。"① "在当代中国，只有把马克思主义同当代中国实践和时代特征结合起来的邓小平理论，而没有别的理论能够解决社会主义的前途和命运问题。邓小平理论是当代中国的马克思主义，是马克思主义在中国发展的新阶段。"② 十五大还将邓小平理论写进了新党章，与马克思列宁主义、毛泽东思想一起，作为中国共产党的指导思想。

党的十六大的主题是《全面建设小康社会，开创中国特色社会主义事业新局面》，并且把马克思主义中国化的新的理论成果——"三个代表"重要思想写进了党章，作为党的指导思想。党的十六大强调贯彻"三个代表"重要思想，必须使全党始终保持与时俱进的精神状态，不断开拓马克思主义理论发展的新境界。

党的十七大的主题是《高举中国特色社会主义伟大旗帜，为全面建设小康社会新胜利而奋斗》。十七大报告强调：中国特色社会主义道路之所以完全正确，之所以能够引领中国发展进步，关键在于我们既坚持了科学社会主义的基本原则，又根据我国实际和时代特征赋予其鲜明的中国特色。在当代中国，坚持中国特色社会主义道路，就是真正坚持社会主义。

党的十八大的主题是《坚定不移沿着中国特色社会主义道路前进，为全面建成小康社会而奋斗》。十八大报告强调要不断丰富

① 中共中央文献研究室编：《十五大以来重要文献选编》上，人民出版社2000年版，第9页。

② 中共中央文献研究室编：《十五大以来重要文献选编》上，人民出版社2000年版，第10页。

中国特色社会主义的实践特色、理论特色、民族特色、时代特色，并且将马克思主义中国化的最新理论成果——科学发展观写进了新党章。

改革开放30多年来，当代中国共产党人始终把马克思主义基本原理和科学社会主义基本原则的“共性”与中国具体实际的“个性”有机统一起来，提出了一系列独创性的新观点、新思想、新理论，讲出了中国话语，体现了中国创造，富有中国特色。例如，社会主义初级阶段理论，科学阐明了在中国这样经济文化落后的东方大国建设社会主义的根本依据。比如，社会主义市场经济理论，从根本上解除了把计划经济等同于社会主义，把市场经济等同于资本主义的思想束缚。还有，社会主义本质论、社会主义政治文明论、社会主义核心价值体系论、社会主义和谐社会论、社会主义生态文明论，等等，在科学社会主义发展史上都具有重大的创新意义。中国特色社会主义理论体系以全新的视野深化了对共产党执政规律、社会主义建设规律、人类社会发展规律的认识，写出了科学社会主义的“新版本”，具有鲜明的中华民族特色。

总之，从党的十二大到党的十八大，中国共产党历届全国代表大会都是以“中国特色社会主义”作为会议的鲜明主题，不断总结马克思主义中国化的新鲜经验，形成包括邓小平理论、“三个代表”重要思想、科学发展观在内的马克思主义中国化的新的理论成果。中国特色社会主义理论体系所具有的提问方式的简洁性、解答问题的针对性、语言表达的平实性、举例说明的生动性，都是鲜明的中华民族性特点的具体体现，是用中国话语来解答中国问题的典范。

中国特色社会主义理论体系又具有强烈的时代性。中国特色社会主义理论体系的产生、形成和发展，有其时代背景和实践基础，具有鲜明的时代特色。马克思、恩格斯曾经指出：“一切划时代的体系的真正的内容，都是由于产生这个体系的那个时期的需要而形成起来的。所有这些体系都是以本国过去的整个发展为基础的。”①

---

① 《马克思恩格斯全集》第3卷，人民出版社1960年版，第544页。

中国特色社会主义就是在和平与发展成为时代主题的历史条件下，在经济全球化、政治多极化、文化多元化、信息网络化的国际背景下，在社会主义革命、建设和改革开放的实践过程中，在总结我国社会主义革命、建设和改革开放各个历史阶段的历史经验并借鉴其他国家社会主义兴衰成败的历史经验的基础上，逐步形成和发展起来的。

首先，中国特色社会主义理论体系的时代特色集中体现在科学认识中国国情，准确判断当代中国所处的历史时代和历史方位上。

始终坚持解放思想、实事求是、与时俱进、求真务实，体现时代性，把握规律性，富于创造性，是中国特色社会主义理论体系的精神实质。对于当今历史时代的判断既包括对于当代世界所处的历史时代的判断，又包括对于当代中国所处的历史方位的判断。基于对当代世界所处的历史时代的科学判断，当代中国共产党人提出了和平和发展是时代主题的思想；基于当代中国所处的历史方位的科学判断，当代中国共产党人提出了社会主义初级阶段的理论。

党的十一届三中全会以来，以邓小平同志为核心的党的第二代中央领导集体，认真总结历史经验，科学认识中国国情，准确把握中国社会主义的历史方位，提出了社会主义初级阶段的理论。邓小平同志深刻指出："中国社会主义是处在一个什么阶段，就是处在初级阶段，是初级阶段的社会主义。社会主义本身是共产主义的初级阶段，而我们中国又处在社会主义的初级阶段，就是不发达的阶段。一切都要从这个实际出发，根据这个实际来制订规划。"① 所谓社会主义初级阶段，其基本含义有两层：其一，就社会性质而言，我们已经是社会主义社会，因而必须坚持社会主义方向和道路，而不能倒退回去搞"新民主主义"，搞私有化，也不能搞什么"全盘西化"和补什么"资本主义的课"。任何倒退和走回头路的企图，任何"改旗易帜"，偏离社会主义轨道的倾向，都是与社会主义社会的性质不相容的。因此，邓小平始终强调在社会主义初级阶段坚持"四项基本原则"的极端重要性。其二，从发展程度而言，我国社会主义社会的成熟程度还很低，生产力还很不发达，仅

---

① 《邓小平文选》第 3 卷，人民出版社 1993 年版，第 252 页。

仅处于初级阶段而不是较高阶段。所以，邓小平同志特别强调发展经济，解放和发展生产力的极端重要性。他强调指出："现代化建设的任务是多方面的，各个方面需要综合平衡，不能单打一。但是说到最后，还是要把经济建设当作中心。离开了经济建设这个中心，就有丧失物质基础的危险。其他一切任务都要服从这个中心，围绕这个中心，决不能干扰它，冲击它。"① 总之，"一个中心、两个基本点"的社会主义初级阶段基本路线的确立，明确了中国特色社会主义的中心任务和基本政治前提，使中国特色社会主义的路线方针政策置于现实的科学基础上。对此，邓小平在视察南方的重要讲话中深刻而简明地总结道："要坚持党的十一届三中全会以来的路线、方针、政策，关键是坚持'一个中心、两个基本点'。不坚持社会主义，不改革开放，不发展经济，不改善人民生活，只能是死路一条。"②

党的十四大根据邓小平南方谈话的精神，强调我国正处在社会主义初级阶段，并且把社会主义初级阶段理论作为邓小平建设有中国特色社会主义的主要内容之一，写进了党章的总纲。党的十五大对于社会主义初级阶段理论作了集中论述，全面揭示了社会主义初级阶段的基本特征。党的十五大报告指出："社会主义初级阶段，是逐步摆脱不发达状态，基本实现社会主义现代化的历史阶段"，"是逐步缩小同世界先进水平的差距，在社会主义基础上实现中华民族伟大复兴的历史阶段"，"这样的历史进程，至少需要一百年时间"，强调"我们讲一切从实际出发，最大的实际就是中国现在处于并将长时期处于社会主义初级阶段"。③ 党的十六大在坚持"我国正处于并将长期处于社会主义初级阶段"的基础上，对于社会主义初级阶段的基本国情作了新的分析："我国正处于并将长期处于社会主义初级阶段，现在达到的小康还是低水平的、不全面

① 《邓小平文选》第2卷，人民出版社1994年版，第250页。

② 《邓小平文选》第3卷，人民出版社1993年版，第370页。

③ 中共中央文献研究室编：《十五大以来重要文献选编》上，人民出版社2000年版，第15页。

的、发展很不平衡的小康，人民日益增长的物质文化需要同落后的社会生产之间的矛盾仍然是我国社会的主要矛盾。我国生产力和科技、教育还比较落后，实现工业化和现代化还有很长的路要走；城乡二元经济结构还没有改变，地区差距扩大的趋势尚未扭转，贫困人口还为数不少；人口总量继续增加，老龄人口比重上升，就业和社会保障压力增大；生态环境、自然资源和经济社会发展的矛盾日益突出；我们仍然面临发达国家在经济科技等方面占优势的压力；经济体制和其他方面的管理体制还不完善；民主法制建设和思想道德建设等方面还存在一些不容忽视的问题。"① 党的十七大指出："我国仍处于并将长期处于社会主义初级阶段的基本国情没有变，人民日益增长的物质文化需要同落后的社会生产之间的矛盾这一社会主要矛盾没有变。"强调"科学发展观，是立足社会主义初级阶段基本国情，总结我国发展实践，借鉴国外发展经验，适应新的发展要求提出来的"。② 党的十八大进一步强调："我国仍处于并将长期处于社会主义初级阶段的基本国情没有变，人民日益增长的物质文化需要同落后的社会生产之间的矛盾这一社会主要矛盾没有变，我国是世界最大发展中国家的国际地位没有变。在任何情况下都要牢牢把握社会主义初级阶段这个最大国情，推进任何方面的改革发展都要牢牢立足社会主义初级阶段这个最大实际。党的基本路线是党和国家的生命线，必须坚持把以经济建设为中心同四项基本原则、改革开放这两个基本点统一于中国特色社会主义伟大实践，既不妄自菲薄，也不妄自尊大，扎扎实实夺取中国特色社会主义新胜利。"③

其次，中国特色社会主义理论体系的时代特色突出表现在解答时代提出的问题上。中国特色社会主义理论体系都是"问题"主

---

① 中共中央文献研究室编：《十六大以来重要文献选编》上，中央文献出版社 2005 年版，第 14 页。

② 中共中央文献研究室编：《十七大以来重要文献选编》上，中央文献出版社 2009 年版，第 123 页。

③ 胡锦涛：《坚定不移沿着中国特色社会主义道路前进　为全面建成小康社会而奋斗——在中国共产党第十八次全国代表大会上的报告》，人民出版社 2012 年版，第 16 页。

义，它们不以创立包罗万象的“永恒真理”体系为主要的理论旨趣，而以解决中国社会主义建设和改革开放实践各个历史发展阶段的实际问题为己任。总体来说，中国特色社会主义理论体系所要解答的重大理论和实际问题是“什么是马克思主义、怎样对待马克思主义”、“什么是社会主义、怎样建设社会主义”、“建设什么样的党、怎样建设党”、“实现什么样的发展、怎样发展”，其核心价值目标是把中国建设成为富强、民主、文明、和谐的社会主义现代化国家，实现中华民族的伟大复兴。

再次，中国特色社会主义理论体系的时代特色还表现在其始终坚持与时俱进的理论品质上。中国特色社会主义理论体系既坚持了科学社会主义的基本原则，又根据我国实际和时代特征而具有鲜明的中国特色。它是“马克思主义基本原理和科学社会主义基本原则”、“中国实际”、“时代特征”三者的有机统一。中国特色社会主义理论体系始终站在当代人类实践的最前沿、当代科学技术的最前沿、当代人类哲学文化的最前沿，与时代同呼吸共命运，紧紧把握当今时代发展脉搏，深刻反映当今时代的精神，引领当今时代发展的潮流，是中国特色社会主义理论体系的显著特征。

四、中国特色社会主义理论体系是真理性与价值性的辩证统一

法国结构主义的马克思主义者路易·阿尔都塞在《保卫马克思》一书中，把“意识形态”与“科学”这两个概念绝对对立起来。他认为，所谓意识形态，就是一种为一定政治利益服务的观念体系，具有明显的阶级性，是为一定的阶级利益服务，受一定阶级利益支配的，因而是非客观的、非科学的；而科学是一种没有阶级性，不受阶级利益支配的客观的认识活动。阿尔都塞把“意识形态”和“科学”的区别绝对对立起来，并且把这种观点运用于对马克思主义的研究，这是错误的。①

① 夏基松：《现代西方哲学教程》，上海人民出版社 1995 年版，第 613 页。

在马克思主义的思想中，真理性与价值性、科学性与意识形态性是辩证统一的。一方面，马克思主义正确反映了自然、社会和人类思维的发展规律，是被社会实践反复证明的颠扑不破的科学真理，具有客观真理性；另一方面，马克思主义是无产阶级的世界观和方法论，是无产阶级的意识形态，代表无产阶级和最广大人民的根本利益和价值诉求，具有鲜明的阶级性和价值取向。对于马克思主义的真理性与价值性、科学性与阶级性的辩证统一，恩格斯曾经深刻地指出："科学越是毫无顾忌和大公无私，它就越符合工人的利益和愿望。"① 马克思的亲密战友和学生保尔·拉法格曾经写道："马克思虽然深切地同情工人阶级的痛苦，但引导他信仰共产主义观点的并不是任何感情上的原因，而是研究历史和政治经济学的结果。他确信，每一个不为资产阶级利益影响，不为阶级偏见所蒙蔽的公正人士，必然会得出同样的结论。"② 这说明马克思主义之所以能够成为无产阶级的意识形态，首先是因为它是科学的世界观和方法论。邓小平同志也强调指出："马克思主义是打不倒的。打不倒，并不是因为大本子多，而是因为马克思主义的真理颠扑不破。实事求是是马克思主义的精髓。" 并且坚信："世界上赞成马克思主义的人会多起来的，因为马克思主义是科学。"③

中国特色社会主义理论体系是科学的思想理论体系，具有高度的科学性和真理性。中国特色社会主义理论体系之所以具有科学性和真理性，是因为：首先，中国特色社会主义理论体系是以科学的世界观和方法论——辩证唯物主义和历史唯物主义为指导，它科学揭示共产党执政规律、社会主义建设规律、人类社会发展规律。其次，它代表了最广大人民的根本利益，它不是为少数人、少数阶级、少数利益集团谋利益和做辩护的褊狭理论，而是立足于实现和维护中国最广大人民的根本利益，把"全心全意为人民服务"、

① 《马克思恩格斯选集》第 4 卷，人民出版社 1995 年版，第 258 页。

② ［法］保尔·拉法格等著：《忆马克思》，马集译，见《回忆马克思恩格斯》，人民出版社 1973 年版，第 68 页。

③ 《邓小平文选》第 3 卷，人民出版社 1993 年版，第 382 页。

"立党为公、执政为民"作为自己的理论生命、价值追求和理论导向。再次，中国特色社会主义理论体系不是故步自封的"永恒真理"体系，而是开放的、与时俱进的思想理论体系，它能够始终站在时代的前沿，反映时代提出的矛盾、问题和规律，这是其具有科学性和真理性的根本原因。最后，其科学性和真理性已经为中国改革开放30多年的实践所检验和证明，并且将继续为改革开放和社会主义建设的实践所检验和证明。实践是检验真理的唯一标准，中国改革开放30多年取得了举世瞩目成就的成功实践证明：在当今中国，除了马克思主义与中国实际和时代特征相结合的中国特色社会主义理论体系，没有任何其他理论能够实现国家富强、人民幸福、民族复兴。

中国特色社会主义理论体系还具有鲜明的无产阶级党性原则和价值取向。它代表无产阶级和最广大人民的根本利益，以"全心全意为人民服务"、"立党为公、执政为民"、"以中国最广大人民的根本利益为本"、"实现最广大人民的根本利益"作为自己的理论生命、价值追求和理论导向。如果说封建主义意识形态的实质和核心价值是"以权为本"，其外在形式"仁、义、礼、智、信"只不过是维护"君权"、"皇权、"族权"、"神权"（"天人合一"、"君权神授"）的手段；资本主义意识形态的实质和核心价值是"以钱为本"，其外在形式"自由、民主、平等、人权"都是以资本或者金钱为基础的，本质上是资本的"自由、民主、平等、人权"；那么，社会主义意识形态的实质和核心价值就是"以人为本"，即是以工人、农民为主体的最广大人民的根本利益为本。

马克思主义是关于无产阶级和全人类解放的学说，实现人的自由全面发展和人类的彻底解放是马克思主义理论的最终目标和最后结论。中国共产党是中国工人阶级的先锋队，同时是中国人民和中华民族的先锋队，"全心全意为人民服务"是中国共产党人的根本宗旨，也是中国特色社会主义理论的价值追求。邓小平理论一直强调，要把人民群众"拥护不拥护、"赞成不赞成"、"答应不答应"、"高兴不高兴"，作为检验我们党和政府一切工作得失成败的最高标准。“三个代表”重要思想强调中国共产党“要始终代表中国最广大人民的根本利益”，强调全心全意为人民服务、立党为公、执政为民是中国共产党同一切剥削阶级政党的根本区别，要求党的一切工作必须以最广大人民的根本利益作为最高标准，在任何时候、任何情况下，都要想人民所想，急人民所急，谋人民所求，解人民所虑，真正代表人民掌好权、用好权，努力实现好、维护好、发展好最广大人民群众的根本利益。科学发展观的核心是“以人为本”，强调发展为了人民，发展依靠人民，发展的成果由人民共享，强调要切实保障人民群众的政治、经济、文化和社会权益。中国特色社会主义理论体系的这些思想，充分体现了马克思主义关于人民群众是历史创造者的思想和实现人的自由全面发展思想，充分体现了强烈的无产阶级党性原则和鲜明的价值取向。

五、中国特色社会主义理论体系是一脉相承性和与时俱进性的辩证统一

中国特色社会主义理论体系是与马克思列宁主义、毛泽东思想既一脉相承又与时俱进的科学理论体系。所谓一脉相承性是指中国特色社会主义理论体系与马克思列宁主义、毛泽东思想具有内在的、本质上的一致性。这种内在的、本质上的一致性包括它们都具有共同尊奉的初级文本——马克思列宁主义的文本，共同的世界观和方法论——辩证唯物主义和历史唯物主义，共同的价值理念——全心全意为人民服务，共同的理想信仰和奋斗目标——实现人的自由全面发展和共产主义社会，以及共同的理论品质——与时俱进，等等。中国特色社会主义理论体系的一脉相承性，并不是说中国特色社会主义理论体系与马克思列宁主义、毛泽东思想的具体观点和具体结论完全相同，而是指其基本原理、基本观点、内在精神和思维方法的完全一致。就内在精神和思维方法而言，主要是唯物辩证的方法、深层的历史感和历史主义方法、科学的批判精神以及与时俱进的理论品质。

对于中国特色社会主义理论体系与马克思列宁主义、毛泽东思想的一脉相承性，胡锦涛同志和习近平同志都作了高度概括和深刻论述。2003 年 7 月 1 日，在“三个代表”重要思想理论研讨会上的讲话中，胡锦涛同志从理论特征、社会理想、根本利益、理论品质四个方面高度概括了“三个代表”重要思想与马克思列宁主义、毛泽东思想、邓小平理论的一脉相承性。胡锦涛同志指出：辩证唯物主义和历史唯物主义的世界观和方法论，是马克思主义最根本的理论特征；实现物质财富极大丰富、人民精神境界极大提高、每个人自由而全面发展的共产主义社会，是马克思主义最崇高的社会理想；马克思主义政党的一切理论和奋斗都应致力于实现最广大人民的根本利益，这是马克思主义最鲜明的政治立场；坚持一切从实际出发，理论联系实际，实事求是，在实践中检验真理和发展真理，是马克思主义最重要的理论品质。2008 年 3 月 1 日，在中央党校 2008 年春季学期开学典礼上的讲话中，习近平同志强调中国特色社会主义理论体系同马克思列宁主义一脉相承的“脉”，就是马克思主义基本原理和科学社会主义的基本原则，并且对于科学社会主义的基本原则作了全面而深刻的概括。习近平同志指出：“马克思列宁主义告诉我们，科学社会主义必须以历史唯物主义为理论基石，必须以实现共产主义为最高理想，必须以无产阶级政党为领导核心，必须以解放和发展生产力为根本任务，必须坚持代表最广大人民的根本利益，必须与社会化大生产相联系、以公有制和按劳分配为社会主义经济制度的基础，必须以人民当家做主为社会主义民主政治的本质特征，必须坚持改革和完善社会主义制度和体制机制，等等。我国改革开放的进程和当今中国社会的现实充分证明，中国特色社会主义理论体系坚持了马克思列宁主义关于科学社会主义的重要思想，遵循了科学社会主义基本原则。我们说中国特色社会主义理论体系同马克思列宁主义是一脉相承的，这个‘脉’，就包括科学社会主义基本原则。”①

---

① 习近平：《关于中国特色社会主义理论体系的几点学习体会和认识》，《求是》2008 年第 7 期，第 9 页。

马克思列宁主义、毛泽东思想和中国特色社会主义理论体系是一脉相承的思想理论体系。中国特色社会主义理论体系作为马克思主义中国化的最新理论成果，不仅继承了马克思主义基本原理和科学社会主义的基本原则，而且其理论体系的三大理论形态本身也是一脉相承的。中国特色社会主义理论体系三大理论形态（邓小平理论、“三个代表”重要思想、科学发展观）的一脉相承性具体体现在：第一，它们都具有共同的思想理论基础——马克思列宁主义、毛泽东思想。中国特色社会主义理论体系是与马克思列宁主义、毛泽东思想既一脉相承，又与时俱进的科学的思想理论体系。第二，它们都有相同的理论主题和基本问题，都创造性地探索和回答了“什么是马克思主义、怎样对待马克思主义”，“什么是社会主义、怎样建设社会主义”，“建设什么样的党、怎样建设党”，“实现什么样的发展、怎样发展”等重大理论和现实问题。第三，它们都有共同的理论品质——解放思想、实事求是、与时俱进，这是中国特色社会主义理论体系的精髓。第四，它们都有共同的实践基础，都立足于社会主义初级阶段的基本国情和改革开放的实践，探索中国特色社会主义建设道路和中国社会主义建设规律。第五，它们都有共同的奋斗目标，即把我国建设成为富强、民主、文明、和谐的社会主义现代化国家，实现中华民族伟大复兴的中国梦。对于邓小平理论、“三个代表”重要思想以及科学发展观的一脉相承性，2008 年 3 月 1 日习近平同志在中央党校 2008 年春季学期开学典礼上的讲话中指出：“邓小平理论、‘三个代表’重要思想以及科学发展观等重大战略思想，既一脉相承又与时俱进。说一脉相承，一是它们都坚持以马克思列宁主义、毛泽东思想为指导，在理论渊源上一脉相承；二是它们都坚持为建设和发展中国特色社会主义，实现中华民族伟大复兴而奋斗，在理论主题上一脉相承；三是它们都坚持解放思想、实事求是、与时俱进，在理论品质上一脉相承；四是它们都以社会主义初级阶段这一基本国情为立论基础，在理论基点上一脉相承；五是它们都坚持以人为本，把实现好、维护好、发展好最广大人民的根本利益作为全部理论的出发点和落脚点，在理论目标上一脉相承。”①

马克思主义本质上是革命的、批判的、开放的科学理论体系，与时俱进是马克思主义的理论品质。正如列宁所指出的：“马克思主义同‘宗派主义’毫无相似之处，它绝不是离开世界文明发展大道而产生的一种故步自封、僵化不变的学说。恰恰相反，马克思的全部天才正是在于他回答了人类先进思想已经提出的种种问题。他的学说的产生正是哲学、政治经济学和社会主义极伟大的代表人物的学说的直接继续。”②

与时俱进也是中国特色社会主义理论体系的理论品质。中国的马克思主义者从来不自诩自己的理论是绝对的永恒真理体系，也从来没有停止过对马克思主义与中国实际相结合的理论探讨。在马克思主义中国化的历史进程中，毛泽东总结和概括出马克思主义中国化的核心命题——实事求是，并且把它作为马克思主义与中国实际相结合的基本原则、基本观点和基本方法以及我们党的思想路线。邓小平把实事求是作为马克思主义的思想基础、根本观点和根本方法，作为毛泽东思想的出发点、根本点、精髓和活的灵魂，并且强调要贯彻实事求是的思想路线，就必须解放思想，从而将解放思想与实事求是有机地统一起来。江泽民指出与时俱进是马克思主义的理论品质，强调保持与时俱进的精神状态对于马克思主义理论发展的极端重要性，要求我们既要坚持马克思主义基本原理，又要谱写马克思主义新的理论篇章，要善于在解放思想中统一思想，用发展着的马克思主义指导新的实践。胡锦涛同志强调解放思想是发展中国特色社会主义的一大法宝，强调坚持解放思想、实事求是、与时俱进，勇于变更、勇于创新，永不僵化、永不停滞，不为任何风险所惧，不被任何干扰所惑，使中国特色社会主义道路越走越宽广，让当代中国马克思主义放射出更加灿烂的真理光芒。在党的十八大报告中，胡锦涛同志指出：“解放思想、实事求是、与时俱进、求

① 习近平：《关于中国特色社会主义理论体系的几点学习体会和认识》，《求是》2008年第7期，第5页。

② 《列宁选集》第2卷，人民出版社1995年版，第309页。

真务实，是科学发展观最鲜明的精神实质。实践发展永无止境，认识真理永无止境，理论创新永无止境。全党一定要勇于实践、勇于变革、勇于创新，把握时代发展要求，顺应人民共同愿望，不懈探索和把握中国特色社会主义规律，永葆党的生机活力，永葆国家发展动力，在党和人民创造性实践中奋力开拓中国特色社会主义更为广阔的发展前景。”①

对于邓小平理论、“三个代表”重要思想以及科学发展观的与时俱进性，习近平总书记在2008年3月1日中央党校2008年春季学期开学典礼上的讲话中指出：“说与时俱进，是说邓小平理论、‘三个代表’重要思想以及科学发展观等重大战略思想，都坚持从实际出发，注重总结改革开放不同时期、不同阶段的新鲜经验，注重探索和回答不同时期、不同阶段遇到的新矛盾、新问题，在理论创新和理论发展上都作出了各自的独特贡献。它们既相互贯通又层层递进，体现了新时期以来我们党理论创新成果的科学性体系、阶段性成果和发展性要求的内在统一。”②

习近平同志还对中国特色社会主义理论体系与时俱进地丰富和发展马克思主义，创造性地提出的一系列新思想、新观点、新论断，作了全面论述和具体阐释。习近平同志指出：中国特色社会主义理论体系，提出社会主义本质思想，指出社会主义的本质是解放生产力，发展生产力，消灭剥削，消除两极分化，最终达到共同富裕，丰富和发展了马克思主义科学社会主义理论；提出社会主义初级阶段思想，强调这是我国在生产力落后、商品经济不发达条件下建设社会主义必经的特定阶段，丰富和发展了马克思主义关于社会主义发展阶段理论；提出社会主义改革开放思想，指出改革是一场新的革命，是中国现代化的必由之路，僵化停滞没有出路，丰富和

---

① 胡锦涛：《坚定不移沿着中国特色社会主义道路前进　为全面建成小康社会而奋斗——在中国共产党第十八次全国代表大会上的报告》，人民出版社2012年版，第9页。

② 习近平：《关于中国特色社会主义理论体系的几点学习体会和认识》，《求是》2008年第7期，第5页。

发展了马克思主义关于社会主义改革的思想；提出社会主义市场经济思想，强调我国经济体制改革的目标是建立社会主义市场经济体制，丰富和发展了马克思主义政治经济学理论；提出社会主义基本经济制度思想，强调毫不动摇地巩固和发展公有制经济，毫不动摇地鼓励、支持、引导非公有制经济发展，丰富和发展了马克思主义关于社会主义所有制理论；提出社会主义科学发展思想，强调发展是我们党执政兴国的第一要务，要实现以人为本、全面协调可持续的发展，丰富和发展了马克思主义关于社会主义发展理论；提出社会主义和谐社会思想，强调要按照民主法治、公平正义、诚信友爱、充满活力、安定有序、人与自然和谐相处的总要求构建社会主义和谐社会，丰富和发展了马克思主义关于社会主义社会建设理论；提出社会主义政治文明建设思想，强调要坚持中国特色社会主义政治发展道路，发展社会主义民主政治，建设社会主义法治国家，丰富和发展了马克思主义民主政治理论；提出社会主义精神文明建设思想，强调要建设社会主义核心价值体系，坚持社会主义先进文化前进方向，提高国家文化软实力，丰富和发展了马克思主义意识形态建设理论；提出“一国两制”科学构想，强调按照“一个国家、两种制度”方针实现祖国和平统一，丰富和发展了马克思主义国家学说；提出社会主义和平发展思想，强调奉行独立自主的和平外交政策，坚持互利共赢的开放战略，既通过争取和平的国际环境来发展自己，又通过自己的发展来促进世界和平，丰富和发展了马克思主义国际战略理论；提出马克思主义执政党建设思想，强调要加强党的执政能力建设和先进性建设，增强党的阶级基础，扩大党的群众基础，坚持科学执政、民主执政、依法执政，以改革创新精神全面推进党的建设新的伟大工程，丰富和发展了马克思主义党的建设理论，等等。

中国特色社会主义理论体系始终坚持马克思主义与时俱进的理论品质，坚持理论的开放性，坚持理论来源于实践又在实践中检验理论、丰富理论和发展理论，坚持马克思主义基本原理与中国国情相结合、与时代发展同进步、与人民群众共命运，始终坚持用发展着的马克思主义指导新的实践，从而使马克思主义的科学社会主义理论得以不断丰富和发展，具有包容性、开放性，显示出强大的生命力、创造力、解释力和感召力。

中国特色社会主义理论体系在继承和发展马克思主义过程中，积累了十条重要的历史经验：马克思主义普遍真理同中国具体实际相结合是中国特色社会主义理论体系发展的实质和核心；坚持科学社会主义的基本原则与中国实际、时代特征三者的辩证统一是中国特色社会主义理论体系发展的关键；科学理解马列主义、毛泽东思想是中国特色社会主义理论体系发展的基本理论前提；正确把握中国的基本国情并在实践基础上推动理论创新是中国特色社会主义理论体系发展的根本动力；代表中国最广大人民群众的根本利益是中国特色社会主义理论体系发展的根本价值方向；善于吸收中外一切思想文化成果是中国特色社会主义理论体系发展的重要思想资源；批判和抵御各种错误思潮是中国特色社会主义理论体系发展的思想保证；尊重人民首创精神和党的集体智慧是中国特色社会主义理论体系发展的主体动力；坚持解放思想、实事求是、与时俱进是中国特色社会主义理论体系发展的重要法宝；善于总结实践经验是中国特色社会主义理论体系发展的创新路径。

第三章

中国特色社会主义的基本构成与逻辑结构

中国特色社会主义是科学社会主义在中国的实现形式和具体体现，是中国共产党带领人民经过90多年的理论探索和实践探索取得的最重要的成果和最宝贵的财富，是实现社会主义现代化和中华民族伟大复兴的中国梦的光辉旗帜。在当代中国，坚持中国特色社会主义就是真正坚持科学社会主义。中国特色社会主义是在中国特色社会主义旗帜统率下的中国特色社会主义道路、理论体系和制度"三位一体"的有机统一整体，它既坚持了科学社会主义基本原则，又根据中国实际和时代特征赋予其鲜明的中国特色，以全新的视野深化了对共产党执政规律、社会主义建设规律、人类社会发展规律的认识，从理论和实践结合上系统回答了在中国这样人口多、底子薄的东方大国建设什么样的社会主义，怎样建设社会主义这两个根本问题。中国特色社会主义是由五个"三位一体"构成的，内在逻辑严密的有机统一整体，这五个"三位一体"就是：中国特色社会主义总体部署的三位一体、中国特色社会主义基本构成的三位一体、中国特色社会主义基本特征的三位一体、中国特色社会主义理论内容的三位一体、中国特色社会主义实践纲领的三位一体。

一、中国特色社会主义总体部署的三位一体

党的十八大报告明确指出：“建设中国特色社会主义，总依据是社会主义初级阶段，总布局是五位一体，总任务是实现社会主义现代化和中华民族伟大复兴。”① “总依据、总布局、总任务” 三位一体地整体揭示了中国特色社会主义的总体部署，揭示了中国特色社会主义的立论基础、发展战略和历史走向，体现了当代中国共产党人对共产党执政规律、社会主义建设规律和人类社会发展规律认识的进一步深化，是对中国特色社会主义建设的历史方位、发展战略和发展方向的科学概括与立体把握。

（一）建设中国特色社会主义的总依据：社会主义初级阶段

正确认识中国基本国情是党的事业走向成功的根本前提。将马克思主义普遍真理同中国具体实际相结合，这是伴随中国共产党建党 90 多年以来从革命、建设到改革所有历史阶段的永恒课题。这里的“中国具体实际” 便是“中国基本国情” 或称为“中国特殊国情”，其中最为重要的则是中国社会的性质及其发展程度，也就是中国社会所处的历史方位与时代坐标。1939 年年底，毛泽东在《中国革命和中国共产党》一文中明确指出：“认清中国社会的性质，就是说，认清中国的国情，乃是认清一切革命问题的基本的根据。”② 正是基于对“中国社会是一个殖民地、半殖民地、半封建的社会”③ 这一国情的基本判断，中国共产党走出以马克思主义的只言片语与一般公式指导革命实践的窠臼，提出新民主主义革命的

① 胡锦涛：《坚定不移沿着中国特色社会主义道路前进 为全面建成小康社会而奋斗——在中国共产党第十八次全国代表大会上的报告》，《人民日报》2012 年 11 月 18 日。

② 《毛泽东选集》第 2 卷，人民出版社 1991 年版，第 633 页。

③ 《毛泽东选集》第 2 卷，人民出版社 1991 年版，第 637 页。

总路线和基本纲领，形成了新民主主义理论，走出了一条符合中国革命规律与特点的农村包围城市最后夺取全国胜利的革命道路，最终建立了新中国。而社会主义建设初期，由于一方面教条地理解马克思的共产主义学说和苏联社会主义模式，另一方面对当时中国的基本国情缺乏清醒认识，在社会主义建设实践中出现了两种极端偏向。一是社会主义改造快速完成、国民经济顺利恢复的建设热情冲破了对社会现实的理性认知，将现时的初级阶段的社会主义与未来成熟的高级阶段的社会主义相等同，忽视社会发展阶段性与连续性相统一的客观规律，片面追求"一大二公三纯"，"运动式"地推动生产力的"跃进"与生产关系的变革，"跑步进入共产主义"成为了一场徒劳，最终以失败而告终。二是以过渡时期的理论指导社会主义时期的建设实践，以过渡时期的政策方针处理社会主义时期的现实问题，导致理论与实践之间出现错位。尤其将阶级矛盾视为社会主义建设时期的主要矛盾，偏离了发展社会生产力的迫切实际。这两种极端在"左"的泥潭中不能自拔，给我国的社会主义建设事业带来严重损失。民主革命的成功经验与社会主义建设初期的失误教训深刻地揭示了能否正确认识中国基本国情决定了党的事业的是非成败。

社会主义初级阶段理论是中国社会主义建设实践经验的历史总结。在社会主义建设经历了重大挫折之后，1978 年党的十一届三中全会重新恢复，实事求是的思想路线，使中国的社会主义建设回归到基本国情的科学认识上。1979 年，邓小平在《坚持四项基本原则》的讲话中指出："现在搞建设，也要适合中国情况，走出一条中国式的现代化道路"，"中国式的现代化，必须从中国的特点出发"①。1980 年，邓小平同志又总结了新中国成立 30 年来的建设经验，指出："总起来说，第一，不要离开现实和超越阶段采取一些'左'的办法，这样是搞不成社会主义的。我们过去就是吃'左'的亏。第二，不管你搞什么，一定要有利于发展生产力。"②

---

① 《邓小平文选》第 2 卷，人民出版社 1994 年版，第 163~164 页。

② 《邓小平文选》第 2 卷，人民出版社 1994 年版，第 312 页。

1981 年 6 月，党的十一届六中全会通过了《关于建国以来党的若干历史问题的决议》，该“决议”指出，“由于我们党领导社会主义事业的经验不多，党的领导对形势的分析和对国情的认识有主观主义的偏差……这就使得我们没有取得本来应该取得的更大成就”①，并强调：“社会主义经济建设必须从我国国情出发，量力而行，积极奋斗，有步骤分阶段地实现现代化的目标。”② 这便从经验教训和行动指导两方面明确了国情判断之于社会主义事业的重要意义。而且《关于建国以来党的若干历史问题的决议》作为首次使用“初级阶段”这个概念的党的正式文件，迈出了科学认识国情的关键步伐，它明确指出：“尽管我们的社会主义制度还是处于初级的阶段，但是毫无疑问，我国已经建立了社会主义制度，进入了社会主义社会，任何否认这个基本事实的观点都是错误的。”③ 1982 年，党的十二大报告再次指出：“我国的社会主义社会现在还处在初级发展阶段，物质文明还不发达。”④ 1986 年，党的十二届六中全会在关于精神文明建设的决议中第三次使用这一概念，指出“我国还处在社会主义的初级阶段”⑤。如果说以上三次所提及的社会主义初级阶段只是基于特定视角的论点表述，那么党的十三大报告便是使其从概念性论点提升为系统性理论。从《关于草拟十三大报告大纲的设想》提出十三大报告“全篇拟以社会主义初级阶段作为立论的根据”，⑥ 到十三大召开前，邓小平同志在会见意大

① 中共中央文献研究室编：《三中全会以来重要文献选编》下，人民出版社 1982 年版，第 797 页。

② 中共中央文献研究室编：《三中全会以来重要文献选编》下，人民出版社 1982 年版，第 840 页。

③ 中共中央文献研究室编：《三中全会以来重要文献选编》下，人民出版社 1982 年版，第 838 页。

④ 中共中央文献研究室编：《十二大以来重要文献选编》上，人民出版社 1986 年版，第 26 页。

⑤ 中共中央文献研究室编：《十二大以来重要文献选编》下，人民出版社 1988 年版，第 1180 页。

⑥ 中共中央文献研究室编：《十二大以来重要文献选编》下，人民出版社 1988 年版，第 1308 页。

利共产党领导人的谈话中讲道："我们党的十三大要阐述中国社会主义是处在一个什么阶段，就是处在初级阶段，是初级阶段的社会主义。社会主义本身是共产主义的初级阶段，而我们中国又处在社会主义的初级阶段，就是不发达的阶段。一切都要从这个实际出发，根据这个实际来制订规划。"① 再到党的十三大报告对社会主义初级阶段理论的系统阐述，即立足于内涵特征、矛盾任务、路线方针、地位意义、轮廓趋势等方面，对什么是社会主义初级阶段，为什么说我国正处于社会主义初级阶段，以及在初级阶段如何进行社会主义建设等一系列问题进行了全面论述与深刻说明。党的十三大报告明确指出："正确认识我国社会现在所处的历史阶段，是建设有中国特色的社会主义的首要问题，是我们制定和执行正确的路线和政策的根本依据。"② 至此，我们党对当代中国社会性质的认识达到了一个新的高度。当 20 世纪 80 年代末 90 年代初，中国再次面临去向何处的严峻考验时，在重大的历史关头，以邓小平同志为核心的党的第二代中央领导集体以马克思主义的理论睿智与对世情国情的深刻洞悉，强调要坚定党的十一届三中全会以来所开创的"一个中心、两个基本点"基本路线不动摇，指出"我们搞社会主义才几十年，还处在初级阶段。巩固和发展社会主义制度，还需要一个很长的历史阶段，需要我们几代人、十几代人，甚至几十代人坚持不懈地努力奋斗，决不能掉以轻心"③。明确了社会主义初级阶段的历史跨度之长。1992 年，党的十四大报告对党的十三大确立的初级阶段社会主义理论的历史功绩进行了肯定，并重申了社会主义初级阶段理论。1997 年，党的十五大报告通过全面揭示社会主义初级阶段的发展特点，并提出社会主义初级阶段的基本纲领，对社会主义初级阶段理论进行了进一步阐发和完善。报告还立足于总结改革开放前后社会主义建设实践正反两方面的历史经验，对社

① 《邓小平文选》第 3 卷，人民出版社 1993 年版，第 252 页。

② 中共中央文献研究室编：《十三大以来重要文献选编》上，人民出版社 1991 年版，第 9 页。

③ 《邓小平文选》第 3 卷，人民出版社 1993 年版，第 379~380 页。

会主义初级阶段理论进行了进一步强调和明确。江泽民同志在报告中指出："面对改革攻坚和开创新局面的艰巨任务，我们解决种种矛盾，澄清种种疑惑，认识为什么必须实行现在这样的路线和政策而不能实行别样的路线和政策，关键还在于对所处社会主义初级阶段的基本国情要有统一认识和准确把握。"① 也因为如此，党的十六大和党的十七大秉承党的十三大，尤其是党的十五大的精神，继续强调社会主义初级阶段理论的重要性，胡锦涛同志多次指出社会主义初级阶段是当代中国最基本的国情、最大的实际。2012 年，党的十八大报告更是以社会主义初级阶段理论作为社会主义建设的认识论根据，将其称为建设中国特色社会主义的总依据。报告指出："我们必须清醒认识到，我国仍处于并将长期处于社会主义初级阶段的基本国情没有变，人民日益增长的物质文化需要同落后的社会生产之间的矛盾这一社会主要矛盾没有变，我国是世界最大发展中国家的国际地位没有变。在任何情况下都要牢牢把握社会主义初级阶段这个最大国情。"②

社会主义初级阶段是建设中国特色社会主义的总依据。社会主义初级阶段是我们在任何情况下都要牢牢把握的最大国情，是推进各方面改革发展都要笃定立足的最大实际。它的重要性表现在：

首先，"三个没有变"的历史方位与时代境遇是促进新时期搞建设、谋发展，做好一切工作的出发点。"我国仍处于并将长期处于社会主义初级阶段的基本国情没有变"③，这是从社会性质、发展程度、历史跨度等方面对我国基本国情的总体判断。我国是在生产力发展水平相当落后的条件下进入社会主义的，再加上新中国成立前的连年战乱，社会主义建设的基础可谓是"一穷二白"、"百

① 中共中央文献研究室编：《十五大以来重要文献选编》上，人民出版社 2000 年版，第 14~15 页。

② 胡锦涛：《坚定不移沿着中国特色社会主义道路前进　为全面建成小康社会而奋斗——在中国共产党第十八次全国代表大会上的报告》，《人民日报》2012 年 11 月 18 日。

③ 中共中央文献研究室编：《十七大以来重要文献选编》上，中央文献出版社 2009 年版，第 123 页。

废待兴”。资本主义社会形态与基本制度的“卡夫丁峡谷”可以跨越，但大力发展生产力，发展商品经济以实现发达国家在资本主义条件下完成工业化、现代化的这一历史阶段不可逾越。党的十一届三中全会实行改革开放以来，我国社会生产力的发展向前迈了一大步，经济建设取得了举世瞩目的卓越成就，综合国力与人民生活水平迈上了新的台阶，中国的国际地位与世界影响力大大提升，但是中国的人口基数大、发展起点低、地区间不平衡的状况依然是建设中国特色社会主义面临的最大实际。因此，要实现社会主义现代化与全体人民的共同富裕，全面建成惠及十几亿人口的更高水平的小康社会，是一个长期坚持、不懈奋斗的过程。“人民日益增长的物质文化需要同落后的社会生产之间的矛盾这一社会主要矛盾没有变”①，这是从初级阶段社会主义社会的矛盾形态进行的判断。生产力与生产关系的矛盾运动推动着社会向前发展。从当下我国的社会发展形势来看，生产力的总体发展水平具有较大的提升空间，地区、行业、领域间的不平衡状态有待进一步协调，而且人民生活水平在实现了由温饱向小康的跨越之后，在经济、政治、文化、社会、生态等方面的更高需求亦尚待解决。无论从社会发展规律还是从我国经济建设的历史经验与现实条件来看，改变落后的社会生产状况，调适经济基础和上层建筑中不适应生产力发展的环节和部分，从而逐步解决这一社会主要矛盾需要经历一个较长的历史时期。“我国是世界最大发展中国家的国际地位没有变”②，这是从我国的在国际社会中所处的实际坐标进行的判断。新中国成立60多年来，经过30多年的改革开放，2010年我国的GDP总量已经超过日本位居世界第二，成为仅次于美国的第二大经济体，但不可忽视的是我国人均GDP只排在世界第95位（2010）；伴随经济实力的

① 中共中央文献研究室编：《十七大以来重要文献选编》上，中央文献出版社2009年版，第45页。

② 胡锦涛：《坚定不移沿着中国特色社会主义道路前进　为全面建成小康社会而奋斗——在中国共产党第十八次全国代表大会上的报告》，人民出版社2012年版，第16页。

增强，我国的综合国力与世界影响力逐步提升，但发达国家主导国际经济政治格局和国际事务处理的境况依然没有发生变化；人民生活水平总体实现小康，但住房、医疗、教育等方面的问题仍是影响全面建成更高水平的小康社会的重要因素，而且目前尚有2000万左右的人口生活在贫困线以下。此外，生态环境问题逐渐成为制约我国持续发展的重要瓶颈，国际国内的分裂势力也是干扰中国“聚精会神搞建设、一心一意谋发展”① 的客观因素。中国由发展中国家迈入发达国家的行列，依然有很长的路要走。因此，尽管我国的社会主义建设已经取得诸多成就，在生产力、综合国力、人民生活水平等方面实现了量的重大突破，但社会主义初级阶段这一历史方位与时代境遇的基本规定没有改变，我们要始终保持清醒的认知。

其次，社会主义初级阶段不仅是对基本国情的理论判断，也是对社会主义建设的现实指引。不论是谋一域、谋现时还是谋全局、谋长远，亦不论是正在爬坡还是正在登顶，都要对社会主义初级阶段始终牢记。正如习近平同志在主持学习贯彻十八大精神的讲话中所说：“不仅在经济建设中要始终立足初级阶段，而且在政治建设、文化建设、社会建设、生态文明建设中也要始终牢记初级阶段；不仅在经济总量低时要立足初级阶段，而且在经济总量提高后仍然要牢记初级阶段；不仅在谋划长远发展时要立足初级阶段，而且在日常工作中也要牢记初级阶段。”② 对社会主义初级阶段的牢记，是一种既不妄自菲薄，也不夜郎自大的踏实谨慎的建设姿态。我们既要看到我国社会主义建设事业的发展成就，也要看到进步空间；既不因初级阶段而妄自菲薄，甘于现状、不思进取，也不因初级阶段而急躁，急于求成、盲目冒进。我国处于社会主义初级阶段是一种源于实际的客观判断，不因个人主观意愿而拔擢超越。如学

---

① 中共中央文献研究室编：《十六大以来重要文献选编》中，中央文献出版社2006年版，第753页。

② 习近平：《紧紧围绕坚持和发展中国特色社会主义 学习宣传贯彻党的十八大精神》，《人民日报》2012年11月19日。

者指出，从经济发展的角度以数据而论，中国社会主义初级阶段至少有大约 100 年的历程。1956 年到 1978 年是社会主义初级阶段的探索阶段（人均 GDP120 美元到人均 GDP200 美元）；1978 年到 2000 年是总体小康社会建设阶段（人均 GDP200 美元到人均 GDP1000 美元）；2000 年到 2020 年是全面建设小康社会阶段（人均 GDP1000 美元到人均 GDP6000 美元），2020 年到 2050 年是实现社会主义现代化阶段（人均 GDP6000 美元到人均 GDP12000 美元）。不管是人均 200 美元还是 10000 美元，都处在社会主义初级阶段。① 只有将初级阶段的意识牢牢扎根在无论经济建设还是政治建设、文化建设、社会建设和生态建设中，无论是当下日常工作还是未来长远规划中，无论是发展爬坡还是成绩取得，都始终保持这一清醒认知，中国特色社会主义建设才不会脱离实际而发生偏向。

再次，社会主义初级阶段是“社会主义的初级阶段”和“初级阶段的社会主义”的统一，完整把握“社会主义”和“初级阶段”两个方面才能真正坚持和大力发展中国特色社会主义。党的十三大报告明确指出了“社会主义初级阶段”包括两层含义，即“第一，我国社会已经是社会主义社会。我们必须坚持而不能离开社会主义。第二，我国的社会主义社会还处在初级阶段。我们必须从这个实际出发，而不能超越这个阶段”②。前者是从制度性质的层面对中国社会所处历史方位的定位，后者是从发展程度的层面对社会主义所处时代坐标的判断。“社会主义”和“初级阶段”是当代中国最大国情、最大实际的两个方面，二者共同构成建设中国特色社会主义的总依据，不能各执一端、有所偏废。如果抛开社会主义只讲初级阶段便会走上改旗易帜的邪路，如果抛开初级阶段只讲社会主义便会走上封闭僵化的老路。一方面，中国走上社会主义道路，不是人们的主观臆想，而是源于中国的历史条件与社会现实。

---

① 辛向阳：《“多维一体”的中国特色社会主义》，《江西社会科学》2013 年第 2 期。

② 中共中央文献研究室编：《十三大以来重要文献选编》上，人民出版社 1991 年版，第 9 页。

它是由中国社会发展的内在规律所决定的，是无数仁人志士经过艰辛探索所选择的，是由新中国成立以来尤其是改革开放以来的社会实践所验证的正确道路。如果说曾经是“只有社会主义才能救中国”，那么现在便是“只有社会主义才能发展中国”。正如习近平同志在中央委员会的委员、候补委员学习贯彻党的十八大精神研讨班上的讲话中所指出的：“中国特色社会主义，是科学社会主义理论逻辑和中国社会发展历史逻辑的辩证统一，是植根于中国大地，反映中国人民意愿，适应中国和时代发展进步要求的科学社会主义。”① 另一方面，中国正处于初级阶段的社会主义，是改革开放前后社会主义建设正反两方面经验的深刻总结，是社会主义自我发展、自我完善的现实根据，忽视或者无视“初级阶段”这一事实，便可能发生否定改革开放，否定现阶段基本经济制度的错误。恩格斯曾经指出：“所谓‘社会主义社会’不是一种一成不变的东西，而应当和任何其他社会制度一样，把它看成是经常变化和改革的社会。”② 改革是克服生产关系和上层建筑之间某些弊端的重要方式，是解放经济体制对生产力发展的束缚的重要手段，是推动社会主义走向完善以体现其优越性的重要动力。2012 年，胡锦涛同志在“7·23”讲话中强调：“改革开放始终是推动党和人民事业发展的强大动力，我们必须毫不动摇推进改革开放，永不僵化、永不停滞。”③ 因此，只有完整把握“社会主义”和“初级阶段”两个方面的国情与实际，才能避免在中国特色社会主义事业建设中出现思路的封闭僵化和举措上的改旗易帜。

（二）建设中国特色社会主义的总布局：五位一体

党的十八大报告关于中国特色社会主义事业五位一体的总体布

---

① 习近平：《毫不动摇坚持和发展中国特色社会主义 在实践中不断有所发现有所创造有所前进》，《人民日报》2013 年 1 月 6 日。

② 《马克思恩格斯选集》第 4 卷，人民出版社 1995 年版，第 693 页。

③ 胡锦涛：《在省部级主要领导干部专题研讨班开班式上重要讲话》，《人民日报》2012 年 7 月 24 日。

局，立体规划了中国特色社会主义的总体部署，确定了中国特色社会主义的全面发展方向，明确了推进我国经济社会发展的基本工作方针和奋斗目标，是既符合马克思主义基本原理和科学社会主义基本原则，又符合中国国情和实际的科学规划与顶层设计。五位一体的正确性体现在：

首先，五位一体总布局源于中国特色社会主义全面发展的战略需要。列宁曾经指出："社会主义者应当善于区分部分和整体，应当按整体提口号，而不是按部分提口号……"① 党的十八大报告在对科学发展观的阐述中提出："必须更加自觉地把全面协调可持续作为深入贯彻落实科学发展观的基本要求，全面落实经济建设、政治建设、文化建设、社会建设、生态文明建设五位一体总体布局，促进现代化建设各方面相协调，促进生产关系与生产力、上层建筑与经济基础相协调，不断开拓生产发展、生活富裕、生态良好的文明发展道路。"② 习近平总书记在会后的学习讲话中指出，强调总布局，是因为中国特色社会主义是全面发展的社会主义。社会主义建设是一项宏伟庞大而又错综复杂的系统工程，尤其中国特色社会主义建设应当是全面推进与有序展开相结合的一个过程，它既要在总体上符合科学社会主义的基本原则，又应在具体方面切合中国社会发展每一阶段的现实国情。在深刻认识社会各种矛盾关系的基础上，对中国特色社会主义事业的重要方面与相关环节进行准确定位与战略部署。

其次，五位一体总布局是立足时代发展、国情变化与人民需求基础之上的历史生成。马克思、恩格斯曾经指出："一切划时代的体系的真正的内容都是由于产生这些体系的那个时期的需要而形成起来的。"③ 中国特色社会主义事业的总体布局是在马克思主义基

---

① 《列宁全集》第 11 卷，人民出版社 1987 年版，第 371 页。

② 胡锦涛：《坚定不移沿着中国特色社会主义道路前进　为全面建成小康社会而奋斗——在中国共产党第十八次全国代表大会上的报告》，《人民日报》2012 年 11 月 18 日。

③ 《马克思恩格斯全集》第 3 卷，人民出版社 1960 年版，第 544 页。

本原理和科学社会主义基本原则的指导下，根据社会主义建设的现实需要，经历了物质文明与精神文明“两手并抓”，到物质文明、政治文明、精神文明“协调发展”，到经济建设、政治建设、文化建设、社会建设“四位一体”，再到经济建设、政治建设、文化建设、社会建设、生态文明建设“五位一体”的拓展过程，这是我们党对中国特色社会主义建设规律在认识上不断深化的重要成果。1978年，党的十一届三中全会纠正了“以阶级斗争为纲”的错误路线，把党和国家工作中心转移到经济建设上来，提出了以经济建设为中心、发展社会生产力的任务，同时拉开了改革开放的历史序幕。而随着我们在经济领域取得重大成绩，精神文化领域却暴露出越来越多的问题。继1979年党的十一届四中全会上叶剑英同志首次提出“社会主义精神文明”的概念之后，邓小平同志在同年10月的中国文艺工作者代表大会上指出：“我们要在建设高度物质文明的同时，提高全民族的科学文化水平，发展高尚的丰富多彩的文化生活，建设高度的社会主义精神文明。”① 1980年12月的中央工作会议亦对精神文明建设进行了讨论，邓小平同志在讲话中指出：“我们要建设的社会主义国家，不但要有高度的物质文明，而且要有高度的精神文明。”② 1982年党的十二大报告对社会主义精神文明作了全面论述，指出：“社会主义精神文明是社会主义的重要特征，是社会主义制度优越性的重要表现。”并从思想建设和文化建设两个方面对精神文明的内容进行概括。③ 1986年，党的十二届六中全会通过的《中共中央关于社会主义精神文明建设指导方针的决议》明确提出：“我国社会主义现代化建设的总体布局是：以经济建设为中心，坚定不移地进行经济体制改革，坚定不移地进行政治体制改革，坚定不移地加强精神文明建设，并且使这几个方面互

① 《邓小平文选》第2卷，人民出版社1994年版，第208页。

② 《邓小平文选》第2卷，人民出版社1994年版，第367页。

③ 中共中央文献研究室编：《十二大以来重要文献选编》上，人民出版社1986年版，第25~33页。

相配合，互相促进”①，为“三个文明”协调发展进行了铺垫，亦为“五位一体”总布局奠定了基础。随着改革开放和社会主义现代化建设的不断推进，在建设物质文明与精神文明的基础上，人们对社会主义民主建设的需求也愈加迫切，以江泽民同志为核心的党的第三代中央领导集体坚持和发展邓小平理论，提出了建设社会主义政治文明的思想，开创了物质文明、政治文明、精神文明协调发展的新局面。1991 年，江泽民同志在庆祝建党七十周年的讲话中提出，“要通过社会主义制度的自我完善和发展，建设有中国特色社会主义的经济、政治、文化，以适应和促进社会生产力不断发展和社会全面进步，实现社会主义现代化”，并指出“有中国特色社会主义的经济、政治、文化是有机统一、不可分割的整体”②。1997 年，党的十五大报告对社会主义初级阶段的基本路线进行展开，确定了这一阶段的基本纲领，阐述了建设有中国特色社会主义的经济、政治、文化的基本目标和基本政策。③ 在党的十六大召开前，江泽民同志在 2002 年的“5 · 31”讲话中明确提出了“建设社会主义政治文明”的主张，即“发展社会主义民主政治，建设社会主义政治文明，是社会主义现代化建设的重要目标”④。2002 年 7 月，江泽民同志在中国社会科学院建院二十五周年的座谈会上指出：“建设有中国特色社会主义，应该是我国经济、政治、文化全面发展的进程，是我国社会主义物质文明、政治文明、精神文明全面建设的进程。”⑤“三个文明”协调发展进一步拓展了中国特色社会主义事业的建设局面。2002 年，党的十六大报告首次将“社会更加和谐”同“经济更加发展、民主更加健全、科教更加进步、文化更加繁荣、社会更加和谐、人民生活更

① 中共中央文献研究室编：《十二大以来重要文献选编》下，人民出版社 1988 年版，第 1173~1174 页。

② 《江泽民文选》第 1 卷，人民出版社 2006 年版，第 152~153 页。

③ 参见《江泽民文选》第 2 卷，人民出版社 2006 年版，第 13~18 页。

④ 中共中央文献研究室编：《十五大以来重要文献选编》下，人民出版社 2003 年版，第 2416 页。

⑤ 《江泽民文选》第 3 卷，人民出版社 2006 年版，第 490~491 页。

加股实"① 共同列为全面建设小康社会的奋斗目标，也为总布局的进一步发展奠定了重要的思想基础。新的世纪新的阶段，面临社会主义改革、发展、稳定的矛盾关系与突出问题，党的十六届四中全会提出："要适应我国社会的深刻变化，把和谐社会建设摆在重要位置"②，将提高构建社会主义和谐社会的能力作为党的主要执政能力之一。继而党的十六届六中全会对构建社会主义和谐社会的意义、内涵、原则与任务进行了全面阐述，将构建社会主义和谐社会确立为中国特色社会主义事业总体布局的重要内容。2005 年 2 月，胡锦涛同志在省部级主要领导干部专题研讨班的重要讲话中明确提出："随着我国经济社会的不断发展，中国特色社会主义事业的总体布局，更加明确地由社会主义经济建设、政治建设、文化建设三位一体发展为社会主义经济建设、政治建设、文化建设、社会建设四位一体。"③ 2007 年，党的十七大报告提出："要按照中国特色社会主义事业总体布局，全面推进经济建设、政治建设、文化建设、社会建设"④，指出加强社会建设和改善民生问题是执政之要，并将"四位一体"总体布局写入党章，为中国特色社会主义事业新局面的开创提供重要指导。社会主义建设是一个在发展中不断面对问题，解决问题的过程，我们在经济发展过程中所累积的资源环境问题在新的建设阶段日益凸显，社会主义现代化建设开始遭遇严重的生态瓶颈，可持续发展的压力愈来愈大。面对经济社会持续发展与人口资源环境压力之间的矛盾，党的十六大提出："可持续发展能力不断增强，生态环境得到改善，资源利用效率显著提高，促进人与自然的和谐，推动整个社会走上生产发展、生活富

---

① 中共中央文献研究室编：《十六大以来重要文献选编》上，中央文献出版 2005 年版，第 317 页。

② 中共中央文献研究室编：《十六大以来重要文献选编》中，人民出版社 2006 年版，第 286 页。

③ 胡锦涛：《在省部级主要领导干部提高构建社会主义和谐社会能力专题研讨班上的讲话》，《人民日报》2005 年 2 月 19 日。

④ 中共中央文献研究室编：《十七大以来重要文献选编》上，中央文献出版社 2009 年版，第 12 页。

裕、生态良好的文明发展道路。”① 党的十七大第一次提出建设生态文明，并将其明确为实现全面小康社会奋斗目标的新要求，报告指出：“建设生态文明，基本形成节约能源资源和保护生态环境的产业结构、增长方式、消费模式。主要污染物排放得到有效控制，生态环境质量明显改善。生态文明观念在全社会牢固树立。”② 党的十八大召开前，胡锦涛同志在2012年的“7·23”讲话中强调：“推进生态文明建设，是涉及生产方式和生活方式根本性变革的战略任务，必须把生态文明建设的理念、原则、目标等深刻融入和全面贯穿到我国经济、政治、文化、社会建设的各方面和全过程，坚持节约资源和保护环境的基本国策，着力推进绿色发展、循环发展、低碳发展，为人民创造良好生产生活环境。”③ 五位一体的总体布局在这里崭露雏形。2012年11月，党的十八大报告正式将生态文明建设作为中国特色社会主义五位一体整体建设之一，并且对生态文明建设的目标和政策措施进行了整体部署。党的十八大报告强调：“必须更加自觉地把全面协调可持续作为深入贯彻落实科学发展观的基本要求，全面落实经济建设、政治建设、文化建设、社会建设、生态文明建设五位一体总体布局，促进现代化建设各方面相协调，促进生产关系与生产力、上层建筑与经济基础相协调，不断开拓生产发展、生活富裕、生态良好的文明发展道路。”“必须树立尊重自然、顺应自然、保护自然的生态文明理念，把生态文明建设放在突出地位，融入经济建设、政治建设、文化建设、社会建设各方面和全过程，努力建设美丽中国，实现中华民族永续发展。”④ 五位

---

① 中共中央文献研究室编：《十六大以来重要文献选编》上，人民出版社2005年版，第15页。

② 中共中央文献研究室编：《十七大以来重要文献选编》上，中央文献出版社2009年版，第16页。

③ 胡锦涛：《在省部级主要领导干部专题研讨班开班式上重要讲话》，《人民日报》2012年7月24日。

④ 胡锦涛：《坚定不移沿着中国特色社会主义道路前进　为全面建成小康社会而奋斗——在中国共产党第十八次全国代表大会上的报告》，《人民日报》2012年11月18日。

一体总体布局是我们党领导人民在中国特色社会主义的建设实践中，深化认识社会主义建设规律的重要成果。

再次，五位一体总体布局是内部紧密联系、彼此相互依存、各方共同促进的有机整体。马克思曾经指出："现在的社会不是坚实的结晶体，而是一个能够变化并且经常处于变化过程中的有机体。"① 中国特色社会主义是全面发展、全面进步的社会主义，它是社会主义市场经济、社会主义民主政治、社会主义先进文化、社会主义和谐社会、社会主义生态文明的有机统一体。其中，经济建设是强国之要，社会主义生产力的不断发展为中国特色社会主义事业提供强大的物质基础；政治建设是治国之本，社会主义民主政治的不断完善为中国特色社会主义事业提供重要保障和方向引领；文化建设是兴国之魂，社会主义先进文化的不断繁荣为中国特色社会主义事业提供智力支持和精神动力；社会建设是安国之基，社会主义社会的更加和谐为中国特色社会主义事业提供有利的社群环境；生态建设是利国之计，社会主义生态文明建设的持续推进为中国特色社会主义事业提供持续发展的载体。经济、政治、文化、社会、生态等五大建设有着特定的战略地位，牢牢把握五位一体总布局，在互依共济中共同推进中国特色社会主义事业的全面持续发展。

（三）建设中国特色社会主义的总任务：实现社会主义现代化和中华民族伟大复兴

党的十八大报告指出："我们党担负着团结带领人民全面建成小康社会，推进社会主义现代化，实现中华民族伟大复兴的重任。""在中国特色社会主义道路上实现中华民族伟大复兴，寄托着无数仁人志士、革命先烈的理想和夙愿。在长期艰苦卓绝的奋斗中，我们党紧紧依靠人民，付出了最大牺牲，书写了感天动地的壮丽史诗，不可逆转地结束了近代以后中国内忧外患、积贫积弱的悲惨命运，不可逆转地开启了中华民族不断发展壮大，走向伟大复兴的历史进军，使具有五千多年文明历史的中华民族以崭新的姿态屹

① 《马克思恩格斯选集》第2卷，人民出版社1995年版，第102页。

立于世界民族之林。”① 其后，习近平同志在参观《复兴之路》展览时指出：“实现中华民族伟大复兴，就是中华民族近代以来最伟大的梦想。这个梦想，凝聚了几代中国人的夙愿，体现了中华民族和中国人民的整体利益，是每一个中华儿女的共同期盼。”② 他强调：“我们这一代共产党人一定要承前启后、继往开来，把我们的党建设好，团结全体中华儿女把我们国家建设好，把我们民族发展好，继续朝着中华民族伟大复兴的目标奋勇前进。”③ 实现中华民族的伟大复兴是近代以来中国人民努力追寻的梦想，是中国共产党人与生俱来的历史使命和为之奋斗的价值目标。社会主义现代化是中华民族伟大复兴的重要基础、现实路径和集中表现，是中华儿女“筑梦”的基石，在一代又一代共产党人的“逐梦”过程中得到彰显。1840 年到 1949 年这一百多年的中国近代史，是一部受西方列强欺辱、奴役和压迫的历史，也是中国人民奋起抗争、艰难探索，寻求国家的独立和解放、民族的富强和复兴道路的历史。1921 年，中国共产党的诞生，是中华民族历史上“开天辟地的大事变”，中国共产党成为推进民族复兴梦想照进现实的领导力量。它带领中国人民历经北伐战争、土地革命战争、抗日战争和解放战争等近 30 年艰苦卓绝的斗争，最终取得了新民主主义革命的胜利并建立新中国，标志着“占人类总数四分之一的中国人从此站立起来了”④，为中华民族伟大复兴创造了根本前提。1949 年新中国成立，如何在一穷二白的零基础上进行国家建设，是我们党面临的首要任务。面对帝国主义的武力威胁、经济封锁、政治孤立、外交制裁，中国

---

① 胡锦涛：《坚定不移沿着中国特色社会主义道路前进　为全面建成小康社会而奋斗——在中国共产党第十八次全国代表大会上的报告》，《人民日报》2012 年 11 月 18 日。

② 习近平：《承前启后　继往开来　继续朝着中华民族伟大复兴的目标奋勇前进》，《人民日报》2012 年 11 月 30 日。

③ 习近平：《承前启后　继往开来　继续朝着中华民族伟大复兴的目标奋勇前进》，《人民日报》2012 年 11 月 30 日。

④ 中共中央文献研究室编：《十五大以来重要文献选编》上，人民出版社 2000 年版，第 799 页。

共产党紧紧依靠人民，坚持独立自主、自力更生的方针，创造性地完成了由新民主主义到社会主义的过渡，实现了中国历史上最伟大、最深刻的社会变革，开启了在社会主义道路上实现中华民族伟大复兴的历史征程。其中早在1953年，我们党制定过渡时期总路线时就提出了“逐步实现国家的社会主义工业化”①；1954年，周恩来在一届人大一次会议上的工作报告中提出，要建设强大的现代化的工业、现代化的农业、现代化的交通运输业和现代化的国防，把中国建设成为一个强大的社会主义现代化的工业国家。② 这是党和国家领导人关于社会主义现代化的初始表述。1964年底至次年初的三届人大一次会议的政府工作报告明确提出了“四个现代化”的规范表达，即工业现代化、农业现代化、科学技术现代化和国防现代化。报告还提出了“两步走”战略，为社会主义现代化的实现描绘最初的蓝图——从第三个五年计划开始，我国的国民经济发展，可以按两步来考虑：第一步，建立起比较完整的工业体系和国民经济体系；第二步，全面实现农业、工业、国防和科学技术的现代化，使我国经济走在世界的前列。③ 然而，随后“文化大革命”十年的内乱，让刚奏响的社会主义现代化建设乐章戛然而止。从新中国成立到改革开放之前的近30年，以毛泽东同志为核心的党的第一代中央领导集体带领中国人民创造性地开辟了一条适合中国国情的社会主义改造道路，实现了由民主主义到社会主义的转变，为民族复兴奠定了根本的政治前提和制度基础；带领全国人民展开大规模的社会主义建设，初步建立起独立的相对完整的工业体系和国民经济体系，为民族复兴奠定了重要的物质基础。然而，其间的“大跃进”和人民公社化运动，特别是“文化大革命”的严重失误，也给社会主义建设事业带来了重大挫折，我们党在探索社会主义建设道路中曲折前行，中华民族伟大复兴任重而道远。1978年，

① 中共中央文献研究室编：《建国以来重要文献选编》第4册，中央文献出版社1993年版，第495页。

② 《周恩来选集》下卷，人民出版社1984年版，第132页。

③ 《周恩来选集》下卷，人民出版社1984年版，第483页。

党的十一届三中全会经过拨乱反正，确立了“把全党工作的着重点和全国人民的注意力转移到社会主义现代化建设上来”① 的政治路线，明确了实现四个现代化是党和国家的头等任务。1979 年，邓小平同志提出“中国式的现代化”②。他指出：“我们开了大口，本世纪末实现四个现代化。后来改了个口，叫中国式的现代化，就是把标准放低一点。”③ 之后，他开始调整 20 世纪 60 年代提出的“两步走”战略步骤，提出了后来被十三大概括为“三步走”的发展战略，即，第一步，从 1981 年到 1990 年国民生产总值翻一番，解决人民的温饱问题；第二步，从 1991 年到 20 世纪末国民生产总值再翻一番，人民生活达到小康水平；第三步，到 21 世纪中叶达到中等发达国家水平，人民生活比较富裕，基本实现现代化。1987 年，党的十三大在系统阐述社会主义初级阶段理论的同时提出了“实现中华民族伟大复兴”的概念，指出从社会主义改造基本完成到社会主义现代化的基本实现，这一阶段“是全民奋起，艰苦创业，实现中华民族伟大复兴的阶段”，并在社会主义初级阶段的基本路线中提出“为把我国建设成为富强、民主、文明的社会主义现代化国家而奋斗”④。1992 年，党的十四大报告进一步提出，在 20 世纪 90 年代实现达到小康水平的第二步发展目标；到建党 100 年时，我国将在各方面形成一整套更加成熟、更加定型的制度；到 21 世纪中叶新中国成立 100 周年，达到第三步发展目标，基本实现社会主义现代化。⑤ 1997 年，党的十五大在提出社会主义初级阶段基本纲领的基础上指出：“社会主义初级阶段，是逐步摆脱不发达状态，基本实现社会主义现代化的历史阶段；……是逐步缩小同

---

① 中共中央文献研究室编：《十一届三中全会以来重要文献选读》上，人民出版社 1987 年版，第 4 页。

② 《邓小平文选》第 3 卷，人民出版社 1993 年版，第 29 页。

③ 《邓小平文选》第 2 卷，人民出版社 1994 年版，第 194 页。

④ 中共中央文献研究室编：《十三大以来重要文献选编》上，人民出版社 1991 年版，第 13~15 页。

⑤ 中共中央文献研究室编：《十四大以来重要文献选编》上，人民出版社 1996 年版，第 47 页。

世界先进水平的差距，在社会主义基础上实现中华民族伟大复兴的历史阶段。”① 因1997年已实现人均国民生产总值翻两番的目标，比原计划提前三年，党的十五大进一步提出了21世纪上半叶的新“三步走”战略，即21世纪第一个10年实现国民生产总值比2000年翻一番，使人民的小康生活更加宽裕，形成比较完善的社会主义市场经济体制；再经过10年的努力，到建党100年时，使国民经济更快发展，各项制度更加完善；到20世纪中叶新中国成立100年时，基本实现现代化，建成富强民主文明的社会主义国家。② 党的十六大宣布我国已经实现了现代化建设“三步走”战略的前两步目标，人民生活总体上实现了由温饱到小康的历史性跨越；提出了在21世纪头20年全面建设惠及十几亿人口的更高水平的小康社会的目标，并为从“总体小康”到“全面小康”的提升进行战略部署。党的十七大对全面建设小康社会提出了新的要求，即人均国内生产总值翻两番，以及中等收入者占全社会的多数，实现社会的“橄榄型”发展，号召“夺取全面建设小康社会新胜利”③。2010年，我国国内生产总值达到397983亿元，经济总量位居世界第二，人均国内生产总值达到4361美元，提前实现之前设定的目标。在此基础上，党的十八大提出了确保2020年实现全面建成小康社会的宏伟目标，其中国内生产总值和城乡居民人均收入比2010年翻一番，中国特色社会主义事业各方面要取得新的跨越发展。新的世纪，伴随着中国特色社会主义事业的蓬勃发展，实现中华民族伟大复兴的信念亦是愈加强烈。从江泽民同志在庆祝建党80周年的讲话中指出：“我们开创了中国特色社会主义事业，为实现中华民族的伟大复兴开创了正确道路，希望广大青年为实现中华民族的伟大

---

① 中共中央文献研究室编：《十五大以来重要文献选编》上，人民出版社2000年版，第15~16页。

② 中共中央文献研究室编：《十五大以来重要文献选编》上，人民出版社2000年版，第4页。

③ 中共中央文献研究室编：《十七大以来重要文献选编》上，中央文献出版社2009年版，第216页。

复兴而努力创造无愧于时代和人民的业绩”①，到党的十六大报告指出，“党从成立那一天起，就是中国工人阶级的先锋队，同时是中国人民和中华民族的先锋队，肩负着实现中华民族伟大复兴的庄严使命”②；从党的十七大报告对“我们党自诞生之日起就勇敢担当起带领中国人民创造幸福生活，实现中华民族伟大复兴的历史使命。……当代中国共产党人必须继续承担好这个历史使命”③的继续强调，到胡锦涛同志在纪念党的十一届三中全会30周年大会上“为夺取全面建设小康社会新胜利、开创中国特色社会主义事业新局面、实现中华民族伟大复兴而团结奋斗，努力为人类作出新的更大的贡献”④的号召；从胡锦涛同志在建党90周年的讲话中指出，“今天，一个生机盎然的社会主义中国已经巍然屹立在世界东方，13亿中国人民正在中国特色社会主义伟大旗帜指引下满怀信心走向中华民族伟大复兴”⑤，到党的十八大报告明确将实现社会主义现代化和中华民族伟大复兴确立为建设中国特色社会主义的总任务，以上无不彰显着中国共产党带领和团结全国人民追求“中华民族近代以来最伟大的梦想”的坚定信念和强烈信心。正如习近平同志在参观《复兴之路》展览时所强调的：“我坚信，到中国共产党成立100年时全面建成小康社会的目标一定能实现，到新中国成立100年时建成富强、民主、文明、和谐的社会主义现代化国家的目标一定能实现，中华民族伟大复兴的梦想一定能实现。”⑥

---

① 中共中央文献研究室编：《十五大以来重要文献选编》下，人民出版社2003年版，第1896页。

② 中共中央文献研究室编：《十六大以来重要文献选编》上，中央文献出版社2005年版，第2页。

③ 中共中央文献研究室编：《十七大以来重要文献选编》上，中央文献出版社2009年版，第42页。

④ 中共中央文献研究室编：《十七大以来重要文献选编》上，中央文献出版社2009年版，第815页。

⑤ 胡锦涛：《在庆祝中国共产党成立90周年大会上的讲话》，人民出版社2011年版，第1页。

⑥ 习近平：《承前启后　继往开来　继续朝着中华民族伟大复兴的目标奋勇前进》，《人民日报》2012年11月30日。

二、中国特色社会主义基本构成的三位一体

中国特色社会主义概念简要地包含两层含义：其一是社会主义；其二是中国特色。即一方面强调必须坚持马克思主义基本原理和科学社会主义基本原则，另一方面又强调必须突出中国国情，结合中国实际，也就是马克思主义基本原理和科学社会主义基本原则与中国具体实际和时代特征的结合。1982 年 9 月 1 日邓小平在党的十二大开幕词中提出“走自己的道路，建设有中国特色的社会主义”此后每次党的全国代表大会均以“中国特色社会主义”为主题，并围绕其建设进行理论展开与实践动员。如党的十三大报告题为“沿着有中国特色的社会主义道路前进”，十四大报告题为“加快改革开放和现代化建设步伐，夺取有中国特色社会主义事业的更大胜利”，十五大报告题为“高举邓小平理论伟大旗帜，把建设有中国特色社会主义事业全面推向二十一世纪”，十六大报告题为“全面建设小康社会，开创中国特色社会主义事业新局面”，十七大报告题为“高举中国特色社会主义伟大旗帜，为夺取全面建设小康社会新胜利而奋斗”，以及十八大报告题为“坚定不移沿着中国特色社会主义道路前进，为全面建成小康社会而奋斗”。

中国特色社会主义是一个总体性概念，它是在中国特色社会主义旗帜统率下的中国特色社会主义道路、中国特色社会主义理论体系、中国特色社会主义制度“三位一体”的有机统一整体。其中，中国特色社会主义旗帜，是讲“举什么旗”的问题，指称的是前进方向、引领航标和光辉形象；中国特色社会主义道路，是讲“走什么路”的问题，指称的是路径选择、发展模式和发展道路问题；中国特色社会主义理论体系，是讲“以什么理论做指导”的问题，指称的是思想武器、理论指导、方向引领、精神家园问题；中国特色社会主义制度，是讲“确立什么样的社会制度”的问题，指称的是一个社会的制度属性、规范化成果、稳固化载体和制度化保障问题。中国特色社会主义旗帜、道路、理论体系和制度是从不同的指称维度、内涵彰显和价值功能对中国特色社会主义进行既各

有侧重又彼此兼顾的诠释。

从指称维度来看，“中国特色社会主义作为新时期以来我们党继续推进马克思主义中国化的伟大历史性创造，体现在实践上，就是开辟了中国特色社会主义道路；体现在理论上，就是形成了中国特色社会主义理论体系；体现在政治上，就是要高举中国特色社会主义伟大旗帜”①。而体现在制度规范上，则是要坚持与完善中国特色社会主义制度。因此，中国特色社会主义旗帜、道路、理论体系和制度是分别立足于政治、实践、理论、制度规范等领域对中国特色社会主义所作的整体诠释。

从内涵彰显来看，党的十七大和十八大对中国特色社会主义旗帜、道路和理论体系的内涵作了高度概括，指出：中国特色社会主义伟大旗帜，是当代中国发展进步的旗帜，是全党全国各族人民团结奋斗的旗帜。它强调：“在改革开放三十多年一以贯之的接力探索中，我们坚定不移高举中国特色社会主义伟大旗帜，既不走封闭僵化的老路、也不走改旗易帜的邪路。中国特色社会主义道路，中国特色社会主义理论体系，中国特色社会主义制度，是党和人民九十多年奋斗、创造、积累的根本成就，必须倍加珍惜、始终坚持、不断发展。”②

中国特色社会主义道路，就是在中国共产党领导下，立足基本国情，以经济建设为中心，坚持四项基本原则，坚持改革开放，解放和发展社会生产力，建设社会主义市场经济、社会主义民主政治、社会主义先进文化、社会主义和谐社会、社会主义生态文明，促进人的全面发展，逐步实现全体人民共同富裕，建设富强、民主、文明、和谐的社会主义现代化国家。中国特色社会主义理论体系，就是包括邓小平理论、“三个代表”重要思想、科学发展观在

---

① 习近平：《关于中国特色社会主义理论体系的几点学习体会和认识》，《求是》2008年第7期，第4页。

② 胡锦涛：《坚定不移沿着中国特色社会主义道路前进　为全面建成小康社会而奋斗——在中国共产党第十八次全国代表大会上的报告》，人民出版社2012年版，第12页。

内的科学理论体系。这个理论体系，坚持和发展了马克思列宁主义、毛泽东思想，凝结了几代中国共产党人带领人民不懈探索实践的智慧和心血，是马克思主义中国化的最新成果，是党最可宝贵的政治和精神财富，是全国各族人民团结奋斗的共同思想基础。中国特色社会主义制度，就是包含着人民代表大会制度的根本政治制度，中国共产党领导的多党合作和政治协商制度、民族区域自治制度以及基层群众自治制度等基本政治制度，中国特色社会主义法律体系，公有制为主体、多种所有制经济共同发展的基本经济制度，以及建立在这些制度基础上的经济体制、政治体制、文化体制、社会体制等各项具体制度。

从价值功能来看，中国特色社会主义作为一面旗帜，它为中国特色社会主义建设事业指明方向，确定目标和展现形象。“主义譬如一面旗子，旗子立起了，大家才有所指望，才知所趋赴。”① 中国特色社会主义旗帜正确指引着中国共产党和中国人民朝着社会主义方向坚定前行，明确了中国特色社会主义共同理想，昭示着共产主义最高理想。它是党的指导思想、基本纲领、前进方向和奋斗目标的集中体现。当代中国的发展进步举世瞩目，就是在中国特色社会主义伟大旗帜的指引下取得的，全党全国各族人民的团结奋斗离不开伟大旗帜的凝聚与鼓舞。中国特色社会主义道路，是马克思主义中国化的实践彰显。它立足于中国国情与时代特征，赋予中国社会主义建设事业以中国特色，是引领当代中国实现国家富强、民族振兴、社会繁荣、人民幸福的唯一正确道路，是中国共产党人对马克思主义理论与社会主义实践的重大创新。中国特色社会主义理论体系，是马克思主义中国化的最新理论成果，它解决了中国特色社会主义建设事业的指导思想问题，是武装全党、教育人民的思想理论武器，为践行中国特色社会主义共同理想提供了理论依据。中国特色社会主义制度，是中国特色社会主义建设事业的制度保障，集

---

① 毛泽东著，中共中央文献研究室、中共湖南省委《毛泽东早期文稿》编辑组编：《毛泽东早期文稿（1912. 6—1920. 11）》，湖南出版社 1990 年版，第 554 页。

中体现了中国特色社会主义的特点和优势，从经济、政治、文化、社会等诸多维度为当代中国社会各领域的发展进步提供制度依托与规范。所以说，旗帜是方向指引，道路是实现途径，理论体系是行动指南，制度是根本保障，它们统一于中国特色社会主义伟大实践，这是党领导人民在社会主义建设的长期实践中形成的鲜明特色。

由上可见，中国特色社会主义旗帜、道路、理论体系和制度是立足于不同领域，以各自的内涵指称与价值功能对中国特色社会主义进行的各有侧重的诠释，但同时又是彼此兼顾的，这种兼顾体现在中国特色社会主义旗帜、道路、理论体系和制度之间的内在联系上。一方面，就其共同特征而言，首先，中国特色社会主义旗帜、道路、理论体系、制度四方面要素的本质属性相同，即集中体现了马克思主义的基本立场、观点和方法；尊重人民群众的历史主体地位，坚持全心全意服务人民的根本政治立场；重视理论与实践的紧密联系，坚持辩证唯物主义和历史唯物主义的世界观与方法论；正确认识目标的长远性与发展的阶段性之间的关系，坚持党的最高纲领和最低纲领相统一。其次，它们的现实定位与历史使命相同。我国现在处于并将长期处于社会主义初级阶段，即生产力整体水平不够发达，生产关系整体状态不甚成熟，上层建筑尚不完善，这是中国特色社会主义旗帜、道路、理论体系、制度四个方面共有的现实基础。我们要在中国共产党的领导下，联系世情、立足国情、结合民情，坚持和发展中国特色社会主义，建设富强、民主、文明、和谐的社会主义现代化国家，实现中华民族伟大复兴的中国梦。再次，它们的生成路径和发展指向相同，即都是马克思主义基本原理与中国具体实际相结合的产物，都是以“以人为本”、“全心全意为人民服务”、“实现人的自由全面发展和共产主义”作为其共有的发展指向和价值旨归。另一方面，就其相互作用而言，它们相互联系、相互支撑、相互作用，其中旗帜问题至关重要，旗帜就是方向，旗帜就是形象。旗帜规定和彰显道路、理论体系、制度的性质和方向，起着规范、导向、引领、凝聚力量和统一思想的重要作用，道路、理论体系和制度是旗帜在实践层面、理论层面和制度层面的展开、支撑和具体体现。没有旗帜，道路、理论体系和制度就没有方向和动力；而离开了道路探索、理论指导和制度保障，旗帜就成为没有具体内涵的空洞口号。道路探索是在旗帜下进行的，是形成科学理论的前提和基础，没有对中国特色社会主义道路的艰辛探索和经验总结，就不可能形成中国特色社会主义理论体系和中国特色社会主义制度。道路问题是关系党和国家前途命运的重大问题，道路走对了，革命、建设和改革开放事业就会得到发展，取得成功；道路走错了，革命、建设和改革开放事业就会遭受挫折，甚至失败。理论体系是旗帜、道路、制度的凝结和升华，是中国特色社会主义的核心和灵魂。理论的源泉在于实践，理论的价值通过实践体现出来。不进行理论总结的实践，是不重视经验价值的实践；没有理论做指导的实践，是盲目的实践。理论体系对旗帜进行内涵诠释，对道路进行经验总结和现实指引，为制度提供内在依据。制度是道路探索与理论探索取得的成果的积淀，是道路和理论体系的规范化成果和稳固化载体，它是旗帜的制度表征、道路的制度依据、理论内涵的制度表现，并为旗帜、道路和理论体系提供制度化保障。总之，伟大旗帜、发展道路、理论体系、制度规范是中国特色社会主义整体中的本质要素，四者各自占有特殊的重要地位，缺一不可。中国特色社会主义道路是实现途径，中国特色社会主义理论体系是行动指南，中国特色社会主义制度是根本保障，三者统一于中国特色社会主义伟大实践，这是党领导人民在建设社会主义长期实践中形成的最鲜明的特色。正如胡锦涛在庆祝中国共产党成立90周年大会上的讲话中指出："面对风云变幻的国际形势，面对艰巨繁重的国内改革、发展稳定任务，我们党要团结带领人民继续前进，开创工作新局面，赢得事业新胜利，最根本的就是要高举中国特色社会主义伟大旗帜，坚持和拓展中国特色社会主义道路，坚持和丰富中国特色社会主义理论体系，坚持和完善中国特色社会主义制度。"① 在党的十八报告中，胡锦涛进一步强调："在改革开放三

① 胡锦涛：《在庆祝中国共产党成立90周年大会上的讲话》，《人民日报》2011年7月2日。

十多年一以贯之的接力探索中，我们坚定不移高举中国特色社会主义伟大旗帜，既不走封闭僵化的老路，也不走改旗易帜的邪路。中国特色社会主义道路、中国特色社会主义理论体系、中国特色社会主义制度，是党和人民九十多年奋斗、创造、积累的根本成就，必须倍加珍惜、始终坚持、不断发展。”①

三、中国特色社会主义基本特征的三位一体

中国特色社会主义是一个“三位一体”的整体体系，它既坚持了科学社会主义的基本原则，又根据我国实际和时代特征赋予其鲜明的中国特色，它是科学社会主义基本原则、中国实际、时代特征三者的有机统一和辩证结合，具有鲜明的实践特色、理论特色、民族特色、时代特色。中国特色社会主义以全新的视野深化了对共产党执政规律、社会主义建设规律、人类社会发展规律的认识，从理论和实践结合的角度系统回答了在中国这样人口多底子薄的东方大国，建设什么样的社会主义，怎样建设社会主义这个根本问题。

第一，中国特色社会主义必须坚持科学社会主义的基本原则。正如习近平同志强调指出：中国特色社会主义是社会主义而不是其他什么主义，科学社会主义基本原则不能丢，丢了就不是社会主义。对于科学社会主义的基本原则，习近平同志在《关于中国特色社会主义理论体系的几点学习体会和认识》一文中，曾经作了全面而深刻的概括。他指出：“科学社会主义必须以历史唯物主义为理论基石，必须以实现共产主义为最高理想，必须以无产阶级政党为领导核心，必须以解放和发展生产力为根本任务，必须坚持代表最广大人民的根本利益，必须与社会化大生产相联系、以公有制和按劳分配为社会主义经济制度的基础，必须以人民当家作主为社会主义民主政治的本质特征，必须坚持改革和完善社会主义制度和

① 胡锦涛：《坚定不移沿着中国特色社会主义道路前进　为全面建成小康社会而奋斗——在中国共产党第十八次全国代表大会上的报告》，《人民日报》2012 年 11 月 18 日。

体制机制，等等。”① 科学社会主义基本原则在当代中国的具体体现就是四项基本原则。四项基本原则是立国之本，是“成套设备”。坚持和发展中国特色社会主义必须坚持四项基本原则，任何时候都决不能动摇，动摇了四项基本原则中的任何一条就会动摇整个中国特色社会主义的根基。

党的十一届三中全会前后，中国共产党支持和领导了关于真理标准的大讨论，重新确立了解放思想、实事求是的思想路线。党的十一届三中全会果断地停止使用“以阶级斗争为纲”这个不适合社会主义社会的“左”的口号，作出了把党和国家的工作重点转移到以经济建设为中心的社会主义现代化建设轨道上来的战略决策，同时对改革开放作了重大部署。党的十一届三中全会标志着我们党重新确立了马克思主义的思想路线、政治路线、组织路线，为探索中国特色社会主义的成功道路奠定了思想理论基础，提供了政治保证和组织保证。在党的十一届三中全会路线的指引下，国民经济状况已经好转，各个部门的生产迅速得到恢复，安定团结的政治局面正在形成，党内外民主生活正在发展，党的优良传统作风得到很大恢复，人民群众建设社会主义现代化的积极性日益高涨。这是当时政治形势的主流。

但是，当时在社会上和人们思想领域中还存在两种错误倾向：一种倾向是，一些人受“左”的思想束缚，面对改革开放和社会主义现代化建设的历史新任务，思想还不够解放，仍然固守“两个凡是”的教条主义思维方式，不善于发现新情况，解决新问题。对于党的十一届三中全会路线不理解，有抵触情绪，甚至歪曲和攻击党的十一届三中全会路线，认为这些基本路线违背了马列主义、毛泽东思想，是要把中国引向资本主义。另外一种倾向是，极少数人站在资产阶级自由化立场上，利用党进行拨乱反正的时机，歪曲“解放思想”和党的历史，极端夸大党的错误，否定毛泽东同志的历史功绩，对社会主义道路、无产阶级专政、共产党的领导、马列

---

① 习近平：《关于中国特色社会主义理论体系的几点学习体会和认识》，《求是》2008 年第 7 期，第 9 页。

主义、毛泽东思想都表示怀疑或反对；而当时党内也有个别同志不但不承认这种资产阶级自由化思潮的危险性，甚至直接或间接地加以某种程度的支持。针对这两种错误思潮和倾向，邓小平同志强调："这两种思潮都是违背马列主义、毛泽东思想的，都是妨碍我们的社会主义现代化建设事业的前进的。"① 针对思想僵化保守的极"左"思潮，邓小平同志强调必须坚持"解放思想"；而针对资产阶级自由化的右倾思潮，邓小平同志则强调必须坚持"四项基本原则"。

在1979年3月30日党的理论工作务虚会上，针对当时存在的资产阶级自由化的错误思潮，邓小平同志明确提出了必须坚持"四项基本原则"的思想。邓小平同志指出，在20世纪内实现四个现代化，把我国建设成为一个社会主义强国，这是一个非常艰巨的任务。"我们要在中国实现四个现代化，必须在思想政治上坚持四项基本原则。这是实现四个现代化的根本前提。这四项是：第一，必须坚持社会主义道路；第二，必须坚持无产阶级专政；第三，必须坚持共产党领导；第四，必须坚持马列主义、毛泽东思想。"② 他还特别强调：决不允许在四项基本原则这个根本立场上有丝毫动摇，"如果动摇了这四项基本原则中的任何一项，那就动摇了整个社会主义事业，整个现代化建设事业"③。之后，邓小平同志始终把"四项基本原则"作为中国特色社会主义的政治前提和思想基础。在著名的1992年南方谈话中，邓小平同志特别强调："在整个改革开放的过程中，必须始终注意坚持四项基本原则。"④ 在1993年与其弟弟邓恳的谈话中，邓小平同志再次强调"社会主义市场经济的优越性……就在四个坚持"，"四个坚持是'成套设备'"。⑤

---

① 《邓小平文选》第2卷，人民出版社1994年版，第166页。

② 《邓小平文选》第2卷，人民出版社1994年版，第164~165页。

③ 《邓小平文选》第2卷，人民出版社1994年版，第173页。

④ 《邓小平文选》第3卷，人民出版社1993年版，第379页。

⑤ 中共中央文献研究室编：《邓小平年谱（1975—1997）》下，中央文献出版社2004年版，第1363页。

以江泽民同志为核心的党的第三代中央领导集体和党的十六大以来党中央也始终把四项基本原则作为中国特色社会主义的本质规定和基本特征。在2001年4月的全国治安工作会议上，江泽民同志指出："坚持这四项基本原则，是当今中国根本区别于历史上的封建主义旧中国和资本主义国家的主要标志。离开了四项基本原则，中国就不成其为社会主义国家，就不能建设有中国特色社会主义。"① 在党的十七大报告中，胡锦涛同志则强调："四项基本原则是立国之本，是我们党、我们国家生存发展的政治基石；……要坚持把以经济建设为中心同四项基本原则、改革开放这两个基本点统一于发展中国特色社会主义的伟大实践，任何时候都决不能动摇。"②

党的十八大以来，以习近平同志为总书记的新的党中央坚持党的基本路线不动摇，既不走封闭僵化的老路，也不走改旗易帜的邪路，而是坚定不移地走中国特色社会主义道路。在党的十八大报告中，习近平总书记在总结改革开放30年，特别是近十年历史性成就时特别强调：我们能历史性成就的取得，靠的是党的基本理论、基本路线、基本纲领、基本经验的正确指引。在论述中国特色社会主义"八条基本要求"时，习近平总书记特别强调"必须坚持人民主体地位"和"必须坚持党的领导"。

第二，中国特色社会主义必须立足中国实际。科学判断并且始终立足社会主义初级阶段的基本国情，是中国特色社会主义的立论基础。我国仍然处于并将长期处于社会主义初级阶段，是新时期我们党在总结历史经验教训的基础上形成的对现阶段我国基本国情科学判断的基本结论。

在社会主义发展的阶段问题上，邓小平同志总结了"大跃进"、"文化大革命"的历史教训，科学判断中国的社会主义建设在目前还处在初级阶段，是初级阶段的社会主义，这是中国最大、

---

① 《江泽民文选》第3卷，人民出版社2006年版，第215页。

② 胡锦涛：《高举中国特色社会主义伟大旗帜，为夺取全面建设小康社会新胜利而奋斗》，人民出版社2007年版，第17页。

最基本的国情，中国社会主义建设的一切路线、方针、政策，都必须从这个基本国情出发；提出了“一个中心、两个基本点”的社会主义初级阶段的基本路线至少要管一百年的思想。党的十三大在邓小平相关论述的基础上，对社会主义初级阶段理论作了系统阐述，强调必须充分认识社会主义建设的长期性、艰巨性、复杂性，不断增强从社会主义初级阶段这个实际出发的自觉性。党的十四大、十五大、十六大都重申了社会主义初级阶段问题，强调我们想问题、做决策、办事情，不能从主观愿望出发，必须从社会主义初级阶段这个最大的实际出发。党的十七大和十八大都明确指出：我国仍处于并将长期处于社会主义初级阶段的基本国情没有变，人民日益增长的物质文化需要同落后的社会生产之间的矛盾这一社会主要矛盾没有变，我国是世界最大发展中国家的国际地位没有变。同时又指出，我国发展呈现一系列新的阶段性特征，出现一系列新情况、新机遇、新矛盾、新问题，而这些发展的阶段性特征，是社会主义初级阶段基本国情在新世纪新阶段的具体表现；强调认清社会主义初级阶段基本国情，不是要妄自菲薄、自甘落后，也不是要脱离实际、急于求成，而是要认识改革开放和社会主义现代化建设的长期性、艰巨性、复杂性、繁重性，要把社会主义初级阶段这一基本国情作为推进改革开放、谋划科学发展的根本依据。可以说，中国特色社会主义道路探索、中国特色社会主义理论体系形成、中国特色社会主义制度确立以及中国特色社会主义之所以取得如此巨大的成就，归根结底就是因为它始终立足于社会主义初级阶段这一基本国情及其阶段性特征的基础之上。

第三，中国特色社会主义必须反映时代特征。马克思曾经指出：任何真正的哲学都是自己时代精神的精华。理论是时代的产物，理论创新是时代的召唤。每个历史时代都有自己的时代特征，这就是该历史时代的时代主题、时代潮流和时代精神。所谓时代主题，是指在一定历史时期内，由世界主要矛盾以及主要力量对比所决定的，反映世界基本特征并且对世界形势走向具有全局性影响和战略性意义的问题。所谓时代潮流，是由时代的主要矛盾决定和推动的历史发展大趋势，它是时代主题在实践层面展开而形成的。所谓时代精神则是时代主题和时代潮流的集中反映和体现，它引领时代发展前进的方向。

第二次世界大战结束后，特别是20世纪70年代末以来，整个世界发生着大变动、大调整。其中最显著的变化，就是和平与发展成为时代主题，世界多极化和经济全球化深入发展，科技进步日新月异，综合国力竞争日趋激烈。尤其是冷战结束之后，世界上的各种力量出现了新的分化和组合，大国之间的关系不断调整，广大发展中国家总体实力增强，国际形势总体趋向缓和，地区冲突和局部战争不断，求和平、谋发展、促合作是世界人民的共同愿望和呼声。经济全球化深入发展促使世界各国经济日益紧密地联系在一起，全球市场、资金、资源的合作和竞争更加复杂，国与国之间经济实力的竞争和较量越来越激烈，经济安全特别是金融安全越来越重要。当代科学技术的发展突飞猛进，给世界生产力和人类经济社会的发展带来了极大的推动和新的希望，科技竞争成为综合国力竞争的焦点。新科技革命及其带来的重大科技发明，以互联网为代表的新的科学技术的广泛应用，推动世界范围内生产方式、生活方式和经济社会发生了前所未有的深刻变化，也引起全球经济格局、利益格局、安全格局发生了前所未有的重大变化。文化软实力已经成为国家综合国力和实力的重要标志，文化软实力的竞争日趋激烈。

面对如此深刻、如此巨大的变化，我们党要反映时代的新潮流，解决时代提出的新课题，迎接时代提出的新挑战，开创党和人民事业发展的新局面，就必须不断解放思想、实事求是、与时俱进，坚持用马克思主义的宽广眼界观察世界，既要从中国的角度看世界，又要从世界的角度看中国，把中国的发展放到世界大局中进行整体思考。坚持理论与实践具体的历史的统一马克思主义认识论原则，以理论创新和实践创新推动社会主义事业的新开拓、新发展。可以说，中国特色社会主义道路的探索和发展、中国特色社会主义理论体系的形成和丰富、中国特色社会主义制度的确立和完善，都是在当代中国共产党人反映时代特征和发展潮流，吸收借鉴人类文明一切优秀成果的基础上形成和发展起来的。

中国特色社会主义“三位一体”的整体性基本特征是在对当

代中国社会思潮的批判和回应中得到彰显的。当代中国社会思潮主要表现为三种教条主义：迷信新自由主义和民主社会主义，宣扬所谓“普世价值”的“西式教条主义”（“洋教条”）；以复新儒学为代表的文化保守主义（“儒教条”）；怀疑和否定改革开放的“左”倾教条主义（“‘左’教条”）。

在中国发展的旗帜、道路、前途、命运等重大理论和现实问题上，迷信新自由主义和民主社会主义，宣扬所谓“普世价值”的“西式教条主义”（“洋教条”）的主要理论特征，是离开马克思主义基本原理和科学社会主义基本原则，离开中国国情、中国实际和中国特色，片面强调“时代潮流和时代特征”，而在“西式教条主义”视域中所谓的“时代潮流和时代特征”就是“华盛顿共识”确立的经济全球化的游戏规则和美国的民主政治的价值理念或者瑞典的民主社会主义模式。以现代新儒学为代表的文化保守主义（“儒教条”）的主要理论特征，是离开马克思主义基本原理和科学社会主义基本原则，离开时代潮流和时代特征，片面强调“中国特色”，而在文化保守主义视域中所谓的“中国特色”，只不过是“孔孟老庄”的新瓶装旧酒，实际上是中国传统的封建主义特色。而教条主义的马克思主义（“‘左’教条”）则是离开中国国情和实际，离开时代潮流和时代特征，只是固守马克思主义经典作家基于当时具体历史条件和当时的具体历史情况得出的个别论断、具体结论和行动纲领，而不是坚持马克思主义基本原理、基本原则、科学精神和科学方法，不能与时俱进地发展马克思主义。因此，三种教条主义实质上是一种形而上学的思维方式，它们只是“强调一点、不及其余”。

而中国特色社会主义理论体系具有“三位一体”的整体性的理论特征，它是“马克思主义基本原理和科学社会主义基本原则”、“中国实际和中国特色”、“时代潮流和时代特征”三者的有机结合和辩证统一，离开其中的任何一个方面都不可避免地陷入教条主义和错误思潮的泥潭。

四、中国特色社会主义理论内容的三位一体

中国特色社会主义理论体系的三大组成部分虽然各有侧重，但是它们都是运用辩证唯物主义和历史唯物主义的世界观和方法论，从整体上揭示中国特色社会主义的建设规律，从整体上谋划和布局中国特色社会主义的伟大事业，从整体上设计中国特色社会主义的建设目标。包括邓小平理论、“三个代表”重要思想、科学发展观在内的中国特色社会主义理论体系本身就是一个三位一体整体的科学理论体系。

首先，邓小平理论、“三个代表”重要思想、科学发展观是马克思主义中国化的最新理论成果，是中国特色社会主义理论体系的核心组成部分，宏观上看，三者之间具有重要的逻辑关联和理论同源性。

一方面，从理论的逻辑关联来看，邓小平理论、“三个代表”重要思想、科学发展观是中国共产党领导集体将中国社会发展的阶段特征映照于时代背景当中，探索在不同阶段遇到的新问题，解决在不同阶段遇到的新矛盾，并且在此基础上不断进行经验总结与理论创新的智慧结晶。它们共同构成了中国特色社会主义理论体系，“系统回答了在中国这样一个十几亿人口的发展中大国建设什么样的社会主义、怎样建设社会主义，建设什么样的党、怎样建设党，实现什么样的发展、怎样发展等一系列重大问题”①。以邓小平同志为核心的党的第二代中央领导集体，坚持解放思想、实事求是的思想路线，带领全党全国各族人民开启并不断推进改革开放的伟大工程，提出“建设有中国特色的社会主义”的历史性命题，在不断总结国内外建设经验的基础上创立了邓小平理论。邓小平理论是中国特色社会主义理论体系的奠基之作，是其最具开创意义的基础性组成部分。以江泽民为核心的党的第三代中央领导集体，坚持解

---

① 胡锦涛：《在庆祝中国共产党成立 90 周年大会上的讲话》，《人民日报》2011 年 7 月 2 日。

放思想、实事求是、与时俱进，在世界形势与国内局面新的考验下，冷静观察，深刻认识并准确把握世情、国情、党情的发展动向，在此基础上创立了“三个代表”重要思想。它是中国特色社会主义理论体系的承启部分，既对邓小平理论进行继承发展，又为科学发展观的创立进行理论铺垫。党中央高举中国特色社会主义伟大旗帜，以邓小平理论和“三个代表”重要思想为指导，以求真务实、开拓进取的精神进一步推进理论创新和实践创新，顺应新变化，研究新情况，总结新经验，在新世纪、新阶段提出了科学发展观的重大战略思想，是中国特色社会主义理论体系的最新理论成果。中国特色社会主义理论体系是中国共产党以党的思想路线为指导，以国内外形势的发展变化为参照，以中国社会发展的阶段性问题为线索，领导和团结全党全国各族人民在不断进行的实践探索与理论总结中形成的。

需要指出的是，邓小平理论、“三个代表”重要思想、科学发展观因形成的历史背景、时代条件、社会发展具体阶段不同，故而面临的具体问题、承担的主要任务有所差别。如邓小平理论重点回答了什么是社会主义、怎样建设社会主义的问题，“三个代表”重要思想重点回答了建设什么样的党、怎样建设党的问题，科学发展观重点回答了实现什么样的发展、怎样发展的问题。但我们不能因此便认为邓小平理论仅回答了第一个基本问题，而“三个代表”重要思想仅回答了第二个基本问题，科学发展观仅回答了第三个基本问题。邓小平理论在重点回答第一个基本问题的同时，也初步回答了第二个基本问题，如邓小平同志曾在党的十二届三中全会上明确提出新时期执政党建设的目标是“把我们党建设成为有战斗力的马克思主义政党，成为领导全国人民进行社会主义物质文明和精神文明建设的坚强核心”①，且蕴含着第三个基本问题的某些观点，如“发展才是硬道理”，指出“我们要在建设高度物质文明的同时，提高全民族的科学文化水平，发展高尚的丰富多彩的文化生

① 《邓小平文选》第 3 卷，人民出版社 1993 年版，第 39 页。

活，建设高度的社会主义精神文明”①。“三个代表”重要思想创造性地回答了第二基本问题，也进一步回答了第一个基本问题，如提出“努力促进人的全面发展”“是马克思主义关于建设社会主义新社会的本质要求”②，亦涉及第三个基本问题的某些内容，提出发展是执政兴国的第一要务，“离开发展，坚持党的先进性、发挥社会主义制度的优越性和实现民富国强都无从谈起”③；科学发展观是重点回答第三个基本问题，同时也进一步回答了第一个和第二基本问题，如胡锦涛同志在党的十六届六中全会上提出“社会和谐是中国特色社会主义的本质属性”④，在庆祝建党90周年的讲话中指出：“在新的历史条件下提高党的建设科学化水平，必须坚持解放思想、实事求是、与时俱进，大力推进马克思主义中国化时代化大众化，提高全党思想政治水平。”⑤ 因而，三大理论成果既有生成意义上的并列关系，又在理论内涵上呈现出随时代而不断发展的递进关系，它们共同构成了中国特色社会主义理论体系的逻辑架构。

另一方面，从理论同源性来看，邓小平理论、“三个代表”重要思想、科学发展观有着共同的理论渊源，即马克思列宁主义和毛泽东思想。理论的同源性决定了它们具有诸多共同的理论特质。如在理论的世界观和方法论基础上，都坚持马克思主义的辩证唯物主义和历史唯物主义，坚持马克思主义立场、观点和方法，一切从实际出发，理论联系实际，在实践中检验和发展真理，这些既是邓小平理论、“三个代表”重要思想、科学发展观形成的动力原则，又是其实现自我发展的内在要求；在理论的目标定位上，都是坚持为建设和发展中国特色社会主义，实现中华民族伟大复兴而奋斗。完

① 《邓小平文选》第2卷，人民出版社1994年版，第208页。

② 江泽民：《在庆祝中国共产党成立八十周年大会上的讲话》，《求是》2001年第13期。

③ 《江泽民文选》第3卷，人民出版社2006年版，第538页。

④ 《中共中央关于构建社会主义和谐社会若干重大问题的决定》，《求是》2006年第20期，第3页。

⑤ 胡锦涛：《在庆祝中国共产党成立90周年大会上的讲话》，《人民日报》2011年7月2日。

成新民主主义革命和社会主义革命之后的中国，面临的最大挑战也是最重要的任务便是如何巩固、建设和发展社会主义，邓小平理论、“三个代表”重要思想、科学发展观是随着改革开放的不断深入，在不同的发展阶段和建设时期先后对社会主义的认识与建设、党的建设和国家的发展等问题作出的系统回答，进一步丰富了党的指导思想和战略方针；在理论的发展要求上，都坚持解放思想、实事求是、与时俱进、求真务实。邓小平同志曾就思想解放的重要性问题作出如下论述：“一个党，一个国家，一个民族，如果一切从本本出发，思想僵化，迷信盛行，那它就不能前进，它的生机就停止了，就要亡党亡国。”① 江泽民同志对“与时俱进”进行强调时也指出：“能否始终做到这一点，决定着党和国家的前途命运。”② 在理论的基本立足点上，都以中国处于社会主义初级阶段的具体国情为基点。正如恩格斯指出的：“为了使社会主义变为科学，就必须首先把它置于现实的基础之上。”③ 我国的历史条件和社会实际决定了我国的社会主义尚需经历较长的初级阶段。社会生产力发展的相对落后、社会公平正义的有待完善是这个阶段的重要实际，任何理论、政策、方针的提出都不能脱离这一现实，超越这一阶段。邓小平理论、“三个代表”重要思想和科学发展观都是党的中央领导集体根据社会主义初级阶段的实际，作为认识的立足点，进而回应社会主义建设、执政党建设和社会发展的问题；在理论的价值诉求上，都是为最广大人民群众谋取根本利益。从“三个有利于”中“是否有利于提高人民生活水平”的判断标准，到中国共产党“始终代表最广大人民的根本利益”，再到“群众满不满意是衡量政府工作的唯一标准”，坚持以人为本，把实现好、维护好、发展好最广大人民的根本利益作为理论的出发点和落脚点，始终坚持发展为了人民，发展依靠人民，发展成果由人民共享的发展理念等，集中体现了邓小平理论、“三个代表”重要思想和科学发展观的

① 《邓小平文选》第2卷，人民出版社1994年版，第143页。
② 《江泽民文选》第3卷，人民出版社2006年版，第537页。
③ 《马克思恩格斯选集》第3卷，人民出版社1995年版，第358页。

“人民至上”的价值追求。

其次，邓小平理论、“三个代表”重要思想、科学发展观都是马克思主义中国化的最新理论成果，共同构成了中国特色社会主义理论体系的主体内容。而在整个体系的逻辑框架之中，又具体包括基本范畴、基本观点、基本理论等三个既相互区别，又内在联系，且层层递进的子层次。具体来说：

一是中国特色社会主义理论体系的基本范畴。范畴是人们思维对客观事物诸种关系本质属性的概括和反映，是科学认识“世界之网”的“网上扭结”，是形成理论观点、理论命题和理论系统化的必要条件。而基本范畴则是对研究对象最为本质的反映，为理论性质和发展方向的确定奠定基础，亦是不同理论间相互区别的标志。中国特色社会主义理论体系由一系列相对独立的概念、范畴所组成。这些概念、范畴既有单个的范畴，也有成对的范畴。它们共同反映了中国特色社会主义的经济、政治、文化、社会、生态等的内涵、结构与关系。这些概念、范畴和命题主要有：中国特色社会主义、社会主义初级阶段、社会主义核心价值观、社会主义核心价值体系、一国两制、“三个代表”、以人为本、中国梦；中国特色与社会主义，科学发展与社会和谐，解放思想、实事求是、与时俱进、求真务实，社会主义物质文明、政治文明、精神文明、社会文明、生态文明；社会主义市场经济、社会主义民主政治、社会主义先进文化、社会主义和谐社会、社会主义生态文明；借鉴与创新，效率与公平，改革、发展与稳定，内政、外交与国防，党的先进性与纯洁性等。中国特色社会主义理论体系的基本范畴是在认识中国特色社会主义的历史过程中，对“什么是马克思主义和怎样对待马克思主义”、“什么是社会主义和怎样建设社会主义”、“建设什么样的党和怎样建设党”、“实现什么样的发展和怎样发展”等一系列重大理论和现实问题的本质概括和理性提升，为理论体系的基本观点和基本理论得以形成创造了重要前提。

二是中国特色社会主义理论体系的基本观点。即以中国特色社会主义实践为基础，用中国特色社会主义理论体系的基本范畴，概括和总结中国特色社会主义经济建设、政治建设、文化建设、社会建设、生态文明建设、国防和军队建设、党的建设的基本规律所形成的一系列基本观点。这些基本观点紧紧围绕着“什么是马克思主义和怎样对待马克思主义”、“什么是社会主义和怎样建设社会主义”、“建设什么样的党和怎样建设党”、“实现什么样的发展和怎样发展”这四大基本问题而展开，内涵十分丰富，包含了一系列独创性的成果。党的十一届三中全会以来党的历次代表大会对这些独创性的成果进行了科学总结和概括。党的十二大首次提出了走自己的道路、建设有中国特色的社会主义的科学命题，并且对中国特色社会主义作了经典性的表述。党的十三大从 12 个方面阐述了建设中国特色社会主义的理论轮廓。党的十四大从 9 个方面阐述了中国特色社会主义理论的基本内容。党的十五大深刻论述了邓小平理论，概括了其 10 个方面的内涵。党的十六大深刻论述了“三个代表”重要思想，从 10 个方面总结了建设中国特色社会主义的基本经验。党的十七大深刻论述了科学发展观和中国特色社会主义理论体系，概括了改革开放“十个结合”的宝贵经验。胡锦涛同志在纪念党的十一届三中全会召开三十周年大会上对“十个结合”作出了进一步的阐述。党的十八大提出了建设中国特色社会主义事业的“五位一体”总布局，深刻论述了在新的历史条件下夺取中国特色社会主义新胜利的 8 个基本要求等。

三是中国特色社会主义理论体系的基本理论。中国特色社会主义理论体系的基本理论是对当代中国马克思基本观点的理论概括和总结提升，是在辩证唯物主义和历史唯物主义的指导下，将马克思主义基本原理与中国具体实际相结合的过程中逐渐形成的，并用以指导中国在社会各个领域具体实践的重要理论。具体说来，它包括：“解放生产力，发展生产力，消灭剥削，消除两极分化，最终达到共同富裕”① 的社会主义本质论；“我国的社会主义性质和初级阶段的发展程度”的社会主义初级阶段论；“同社会主义制度相结合，市场在国家宏观调控下对资源配置起基础性作用”的社会主义市场经济论；“坚持党的领导、人民当家作主和依法治国三者

① 《邓小平文选》第 3 卷，人民出版社 1993 年版，第 373 页。

有机统一”的社会主义民主政治论；“以马克思主义为指导，以培育有理想、有道德、有文化、有纪律的公民为目标，发展面向现代化、面向世界、面向未来的，民族的科学的大众的，健康向上的，具有中国风格、中国特色的社会主义文化和文明”的社会主义先进文化论；“民主法治、公平正义、诚信友爱、充满活力、安定有序、人与自然和谐相处”的社会主义和谐社会论；“以尊重和维护生态环境为主旨、以人类的可持续发展为着眼点”的社会主义生态文明论；“中国共产党必须始终代表中国先进生产力的发展要求，代表中国先进文化的前进方向，代表中国最广大人民的根本利益”的社会主义党建理论；“一国两制”为原则的祖国和平统一论；“坚持党对军队的绝对领导，以保卫国家安全和社会主义建设为使命”的人民军队与国防建设理论；以互利共赢为目标的开放性国际战略和以和平共处五项基本原则为基础的独立自主外交理论，等等。它们是中国特色社会主义理论体系最为核心的主体内容、最为根本的理论支柱，是整个理论体系大厦的基石。

五、中国特色社会主义实践纲领的三位一体

党的十一届三中全会以来，中国共产党人经过30多年的艰辛探索，逐步确立了“一个中心、两个基本点”的基本路线，形成了社会主义初级阶段的基本纲领，积累了改革开放和中国特色社会主义建设的基本经验。“30年的历史经验归结到一点，就是把马克思主义基本原理同中国具体实际相结合，走自己的路，建设中国特色社会主义。”① 党的十八大报告明确指出：“实践充分证明，中国特色社会主义是当代中国发展进步的根本方向，只有中国特色社会主义才能发展中国。”② 党的“基本路线”、“基本纲领”、“基本经

① 胡锦涛：《在纪念党的十一届三中全会召开30周年大会上的讲话》，《求是》2008年第24期，第11页。

② 胡锦涛：《坚定不移沿着中国特色社会主义道路前进　为全面建成小康社会而奋斗——在中国共产党第十八次全国代表大会上的报告》，《人民日报》2012年11月18日。

验”是中国特色社会主义理论体系“三位一体”的实践纲领，是中国特色社会主义理论体系向实践转化的中介。只有通过这一中介，中国特色社会主义理论体系才能转化为改造世界的巨大物质力量。

党的基本路线是兴国、立国、强国的重大法宝，是实现科学发展的政治保证，是党和国家的生命线、人民群众的幸福线。中国特色社会主义理论体系为党的基本路线的形成与发展奠定了理论基础，因为“只有清晰的理论分析才能在错综复杂的事实中指明正确的道路”①，而基本路线又是党的基本理论转化为实践的中介，是沟通中国特色社会主义理论体系与中国特色社会主义道路、中国特色社会主义制度的重要桥梁，它是党在一定历史阶段总揽全局的总任务、总路线，也是党的其他一切方针政策包括党的纲领的总依据。党的十一届三中全会以来，随着改革实践的不断发展，中国共产党人经过艰辛探索和深刻总结，在党的十三大正式提出并确立了党在社会主义初级阶段的基本路线，即“领导和团结全国各族人民，以经济建设为中心，坚持四项基本原则，坚持改革开放，自力更生，艰苦创业，为把我国建设成为富强、民主、文明的社会主义现代化国家而奋斗”。② 后经党的十七大对其进行重要补充，将“富强、民主、文明”三位一体的奋斗目标拓展为“富强、民主、文明、和谐”的四位一体目标。党的十八大进一步提出了建设中国特色社会主义的“五位一体”总布局以及实现社会主义现代化和中华民族伟大复兴的总任务。其中，以经济建设为中心是兴国之要，是我们党、我们国家兴旺发达和长治久安的根本要求；四项基本原则是立国之本，是我们党、我们国家生存发展的政治基石；改革开放是强国之路，是我们党、我们国家发展进步的活力源泉；自力更生、艰苦创业则是我们建设中国特色社会主义的基本立足点和精神状态；富强、民主、文明、和谐的社会主义现代化国家是党团结全国人民的奋斗目标。

---

① 《马克思恩格斯全集》第 37 卷，人民出版社 1971 年版，第 283 页。

② 中共中央文献研究室编：《十三大以来重要文献选编》中，人民出版社 1991 年版，第 1216 页。

党的基本纲领是党的基本路线的展开和具体化，它是根据基本路线确立的总目标和总政策而制定的在经济、政治、文化、社会、生态等方面的基本目标和基本政策，它是基本路线在经济、政治、文化、社会、生态方面的展开、深化和具体化，是体现基本路线的要求，是为实现基本路线服务的。相对于基本路线来说，它是较为具体的层次；相对于党在各个具体工作领域的具体目标和政策来说，它又是比较高的层次。在革命、建设和改革的各个历史阶段中，中国共产党既有每个阶段的基本纲领即最低纲领，也有确定长远奋斗目标的最高纲领。党的最高纲领是实现共产主义，这是始终不变的。我国社会主义初级阶段的基本纲领，是建设有中国特色社会主义经济、政治、文化、社会、生态文明的基本目标和基本政策，这是整个社会主义初级阶段的奋斗纲领。

社会主义初级阶段的经济纲领是，坚持和完善公有制为主体、多种所有制经济共同发展的基本经济制度，坚持和完善以按劳分配为主体、多种分配方式并存的分配制度，坚持共同富裕的价值目标，发展社会主义市场经济，不断解放和发展生产力。政治纲领是，坚持中国特色社会主义政治发展道路，坚持党的领导、人民当家做主、依法治国有机统一，坚持和完善人民代表大会制度、中国共产党领导的多党合作和政治协商制度、民族区域自治制度以及基层群众自治制度，不断推进社会主义政治制度自我完善和发展。文化纲领是，坚持以马克思主义为指导，坚持社会主义先进文化前进方向，兴起社会主义文化建设新高潮，激发全民族文化创造活力，提高国家文化软实力，使人民基本文化权益得到更好的保障，使社会文化生活更加丰富多彩，使人民精神风貌更加昂扬向上。社会建设纲领是，在经济发展的基础上，更加注重社会建设，着力保障和改善民生，推进社会体制改革，扩大公共服务，完善社会管理，促进社会公平正义，努力使全体人民学有所教、劳有所得、病有所医、老有所养、住有所居，推动建设和谐社会。生态文明建设纲领是，树立尊重自然、顺应自然、保护自然的生态文明理念，把生态文明建设放在突出地位，融入到经济建设、政治建设、文化建设、社会建设各方面和全过程，努力建设美丽中国，实现中华民族永续发展。

在改革开放的历史进程中，中国共产党人积累了建设中国特色社会主义，加快实现现代化的“十条”基本经验和在新的历史条件下夺取中国特色社会主义新胜利的八项基本要求。中国特色社会主义建设的“十条”基本经验是：我们党把坚持马克思主义基本原理同推进马克思主义中国化结合起来，解放思想、实事求是、与时俱进，以实践基础上的理论创新为改革开放提供理论指导；把坚持四项基本原则同坚持改革开放结合起来，牢牢扭住经济建设这个中心，始终保持改革开放的正确方向；把尊重人民首创精神同加强和改善党的领导结合起来，坚持执政为民，紧紧依靠人民，切实造福人民，在充分发挥人民创造历史的作用中体现党的领导核心作用；把坚持社会主义基本制度同发展市场经济结合起来，发挥社会主义制度的优越性和市场配置资源的有效性，使全社会充满改革发展的创造活力；把推动经济基础变革同推动上层建筑改革结合起来，不断推进政治体制改革，为改革开放和社会主义现代化建设提供制度保证和法制保障；把发展社会生产力同提高全民族文明素质结合起来，推动物质文明和精神文明协调发展，更加自觉、更加主动地推动文化大发展、大繁荣；把提高效率同促进社会公平结合起来，实现在经济发展的基础上由广大人民共享改革发展成果，推动社会主义和谐社会建设；把坚持独立自主同参与经济全球化结合起来，统筹好国内国际两个大局，为促进人类和平与发展的崇高事业作出贡献；把促进改革发展同保持社会稳定结合起来，坚持改革力度、发展速度和社会可承受程度的统一，确保社会安定团结、和谐稳定；把推进中国特色社会主义伟大事业同推进党的建设新的伟大工程结合起来，加强党的执政能力建设和先进性建设，提高党的领导水平和执政水平、拒腐防变和抵御风险的能力。① 中国特色社会主义建设的“八项”基本要求是：必须坚持人民主体地位；必须坚持解放和发展社会生产力；必须坚持推进改革开放；必须坚持维

① 参见胡锦涛：《在纪念党的十一届三中全会召开30周年大会上的讲话》，《求是》2008年第24期，第5~11页。

护社会公平正义；必须坚持走共同富裕道路；必须坚持促进社会和谐；必须坚持和平发展；必须坚持党的领导。①“十个结合”的宝贵经验和“八个必须”的基本要求都是对中国特色社会主义建设实践的历史经验总结，亦是指导中国特色社会主义建设实践的科学方法和共同信念。

① 胡锦涛：《坚定不移沿着中国特色社会主义道路前进 为全面建成小康社会而奋斗——在中国共产党第十八次全国代表大会上的报告》，《人民日报》2012年11月18日。

第四章

中国特色社会主义理论体系及其基本特征的逻辑结构

胡锦涛同志在庆祝中国共产党成立90周年大会上的讲话中指出："经过90年的奋斗、创造、积累，党和人民必须倍加珍惜、长期坚持、不断发展的成就是：开辟了中国特色社会主义道路，形成了中国特色社会主义理论体系，确立了中国特色社会主义制度。"① 中国特色社会主义是建党90多年来，特别是改革开放30多年来中国共产党带领人民进行实践创新、理论创新、制度创新取得的最重要的成果和最宝贵的财富，是党和人民90多年奋斗、创造、积累的根本成就。中国特色社会主义理论体系作为其重要组成部分，是改革开放30多年来，以邓小平、江泽民、胡锦涛、习近平为代表的当代中国共产党人一以贯之、接力探索的结果，是包括邓小平理论、"三个代表"重要思想、科学发展观在内的科学理论体系，是对马克思列宁主义、毛泽东思想的坚持和发展，是马克思主义中国化的最新成果，是坚持和发展中国特色社会主义的行动指南。

---

① 胡锦涛：《在庆祝中国共产党成立90周年大会上的讲话》，《人民日报》2011年7月2日。

一、中国特色社会主义理论体系的主题

胡锦涛同志《在纪念党的十一届三中全会召开30周年大会上的讲话》中指出："30年来，我们党的全部理论和全部实践，归结起来就是创造性地探索和回答了什么是马克思主义、怎样对待马克思主义，什么是社会主义、怎样建设社会主义，建设什么样的党、怎样建设党，实现什么样的发展、怎样发展等重大理论和实际问题。"① 这一重要论断将"马克思主义"、"社会主义"、"党"和"发展"作为四个关键词，将改革开放30多年来党的全部理论和全部实践归结为对四个基本问题的探索和回答，全面和深刻地回答了中国特色社会主义理论体系的主题和基本内容。

1. 对"什么是马克思主义、怎样对待马克思主义"这个基本问题的探索和回答

对于"什么是马克思主义、怎样对待马克思主义"这一基本问题的回答，是回答"什么是社会主义、怎样建设社会主义，建设什么样的党、怎样建设党，实现什么样的发展、怎样发展"② 这三大基本问题的前提和基础，只有树立了正确的马克思主义观，才能科学回答中国特色社会主义的基本问题。

树立正确的马克思主义观，科学回答"什么是马克思主义、怎样对待马克思主义"，是新时期实现拨乱反正，开启中国特色社会主义建设道路的历史起点和逻辑起点。"文化大革命"结束之后，中国面临向何处去的重大历史关头和拨乱反正的纷繁任务。拨乱反正、开辟中国特色社会主义建设道路从何处破题呢？邓小平同志敏锐地提出了"怎么看待马列主义、毛泽东思想的问题"③，提

---

① 胡锦涛：《在纪念党的十一届三中全会召开30周年大会上的讲话》，人民出版社2008年版，第34页。

② 中共中央文献研究室编：《十七大以来重要文献选编》上，中央文献出版社2009年版，第246页。

③ 《邓小平文选》第2卷，人民出版社1994年版，第114页。

出必须完整、准确地理解和掌握马克思列宁主义、毛泽东思想的基本原理所构成的科学体系，领导了关于真理标准问题的大讨论。粉碎“四人帮”之后，当时理论界和社会上出现了两种错误倾向：一种是来自教条主义的“左”的错误倾向，即把马克思列宁主义、毛泽东思想教条化，鼓吹“两个凡是”；另一种是来自资产阶级自由化的右的错误倾向，即认为马克思列宁主义、毛泽东思想过时了，全盘否定毛泽东同志的历史功绩和毛泽东思想的科学价值，否定“四项基本原则”。以邓小平同志为核心的党的第二代中央领导集体坚决反对这两种错误倾向，端正了对待马克思列宁主义、毛泽东思想的科学态度。

首先，邓小平同志提出了要完整准确地理解马克思列宁主义、毛泽东思想科学体系的思想，否定了把马克思列宁主义、毛泽东思想教条化的“左”的错误倾向。针对把马克思主义教条化和“两个凡是”的错误倾向，邓小平同志指出：“对马克思列宁主义，应该准确地完整地理解它的体系。”① “要对毛泽东思想有一个完整的准确的认识，要善于学习、掌握和运用毛泽东思想的体系来指导我们各项工作。”② 并且特别强调：“我们必须世世代代地用准确的完整的毛泽东思想来指导我们全党、全军和全国人民。”③

所谓完整准确地理解马克思列宁主义、毛泽东思想，就是要运用马克思主义的辩证唯物主义和历史唯物主义的基本观点和方法，即运用联系的、发展的、具体的、历史的观点和方法分析和理解马克思列宁主义、毛泽东思想，反对在分析和理解上随心所欲的唯心主义和断章取义的形而上学；就是不能拘泥于马克思主义经典作家基于当时具体情况所产生的个别观点、具体结论和行动纲领，而必须从总体上把握马克思主义的基本原理、基本精神和基本方法，要将基本原理与个别结论、正确思想与某些错误严格区别开来。对此，邓小平同志强调：“毛泽东同志在这一个时间，这一个条件，

---

① 《邓小平文选》第 2 卷，人民出版社 1994 年版，第 67 页。
② 《邓小平文选》第 2 卷，人民出版社 1994 年版，第 42 页。
③ 《邓小平文选》第 2 卷，人民出版社 1994 年版，第 39 页。

对某一个问题所讲的话是正确的，在另外一个时间，另外一个条件，对同样的问题讲的话也是正确的；但是在不同的时间、条件对同样的问题讲的话，有时分寸不同，着重点不同，甚至一些提法也不同。所以我们不能够只从个别词句来理解毛泽东思想，而必须从毛泽东思想的整个体系去获得正确的理解。"① "我们坚持的和要当作行动指南的是马列主义、毛泽东思想的基本原理，或者说是由这些基本原理构成的科学体系。至于个别的论断，那末，无论马克思、列宁和毛泽东同志，都不免有这样那样的失误。但是这些都不属于马列主义、毛泽东思想的基本原理所构成的科学体系。"② 正因为如此，邓小平同志始终强调要把毛泽东思想的科学体系与毛泽东晚年的错误严格区分开来，强调既不能因为毛泽东晚年犯了错误而否认毛泽东思想的基本原理，否认毛泽东在马克思主义中国化历史进程中的历史功绩以及毛泽东思想的理论价值；也不能因为要坚持毛泽东思想而讳言和否认毛泽东晚年的错误，对毛泽东同志和毛泽东的话搞"句句是真理"，搞"凡是"。

其次，提出要在新的条件下坚持和发展马克思列宁主义、毛泽东思想，反对否认马克思列宁主义、毛泽东思想的资产阶级自由化的右的错误倾向。针对由于"文化大革命"以及苏联解体、东欧剧变，社会主义处于低潮而出现的否认马克思列宁主义、毛泽东思想和所谓"非毛化"的资产阶级自由化的右的错误倾向，邓小平同志指出："马克思主义是打不倒的。打不倒，并不是因为大本子多，而是因为马克思主义的真理颠扑不破。"③ 不要因为暂时的曲折而惊慌失措，"不要认为马克思主义就消失了，没用了，失败了。哪有这回事!"④ "我坚信，世界上赞成马克思主义的人会多起来的，因为马克思主义是科学。"⑤ 他特别强调："毛泽东思想这个

① 《邓小平文选》第 2 卷，人民出版社 1994 年版，第 42~43 页。
② 《邓小平文选》第 2 卷，人民出版社 1994 年版，第 171 页。
③ 《邓小平文选》第 3 卷，人民出版社 1993 年版，第 382 页。
④ 《邓小平文选》第 3 卷，人民出版社 1993 年版，第 383 页。
⑤ 《邓小平文选》第 3 卷，人民出版社 1993 年版，第 382 页。

旗帜丢不得。丢掉了这个旗帜，实际上就否定了我们党的光辉历史。”① “毛泽东思想过去是中国革命的旗帜，今后将永远是中国社会主义事业和反霸权主义事业的旗帜，我们将永远高举毛泽东思想的旗帜前进。”②

对于马克思列宁主义、毛泽东思想，既要坚持，又要发展，而且只有在发展中才能真正地坚持。因此，邓小平同志指出：马克思去世以后一百多年，世界形势发生了巨大变化，现代科学技术日新月异，我们“绝不能要求马克思为解决他去世之后上百年、几百年所产生的问题提供现成答案。列宁同样也不能承担为他去世以后五十年、一百年所产生的问题提供现成答案的任务。真正的马克思列宁主义者必须根据现在的情况，认识、继承和发展马克思列宁主义”③。“不以新的思想、观点去继承、发展马克思主义，不是真正的马克思主义者。”④ 他强调：“马克思主义理论从来不是教条，而是行动的指南。它要求人们根据它的基本原则和基本方法，不断结合变化着的实际，探索解决新问题的答案，从而也发展马克思主义理论本身。”⑤

再次，强调坚持和发展马克思主义就是要把马克思主义的普遍真理与中国的具体实际相结合，认识和掌握中国的国情。对此，邓小平同志强调指出：“中国搞社会主义，强调要有中国的特色。我们坚信马克思主义，但马克思主义必须与中国实际相结合。只有结合中国实际的马克思主义，才是我们所需要的真正的马克思主义。”⑥ 并且指出：坚持马克思主义普遍真理与中国实际相结合，走自己的路，是我们党总结长期的历史经验得出的基本结论。在邓小平同志的倡导下，我们党深化了对马克思主义普遍真理与中国实

① 《邓小平文选》第2卷，人民出版社1994年版，第298页。

② 《邓小平文选》第2卷，人民出版社1994年版，第172页。

③ 《邓小平文选》第3卷，人民出版社1993年版，第291页。

④ 《邓小平文选》第3卷，人民出版社1993年版，第292页。

⑤ 中共中央文献研究室编：《邓小平年谱（1975—1997）》下，中央文献出版社2004年版，第1079页。

⑥ 《邓小平文选》第3卷，人民出版社1993年版，第213页。

际相结合这一原理的认识，明确了实现马克思主义中国化，把马克思主义普遍真理与中国实际相结合，“关键在于深刻认识和掌握马克思主义，深刻认识和掌握中国的国情，并把两者正确地统一于革命和建设的实践之中。掌握马克思主义，最重要的是掌握它的精神实质，运用它的基本原理和立场、观点、方法观察分析问题。认识中国国情，最重要的是认识对中国革命和建设有重大影响的一切有利的和不利的现实因素，特别是认识中国社会的性质和发展阶段，认识社会主要矛盾和它的变化。在实现两者结合的过程中，必须始终坚持党的一切从实际出发、实事求是的思想路线，勇于探索和创新，在实践中检验真理和发展真理；坚持党的群众路线，从群众中来到群众中去，集中人民群众的实践经验和智慧；坚持独立自主地分析和解决中国的问题，找出适合我国情况的前进道路”①。我们党获得的这些新的认识，为实现马克思主义基本原理与中国实际相结合的第二次历史飞跃奠定了深刻的思想理论基础。

对于“什么是马克思主义、怎样对待马克思主义”，以江泽民同志为核心的党的第三代中央领导集体始终强调马克思主义是科学，它始终严格地以客观事实为根据；“与时俱进”是马克思主义的理论品质，马克思主义要随着时代、实践、科学的发展而不断发展。否认马克思主义的科学原理，丢掉马克思列宁主义、毛泽东思想，是错误的、有害的；教条主义地对待马克思主义，也是错误的、有害的。坚持和发展马克思主义，要统一于建设中国特色社会主义的伟大实践。在党的十五大报告中，江泽民同志指出：“一定要以我国改革开放和现代化建设的实际问题、以我们正在做的事情为中心，着眼于马克思主义理论的运用，着眼于对实际问题的理论思考，着眼于新的实践和新的发展。离开本国实际和时代发展来谈马克思主义，没有意义。静止地孤立地研究马克思主义，把马克思主义同它在现实生活中的生动发展割裂开来、对立起来，没有出路。”② 在党的十

① 中共中央文献研究室编：《十三大以来重要文献选编》下，人民出版社1993年版，第1634页。

② 《江泽民文选》第2卷，人民出版社2006年版，第12页。

六大报告中，江泽民同志强调："我们一定要适应实践的发展，以实践来检验一切，自觉地把思想认识从那些不合时宜的观念、做法和体制的束缚中解放出来，从对马克思主义的错误的和教条式的理解中解放出来，从主观主义和形而上学的桎梏中解放出来。要坚持马克思主义基本原理，又要谱写新的理论篇章，要发扬革命传统，又要创造新鲜经验。善于在解放思想中统一思想，用发展着的马克思主义指导新的实践。"①

从党的十六大到党的十八大，党中央从中国特色社会主义发展新的历史起点上，对于"什么是马克思主义、怎样对待马克思主义"的问题作了新的探索和回答。在中国共产党成立 82 周年之际，在"三个代表"重要思想理论研讨会上的讲话中，胡锦涛同志对马克思主义的基本理论特征进行了系统的归纳和精辟的总结。他指出："辩证唯物主义和历史唯物主义的世界观和方法论，是马克思主义最根本的理论特征"；"实现物质财富极大丰富、人民精神境界极大提高、每个人自由而全面发展的共产主义社会，是马克思主义最崇高的社会理想"；"马克思主义政党的一切理论和奋斗都应致力于实现最广大人民的根本利益，这是马克思主义最鲜明的政治立场"；"坚持一切从实际出发，理论联系实际，实事求是，在实践中检验真理和发展真理，是马克思主义最重要的理论品质"。② 这一论述，深化了对"什么是马克思主义、怎样对待马克思主义"问题的认识，深化了对马克思主义基本原理、基本特征、科学精神的认识。

党的十八大之后，以习近平同志为总书记的党中央继续探索和回答了"什么是马克思主义、怎样对待马克思主义"的问题。《在十八届中共中央政治局第一次集体学习时的讲话》中，习近平同志指出："中国特色社会主义理论体系，是马克思主义中国化最新成果，包括邓小平理论、'三个代表'重要思想、科学发展观，同马克思列宁主义、毛泽东思想是坚持、发展和继承、创新的关系。

---

① 《江泽民文选》第 3 卷，人民出版社 2006 年版，第 538 页。

② 中共中央文献研究室编：《十六大以来重要文献选编》上，中央文献出版社 2005 年版，第 362~365 页。

马克思列宁主义、毛泽东思想一定不能丢，丢了就丧失根本。同时，我们一定要以我国改革开放和现代化建设的实际问题、以我们正在做的事情为中心，着眼于马克思主义理论的运用，着眼于对实际问题的理论思考，着眼于新的实践和新的发展。在当代中国，坚持中国特色社会主义理论体系，就是真正坚持马克思主义。”①

2. 对“什么是社会主义、怎样建设社会主义”这个基本问题的探索和回答

“什么是社会主义、怎样建设社会主义”一直是经济文化比较落后的国家建设社会主义的高难度课题。中国共产党人在马克思主义基本原理和科学社会主义基本原则的指导下，借鉴苏联、东欧社会主义建设的经验，吸取教训，领导中国人民独立自主地探索适合中国国情的社会主义建设道路，取得了重大成绩，积累了成功经验，但也出现了“大跃进”和“文化大革命”的严重失误和挫折。历史的经验教训告诉我们：建设社会主义没有固定的模式，必须从中国国情和实际出发，在实践中不断探索和回答“什么是社会主义、怎样建设社会主义”这一基本问题。

改革开放历史新时期的开辟，中国特色社会主义建设新道路的开创，中国特色社会主义理论体系的形成，是与邓小平同志对于“什么是社会主义、怎样建设社会主义”这个基本问题的不断提出、反复思考、科学回答紧密联系在一起的。“什么是社会主义、怎样建设社会主义”成为中国特色社会主义理论体系的基本问题、理论主题和基本内容的“原生形态”。邓小平同志指出，问题是“什么是社会主义、如何建设社会主义”。我们的经验教训有许多条，最重要的一条，就是要搞清楚“什么是社会主义、如何建设社会主义”这个问题。他深刻总结我国和世界上其他社会主义国家的经验教训，指出：“社会主义是一个很好的名词，但是如果搞不好，不能正确理解，不能采取正确的政策，那就体现不出社会主义的本质。”② 他还强调：“不解放思想不

① 《党的群众路线教育实践活动学习文件选编》，党建读物出版社 2013 年版，第 29 页。

② 《邓小平文选》第 2 卷，人民出版社 1994 年版，第 313 页。

行，甚至于包括什么叫社会主义这个问题也要解放思想。经济长期处于停滞状态总不能叫社会主义。人民生活长期停止在很低的水平总不能叫社会主义。”① 对于什么是社会主义，邓小平同志运用辩证唯物主义的思维方式，以否定来表达肯定，深刻揭示了社会主义的本质。他强调：贫穷不是社会主义，发展太慢也不是社会主义；平均主义不是社会主义，两极分化也不是社会主义；封闭僵化不能发展社会主义，照搬外国也不能发展社会主义；没有民主就没有社会主义，没有法制也没有社会主义；不重视物质文明搞不好社会主义，不重视精神文明也搞不好社会主义，等等。对于怎样建设社会主义，邓小平同志通过总结历史的经验教训，提出了社会主义本质论、社会主义初级阶段论、社会主义改革开放论、社会主义市场经济论、社会主义民主政治论、社会主义精神文明论等一系列独创性的理论，丰富和发展了马克思主义的科学社会主义理论。

党的十一届三中全会以来，以邓小平同志为核心的党的第二代中央领导集体，集中全党智慧，创立和形成了邓小平理论。邓小平理论是在和平与发展成为时代主题的历史条件下，在我国改革开放和社会主义现代化建设的实践过程中，在科学而深刻地总结我国社会主义胜利和挫折的历史经验教训以及其他社会主义国家兴衰成败的经验教训的基础上，逐步形成和发展起来的。它以探索和回答“什么是社会主义、怎样建设社会主义”为理论主题和实践主题，全面、系统、深刻地论述了中国特色社会主义的根本任务、发展道路、发展阶段、发展动力、外部条件、国际战略、战略步骤、领导力量和依靠力量、一国两制和祖国统一等一系列基本问题。

20 世纪 80 年代末 90 年代初，国内外发生严重政治风波，世界社会主义出现严重曲折，我国社会主义事业面临新的巨大压力和困难。如何维护、建设、巩固和发展社会主义，便历史地摆在中国共产党人面前。从党的十三届四中全会到党的十六大，以江泽民同志为核心的党的第三代中央领导集体，高举邓小平理论伟大旗帜，坚持“一个中心、两个基本点”的社会主义初级阶段基本路线不

① 《邓小平文选》第 2 卷，人民出版社 1994 年版，第 312 页。

动摇，在国内外政治风波、经济风险、重大自然灾害等严峻考验面前，依靠党和人民，捍卫中国特色社会主义，创建社会主义市场经济新体制，实施科教兴国发展战略、西部大开发战略、可持续发展战略，发展社会主义民主政治，建设社会主义政治文明，发展社会主义先进文化，开创全面开放新局面，推进党的建设新的伟大工程，创立“三个代表”重要思想，进一步回答了“什么是社会主义、怎样建设社会主义”这个基本问题，成功地把中国特色社会主义推向21世纪。正如胡锦涛同志指出的：“‘三个代表’重要思想最鲜明的特点和最突出的贡献，在于用一系列紧密联系、相互贯通的新思想、新观点、新论断，进一步回答了什么是社会主义、怎样建设社会主义的问题”，并且“在什么是社会主义、怎样建设社会主义这个根本问题上形成了富有独创性的理论成果”①。

从党的十六大到党的十八大，党中央紧密结合新世纪、新阶段国际国内形势的发展变化，高举马克思列宁主义、毛泽东思想、邓小平理论和“三个代表”重要思想的伟大旗帜，集中全党智慧，在推进中国特色社会主义伟大事业凯歌行进中，创造性地提出树立和贯彻落实科学发展观，构建社会主义和谐社会，建设社会主义新农村，建设创新型国家和创新型社会，树立社会主义荣辱观，建设社会主义核心价值体系，加快生态文明建设，加强党的执政能力建设和党的先进性建设，推动建设和谐世界等一系列重大战略思想，形成和贯彻了科学发展观，把我们对中国特色社会主义建设规律的认识提高到新的水平，用科学发展观的新的理论观点进一步深化了对“什么是社会主义、怎样建设社会主义”这个基本问题的认识。

3. 对“建设什么样的党、怎样建设党”这个基本问题的探索和回答

中国特色社会主义建设关键在党。“建设什么样的党、怎样建设党”不仅关系到党的生死存亡，而且关系到中国特色社会主义事业的成败。马克思主义政党夺取政权不容易，执掌好政权尤其是

---

① 胡锦涛：《在学习〈江泽民文选〉报告会上的讲话》，人民出版社2006年版，第5~6页。

长期执掌好政权更不容易。党执政之后如何加强党的自身建设，始终保持共产党的先进性，如何认识、把握和自觉运用共产党执政规律，提高党的执政能力，巩固党的执政地位，完成党的执政使命，是中国特色社会主义建设和党的建设的重大问题。改革开放30多年来，我们党坚持把推进中国特色社会主义伟大事业同推进党的建设的新的伟大工程紧密结合起来，全面提高党的建设科学化水平，对新的历史条件下加强和改进党的建设问题进行了艰辛而卓有成效的探索。

党的十一届三中全会以后，全党工作重点转移到社会主义现代化建设事业上来，实行改革开放，这对加强和改进党的建设提出了新要求。经过“文化大革命”的十年浩劫，党的各方面建设都遭受严重破坏，需要全方位拨乱反正，以使中国共产党更好地发挥领导中国特色社会主义建设事业的核心作用。以邓小平同志为核心的党的第二代中央领导集体，继承了马克思主义党的建设理论，紧密结合改革开放和社会主义现代化建设的实际并且加以丰富和发展，形成了一系列关于加强和改进党的建设的重要新思想。这些新思想的主要内容包括：强调党的建设要围绕党和国家的中心工作而展开，坚持“一个中心、两个基本点”不动摇，把党建设成为中国特色社会主义事业的坚强核心；坚持解放思想、实事求是的思想路线，坚决反对教条主义和“两个凡是”；强调要警惕右，但主要是防止“左”，既反对僵化保守，又反对资产阶级自由化；强调从制度上建党的极端重要性，“还是制度靠得住些”，进行党和国家领导制度的改革，从制度上保证党和国家政治生活的民主化；强调实现干部队伍的“四化”方针，培养和造就充满生机活力的领导干部队伍；强调加强民主集中制原则和党的组织建设，“党要管党、从严治党”①，加强党的组织纪律性，反对党内腐败和软弱涣散，等等。这些重要的新思想初步回答了在改革开放条件下如何加强和改进党的建设的一系列重大问题，深化了我们党对自身建设规律的

---

① 《中共中央关于加强和改进新形势下党的建设若干重大问题的决定》，人民出版社2009年版，第9页。

认识。

党的十三届四中全会以后，由于东欧剧变和国内政治风波的影响，党所处的国内外环境和肩负的历史任务有了一些新变化，党在思想、组织、作风建设方面的问题比较突出，“建设什么样的党、怎样建设党”的问题突出地摆在中国共产党人面前。以江泽民同志为核心的党的第三代中央领导集体临危不惧，深刻分析世纪之交国内外形势的发展变化，正确把握党的历史方位，明确提出了中国共产党必须始终代表中国先进生产力的发展要求，代表中国先进文化的前进方向，代表中国最广大人民的根本利益；强调在新的历史条件下加强党的建设，必须切实解决好提高党的领导水平和执政水平，提高拒腐防变和抵御风险能力两大历史性课题；强调在全面推进中国特色社会主义伟大事业的同时，全面推进党的建设新的伟大工程，把党建设成为思想上、政治上、组织上完全巩固，能够经受住各种风险，始终走在时代前列，领导全国人民建设中国特色社会主义的马克思主义政党。围绕上述目标任务，以江泽民同志为核心的党的第三代中央领导集体，先后在党的十四届四中全会上通过了《中共中央关于加强党的建设几个重大问题的决定》，明确提出党的建设新的伟大工程，并且对党的建设面临的突出问题作出了重大部署；在党的十五大上把邓小平理论写入党章，实现党的指导思想上的与时俱进，加强党的理论武装；在全党县级以上领导干部中，开展了历时两年的以“讲学习、讲政治、讲正气”① 为主要内容的党性党风教育；在“三讲”教育活动中提出“‘三个代表’要求”，并且在《中国共产党十五届五中全会公报》中强调“要按照江泽民同志提出的‘三个代表’的要求，全面加强党的思想、组织、作风建设，增强党的凝聚力和战斗力”；在党的十五届六中全会上通过《中共中央关于加强和改进党的作风建设的决定》，党的作风建设得到重视和加强；在党的十六大上，总结中国共产党成立以来，特别是十三届四中全会以来党的建设的历史经验，将“三

---

① 《中共十五届五中全会在京举行》，《新华每日电讯》2000 年 10 月 12 日。

个代表”重要思想写进党章，把它同马克思列宁主义、毛泽东思想、邓小平理论一起，确立为我们党必须长期坚持的指导思想。“三个代表”重要思想的提出和形成，对“建设什么样的党、怎样建设党”这一基本问题作了全面、系统、深刻和富有创造性的回答，表明我们党对共产党的执政规律达到了新的理论高度。

从党的十六大到党的十八大，国际国内形势发生了广泛而深刻的变化，改革开放阶段性特征凸显，党的自身建设任务比过去任何时候都更加繁重和艰巨。党领导的改革开放，既给党注入巨大活力，又使党面临许多前所未有的新课题、新考验。面对21世纪世情、国情、党情的发展变化给党的建设带来的机遇和挑战，党中央强调：“世情、国情、党情的发展变化，决定了以改革创新精神加强党的建设既十分重要又十分紧迫。必须把党的执政能力建设和先进性建设作为主线，坚持党要管党、从严治党，贯彻为民、务实、清廉的要求，以坚定理想信念为重点加强思想建设，以造就高素质党员、干部队伍为重点加强组织建设，以保持党同人民群众的血肉联系为重点加强作风建设，以健全民主集中制为重点加强制度建设，以完善惩治和预防腐败体系为重点加强反腐倡廉建设，使党始终成为立党为公、执政为民，求真务实、改革创新，艰苦奋斗、清正廉洁，富有活力、团结和谐的马克思主义执政党。”① 围绕这个目标，从党的十六大以来，党中央先后采取了一系列重大举措，推进党的自身建设：号召全党同志牢记毛泽东同志提出的“两个务必”思想，在新的“赶考”中取得优异成绩；在全党掀起学习贯彻“三个代表”重要思想新高潮，用“三个代表”重要思想武装全党；提出加强党的执政能力建设和先进性建设，在全党掀起“保持共产党员先进性教育活动”②；大力提倡“求实务实”思想作风、领导作风和工作作风，保证科学发展观和正确的政绩观的落

---

① 胡锦涛：《高举中国特色社会主义伟大旗帜　为夺取全面建设小康社会新胜利而奋斗》，《十七大报告辅导读本》，人民出版社2007年版，第48页。

② 中共中央文献研究室编：《十七大以来重要文献选编》上，中央文献出版社2009年版，第345页。

实；提出“以人为本”的科学发展观等重大战略思想，在全党开展深入学习实践科学发展观活动，等等。党的十七届四中全会通过了《中共中央关于加强和改进新形势下党的建设若干重大问题的决定》，提出了加强和改进新形势下党的建设的四个“着眼于”的要求：“着眼于继续解放思想、坚持改革开放、推动科学发展、促进社会和谐，着眼于提高党的执政能力、保持和发展党的先进性，着眼于增强全党为党和人民事业不懈奋斗的使命感和责任感，着眼于保持党同人民群众的血肉联系，突出重点，突破难点，全面推进思想建设、组织建设、作风建设、制度建设和反腐倡廉建设，提高党的建设科学化水平，进一步把党建设成为立党为公、执政为民，求真务实、改革创新，艰苦奋斗、清正廉洁，富有活力、团结和谐的马克思主义执政党，确保党始终是中国工人阶级的先锋队，同时是中国人民和中华民族的先锋队。”① 党的十八大进一步提出了“全面提高党的建设科学化水平”② 的八项新要求：坚定理想信念，坚守共产党人精神追求；坚持以人为本、执政为民，始终保持党同人民群众的血肉联系；积极发展党内民主，增强党的创造活力；深化干部人事制度改革，建设高素质执政骨干队伍；坚持党管人才原则，把各方面优秀人才集聚到党和国家的事业中来；创新基层党建工作，夯实党执政的组织基础；坚定不移反对腐败，永葆共产党人清正廉洁的政治本色；严明党的纪律，自觉维护党的集中统一。

党的十八大以来，以习近平同志为总书记的党中央，认真贯彻落实党的十八大精神，按照党的十八大的总部署，围绕保持党的先进性和纯洁性，在全党深入开展以为民务实清廉为主要内容的党的群众路线教育实践活动。这些加强和改进党的建设的创新理论观点

---

① 《中共中央关于加强和改进新形势下党的建设若干重大问题的决定》，人民出版社 2009 年版，第 9~10 页。

② 胡锦涛：《坚定不移沿着中国特色社会主义道路前进　为全面建成小康社会而奋斗——在中国共产党第十八次全国代表大会上的报告》，人民出版社 2012 年版，第 49 页。

和实践举措，深化和丰富了对共产党执政规律的认识，极大地丰富和发展了马克思主义党的建设理论和实践。

4. 对“实现什么样的发展、怎样发展”这个基本问题的探索和回答

发展是当今时代的主题，更是当代中国的主题。当今世界，不同国家、不同社会主义制度之间的竞争，归根结底是围绕发展问题而展开的。我国作为一个社会主义国家和世界上最大的发展中国家，长期面临着西方国家的巨大政治压力和经济压力，面对着解放和发展生产力、增强国家的综合国力、改善人民生活水平的繁重任务，解决好发展问题尤为迫切。改革开放以来，中国共产党人围绕着什么是发展、为什么要发展、怎样发展以及发展为了谁、发展依靠谁、发展成果由谁享有等重大问题进行了艰辛而富有成效的探索。从“发展才是硬道理”到“发展是党执政兴国的第一要务”，再到“科学发展观”，中国共产党人对于发展问题的认识取得了一系列丰硕的理论成果，极大地丰富、深化和发展了对人类社会发展规律的认识，使我们党对发展问题的认识达到了新的高度。

改革开放初期，中国在国际上处于落后地位，与世界的发展水平差距巨大：1978 年，中国人均 GDP 低于印度，只相当于日本人均 GDP 的 1/20 和美国人均 GDP 的 1/30。科技发展水平落后于发达国家 40 年左右，落后于韩国、巴西等发展中国家 20 年左右。联邦德国一个年产 5000 万吨褐煤的露天煤矿只需要 2000 名工人，而中国生产相同数量的煤需要 16 万名工人，相差 80 倍；法国马赛索尔梅尔钢厂年产 350 万吨钢只需 7000 名工人，而中国武钢年产 230 万吨钢，却需要 67000 名工人，相差 14.5 倍；法国戴高乐机场，1 分钟起落 1 架飞机，1 小时 60 架，而北京首都国际机场 1 小时起落 2 架，还搞得手忙脚乱。① 面对中国与世界如此巨大的发展差距，邓小平同志认真总结历史的经验教训，高度关注和重视发展问题，明确提出发展是当今世界的两大问题之一，并且是两大问题中的核

① 参见中共中央宣传部理论局：《六个“为什么”——对几个重大问题的回答》，学习出版社 2009 年版，第 94 页。

心问题。他指出："现在世界上真正大的问题，带全球性的战略问题，一个是和平问题，一个是经济问题或者说发展问题。和平问题是东西问题，发展问题是南北问题。概括起来，就是东西南北四个字。南北问题是核心问题。"① 强调中国解决所有问题的关键是靠自己的发展，"发展才是硬道理"②；强调"抓住时机，发展自己，关键是发展经济"③；强调要"发展社会主义民主，健全社会主义法制"④，"两个文明"一起抓；提出判断改革发展和一切工作得失成败的"三个有利于"标准；强调发展对于中国特色社会主义具有决定性意义，"最终说服不相信社会主义的人要靠我们的发展"⑤；强调"只有社会主义才能救中国，只有社会主义才能发展中国"⑥；强调"中国发展得越强大，世界和平越靠得住"⑦ 等。

20世纪80年代末90年代初，国内外局势风云变幻，改革发展处于重大历史关头，如何正确处理改革、发展、稳定三者之间的关系，继续推进中国特色社会主义事业沿着正确方向不断前进，是我们党必须深入思考和探索的重大课题。以江泽民同志为核心的党的第三代中央领导集体根据党所处的历史方位、党所肩负的历史使命、党自身情况的重大变化，把发展问题同党的性质、党的执政理念联系起来，明确提出发展是我们党执政兴国的第一要务的新思想。江泽民同志强调："必须始终紧紧抓住发展这个执政兴国的第一要务，把坚持党的先进性和发挥社会主义制度的优越性，落实到发展先进生产力、发展先进文化、实现最广大人民的根本利益上来，推动社会全面进步，促进人的全面发展。"⑧ 将发展问题同执政党建设问题紧密联系起来，彰显发展在执政党建设中的重要地

---

① 《邓小平文选》第3卷，人民出版社1993年版，第105页。
② 《邓小平文选》第3卷，人民出版社1993年版，第377页。
③ 《邓小平文选》第3卷，人民出版社1993年版，第375页。
④ 《邓小平文选》第2卷，人民出版社1994年版，第359页。
⑤ 《邓小平文选》第3卷，人民出版社1993年版，第204页。
⑥ 《邓小平文选》第3卷，人民出版社1993年版，第311页。
⑦ 《邓小平文选》第3卷，人民出版社1993年版，第104页。
⑧ 《江泽民文选》第3卷，人民出版社2006年版，第538~539页。

位，丰富和发展了邓小平关于发展的思想。

党的十六大以来，党中央紧密结合新世纪新阶段国际国内形势的发展变化，在坚持中国共产党三代领导集体关于发展的重要思想的基础上，进一步总结了改革开放以来社会主义发展的历史经验，从新世纪、新阶段发展的全局出发，深刻分析和把握当前我国发展的阶段性特征，强调“聚精会神搞建设，一心一意谋发展”①，对我们党的发展理论、发展观念、发展主体、发展思路、发展模式和发展道路作出了一系列新的总结和概括，明确提出了坚持以人为本、全面协调可持续的科学发展观，并且将科学发展观的基本内涵概括为“科学发展观，第一要义是发展，核心是以人为本，基本要求是全面协调可持续，根本方法是统筹兼顾”。② 科学发展观继承和发展了党的三代中央领导集体关于发展的重要思想，强调要时刻铭记发展是硬道理的战略思想，紧紧抓住发展这个党执政兴国的第一要务，牢牢扭住经济建设这个中心，坚持聚精会神搞建设，一心一意谋发展，不断解放和发展社会生产力。同时，科学发展观强调要着力把握发展规律，创新发展理念，转变发展方式，破解发展难题，提高发展质量和效益，努力实现以人为本、全面协调可持续的科学发展，实现各方面事业有机统一、社会成员团结和睦的和谐发展，实现既通过维护世界和平发展自己，又通过自身发展维护世界和平的和平发展，从而丰富和发展了马克思主义的发展观。党的十八大对科学发展观作了系统总结，指出：“总结十年奋斗历程，最重要的就是我们坚持以马克思列宁主义、毛泽东思想、邓小平理论、‘三个代表’重要思想为指导，勇于推进实践基础上的理论创新，围绕坚持和发展中国特色社会主义提出一系列紧密相连、相互贯通的新思想、新观点、新论断，形成和贯彻了科学发展观。科学发展观是马克思主义同当代中国实际和时代特征相结合的产物，是

① 中共中央文献研究室编：《十六大以来重要文献选编》中，中央文献出版社 2006 年版，第 236 页。

② 中共中央文献研究室编：《十七大以来重要文献选编》上，中央文献出版社 2009 年版，第 69 页。

马克思主义关于发展的世界观和方法论的集中体现，对新形势下实现什么样的发展、怎样发展等重大问题作出了新的科学回答，把我们对中国特色社会主义规律的认识提高到新的水平，开辟了当代中国马克思主义发展新境界。科学发展观是中国特色社会主义理论体系最新成果，是中国共产党集体智慧的结晶，是指导党和国家全部工作的强大思想武器。科学发展观同马克思列宁主义、毛泽东思想、邓小平理论、'三个代表'重要思想一道，是党必须长期坚持的指导思想。"① 党的十八大通过的党章修正案，把科学发展观同马克思列宁主义、毛泽东思想、邓小平理论、"三个代表"重要思想一起，确立为党的行动指南。科学发展观对新形势下实现什么样的发展、怎样发展等重大问题作出了新的科学回答，进一步深化和丰富了对人类社会发展规律的认识，把我们对中国特色社会主义规律的认识提高到新的水平，表明当代中国共产党人对发展问题的认识达到了新的理论高度。

党的十八大以来，以习近平同志为总书记的党中央带领全党和全国人民，在新的历史起点上坚持和发展中国特色社会主义，推进理论创新和实践创新，创造性地提出了"实现中华民族伟大复兴的中国梦"② 等重大战略思想，回答了"什么是中国梦、怎样实现中国梦"这一中国特色社会主义理论体系的新主题，丰富和发展了中国特色社会主义理论体系。在参观《复兴之路》展览时发表的重要讲话中，习近平总书记首次提出了"实现中华民族伟大复兴的中国梦"③ 的重大战略思想。《在第十二届全国人民代表大会第一次会议上的讲话》中，习近平总书记系统阐释了"什么是中国梦、怎样实现中国梦"这个中国特色社会主义理论体系的新主题。对于什么是中华民族伟大复兴的中国梦，习近平总书记指出：

---

① 十八大报告文件起草组编著：《十八大报告辅导读本》，人民出版社 2012 年版，第 8 页。

② 习近平：《在第十二届全国人民代表大会第一次会议上的讲话》，人民出版社 2013 年版，第 3 页。

③ 习近平：《在第十二届全国人民代表大会第一次会议上的讲话》，人民出版社 2013 年版，第 3 页。

"实现全面建成小康社会、建成富强民主文明和谐的社会主义现代化国家的奋斗目标，实现中华民族伟大复兴的中国梦，就是要实现国家富强、民族振兴、人民幸福。"① 对于怎样实现中华民族伟大复兴的中国梦，习近平总书记强调："实现中国梦必须走中国道路"，"实现中国梦必须弘扬中国精神"，"实现中国梦必须凝聚中国力量"，"中国梦归根到底是人民的梦，必须紧紧依靠人民来实现，必须不断为人民造福"，"我们要坚持发展是硬道理的战略思想，坚持以经济建设为中心，全面推进社会主义经济建设、政治建设、文化建设、社会建设、生态文明建设，深化改革开放，推动科学发展，不断夯实实现中国梦的物质文化基础"。②

5. 中国特色社会主义理论体系是一个有机统一的整体

中国特色社会主义理论体系，就是包括邓小平理论、"三个代表"重要思想、科学发展观在内的科学理论体系。尽管由于各个不同时期、不同阶段的具体特征、突出矛盾和需要解决的突出问题不同，中国特色社会主义理论体系三大组成部分在解答这些基本问题时也有所侧重，但是，中国特色社会主义理论体系三大组成部分与对"什么是社会主义、怎样建设社会主义"、"建设什么样的党、怎样建设党"、"实现什么样的发展、怎样发展"三大基本问题的探索和回答并不是简单的一一对应关系，并不是说邓小平理论只回答了"什么是社会主义、怎样建设社会主义"问题而没有回答党的建设问题和发展问题，"三个代表"重要思想只回答了"建设什么样的党、怎样建设党"问题而没有回答社会主义问题和发展问题，科学发展观只回答了"实现什么样的发展、怎样发展"问题而没有回答社会主义问题和党的建设问题。相反，由于"马克思主义"、"社会主义"、"党"和"发展"四个关键词之间逻辑的和历史的相关性，中国特色社会主义理论体

① 中共中央宣传部理论局编：《中国梦　我们的梦》，学习出版社 2013 年版，第 3 页。

② 中共中央宣传部理论局编：《中国梦　我们的梦》，学习出版社 2013 年版，第 3~5 页。

系三大组成部分都是从整体上探索和回答什么是马克思主义、怎样对待马克思主义，什么是社会主义、怎样建设社会主义，建设什么样的党、怎样建设党，实现什么样的发展、怎样发展等重大理论和实际问题。在对这四大基本问题的回答中，对“什么是马克思主义、怎样对待马克思主义”的探索和回答是回答其他三个基本问题的前提；“什么是社会主义、怎样建设社会主义”的探索和回答是中国特色社会主义理论体系的理论主题的基础、核心和原生形态；“建设什么样的党、怎样建设党”和“实现什么样的发展、怎样发展”的探索和回答是中国特色社会主义理论体系的理论主题的逻辑与历史的展开和深化，是中国特色社会主义理论体系的理论主题的次生形态和再生形态。从总体上说，中国特色社会主义理论体系的理论主题是科学探索和系统回答了在中国这样一个人口多、底子薄的东方大国建设什么样的社会主义、怎样建设社会主义这个根本问题。

对于邓小平理论、“三个代表”重要思想、科学发展观三者之间的辩证关系及其各自在中国特色社会主义理论体系中的地位和作用，习近平同志曾经作过深刻的论述。他指出：“邓小平理论是中国特色社会主义理论体系的开创之作，是最基础的重要组成部分。”“‘三个代表’是中国特色社会主义理论体系承上启下的极为重要的组成部分。”“科学发展观等重大战略思想是中国特色社会主义理论体系的重要创新成果。”“说与时俱进，是说邓小平理论、‘三个代表’重要思想以及科学发展观等重大战略思想，都坚持从实际出发，注重总结改革开放不同时期、不同阶段的新鲜经验，注重探索和回答不同时期、不同阶段遇到的新矛盾、新问题，在理论创新和理论发展上都作出了各自的独特贡献。它们既相互贯通又层层递进，体现了新时期以来我们党理论创新成果的科学性体系、阶段性成果和发展性要求的内在统一。”①

① 习近平：《关于中国特色社会主义理论体系的几点认识》，《求是》2008年第7期。

二、中国特色社会主义理论体系的逻辑结构

中国特色社会主义理论体系，是在和平与发展成为时代主题的历史条件下，在我国改革开放和社会主义现代化建设的伟大实践中，在总结我国社会主义建设正反两方面历史经验和改革开放以来新的经验，并借鉴其他社会主义国家兴衰成败经验教训的基础上，逐步形成和发展起来的。中国特色社会主义理论体系在建设中国特色社会主义的思想路线、发展道路、发展阶段、发展战略、根本任务、发展动力、依靠力量、国际战略、领导力量和根本目的等问题上，形成了一系列独创性的重大理论观点，系统回答了在中国这样一个十几亿人口的发展中大国如何摆脱贫困，实现社会主义现代化和中华民族伟大复兴，巩固和发展社会主义等一系列重大理论和实践问题。这个理论体系，内容贯通哲学、政治经济学、科学社会主义等学科，涵盖社会主义经济建设、政治建设、文化建设、社会建设、生态文明建设、国防和军队现代化建设、党的建设以及祖国统一、国际战略和外交工作等各个领域，涉及改革发展稳定、内政外交国防、治党治国治军等各个方面，是内涵丰富、思想深刻、系统科学的理论体系。

中国特色社会主义理论体系，是中国特色社会主义之魂，是指导党和人民沿着中国特色社会主义道路不断前进以实现社会主义现代化和中华民族伟大复兴的中国梦的光辉旗帜。它是中国人民求解民族复兴问题的历史总结，是中国共产党团结带领全国人民践行民族复兴之路的现实指引。这一理论体系之所以成为我们党继往开来、与时俱进的内生动力，在于它与中国社会主义实践的高度契合，而这种契合的根本在于中国特色社会主义理论体系的逻辑结构所产生的现实张力。

任何一个理论体系，都有其严密的逻辑结构，即概念、范畴、命题、原理之间的内在逻辑联系。中国特色社会主义理论体系，以社会主义初级阶段的基本国情为根本依据，以改革开放以来我们党不断探索和回答“马克思主义、社会主义、党、发展”四大基本

问题的实践创造为基础，通过逻辑的形式，再现了中国特色社会主义整体及其固有的经济建设、政治建设、文化建设、社会建设、生态文明建设、国防和军队现代化建设、党的建设这一客观事物的历史发展规律，从而形成了彼此联系紧密、逻辑层次清晰的理论框架。

第一个逻辑层次是中国特色社会主义理论体系的理论基础。即马克思列宁主义、毛泽东思想。中国特色社会主义理论体系是与马克思列宁主义、毛泽东思想既一脉相承，又与时俱进的科学的思想理论体系。这种一脉相承既是对“老祖宗”的继承和坚守，又有对“新元素”的内化和吸收。

其一，中国特色社会主义理论体系与马克思列宁主义、毛泽东思想的一脉相承，“承”之根基在于其共同的哲学基础、政治立场、社会理想和理论品质。具体地说，它们具有一致的哲学基础，即辩证唯物主义和历史唯物主义的世界观与方法论，其中包括马克思主义的物质观、联系观、运动观、发展观、矛盾观、实践观、群众观，以及理论联系实际、联系与发展地看问题、一分为二、具体问题具体分析、实践检验真理、党的群众观点和群众路线等方法。它们具有一致的政治立场，即代表最广大人民群众的根本利益诉求。从马克思、恩格斯在《共产党宣言》中的明确表达——“过去的一切运动都是少数人的或者为少数人谋利益的运动。无产阶级的运动是绝大多数人的、为绝大多数人谋利益的独立的运动”① 到中国共产党“全心全意为人民服务”的根本宗旨，都是对这一政治立场的共同坚守。它们具有共同的社会理想，即实现人的自由全面发展和共产主义社会的奋斗目标。从马克思和恩格斯在《共产党宣言》中对“资产阶级的灭亡和无产阶级的胜利是同样不可避免的”②，即资本主义必然灭亡，社会主义必然胜利的科学论证，到中国共产党在最高纲领和最低纲领的统一指导下团结全国人民进行轰轰烈烈且卓有成效的社会主义建设，均是对这一社会理想的有

① 《马克思恩格斯选集》第 1 卷，人民出版社 1995 年版，第 283 页。
② 《马克思恩格斯选集》第 1 卷，人民出版社 1995 年版，第 284 页。

力诠释。它们具有共同的思想路线和理论品质，即坚持一切从实际出发、理论联系实际、实事求是、在实践中检验真理和发展真理的思想路线以及与时俱进的理论品质。从马克思和恩格斯反复强调的“我们的理论是发展的理论，而不是必须背得烂熟并机械地加以重复的教条”① 到中国共产党的思想路线的核心——实事求是，都是对这一优秀品质的高度体现。

其二，中国特色社会主义理论体系“承脉”于马克思主义基本原理和科学社会主义的基本原则。它既坚持科学社会主义的基本原则，又根据中国实际和时代特征赋予其鲜明的中国特色。其“承”之方法在于中国特色社会主义理论体系没有完全照搬马克思主义经典作家在特定历史条件下，针对具体情况作出的某些个别论断和具体行动纲领，而是将马克思主义基本原理和科学社会主义基本原则以及其内在精神和科学方法有效融入中国社会的具体情境，并进行合理的创新与发展。就实际成果而言，中国共产党人运用马克思主义关于科学社会主义基本原则的思想，结合中国国情和具体实际，提出了社会主义本质理论；中国共产党人运用马克思主义关于社会主义发展阶段理论，结合中国生产力总体上比较落后并且发展不平衡、商品经济不发达的实际，提出社会主义初级阶段理论；中国共产党人运用马克思主义关于社会基本矛盾运动的原理，结合封闭、僵化、保守的弊端和历史教训，提出社会主义改革开放理论；中国共产党人运用马克思主义政治经济学原理，结合中国实行计划经济出现的种种弊端的实际，提出社会主义市场经济理论；中国共产党人运用马克思主义关于社会主义所有制理论，结合中国一大二公体制经济发展缓慢的实际，提出社会主义基本经济制度理论；中国共产党人运用马克思主义关于社会发展的理论，结合中国发展中出现诸多不平衡的实际，提出以人为本、全面协调可持续的科学发展观；中国共产党人运用马克思主义关于社会主义社会建设理论，结合中国社会经济发展到一定阶段出现人与自然、人与人、人的身心之间不和谐等诸多新问题的实际，提出社会主义和谐社会

① 《马克思恩格斯选集》第4卷，人民出版社1995年版，第681页。

理论；中国共产党人运用马克思主义关于民主政治理论，结合中国民主法治的实际，提出社会主义政治文明理论；中国共产党人运用马克思主义关于意识形态建设理论，结合中国文化传统及其当代发展实际，提出社会主义精神文明建设、社会主义先进文化建设和社会主义核心价值体系建设的理论；中国共产党人运用马克思主义关于国家学说，结合中国港澳台地区的实际，提出“一国两制”的构想；中国共产党人运用马克思主义关于国际战略理论，结合中国处于第三世界的现状，提出社会主义和平发展和推动建设和谐世界的思想；中国共产党人运用马克思主义党的建设理论，结合改革开放新的历史阶段世情、党情的新变化、新特点的实际，提出加强党的执政能力建设，加强党的先进性和纯洁性建设以及全面加强党的思想建设、组织建设、作风建设、反腐倡廉建设、制度建设和建设学习型、服务型、创新型马克思主义执政党的思想。上述诸多新思想、新理论的提出都是源于马克思主义基本原理和科学社会主义基本原则之“脉”，立于中国社会发展的具体情境之“实”，“承”于融普遍于特殊、具体问题具体分析之“法”。

其三，中国特色社会主义理论体系“承继”于毛泽东思想并“发展”了毛泽东思想，它既“承”于二者理论的同源性、“继”于二者生成地域的同一性，又“发展”于社会主义认知和社会建设实践的更加成熟。一方面，从理论生成的方法论上看，中国特色社会主义理论体系与毛泽东思想具有“理论联系实际”的一致性。毛泽东思想是马克思主义中国化第一次历史性飞跃产生的理论成果，且“马克思主义中国化”这一科学命题就是由毛泽东同志在党的六届六中全会上明确提出的，即马克思主义理论原则在中国的具体运用，必须考虑中国自身的特点。无论《实践论》、《矛盾论》的理论指引，还是依靠统一战线、武装斗争和党的建设的三大法宝，走农村包围城市道路，最后夺取全国胜利的革命实践创新，都是对这一命题的经典演绎。它为马克思主义中国化第二次历史性飞跃——中国特色社会主义理论体系提供了宝贵经验、理论准备和方法论借鉴。以邓小平、江泽民、胡锦涛、习近平为代表的当代中国共产党人将马克思主义基本原理与中国改革开放和社会主义现代化建设的具体实际进行有效结合，开辟和拓展了中国特色社会主义道路，形成和发展了中国特色社会主义理论体系，确立和完善了中国特色社会主义制度。另一方面，从理论发展的承继性上看，以毛泽东同志为核心的党的第一代中央领导集体艰辛探索社会主义建设规律的积极成果，为中国特色社会主义理论体系的形成提供宝贵经验和理论准备。毛泽东思想作为一个科学体系，其中包括新民主主义理论、社会主义改造理论和社会主义建设思想。就社会主义建设思想而言，其为中国特色社会主义理论体系提供的理论准备和思想基础主要包括：经济方面，关于调动一切积极因素建设社会主义，集中力量发展社会生产力的思想；关于社会主义发展“可能分为两个阶段”① 的思想；关于正确处理社会主义经济建设中的各种关系，积极探索适合中国国情的工业化道路的思想；关于发展社会主义商品生产，发挥价值规律作用的思想；关于“自力更生为主，争取外援为辅，破除迷信，独立自主地干工业、干农业、干技术革命和文化革命，打倒奴隶思想，埋葬教条主义”② 的思想，等等。政治方面，以毛泽东同志为核心的党的第一代中央领导集体带领全党全国各族人民建立中华人民共和国，确立了社会主义基本政治制度，并根据中国国情创立了人民民主专政制度、人民代表大会制度、中国共产党领导的多党合作和政治协商制度、民族区域自治制度等。文化方面，以毛泽东同志为核心的党的第一代中央领导集体提出了“百花齐放、百家争鸣”的方针和文艺要为人民服务、为社会主义服务的方向，以及“古为今用、洋为中用、推陈出新”的方法原则。社会方面，以毛泽东同志为核心的党的第一代中央领导集体作出了社会主义社会依然存在各种矛盾的科学判断，论述了社会主义社会的基本矛盾、两类不同性质的矛盾和关于正确处理人民内部矛盾的思想，等等。当然，上述思想有的始终贯彻到底，有的发生了偏离，其中有前进也有曲折，有经验也有教训，但是正如党的十八大报告所指出的：以毛泽东同志为核心的党的第一代中央

---

① 《毛泽东文集》第 8 卷，人民出版社 1999 年版，第 116 页。

② 《毛泽东文集》第 7 卷，人民出版社 1999 年版，第 380 页。

领导集体带领全党全国各族人民“在社会主义建设中取得的独创性理论成果和巨大成就，为新的历史时期开创中国特色社会主义提供了宝贵经验、理论准备、物质基础”①。邓小平同志亦曾指出：“从许多方面来说，现在我们还是把毛泽东同志已经提出，但是没有做的事情做起来，把他反对错了的改正过来，把他没有做好的事情做好。今后相当长的时期，还是做这件事。当然，我们也有发展，而且还要继续发展。”② 所以说，“改革开放伟大事业，是在以毛泽东同志为核心的党的第一代中央领导集体创立毛泽东思想，带领全党全国各族人民建立新中国、取得社会主义革命和建设伟大成就以及艰辛探索社会主义建设规律取得宝贵经验的基础上进行的”③。毛泽东思想是中国特色社会主义理论体系的重要思想渊源和理论基础。

第二个逻辑层次是中国特色社会主义理论体系的基本内容。这就是邓小平理论、“三个代表”重要思想、科学发展观。

邓小平理论是在和平与发展成为时代主题的历史条件下，在我国改革开放和社会主义现代化建设的实践过程中，在科学而深刻地总结我国社会主义胜利和挫折的历史经验教训以及其他社会主义国家兴衰成败的经验教训的基础上，逐步形成和发展起来的。它以论述中国特色社会主义为主题，系统阐述了中国特色社会主义的根本任务、发展道路、发展阶段、发展动力、外部条件、国际战略、战略步骤、领导力量和依靠力量、一国两制和祖国统一等一系列基本问题。邓小平理论是马克思列宁主义的基本原理与当代中国实际和时代特征相结合的产物，是毛泽东思想的继承和发展，是当代中国的马克思主义，是全党全国人民集体智慧的结晶，是中国共产党的

---

① 胡锦涛：《坚定不移沿着中国特色社会主义道路前进 为全面建成小康社会而奋斗——在中国共产党第十八次全国代表大会上的报告》，《人民日报》2012年11月18日。

② 《邓小平文选》第2卷，人民出版社1994年版，第300页。

③ 胡锦涛：《高举中国特色社会主义伟大旗帜 为夺取全面建设小康社会新胜利而奋斗——在中国共产党第十七次全国代表大会上的报告》，《人民日报》2007年10月25日。

指导思想和中华民族复兴的强大精神支柱。以邓小平同志为核心的党的第二代中央领导集体开创了中国特色社会主义理论体系，奠定了中国特色社会主义理论体系的基石。

党的十三届四中全会以来，以江泽民同志为核心的党的第三代中央领导集体，继承毛泽东和邓小平开辟的马克思主义中国化的伟大事业，高举邓小平理论的伟大旗帜，准确把握时代特征，科学判断我们党所处的历史方位，围绕建设中国特色社会主义这个主题，集中全党智慧，以马克思主义的巨大理论勇气进行理论创新，逐步形成了“三个代表”重要思想这一系统的科学理论。“三个代表”重要思想在建设中国特色社会主义的思想路线、发展道路、发展阶段和发展战略、根本任务、发展动力、依靠力量、国际战略、领导力量和根本目的等重大问题上提出了一系列紧密联系、相互贯通的新思想、新观点、新论断，进一步回答了“什么是社会主义、怎样建设社会主义”的问题，创造性地回答了“建设什么样的党、怎样建设党”的问题。“三个代表”重要思想涵盖了经济、政治、文化和党的建设各个领域，体现在改革发展稳定、内政外交国防、治党治国治军各个方面，是一个系统的科学理论。“三个代表”重要思想丰富和发展了中国特色社会主义理论体系。

从党的十六大到党的十八大，党中央高举中国特色社会主义伟大旗帜，以邓小平理论和“三个代表”重要思想为指导，顺应国内外形势发展变化，抓住重要战略机遇期，发扬求真务实、开拓进取精神，坚持理论创新和实践创新，着力推动科学发展，深化改革开放，保持社会稳定，促进社会和谐，完善社会主义市场经济体制，在全面建设小康社会、坚定不移地推进改革开放伟大事业的实践中，创造性地提出树立和贯彻落实科学发展观、构建社会主义和谐社会、建设社会主义新农村、建设创新型国家、树立社会主义荣辱观、加强党的执政能力建设和党的先进性建设、推动建设和谐世界等一系列重大战略思想，形成了以科学发展观为核心的中国共产党创新理论和中国特色社会主义理论体系的最新理论成果，谱写了马克思主义中国化的历史新篇章。

第三个逻辑层次是党的基本路线、基本纲领、基本经验、基本要求。这是中国特色社会主义理论体系的实践纲领，是中国特色社会主义理论体系向实践转化的中介。只有通过这一中介，中国特色社会主义理论体系才能转化为改造世界的巨大物质力量。

党的十一届三中全会以来，中国共产党人经过30多年的艰辛探索，逐步确立了“一个中心、两个基本点”的基本路线，形成了社会主义初级阶段的基本纲领，积累了改革开放和中国特色社会主义建设的宝贵经验。“30年的历史经验归结到一点，就是把马克思主义基本原理同中国具体实际相结合，走自己的路，建设中国特色社会主义。”① 党的十八大报告明确指出：“实践充分证明，中国特色社会主义是当代中国发展进步的根本方向，只有中国特色社会主义才能发展中国。”②

党的基本路线是兴国、立国、强国的重大法宝，是实现科学发展的政治保证，是党和国家的生命线、人民群众的幸福线。中国特色社会主义理论体系为党的基本路线的形成与发展奠定了理论基础，因为“只有清晰的理论分析才能在错综复杂的事实中指明正确的道路”③，而基本路线又是党的基本理论转化为实践的中介，是沟通中国特色社会主义理论体系和中国特色社会主义道路的重要桥梁，它是党在一定历史阶段总揽全局的总任务、总路线，也是党的其他一切方针政策包括党的纲领的总依据。党的十一届三中全会以来，随着改革实践的不断发展，中国共产党人经过艰辛探索和深刻总结，在党的十三大正式提出并确立了党在社会主义初级阶段的基本路线，即“领导和团结全国各族人民，以经济建设为中心，坚持四项基本原则，坚持改革开放，自力更生，艰苦创业，为把我

---

① 胡锦涛：《在纪念党的十一届三中全会召开30周年大会上的讲话》，《求是》2008年第24期，第11页。

② 胡锦涛：《坚定不移沿着中国特色社会主义道路前进　为全面建成小康社会而奋斗——在中国共产党第十八次全国代表大会上的报告》，《人民日报》2012年11月18日。

③ 《马克思恩格斯全集》第37卷，人民出版社1971年版，第283页。

国建设成为富强、民主、文明的社会主义现代化国家而奋斗”。①后经十七大对其进行重要补充，将“富强、民主、文明”三位一体的奋斗目标拓展为“富强、民主、文明、和谐”的四位一体目标。再到党的十八大“五位一体”的总布局。其中，以经济建设为中心是兴国之要，是我们党、我们国家兴旺发达和长治久安的根本要求；四项基本原则是立国之本，是我们党、我们国家生存发展的政治基石；改革开放是强国之路，是我们党、我们国家发展进步的活力源泉；自力更生、艰苦创业则是我们建设中国特色社会主义的基本立足点；解放思想、实事求是、与时俱进、求真务实是发展中国特色社会主义的精神状态和法宝；富强、民主、文明、和谐的社会主义现代化国家和中华民族伟大复兴是党团结全国人民的奋斗目标和中国梦。

党的基本纲领是党的基本路线的展开和具体化，它是根据基本路线确立的总目标和总政策而制定的在经济、政治、文化、社会、生态等方面的基本目标和基本政策，它是基本路线在经济、政治、文化、社会、生态方面的展开、深化和具体化，是体现基本路线的要求，是为实现基本路线服务的。相对于基本路线来说，它是较为具体的层次；相对于党在各个具体工作领域的具体目标和政策来说，它又是比较高的层次。在革命、建设和改革的各个历史阶段中，我们党既有每个阶段的基本纲领即最低纲领，也有确定长远奋斗目标的最高纲领。党的最高纲领是实现共产主义，这是始终不变的。我国社会主义初级阶段的基本纲领，是建设有中国特色社会主义经济、政治、文化、社会、生态的基本目标和基本政策，这是整个社会主义初级阶段的奋斗纲领。

社会主义初级阶段的经济纲领是，坚持和完善公有制为主体、多种所有制经济共同发展的基本经济制度，坚持和完善以按劳分配为主体、多种分配方式并存的分配制度，坚持共同富裕的价值目标，发展社会主义市场经济，不断解放和发展生产力。政治纲领

① 中共中央文献研究室编：《十三大以来重要文献选编》中，人民出版社1991年版，第1216页。

是，坚持中国特色社会主义政治发展道路，坚持党的领导、人民当家做主、依法治国有机统一，坚持和完善人民代表大会制度、中国共产党领导的多党合作和政治协商制度、民族区域自治制度以及基层群众自治制度，不断推进社会主义政治制度自我完善和发展。文化纲领是，坚持以马克思主义为指导，坚持社会主义先进文化前进方向，兴起社会主义文化建设新高潮，激发全民族文化创造活力，提高国家文化软实力，使人民基本文化权益得到更好的保障，使社会文化生活更加丰富多彩，使人民精神风貌更加昂扬向上。社会建设纲领是，在经济发展的基础上，更加注重社会建设，着力保障和改善民生，推进社会体制改革，扩大公共服务，完善社会管理，促进社会公平正义，努力使全体人民学有所教、劳有所得、病有所医、老有所养、住有所居，推动建设和谐社会。生态文明建设纲领就是，努力建设美丽中国，实现中华民族永续发展。

在改革开放的历史进程中，中国共产党人积累了建设中国特色社会主义，加快实现社会主义现代化的“十条”基本经验。这“十条”基本经验就是：我们党把坚持马克思主义基本原理同推进马克思主义中国化结合起来，解放思想、实事求是、与时俱进，以实践基础上的理论创新为改革开放提供理论指导；把坚持四项基本原则同坚持改革开放结合起来，牢牢扭住经济建设这个中心，始终保持改革开放的正确方向；把尊重人民首创精神同加强和改善党的领导结合起来，坚持执政为民、紧紧依靠人民、切实造福人民，在充分发挥人民创造历史的作用中体现党的领导核心作用；把坚持社会主义基本制度同发展市场经济结合起来，发挥社会主义制度的优越性和市场配置资源的有效性，使全社会充满改革发展的创造活力；把推动经济基础变革同推动上层建筑改革结合起来，不断推进政治体制改革，为改革开放和社会主义现代化建设提供制度保证和法制保障；把发展社会生产力同提高全民族文明素质结合起来，推动物质文明和精神文明协调发展，更加自觉、更加主动地推动文化大发展、大繁荣；把提高效率同促进社会公平结合起来，实现在经济发展的基础上由广大人民共享改革发展成果，推动社会主义和谐社会建设；把坚持独立自主同参与经济全球化结合起来，统筹好国内国际两个大局，为促进人类和平与发展的崇高事业作出贡献；把促进改革发展同保持社会稳定结合起来，坚持改革力度、发展速度和社会可承受程度的统一，确保社会安定团结、和谐稳定；把推进中国特色社会主义伟大事业同推进党的建设新的伟大工程结合起来，加强党的执政能力建设和先进性建设，提高党的领导水平和执政水平、拒腐防变和抵御风险的能力。①

党的十八大提出了在新的历史条件下夺取中国特色社会主义新胜利的“八条”基本要求。“八条”基本要求是：必须坚持人民主体地位；必须坚持解放和发展社会生产力；必须坚持推进改革开放；必须坚持维护社会公平正义；必须坚持走共同富裕道路；必须坚持促进社会和谐；必须坚持和平发展；必须坚持党的领导。

“十个结合”的宝贵经验和“八个必须”的基本要求是对中国特色社会主义建设实践的历史经验总结，亦是指导中国特色社会主义建设实践的科学方法和共同信念。

以上三个逻辑层次，以探索和回答上述三大基本问题的实践创新为动力和纽带，既相互联系、相互作用、相互补充，又相互转化、相互渗透、相互贯通，构成中国特色社会主义理论体系严整的逻辑体系。

三、中国特色社会主义理论体系基本理论特征的逻辑结构

中国特色社会主义理论体系基本理论特征的逻辑结构包括三个基本的层面，这就是：本质特征、基本特征和具体特征。以实践性为基础和核心，整体性为突出标志，民族性与时代性、科学性与意识形态性、一脉相承性和与时俱进性的辩证统一，是中国特色社会主义理论体系的基本理论特征。

---

① 参见胡锦涛：《在纪念党的十一届三中全会召开30周年大会上的讲话》，《求是》2008年第24期，第5~11页。

1. 实践性是中国特色社会主义理论体系的本质特征

在中国特色社会主义理论体系的基本理论特征中，实践性是其本质特征。而时代性、科学性、与时俱进性等基本理论特征都是实践性的展开、体现和具体化。真理的发现、证实与发展都源于实践，因为实践是认识的来源和发展动力，是检验理论真理性、科学性的唯一标准。当代中国的实践特征特别是社会主义初级阶段的阶段性特征决定中国特色社会主义理论体系的基本理论特征。邓小平同志曾经指出："一个新的科学理论的提出，都是总结、概括实践经验的结果。没有前人或今人、中国人或外国人的实践经验，怎么能概括、提出新的理论？"① 中国特色社会主义理论体系是在和平发展成为时代主题，世界多极化和经济全球化的趋势在曲折中发展，科技进步日新月异，综合国力竞争日趋激烈，世界的力量组合和利益分配正在发生新的深刻变化，国内经济体制深刻变革、社会结构深刻变动、利益格局深刻调整、思想观念深刻变化等新的历史条件下，在中国社会主义现代化建设的长期实践中形成和发展起来的，是对马克思列宁主义、毛泽东思想的继承和创新、丰富与发展。当代中国马克思主义面向世界、面向未来、面向现代化，坚持用邓小平理论、"三个代表"重要思想以及科学发展观等一系列重大战略思想观察当今世界，观察当代中国，依靠和运用解放思想这个精髓和法宝不断研究新情况，解决新问题，及时总结中国特色社会主义建设实践的新经验，不断进行新的理论概括。

马克思主义创始人恩格斯曾反复强调："我们的理论不是教条，而是对包含着一连串互相衔接的阶段的发展过程的阐明。"② "我们的理论是发展着的理论，而不是必须背得烂熟并机械地加以重复的教条。"③ 虽然马克思列宁主义和中国化的马克思主义都具有实践性的本质特征，马克思列宁主义和中国化的马克思主义所揭示的历史时代大背景（即由资本主义向共产主义过渡）都是相同

① 《邓小平文选》第2卷，人民出版社1994年版，第57~58页。
② 《马克思恩格斯选集》第4卷，人民出版社1995年版，第680页。
③ 《马克思恩格斯选集》第4卷，人民出版社1995年版，第681页。

的、一致的，但是实践性的具体内容则有所不同。因为“客观现实世界的变化运动永远没有完结，人们在实践中对于真理的认识也就永远没有完结。马克思列宁主义并没有结束真理，而是在实践中不断地开辟认识真理的道路”①，且“理论的方案需要通过实际经验的大量积累才臻于完善”②。我们看到从马克思列宁主义，到毛泽东思想和中国特色社会主义理论体系，都是分别立足于不同时代背景，在具体的实践中形成、发展和不断完善的理论结晶。如马克思主义创始人主要是基于自由资本主义的实践，揭示的是资本主义产生、发展、灭亡并最终由共产主义所代替的历史规律。列宁是基于垄断资本主义的实践，揭示了帝国主义和无产阶级革命时代的规律；在晚年则是基于经济文化比较落后的俄国的国情和实际，揭示了经济文化比较落后的国家建设社会主义的规律。毛泽东则基于中国半封建半殖民地社会的实际，揭示了中国新民主主义革命、社会主义革命和社会主义建设的规律。中国特色社会主义理论体系则是基于世情、国情、党情的新变化，及时总结中国社会主义建设和改革开放的实践经验，重点揭示了中国特色社会主义建设的规律，并且丰富和深化了对于共产党执政规律、社会主义建设规律和人类社会发展规律的认识。

2. 整体性是中国特色社会主义理论体系的突出标志

中国特色社会主义理论体系是运用马克思主义基本原理和科学社会主义的基本原则，从整体上谋划和布局中国特色社会主义的伟大事业，从整体上设计中国特色社会主义的建设目标，从整体上揭示中国特色社会主义的建设规律的。

中国特色社会主义理论体系是一个“三位一体”的整体体系，它既坚持了科学社会主义的基本原则，又根据我国实际和时代特征赋予其鲜明的中国特色。它是“马克思主义基本原理和科学社会主义基本原则”、“中国实际和中国特色”、“时代潮流和时代特征”三者的有机统一和辩证结合。离开其中的任何一个方面都将不可避

① 《毛泽东选集》第1卷，人民出版社1991年版，第296页。

② 马克思：《资本论》第1卷，人民出版社2004年版，第437页。

免地陷入教条主义和错误思潮的泥潭。

一方面，中国特色社会主义理论体系整体性的理论特征是在对当代中国主要社会思潮(三种教条主义)的批判和回应中得到彰显的。在中国发展的旗帜、道路、前途、命运等重大理论和现实问题上，迷信新自由主义和民主社会主义的“西式教条主义”(“洋教条”)的主要理论特征，是离开马克思主义基本原理和科学社会主义基本原则，离开中国国情、实际和中国特色，片面强调“时代潮流和时代特征”，而在“西式教条主义”话语中所谓的“时代潮流和时代特征”就是“华盛顿共识”确立的经济全球化的游戏规则和美国的价值理念或者瑞典的民主社会主义模式。以现代新儒学为代表的文化保守主义(“儒教条”)的主要理论特征，是离开马克思主义基本原理和科学社会主义基本原则，离开时代潮流和时代特征，片面强调所谓“中国元素”，而在文化保守主义视域中所谓的“中国元素”，只不过是“孔孟老庄”的新瓶装旧酒，实际上是中国传统的封建主义元素和特色。而教条主义的马克思主义(“‘左’教条”)则是离开中国国情和实际，离开时代潮流和时代特征，只是固守马克思主义经典作家基于当时具体历史条件和当时的实际情况得出的个别论断、具体结论和行动纲领，而不能与时俱进地发展马克思主义。因此，三种教条主义实质上是一种形而上学的思维方式，它们只是“强调一点、不及其余”。

另一方面，中国特色社会主义理论体系整体性的理论特征是在三大理论成果对三个基本问题进行回应的理论框架中得以呈现的。从理论框架形成的历史逻辑上看，邓小平理论、“三个代表”重要思想、科学发展观等是以改革开放和社会主义现代化建设为实践背景，以社会主义初级阶段为探索的立足点，将“什么是马克思主义和如何对待马克思主义”的科学认识融入中国特色社会主义建设、改革和发展的实践探索与经验总结当中，科学、全面、系统地回答了在中国这样一个经济文化相对落后的社会主义国家“什么是社会主义和怎样建设社会主义”、“建设一个什么样的党和怎样建设党”、“实现什么样的发展和怎样发展”等一系列重大理论问题和实践问题，深化了对共产党执政规律、社会主义建设规律、人类社会发展规律的认识，升华了发展中国特色社会主义以实现中华民族伟大复兴的理论主题。三者之间相互贯通并依次递进，体现了中国特色社会主义理论体系内容与逻辑的有机统一。

从理论体系本身的内在结构上看，中国特色社会主义理论体系的整体性体现在理论的内部层次上，即以马克思列宁主义和毛泽东思想为理论基础，由基本范畴、基本观点和基本原理等共同建构的基本内容，以及涵盖了基本路线、基本纲领、基本经验的实践纲领等；这种整体性还体现为该理论体系在贯通马克思主义主义哲学、政治经济学和科学社会主义的基础上，涵盖了经济、政治、文化、社会、生态等诸多方面，形成了社会主义初级阶段理论，社会主义本质理论，社会主义改革开放理论，中国特色社会主义经济建设、政治建设、文化建设、社会建设、生态文明建设理论，构建社会主义和谐社会理论，实现祖国统一的构想和外交战略的理论，中国特色社会主义的领导力量和依靠力量等一系列重要理论。另外，中国特色社会主义理论体系中三大成果的自我建构亦非一元单线的模式，而是立足于多维复合角度的整体性观照。

3. *辩证性是中国特色社会主义理论体系的内在逻辑*

中国特色社会主义理论体系是一个辩证法体系，它的内在逻辑深刻体现了唯物辩证法关于矛盾的普遍性与特殊性之间辩证关系的基本原理，体现了中国特色与社会主义相结合的辩证法，体现了民族性与时代性、真理性与价值性、一脉相承性和与时俱进性的辩证统一。

首先，中国特色社会主义理论体系坚持了中国特色与社会主义的辩证统一。中国特色社会主义绝不是中国特色的资本主义或者民主社会主义，它始终坚持马克思主义基本原理和科学社会主义的基本原则，始终坚持马克思主义基本原理和科学社会主义的基本原则在中国的具体体现——“四项基本原则”，即坚持人民民主专政、坚持社会主义道路、坚持党的领导、坚持马列主义毛泽东思想，坚决反对把马克思主义教条化的“封闭僵化”的老路和否定科学社会主义基本原则的“改旗易帜”的邪路。中国特色社会主义也没有拘泥于马克思主义经典作家基于当时的具体历史情况得出的关于社会主义的个别观点、具体结论和行动纲领，没有迷信世界上第一个社会主义国家——苏联进行社会主义建设的模式、道路和经验，它坚决反对教条主义和僵化保守，始终坚持立足中国国情和实际，坚持反映时代潮流和时代特征，在马克思主义基本原理和科学社会主义的基本原则指导下，走中国特色社会主义建设道路，实现社会主义与中国特色的有机统一。

其次，中国特色社会主义理论体系坚持了民族性与时代性的辩证统一。无论是邓小平理论、“三个代表”重要思想还是科学发展观，都坚持了毛泽东同志开创的马克思主义民族化、本土化、中国化的道路，坚持马克思主义基本原理与中国实际的辩证结合，让马克思主义讲“中国话”，形成具有中国语言、中国风格、中国气派的完全中国化的马克思主义理论新体系——中国特色社会主义理论体系。同时，如列宁曾经指出：“马克思主义这一革命无产阶级的思想体系赢得了世界历史性的意义，是因为它并没有抛弃资产阶级时代最宝贵的成就，相反却吸收和改造了两千多年来人类思想和文化发展中一切有价值的东西。”① 而且“一切划时代的体系的真正的内容都是由于产生这些体系的那个时期的需要而形成起来的”②。中国特色社会主义理论体系亦不是狭隘的、故步自封的、“自说自话”的保守僵化体系，它始终站在时代、实践、科学发展的最前沿，反映时代精神，把握时代矛盾，揭示时代规律，并且注重与世界上各种文明进行交流和对话，借鉴吸收人类创造的一切文明成果，在全球化与本土化、世界化与中国化之间保持“必要的张力”，从而将民族性与时代性有机地统一起来。

再次，中国特色社会主义理论体系坚持了真理性与价值性的辩证统一。中国特色社会主义理论体系具有内容上的科学性和真理性，它科学揭示了当代人类社会的发展规律、社会主义的建设规律和中国共产党的执政规律，是被中国社会主义建设和改革开放实践反复证明了的正确理论和科学真理，具有高度的科学性和真理性。

---

① 《列宁选集》第4卷，人民出版社1995年版，第299页。

② 《马克思恩格斯全集》第3卷，人民出版社1960年版，第544页。

同时，中国特色社会主义理论体系又具有强烈的无产阶级党性原则和鲜明的意识形态性，它代表无产阶级和最广大人民的根本利益，以“全心全意为人民服务”、“立党为公、执政为民”、“权为民所用、情为民所系、利为民所谋”、“以中国最广大人民的根本利益为本”、“实现最广大人民的根本利益”作为自己的理论生命、价值追求和理论导向。

最后，中国特色社会主义理论体系坚持了一脉相承性和与时俱进性的辩证统一。正如“人们自己创造自己的历史，但是他们并不是随心所欲地创造，并不是在他们自己选定的条件下创造，而是在直接碰到的、既定的、从过去承继下来的条件下创造”①。中国特色社会主义理论体系绝不是马克思主义发展史上的“异端”，而是与马克思列宁主义既一脉相承，又与时俱进的科学理论体系。一方面，它坚持了马克思列宁主义、毛泽东思想的基本原理、基本精神、基本方法，坚持“老祖宗不能丢”②；另一方面，它始终坚持解放思想、实事求是、与时俱进、求真务实的思想路线，根据实践的新发展、科技的新进步、哲学文化的新成果，与时俱进地发展马克思主义，不断推进马克思主义中国化，形成马克思主义中国化的新的理论成果。而“与时俱进，就是党的全部理论和工作要体现时代性，把握规律性，富于创造性”，“世界在变化，我国改革开放和现代化建设在前进，人民群众的伟大实践在发展，迫切要求我们党以马克思主义的理论勇气，总结实践的新经验，借鉴当代人类文明的有益成果，在理论上不断扩展新视野，作出新概括。只有这样，党的思想理论才能引导和鼓舞全党和全国人民把中国特色社会主义事业不断推向前进。实践基础上的理论创新是社会发展和变革的先导”③。

---

① 《马克思恩格斯选集》第1卷，人民出版社1995年版，第585页。

② 《邓小平文选》第3卷，人民出版社1993年版，第369页。

③ 中共中央文献研究室编：《十六大以来重要文献选编》上，中央文献出版社2005年版，第9~10页。

第五章

邓小平、江泽民、胡锦涛、习近平论中国特色社会主义的基本特征

“中国特色社会主义”是在中国特色社会主义旗帜统帅下的中国特色社会主义道路、中国特色社会主义理论体系、中国特色社会主义制度“三位一体”的统一整体。中国特色社会主义道路是实现路径，中国特色社会主义理论体系是行动指南，中国特色社会主义制度是根本保障，三者统一于中国特色社会主义伟大实践。

探索中国特色社会主义建设道路，是毛泽东在1956年最早提出的，经过20多年的曲折发展，直到党的十一届三中全会以后，我们党才找到了中国特色社会主义建设的正确道路，形成了中国特色社会主义理论体系。1982年9月，在党的十二大开幕词中，邓小平同志在深刻总结我国革命和建设正反两方面历史经验的基础上，首次提出了走自己的道路，建设有中国特色的社会主义的口号和科学命题，并且对中国特色社会主义道路作了经典性的表述。从党的十二大之后，中国共产党的每次全国代表大会，都以“中国特色社会主义”作为鲜明的主题和旗帜。对于中国特色社会主义的基本特征，邓小平、江泽民、胡锦涛、习近平都作了丰富而深刻的论述。

一、邓小平论中国特色社会主义的基本特征

“中国特色社会主义”理论命题的明确提出者是邓小平同志，邓小平理论始终围绕着“什么是社会主义、怎样建设社会主义”而展开。邓小平同志结合中国实际和历史经验教训对“什么是社会主义”的论述和回答，实际上就是回答了中国特色社会主义的基本特征问题。

1. 解放思想、实事求是——中国特色社会主义的思想精髓

“实事求是”是毛泽东思想的精髓，也是中国特色社会主义理论体系的精髓。“实事求是”一词最早出自班固《汉书·河间献王刘德传》：“修学好古，实事求是。”在中国共产党的历史文献中，首先阐述“实事求是”的是毛泽东同志。在1938年中共六届六中全会所做的《论新阶段》的政治报告中，毛泽东同志首次使用了“实事求是”这一概念，他提出：“共产党员应是实事求是的模范，又是具有远见卓识的模范。”① 1941年5月在《改造我们的学习》中，毛泽东第一次对“实事求是”概念作出了完整的解释，他指出：“‘实事’就是客观存在着的一切事物，‘是’就是客观事物的内部联系，即规律性，‘求’就是我们去研究。”②这样就赋予了“实事求是”这一旧典以中国化马克思主义的新内涵，把“实事求是”提高到对待马克思主义的根本态度和党性原则的高度。

在20世纪70年代末，整个中国各个方面都处于极度艰难的境地。针对当时的危难局面，邓小平同志继承和发展了毛泽东“实事求是”的思想，并结合当时特殊的政治需要，提出了“解放思想”的主张。邓小平同志认为：所谓“解放思想，就是使思想和实际相符合，使主观和客观相符合，就是实事求是”③。而实事求是，邓小平同志则秉承了毛泽东同志的解释。邓小平同志强调，在

① 《毛泽东选集》第2卷，人民出版社1991年版，第522页。

② 《毛泽东选集》第3卷，人民出版社1991年版，第801页。

③ 《邓小平选集》第2卷，人民出版社1994年版，第364页。

新的历史条件下必须坚持"实事求是"的思想路线。不仅如此，邓小平同志还将"实事求是"确定为"马克思主义的精髓"和"毛泽东思想的精髓"，"是毛泽东思想的出发点、根本点"。① 邓小平同志指出："我读的书并不多，就是一条，相信毛主席讲的实事求是。过去我们打仗靠这个，现在搞建设、搞改革也靠这个。"② 这样就充分肯定了"实事求是"在马列主义、毛泽东思想体系中的重要地位以及在中国革命、建设和改革实践过程中的历史地位。

之所以说解放思想、实事求是是毛泽东思想的精髓，邓小平同志认为，从历史经验看，"实事求是，是无产阶级世界观的基础，是马克思主义的思想基础。过去我们搞革命所取得的一切胜利，是靠实事求是；现在我们要实现四个现代化，同样要靠实事求是。不但中央、省委、地委、县委、公社党委，就是一个工厂、一个机关、一个学校、一个商店、一个生产队，也都要实事求是，都要解放思想，开动脑筋想问题、办事情"③。

其次，邓小平同志指出："解放思想，开动脑筋，实事求是，团结一致向前看，首先是解放思想。只有思想解放了，我们才能正确地以马列主义、毛泽东思想为指导，解决过去遗留的问题，解决新出现的一系列问题，正确地改革同生产力迅速发展不相适应的生产关系和上层建筑，根据我国的实际情况，确定实现四个现代化的具体道路、方针、方法和措施。"④ "不打破思想僵化，不大大解放干部和群众的思想，四个现代化就没有希望。"⑤ "一个党，一个国家，一个民族，如果一切从本本出发，思想僵化，迷信盛行，那它就不能前进，它的生机就停止了，就要亡党亡国。这是毛泽东同志在整风运动中反复讲过的。只有解放思想，坚持实事求是，一切从实际出发，理论联系实际，我们的社会主义现代化建设才能顺利进

---

① 《邓小平选集》第 2 卷，人民出版社 1994 年版，第 114 页。
② 《邓小平选集》第 3 卷，人民出版社 1993 年版，第 382 页。
③ 《毛泽东选集》第 2 卷，人民出版社 1991 年版，第 143 页。
④ 《邓小平选集》第 2 卷，人民出版社 1994 年版，第 142 页。
⑤ 《邓小平选集》第 2 卷，人民出版社 1994 年版，第 142~143 页。

行，我们党的马列主义、毛泽东思想的理论也才能顺利发展。”①这表明，在邓小平同志看来，解放思想、实事求是不仅仅是解决观念认识的问题，更是关系到如何正确对待马克思主义、毛泽东思想，关系到改革开放能否顺利进行，关系到中国特色社会主义事业的成败问题。

邓小平同志对解放思想、实事求是的强调是一以贯之的。在中国社会主义建设的重大历史关头，邓小平同志都始终强调解放思想、实事求是的极端重要性。邓小平提出反对“两个凡是”，在1978年支持“真理标准”大讨论，发表《解放思想，实事求是，团结一致向前看》的讲话，从而使全党摆脱了“两个凡是”的思想束缚，使改革开放成为全党和全国人民的共识。1992年，在改革开放遭受了一系列挫折从而停滞不前的时候，邓小平同志在“南方谈话”中再次重申解放思想、实事求是，从而为解决困扰中国改革开放的一系列重大问题扫清思想障碍。首先，“南方谈话”破除了社会主义不能搞市场经济的迷信，强调“计划”和“市场”都是配置资源的方式和手段，从而为实现社会主义与市场经济相结合，确立社会主义市场经济体制改革目标扫清了思想障碍。其次，“南方谈话”破除了社会主义本质长期对公有制绝对化的迷信，提出社会主义本质是“解放生产力，发展生产力，消灭剥削，消除两极分化，最终达到共同富裕”② 的新论断，以及判断改革开放得失成败的“三个有利于”标准，从而为科学认识社会主义本质，准确把握社会主义发展方向和道路扫清了思想障碍。再次，“南方谈话”破除了“左”不会葬送社会主义的迷信，提出右可以葬送社会主义，“左”也可以葬送社会主义，强调中国要警惕右，但主要是防止“左”，从而为从“左”倾教条主义的束缚下解放出来扫清了思想障碍。

邓小平理论中的一系列重要观点都贯彻和体现了解放思想、实事求是的思想路线。一般理论界普遍认为，社会主义初级阶段论、

① 《邓小平选集》第2卷，人民出版社1994年版，第143页。
② 《邓小平选集》第3卷，人民出版社1993年版，第373页。

社会主义本质论、社会主义市场经济论、“一国两制”论最能体现邓小平解放思想、实事求是的思想特点。正是在实事求是地分析了中国的历史和国情之后，邓小平同志才作出了现实中国的社会主义还不够格，还处于初级阶段的论断。同样在实事求是地考察了世界各国社会主义运动兴衰成败的经验教训之后，邓小平同志提出了全新的社会主义本质论，大大深化了我们对社会主义的认识。在1992年以前，市场与资本主义、计划与社会主义被普遍认为是必然地联系在一起的。而邓小平同志在深刻考察了世界社会主义运动的经验和现实后，提出了计划和市场都是手段，都是配置资源的方式，而不是区别社会主义与资本主义本质特征的重要论断。正是基于对中国历史和现实、中国与世界关系（特别是中国与英国、葡萄牙、美国、日本等复杂关系）的理性考察以及利弊得失的辩证分析，邓小平同志提出“一国两制”的伟大构想。而正是有了上述独创性的理论观点，才使得邓小平理论成为指导中国社会主义建设的指导思想之一。

正是基于“解放思想、实事求是”在邓小平理论和中国特色社会主义实践中的重要地位和作用，中国共产党第十四次全国代表大会报告指出：“解放思想、实事求是是建设有中国特色社会主义理论的精髓，是保证我们党永葆蓬勃生机的法宝。”① 而将“解放思想”和“实事求是”并列提出，并将其作为中国共产党的思想路线的首倡者正是邓小平同志。解放思想、实事求是实际上是中国社会主义建设的发展战略的理论核心部分，是中国改革开放事业的总方法论。既然实事求是是毛泽东思想的精髓，是马克思主义的思想精髓，那么，解放思想也当然是马克思主义和毛泽东思想的精髓。正是基于这样的认识，邓小平同志面对20世纪70年代末中国错综复杂的各种问题，首先把真理问题的大讨论作为突破口，在党内重新树立实事求是的思想路线，为中国的全面改革开放奠定了必要的思想基础。

---

① 中共中央文献研究室编：《江泽民论有中国特色社会主义》（专题摘编），中央文献出版社2002年版，第626页。

既然“解放思想”与“实事求是”是一致的，为什么邓小平同志要特别强调“解放思想”的重要性呢？邓小平同志之所以突出强调“解放思想”，既有“文化大革命”中的经验教训作为历史背景的原因，也有“两个凡是”的现实影响。同时，邓小平同志还指出了小生产习惯势力的影响也是妨碍解放思想的重要原因。①也正是因此，强调“解放思想”本身就是实事求是的表现，即当时的中国迫切需要打破各种思想束缚，从教条主义的思想桎梏中解放出来。从邓小平同志的分析中还可以看出，要做到解放思想、实事求是，要使这一思想路线真正贯彻下去，使之成为全国人民解决实际工作的指导思想，不仅需要加强理论学习、学术研究和宣传教育，还需要从中国的政治、经济等各方面的体制入手，从改变落后生产方式和生活方式入手。没有这些方面的真正变革，解放思想、实事求是的思想路线就不会成为全国人民的自觉行为。所以，在“真理标准大讨论”的热潮尚未平息的时候，党的十一届三中全会就在北京召开了。党的十一届三中全会作出了实行改革开放的新决策，从而开始了中国从“以阶级斗争为纲”到以经济建设为中心、从僵化半僵化到全面改革、从封闭半封闭到对外开放的历史性转变。因此，号召解放思想其实是在为全面的改革做思想动员。也正是在这次会议上，解放思想、实事求是被重新确立为党的指导思想。

2. 四项基本原则——中国特色社会主义的政治前提和思想基础

十一届三中全会前后，党支持和领导了关于真理标准的大讨论，重新确立了解放思想、实事求是的思想路线。十一届三中全会果断地停止使用“以阶级斗争为纲”这个不适合社会主义社会的“左”的口号，作出了把党和国家的工作重点转移到以经济建设为中心的社会主义现代化建设轨道上来的战略决策，同时对改革开放作了重大部署。十一届三中全会标志着我们党重新确立了马克思主义的思想路线、政治路线、组织路线，为探索中国特色社会主义的

---

① 参见《邓小平文选》第2卷，人民出版社1994年版，第141~142页。

成功道路奠定了思想理论基础，提供了政治保证和组织保证。在十一届三中全会路线的指引下，国民经济状况已经好转，各个部门的生产迅速得到恢复，安定团结的政治局面正在形成，党内外民主生活正在发展，党的优良传统作风得到很大恢复，人民群众建设社会主义现代化的积极性日益高涨。这是当时政治形势的主流。

但是，当时在社会上和人们的思想领域中还存在两种错误倾向：一种倾向是，一些人受“左”的思想束缚，面对改革开放和社会主义现代化建设的历史新任务，思想还不够解放，仍然固守“两个凡是”的教条主义思维方式，不善于发现新情况，解决新问题。对于党的十一届三中全会路线不理解，有抵触情绪，甚至歪曲和攻击党的十一届三中全会路线，认为这些基本路线违背了马列主义、毛泽东思想，是要把中国引向资本主义。另外一种倾向是，极少数人站在资产阶级自由化立场上，利用党进行拨乱反正的时机，歪曲“解放思想”和党的历史，极端夸大党的错误，否定毛泽东同志的历史功绩，对社会主义、无产阶级专政、共产党的领导、马列主义、毛泽东思想都表示怀疑或反对；而当时党内也有个别同志不但不承认这种资产阶级自由化思潮的危险性，甚至直接或间接地加以某种程度的支持。针对这两种错误思潮和倾向，邓小平同志强调：“这两种思潮都是违背马列主义、毛泽东思想的，都是妨碍我们的社会主义现代化建设事业的前进的。”① 针对思想僵化保守的极“左”思潮，邓小平同志强调必须坚持“解放思想”；而针对资产阶级自由化的右倾思潮，邓小平同志则强调必须坚持“四项基本原则”。

在1979年3月30日党的理论工作务虚会上，针对当时存在的资产阶级自由化的错误思潮，邓小平同志明确提出了必须坚持“四项基本原则”的思想。邓小平同志指出，在20世纪内实现四个现代化，把我国建设成为一个社会主义强国，这是一个非常艰巨的任务。“我们要在中国实现四个现代化，必须在思想政治上坚持四项基本原则。这是实现四个现代化的根本前提。这四项是：第

---

① 《邓小平文选》第2卷，人民出版社1994年版，第166页。

一，必须坚持社会主义道路；第二，必须坚持无产阶级专政；第三，必须坚持共产党领导；第四，必须坚持马列主义、毛泽东思想。"① 他还特别强调：决不允许在四项基本原则这个根本立场上有丝毫动摇，"如果动摇了这四项基本原则中的任何一项，那就动摇了整个社会主义事业，整个现代化建设事业"②。之后，邓小平同志始终把"四项基本原则"作为中国特色社会主义的政治前提和思想基础。在著名的1992年南方谈话中，邓小平同志特别强调："在整个改革开放的过程中，必须始终注意坚持四项基本原则。"③在1993年与其弟弟邓恳的谈话中，邓小平同志再次强调"社会主义市场经济的优越性……就在四个坚持"，"四个坚持是'成套设备'"。④

以江泽民同志为核心的党的第三代中央领导集体和党中央也始终把四项基本原则作为中国特色社会主义的本质规定和基本特征。在2001年4月的全国治安工作会议上，江泽民同志指出："坚持这四项基本原则，是当今中国根本区别于历史上的封建主义旧中国和资本主义国家的主要标志。离开了四项基本原则，中国就不成其为社会主义国家，就不能建设有中国特色社会主义。"⑤ 在党的十七大报告中，胡锦涛同志则强调："四项基本原则是立国之本，是我们党、我们国家生存发展的政治基石；……要坚持把以经济建设为中心同四项基本原则、改革开放这两个基本点统一于发展中国特色社会主义的伟大实践，任何时候都决不能动摇。"⑥

3. 共同富裕——中国特色社会主义的价值目标

在中国特色社会主义理论中，有一个核心问题，即中国为什么

---

① 《邓小平文选》第2卷，人民出版社1994年版，第164~165页。

② 《邓小平文选》第2卷，人民出版社1994年版，第173页。

③ 《邓小平文选》第3卷，人民出版社1993年版，第379页。

④ 中共中央文献研究室编：《邓小平年谱（1975—1997）》下，中央文献出版社2004年版，第1363页。

⑤ 《江泽民文选》第3卷，人民出版社2006年版，第215页。

⑥ 胡锦涛：《高举中国特色社会主义伟大旗帜　为夺取全面建设小康社会新胜利而奋斗》，人民出版社2007年版，第17页。

要走社会主义道路，与资本主义相比，社会主义的优越性在什么地方？这个问题是中国特色社会主义理论展开的前提，也是中国特色社会主义实践所始终要面对的核心问题。关于这个问题，邓小平同志根据中国和世界各国社会主义运动中的经验和教训，给出了深刻的回答。

邓小平同志认为，社会主义的首要任务是解放和发展生产力，不断提高人民的物质文化水平。邓小平同志在许多地方反复强调发展生产力，提高人民生活水平的极端重要性，把社会主义与发展生产力，提高人民生活水平联系在一起。他说："讲社会主义，首先就要使生产力发展，这是主要的。只有这样，才能表明社会主义的优越性。社会主义经济政策对不对，归根到底要看生产力是否发展，人民收入是否增加。这是压倒一切的标准。空讲社会主义不行，人民不相信。"① "社会主义时期的主要任务是发展生产力，使社会物质财富不断增长，人民生活一天天好起来。"② "离开了生产力的发展、国家的富强、人民生活的改善，革命就是空的。"③ "在社会主义国家，一个真正的马克思主义政党在执政以后，一定要致力于发展生产力，并在这个基础上逐步提高人民的生活水平。"④

邓小平同志之所以如此重视发展生产力和提高人民的生活水平，是因为在他看来，迅速发展社会生产力和提高人民生活水平首先是社会主义优越性的表现。他指出："我们是社会主义国家，社会主义制度优越性的根本表现，就是能够允许社会生产力以旧社会所没有的速度迅速发展，使人民不断增长的物质文化生活需要能够逐步得到满足。……如果在一个很长的历史时期内，社会主义国家生产力发展的速度比资本主义国家慢，还谈什么优越性？"⑤ 在这里，邓小平同志把能否使生产力迅速发展，不断提高人民的物质文

① 《邓小平文选》第2卷，人民出版社1994年版，第314页。
② 《邓小平文选》第3卷，人民出版社1993年版，第171页。
③ 《邓小平文选》第2卷，人民出版社1994年版，第231页。
④ 《邓小平文选》第3卷，人民出版社1993年版，第28页。
⑤ 《邓小平文选》第2卷，人民出版社1994年版，第128页。

化水平提高到了两种社会制度优越性比较的高度。

能否迅速发展生产力和不断提高人民的生活水平还关系到社会主义的前途和命运，关系到执政党的成败。在1989年政治风波之后，为了防止“左”、右两种错误倾向，邓小平同志强调：“要坚持党的十一届三中全会以来的路线、方针、政策，关键是坚持‘一个中心、两个基本点’。不坚持社会主义，不改革开放，不发展经济，不改善人民生活，只能是死路一条。基本路线要管一百年，动摇不得。只有坚持这条路线，人民才会相信你、拥护你。谁要改变三中全会以来的路线、方针、政策，老百姓不答应，谁就会被打倒。”① “按照历史唯物主义的观点来讲，正确的政治领导的成果，归根结底要表现在社会生产力的发展上，人民物质文化生活的改善上。”② 这表明邓小平同志认为，生产力增长和人民物质文化的提高关系到政权得失的重大问题，是评价执政党领导水平的根本标准。

除了上述意义之外，邓小平同志认为发展生产力，提高人民的生活水平是社会主义的本质要求。在1992年的“南方谈话”中，邓小平同志将“解放生产力、发展生产力”作为社会主义本质的首要内容，并提出将“三个有利于”作为评价各项工作得失成败的标准，“三个有利于”中的其中两项就是“社会主义的生产力”、“人民的生活水平”。

在总结中华人民共和国成立后社会主义建设的教训时，邓小平同志认为最大的问题就是忽视生产力的发展，没有从根本上提高人民群众的生活水平。把贫穷当做社会主义的本质，是完全违背马列主义、毛泽东思想的根本原则的。③ 在谈到非洲国家的社会主义问题时，邓小平同志指出：要研究一下，为什么好多非洲国家搞社会主义越搞越穷。不能因为有社会主义的名字就光荣，就好。“社会主义是一个很好的名词，但是如果搞不好，不能正确理解，不能采

① 《邓小平文选》第3卷，人民出版社1993年版，第371页。
② 《邓小平文选》第2卷，人民出版社1994年版，第128页。
③ 《邓小平文选》第2卷，人民出版社1994年版，第312页。

取正确的政策，那就体现不出社会主义的本质。”①

正因为邓小平同志认为发展生产力，不断提高人民的生活水平关系政权的得失，关系到社会主义优越性，是社会主义本质的体现，所以，邓小平同志在各种场合号召加快经济发展，“我们一定要根据现在的有利条件加速发展生产力，使人民的物质生活好一些，使人民的文化生活、精神面貌好一些”②。“抓住时机，发展自己，关键是发展经济。……能发展就不要阻挡，有条件的地方要尽可能搞快点……低速度就等于停步，甚至等于后退。我国的经济发展，总要力争隔几年上一个台阶”③。

邓小平同志关于发展生产力，提高人民生活水平的主张往往被总结为以“经济建设为中心”，以为提高生活水平就是提高物质生活水平，这种理解其实是片面的。邓小平同志所说的富裕是包括精神层面的，也就是我们常说的精神文明。邓小平同志在强调发展生产力，提高人民生活水平时，往往将“物质”、“文化”两个词并列使用。例如，“我们是社会主义国家，社会主义制度优越性的根本表现，就是能够允许社会生产力以旧社会所没有的速度迅速发展，使人民不断增长的物质文化生活需要能够逐步得到满足”④。“我们一定要根据现在的有利条件加速发展生产力，使人民的物质生活好一些，使人民的文化生活、精神面貌好一些”⑤。

在改革开放的初期，由于中国长期处于物质生活资料严重匮乏状态，摆脱生活资料匮乏，摆脱贫困成为当务之急。这时候邓小平同志更多强调物质文明建设对精神文明建设的基础作用。他指出：“加强思想政治工作，讲艰苦奋斗，都很必要，但只靠这些也还是不够。最根本的因素，还是经济增长速度，而且要体现在人民的生活逐步地好起来。”⑥“当然我们总还要做教育工作，人的工作，那

① 《邓小平文选》第2卷，人民出版社1994年版，第313页。
② 《邓小平文选》第2卷，人民出版社1994年版，第128页。
③ 《邓小平文选》第3卷，人民出版社1993年版，第375页。
④ 《邓小平文选》第2卷，人民出版社1994年版，第128页。
⑤ 《邓小平文选》第2卷，人民出版社1994年版，第128页。
⑥ 《邓小平文选》第3卷，人民出版社1993年版，第355页。

是永远不能少的。但经济发展是个基础，在这个基础上工作就好做了。”① 但即使如此，邓小平同志也没有否定精神文明的重要性，也没有将精神文明置于次要地位。

针对改革开放实践过程中的实际问题，邓小平同志进一步将“物质文化”概括为物质文明和精神文明。在改革开放不久，针对贪污受贿蔓延的现象，邓小平同志指出：“经济建设这一手我们搞得相当有成绩，形势喜人，这是我们国家的成功。但风气如果坏下去，经济搞成功又有什么意义？会在另一方面变质，反过来影响整个经济变质，发展下去会形成贪污、盗窃、贿赂横行的世界。”②“这几年生产是上去了，但是资本主义和封建主义的流毒还没有减少到可能的最低限度，甚至解放后绝迹已久的一些坏事也在复活。我们再不下大的决心迅速改变这种情况，社会主义的优越性怎么能全面地发挥出来？我们又怎么能充分有效地教育我们的人民和后代？不加强精神文明的建设，物质文明的建设也要受破坏，走弯路。光靠物质条件，我们的革命和建设都不可能胜利。”③ 在这里，邓小平同志将经济建设和社会风气并列为社会主义建设中同样重要的必要条件，两者之间是相互促进、相互制约的关系。把经济建设和精神文明建设同样发展并列为真正成功的必要条件。基于此认识，邓小平同志多次强调“两个文明要一起抓”④，“两手抓两手都要硬”⑤。

由上述论述可以看出，邓小平同志关于人民富裕的思想包括两个方面，一个是指物质生活资料丰富，另一个是指人民文化水平、道德素质的提高。而后一点由于各种原因无论在认识上还是在实践上都往往被忽视。

邓小平同志在强调社会主义的本质在于解放和发展生产力，不

---

① 《邓小平文选》第3卷，人民出版社1993年版，第89页。

② 《邓小平文选》第3卷，人民出版社1993年版，第154页。

③ 《邓小平文选》第3卷，人民出版社1993年版，第143~144页。

④ 中共中央文献研究室编：《十二大以来重要文献选编》中，人民出版社1986年版，第745页。

⑤ 中共中央文献研究室编：《十二大以来重要文献选编》中，人民出版社1986年版，第745页。

断提高人民的物质文化水平的同时，还着重强调要保持社会公平。

邓小平同志认为，社会公平的首要含义是共同富裕，共同富裕是社会主义的本质要求，是社会主义发展的必然要求，是社会主义优越性的体现。在谈到这个问题时，邓小平同志总是从正反两个方面论述共同富裕的重要性。就正面来说，他总是把共同富裕与社会主义联系在一起。他多次指出："社会主义财富属于人民，社会主义的致富是全民共同致富。社会主义原则，第一是发展生产，第二是共同致富。"① "社会主义的特点不是穷，而是富，但这种富是人民共同富裕。"② "社会主义最大的优越性就是共同富裕，这是体现社会主义本质的一个东西。"③ 在"南方谈话"中，邓小平同志则明确将实现"共同富裕"作为社会主义本质中的最终目标。④ 而对于"两极分化"，他指出："社会主义不是少数人富起来、大多数人穷，不是那个样子。如果搞两极分化，情况就不同了，民族矛盾、区域间矛盾、阶级矛盾都会发展，相应地中央和地方的矛盾也会发展，就可能出乱子。"⑤ 不仅如此，邓小平同志还告诫说："社会主义的目的就是要全国人民共同富裕，不是两极分化。如果我们的政策导致两极分化，我们就失败了；如果产生了什么新的资产阶级，那我们就真是走了邪路了。"⑥

当然，我们应该强调的是邓小平同志所说的"共同富裕"不是平均主义，也不是同时富裕、同步富裕、同等富裕。他关于"一部分人先富起来"、"两个大局"、"坚持公有制的主体地位"、"坚持改革开放"等思想都是"共同富裕"思想的有机构成部分。

邓小平同志之所以强调共同富裕的重要性，是因为他认为社会主义应该是一个没有剥削的社会，一个存在剥削的社会绝不是一个公正的社会，一个两极分化的社会也不可能真正实现社会公正。而

① 《邓小平文选》第3卷，人民出版社1993年版，第172页。
② 《邓小平文选》第3卷，人民出版社1993年版，第265页。
③ 《邓小平文选》第3卷，人民出版社1993年版，第364页。
④ 《邓小平文选》第3卷，人民出版社1993年版，第373页。
⑤ 《邓小平文选》第3卷，人民出版社1993年版，第364页。
⑥ 《邓小平文选》第3卷，人民出版社1993年版，第110~111页。

产生剥削的主要原因则是由于生产力不发达与生产资料私有制。生产资料私有制是产生社会不平等的经济基础和根本原因，经济上的不平等导致政治和社会上的不平等，因此解决社会不平等的关键在于解决经济上的不平等。中国的公有制为消灭剥削奠定了物质基础，但是由于目前的生产力水平较低，不能满足人民的物质文化生活需要，还不得不允许私有经济成分的存在。如果没有发达的社会生产力，人民物质文化水平极低，这样的公平只能是原始状态的公平。因此，要实现社会公平，其关键问题就是解决经济上的不平等，也就是共同富裕。由于共同富裕是建立在生产力高度发达的基础上的，所以邓小平才提出通过发展生产力最终实现共同富裕的设想。在目前，中国的社会主义允许私有制存在的目的是为了发展社会生产力，为共同富裕和建设公正的社会奠定必要的物质基础。因此，共同富裕是一个衡量社会物质文化发展水平的标准，它的同义词则是社会公正。

邓小平同志虽然没有明确地将“社会公正”作为社会主义的基本特征，也没有明确地将社会公正与共同富裕联系在一起。但他始终将“公有制占主体”和“共同富裕”作为社会主义的基本经济特征以及保证和衡量社会公平正义的根本标准。如果我们深入考察邓小平同志的相关论断，“共同富裕”思想所蕴含的“社会公正”内涵是非常清晰的。这一点我们可以从胡锦涛同志《在省部级主要领导干部提高构建社会主义和谐社会能力专题研讨班上的讲话》中得到印证，胡锦涛同志指出：社会主义和谐社会“是民主法治、公平正义、诚信友爱、充满活力、安定有序、人与自然和谐相处的社会。”① 在这里明确地将公平正义作为社会主义的重要特征之一。而实现公平正义的重要手段则是缩小收入差距，使全体人民共享改革开放的发展成果，而这一政策的含义也就是共同富裕。因此，我们可以认为，邓小平关于共同富裕思想的重要内涵就是社会公正。

---

① 胡锦涛：《在省部级主要领导干部提高构建社会主义和谐社会能力专题研讨班上的讲话》，人民出版社 2005 年版，第 14 页。

4. 人民群众——中国特色社会主义的实践主体和理论主体

历史唯物主义认为，人民群众是历史的创造者，是推动社会发展的决定性力量。邓小平同志继承了马克思主义的历史唯物主义这一基本原理，在中国特色社会主义的实践中对这一基本原理进行了丰富和发展，形成了一系列新观点。这些思想主要体现在以下几个方面：

基于人民群众是历史的创造者这一基本原理，邓小平同志强调指出，党和国家的最根本工作方法是依靠人民群众，走群众路线。他指出："马克思主义向来认为，归根结底地说来，历史是人民群众创造的。工人阶级必须依靠本阶级的群众力量和全体劳动人民的群众力量，才能实现自己的历史使命——解放自己，同时解放全体劳动人民。"① 在谈到党与群众的关系时，邓小平同志指出："群众是我们力量的源泉，群众路线和群众观点是我们的传家宝。党的组织、党员和党的干部，必须同群众打成一片，绝对不能同群众相对立。如果哪个党组织严重脱离群众而不能坚决改正，那就丧失了力量的源泉，就一定要失败，就会被人民抛弃。"②

关于党和领导机关的作用，邓小平同志认为，人民群众的实践是党制定正确路线方针的源泉，作为领导者，要善于总结和吸收人民群众中的经验和智慧。他指出："农村搞家庭联产承包，这个发明权是农民的。农村改革中的好多东西，都是基层创造出来，我们把它拿来加工提高作为全国的指导。"③ 他在审阅十四大报告草稿时还特别强调："改革开放中许许多多的东西，都是群众在实践中提出来的。""绝不是一个人脑筋就可以钻出什么新东西来。是群众的智慧，集体的智慧。"④

邓小平同志认为，党和国家工作的出发点和落脚点应是最大限

---

① 《邓小平文选》第1卷，人民出版社1994年版，第217页。
② 《邓小平文选》第2卷，人民出版社1994年版，第368页。
③ 《邓小平文选》第3卷，人民出版社1993年版，第382页。
④ 中共中央文献研究室编：《邓小平年谱（1975—1997）》下，中央文献出版社2004年版，第1350页。

度地满足人民群众的根本利益，其首要内容是物质文化需要。邓小平同志反复强调“贫穷不是社会主义”①，社会主义应该迅速提高社会生产力，满足人民的物质文化需求。在邓小平理论中，初级阶段理论确定了中国还处于社会主义初级阶段，人民物质文化水平还比较低。而“一个中心、两个基本点”将提高人民生活水平作为整个国家工作的中心任务。在社会主义本质论中，解放、发展生产力和实现共同富裕成为了社会主义的本质，不断提高人民的物质文化水平成为社会主义建设的最终目标。可以说，整个邓小平理论都是围绕如何实现解放发展生产力，提高物质文化水平和人民生活水平展开的。

邓小平同志以人民作为社会主义主体的思想还表现为以人民群众的利益和实践作为评价各项政策方针的最终标准。在马克思主义的基本原理中，检验认识的标准是实践，而评价政党是否进步的标准则是生产力的发展状况。邓小平同志进一步把实践标准、生产力标准和人民群众的根本利益联系在一起，提出要时刻关注最广大人民的利益和愿望，把“人民拥护不拥护、赞成不赞成、高兴不高兴、答应不答应”② 作为制定各项方针政策的出发点和归宿。在“南方谈话”中，他提出将“三个有利于”作为评价各项政策的最终标准，从而明确地将社会的发展、人民群众的根本利益、认识标准和工作路线联系在了一起。

邓小平同志以人民为主体的思想在他的继任者中得到了继承和发扬，其理论形式就是著名的以代表“最广大人民的根本利益”为落脚点的“三个代表”重要思想和以“以人为本”为核心的科学发展观，以及习近平同志在代表党的十八大中央政治局常委答记者问时强调的“人民对美好生活的向往是我们的奋斗目标”，等等。

---

① 《邓小平文选》第3卷，人民出版社1993年版，第225页。

② 中共中央文献研究室编：《十六大以来重要文献选编》上，中央文献出版社2005年版，第618页。

二、江泽民论中国特色社会主义的基本特征

1. 与时俱进——中国特色社会主义的理论品质

“与时俱进”是马克思主义的理论品质，不断反映时代精神、总结时代规律、解答时代的矛盾和问题，是马克思主义强大的生命力之所在。一部马克思主义的发展史，就是马克思主义理论不断在实践中接受检验从而丰富和发展自己的“与时俱进”的历史。马克思在《莱茵报》的文章《第179号“科伦日报”社论》中就曾经指出：“任何真正的哲学都是自己时代的精神上的精华”，“是文明的活的灵魂”。哲学家们“是自己的时代，自己的人民的产物，人民最精致、最珍贵和看不见的精髓都集中在哲学思想里”①。恩格斯在1887年《致弗·凯利-威士涅威茨基夫人》的信中也强调指出：“我们的理论是发展着的理论，而不是必须背得烂熟并机械地加以重复的教条。”② 列宁指出：马克思主义理论，“它所提供的只是总的指导原理，而这些原理的应用，具体地说，在英国不同于法国，在法国不同于德国，在德国又不同于俄国”③。他还指出：“在每个国家通过具体的途径来完成统一的国际任务……的时候，都必须查明、弄清、找到、揣摩出和把握住民族的特点和特征。”④

“与时俱进”也是中国特色社会主义的理论品质。中国共产党人十分重视把马克思主义的基本原理与中国实际和时代特征相结合，用马克思主义的立场、观点、方法分析和解决中国革命、建设、改革开放过程中的实际问题，破除对各种教条主义的迷信，用发展着的马克思主义指导新的实践。毛泽东同志就曾经指出：“我们党里有人说，学哲学只要读《反杜林论》、《唯物主义和经验批判主义》就够了，其他的书可以不必读。这种观点是错的。马克

① 《马克思恩格斯全集》第1卷，人民出版社1956年版，第120~121页。

② 《马克思恩格斯文集》第10卷，人民出版社2009年版，第562页。

③ 《列宁选集》第1卷，人民出版社1995年版，第274~275页。

④ 《列宁选集》第4卷，人民出版社1995年版，第200页。

思这些老祖宗的书，必须读，他们的基本原理必须遵守，这是第一。但是，任何国家的共产党，任何国家的思想界，都要创造新的理论，写出新的著作，产生自己的理论家，来为当前的政治服务，单靠老祖宗是不行的。只有马克思和恩格斯，没有列宁，不写出《两个策略》等著作，就不能解决一九〇五年和以后出现的新问题。单有一九〇八年的《唯物主义和经验批判主义》，还不足以对付十月革命前后发生的新问题。适应这个时期革命的需要，列宁就写了《帝国主义论》、《国家与革命》等著作。列宁死了，又需要斯大林写出《论列宁主义基础》和《论列宁主义的几个问题》这样的著作，来对付反对派，保卫列宁主义。我们在第二次国内战争末期和抗战初期写了《实践论》、《矛盾论》，这些都是适应于当时的需要而不能不写的。现在，我们已经进入社会主义时代，出现了一系列的新问题，如果单有《实践论》、《矛盾论》，不适应新的需要，写出新的著作，形成新的理论，也是不行的。"① 邓小平同志也强调指出："绝不能要求马克思为解决他去世之后上百年、几百年所产生的问题提供现成答案。列宁同样也不能承担为他去世以后五十年、一百年所产生的问题提供现成答案的任务。真正的马克思列宁主义者必须根据现在的情况，认识、继承和发展马克思列宁主义。"② "不以新的思想、观点去继承、发展马克思主义，不是真正的马克思主义者。"③ 江泽民同志在 2001 年中国共产党建党 80 周年讲话中第一次明确提出，"马克思主义具有与时俱进的理论品质"④，并且在党的十六大报告中强调"与时俱进"就是党的全部理论和工作要"体现时代性，把握规律性，富于创造性"。⑤ 胡锦涛同志在党的十七大报告中也指出："马克思主义只有与本国国情相结合、与时代发展同进步、与人民群众共命运，才能焕发出强大

① 《毛泽东文集》第 8 卷，人民出版社 1999 年版，第 109 页。

② 《邓小平文集》第 3 卷，人民出版社 1993 年版，第 291 页。

③ 《邓小平文集》第 3 卷，人民出版社 1993 年版，第 292 页。

④ 《江泽民文选》第 3 卷，人民出版社 2006 年版，第 282 页。

⑤ 中共中央文献研究室编：《十六大以来重要文献选编》中，中央文献出版社 2006 年版。第 180 页。

的生命力、创造力、感召力。”①

一般认为，“与时俱进”这一词汇来源于《易经》中的“与时偕行”，“偕”就是“俱”的意思。也有论者指出，“与时俱进”一词最早见于清代文学家姚鼐为《惜抱轩诗文集》所写的序言中。江泽民同志《在庆祝中国共产党成立80周年大会上的讲话》中使用了“与时俱进”一词，并首次赋予该词新的时代内涵，使之成为马克思主义的重要范畴之一。在这篇讲话中，江泽民同志指出：“马克思主义具有与时俱进的理论品质。”② 在中国共产党第十六次全国代表大会报告中，“与时俱进”与“解放思想、实事求是”并列成为党的思想路线的内容。

关于“与时俱进”的含义，江泽民同志指出：“与时俱进，就是党的全部理论和工作要体现时代性，把握规律性，富于创造性。”③ 在这篇报告中，江泽民同志并没有直接说明这句话的具体内涵。但如果我们通观该报告的内容和“与时俱进”提出的背景，我们可以发现，“时代性”指的是目前中国特色社会主义建设实践所面临的国内和国际背景，国际背景包括“和平发展”的时代主题、经济全球化和政治格局多元化的趋势、霸权主义和强权政治仍有极大影响的国际形势；国内则是党的建设、社会主义市场经济改革等所面临的问题。规律性指的是共产党执政的规律、社会主义建设的规律、人类社会发展的规律。而创新性指的则是理论创新、制度创新、科技创新、文化创新以及其他各方面的创新。因此，“与时俱进”的实质就是随着时代和实践的发展变化不断用新的方法、观念去探索“三大规律”。

为什么“与时俱进”是马克思主义的理论品质？江泽民同志的解释是从三个方面展开的。

---

① 胡锦涛《高举中国特色社会主义伟大旗帜　为夺取全面建设小康社会新胜利而奋斗——在中国共产党第十七次全国代表大会上的报告》，人民出版社2007年版，第12页。

② 中共中央文献研究室编：《江泽民论有中国特色社会主义》（专题摘编），中央文献出版社2002年版，第631页。

③ 《江泽民文选》第3卷，人民出版社2006年版，第537页。

首先，“与时俱进”是坚持解放思想、实事求是的必然要求。江泽民同志指出：“解放思想，实事求是，是建设有中国特色社会主义理论的精髓，是保证我们党永葆蓬勃生机的法宝。解放思想同实事求是是统一的，就是要求我们的思想认识符合客观实际，在马克思主义指导下，冲破落后的传统观念和主观偏见的束缚，改变因循守旧、不接受新事物的精神状态。我们决不能停留在对马克思主义的某些原则、某些本本的教条式理解上，或者停留在对社会主义的一些不科学的甚至扭曲的认识上，或者停留在那些超越社会主义初级阶段的不正确的思想上，而必须用辩证唯物主义和历史唯物主义的世界观、方法论去分析和解决问题，使思想适应发展变化的新形势。”①

其次，马克思主义发展史就是一部“与时俱进”的历史。江泽民同志指出：“马克思、恩格斯、列宁和毛泽东同志、邓小平同志，都为我们作出了理论联系实际和理论创新的光辉典范。马克思、恩格斯广泛研究前人的思想材料，批判地吸取前人的思想成果而形成超越前人的学说，为无产阶级和全人类的解放运动创建了科学的思想体系。列宁揭示了世界资本主义经济政治发展不平衡的规律，提出社会主义革命可以在一个国家或几个国家首先获得成功，并且领导十月革命取得了胜利。毛泽东同志把马克思列宁主义基本原理同中国革命具体实际相结合，创立了新民主主义革命理论，指导中国革命取得了胜利，并领导中国人民走上社会主义道路。邓小平同志总结国内外社会主义发展的经验和教训，提出建设有中国特色社会主义理论，指引我国社会主义事业进入蓬勃发展的新时期。”②

再次，“与时俱进”是马克思主义认识论的要求。马克思主义认为，实践是认识的来源和检验标准。而“社会实践是不断发展的，我们的思想认识也应不断前进，应勇于和善于根据实践的要求

① 中共中央文献研究室编：《江泽民论有中国特色社会主义》（专题摘编），中央文献出版社 2002 年版，第 626 页。

② 《江泽民文选》第 3 卷，人民出版社 2006 年版，第 283 页。

进行创新。要坚持实践是检验真理的唯一标准，在党的基本理论指导下，一切从实际出发，自觉地把思想认识从那些不合时宜的观念、做法和体制中解放出来，从对马克思主义的错误的和教条式的理解中解放出来，从主观主义和形而上学的桎梏中解放出来”①。

在谈到与时俱进时，江泽民同志非常强调创新，并把创新作为与时俱进的重要内涵。江泽民指出：“与时俱进，就是党的全部理论和工作要体现时代性，把握规律性，富于创造性。”② 从这句话中我们可以看出，创新是与时俱进的特征和重要内容。在党的十六大报告中，江泽民同志在论述过“与时俱进”的含义之后，接着就论述创新的重要性，可见，在江泽民同志看来，与时俱进的表现形式就是创新。因此，他关于创新的重要性和具体内容的论述也就是在阐释与时俱进的内容和重要性，即江泽民同志关于创新的论述其实是与时俱进思想的展开和具体化。

关于创新的重要性，江泽民同志将之提高到关乎民族地位和国家兴亡的高度。他指出：“实践没有止境，创新也没有止境。我们要突破前人，后人也必然会突破我们。这是社会前进的必然规律。”③“创新是一个民族进步的灵魂，是一个国家兴旺发达的不竭动力，也是一个政党永葆生机的源泉。”④“一个没有创新能力的民族，难以屹立于世界先进民族之林。”⑤

在各种创新中，江泽民同志认为理论创新最重要。“实践基础上的理论创新是社会发展和变革的先导。通过理论创新推动制度创新、科技创新、文化创新以及其他各方面的创新，不断在实践中探

---

① 《江泽民文选》第3卷，人民出版社2006年版，第284页。

② 《江泽民文选》第3卷，人民出版社2006年版，第537页。

③ 江泽民：《全面建设小康社会　开创中国特色社会主义事业新局面——在中国共产党第十六次代表大会上的报告》，人民出版社2002年版，第12页。

④ 《江泽民文选》第3卷，人民出版社2006年版，第64页。

⑤ 中共中央文献研究室编：《江泽民论科学技术》，中央文献出版社2001年版，第55页。

索前进，永不自满，永不懈怠，这是我们要长期坚持的治党治国之道。”①

理论创新的一个重要内容就是如何对待马克思主义的问题。在江泽民同志看来，马克思主义最重要的是立场、观点和方法，这是在理论创新中必须坚持的，而马克思主义经典作家在特定时期就特定问题所作的具体结论，则要具体问题具体分析，要坚决反对教条主义。江泽民同志指出：“马克思主义是我们立党立国的根本指导思想，是全国各族人民团结奋斗的共同理论基础。马克思主义的基本原理任何时候都要坚持，否则我们的事业就会因为没有正确的理论基础和思想灵魂而迷失方向，就会归于失败。这就是我们为什么必须始终坚持马克思主义基本原理的道理所在。”②“如果不顾历史条件和现实情况的变化，拘泥于马克思主义经典作家在特定历史条件下，针对具体情况作出的某些个别论断和具体行动纲领，我们就会因为思想脱离实际而不能顺利前进，甚至发生失误。这就是我们为什么必须始终反对以教条主义的态度对待马克思主义理论的道理所在。”③“否认马克思主义的科学性，丢掉老祖宗，是错误的、有害的；教条式地对待马克思主义，也是错误的、有害的。”④

关于理论创新中正确对待马克思主义的态度，江泽民同志着重强调了两点，并把这两点作为判断是不是马克思主义者的标准。他指出：“坚持理论创新，必须坚持两个基本要求：一是坚持马克思主义的立场、观点和方法，坚持马克思主义的基本原理。这一点，要坚定不移，不能含糊。二是要贯彻解放思想、实事求是的思想路线，坚持勇于追求真理和探索真理的革命精神。这一点，也要坚定

---

① 江泽民：《全面建设小康社会　开创中国特色社会主义事业新局面——在中国共产党第十六次代表大会上的报告》，人民出版社 2002 年版，第 12 页。

② 中共中央文献研究室编：《江泽民论有中国特色社会主义》（专题摘编），中央文献出版社 2002 年版，第 631 页。

③ 中共中央文献研究室编：《江泽民论有中国特色社会主义》（专题摘编），中央文献出版社 2002 年版，第 631 页。

④ 中共中央文献研究室编：《江泽民论有中国特色社会主义》（专题摘编），中央文献出版社 2002 年版，第 635 页。

不移，不能含糊。这两个‘坚定不移、不能含糊’，始终是检验我们是不是真正的马克思主义者的试金石。”①

关于如何做到正确创新，在江泽民同志看来，就指导思想来说，创新要遵循两个基本原则：一是要坚持解放思想、实事求是、与时俱进的思想路线；另一个是要反对教条主义和形而上学。江泽民同志指出：“创新就要不断解放思想、实事求是、与时俱进。我们一定要适应实践的发展，以实践来检验一切，自觉地把思想认识从那些不合时宜的观念、做法和体制的束缚中解放出来，从对马克思主义的错误的和教条式的理解中解放出来，从主观主义和形而上学的桎梏中解放出来。”②

2. “三个代表”——中国特色社会主义的价值追求

在中国特色社会主义理论中，中国共产党一直作为社会主义事业的领导核心，因此，在各个时期，如何加强和改善党的领导问题一直是党的各项工作中的重要议程。江泽民同志根据国内外形势的变化和党建工作中存在的实际问题，及时提出了“三个代表”重要思想，集中回答了在新时期“建设什么样的党、怎样建设党”这一至关重要的问题，从而形成了中国特色的建党理论。“三个代表”重要思想也因此成为中国特色社会主义理论的重要特征之一。

“三个代表”重要思想有极其丰富的内涵，其主要内容可以概括为：中国共产党要始终代表中国先进生产力的发展要求，代表中国先进文化的前进方向，代表中国最广大人民的根本利益，简称“三个代表”。

为什么中国共产党必须要始终做到“三个代表”呢？江泽民同志分别从先进生产力、先进文化和最广大人民的根本利益三个方面对这个问题进行了论述。

关于代表先进生产力的重要性，他认为，生产力是社会发展的最终决定力量，因此，能否不断促进先进生产力的发展是社会主义

① 中共中央文献研究室编：《江泽民论有中国特色社会主义》（专题摘编），中央文献出版社 2002 年版，第 633 页。

② 《江泽民文选》第 3 卷，人民出版社 2006 年版，第 538 页。

的本质和优越性的要求，也是党保持先进性的根本要求和体现。江泽民同志指出："生产力是最活跃最革命的因素，是社会发展的最终决定力量。生产力和生产关系、经济基础和上层建筑的矛盾，构成社会的基本矛盾。……无论什么样的生产关系和上层建筑，都要随着生产力的发展而发展。如果它们不能适应生产力发展的要求，而成为生产力发展和社会进步的障碍，那就必然要发生调整和变革。"① "社会主义的根本任务是发展生产力，增强社会主义国家的综合国力，使人民的生活日益改善，不断体现社会主义优于资本主义的特点。"② "敏锐地把握我国社会生产力的发展趋势和要求，坚持以经济建设为中心，通过制定和实施正确的路线方针政策，采取切实的工作步骤，不断促进先进生产力的发展，这是我们党始终站在时代前列，保持先进性的根本体现和根本要求。"③

关于中国共产党要始终代表先进文化前进方向的原因，江泽民同志指出，发展先进文化能够"促进全民族思想道德素质和科学文化素质的不断提高，为我国经济发展和社会进步提供精神动力和智力支持"④。发展先进文化是社会主义全面协调发展的需要，他指出："社会主义社会是全面发展、全面进步的社会。社会主义现代化事业是物质文明和精神文明相辅相成、协调发展的事业。全党同志必须全面把握两个文明建设的辩证关系，在推进物质文明建设的同时，努力推进社会主义精神文明建设。在当代中国，发展先进文化，就是发展有中国特色社会主义的文化，就是建设社会主义精神文明。"⑤ 对于中国共产党来说，发展先进文化是保持先进性的根本体现和根本要求，是党在思想和精神上的标志。江泽民同志指出："牢牢把握中国先进文化的发展趋势和要求，坚持以马克思列宁主义、毛泽东思想、邓小平理论为指导，立足于建设有中国特色

---

① 《江泽民文选》第3卷，人民出版社2006年版，第273页。
② 《江泽民文选》第3卷，人民出版社2006年版，第274页。
③ 江泽民：《论"三个代表"》，中央文献出版社2001年版，第154页。
④ 江泽民：《论"三个代表"》，中央文献出版社2001年版，第157页。
⑤ 《江泽民文选》第3卷，人民出版社2006年版，第276页。

社会主义的实践，着眼于世界科学文化发展的前沿，不断发展健康向上、丰富多彩的，具有中国风格、中国特色的社会主义文化，满足人民群众日益增长的精神文化需求，引导广大人民群众从思想上、精神上正确武装和不断提高起来。这也是我们党始终站在时代前列，保持先进性的根本体现和根本要求。”①“坚持什么样的文化方向，推动建设什么样的文化，是一个政党在思想上精神上的一面旗帜。”②

关于党要始终代表中国最广大人民的根本利益问题，江泽民同志认为，这是由中国共产党的根本性质决定的，能否做到这一点，关系党的生死存亡。他指出：“全心全意为人民服务，立党为公，执政为民，是我们党同一切剥削阶级政党的根本区别。”③“我们党始终坚持人民的利益高于一切。党除了最广大人民的利益，没有自己特殊的利益。党的一切工作，必须以最广大人民的根本利益为最高标准。”④“只有把关心群众、服务群众的工作切实做好了，我们才能始终保持同人民群众的血肉联系，才能无往而不胜。”⑤

关于代表中国先进生产力的发展要求、代表中国先进文化的前进方向、代表中国最广大人民的根本利益三者之间的关系，江泽民同志指出：三者是“统一的整体，相互联系，相互促进。发展先进的生产力，是发展先进文化，实现最广大人民根本利益的基础条件。人民群众是先进生产力和先进文化的创造主体，也是实现自身利益的根本力量。不断发展先进生产力和先进文化，归根到底都是为了满足人民群众日益增长的物质文化生活需要，不断实现最广大人民的根本利益”⑥。

“三个代表”重要思想解决的是“如何建设党和建设什么样的党”的问题，这个问题之所以重要，是与中国共产党在中国特色

① 江泽民《论“三个代表”》，中央文献出版社 2001 年版，第 158 页。
② 《江泽民文选》第 3 卷，人民出版社 2006 年版，第 277 页。
③ 江泽民：《论“三个代表”》，中央文献出版社 2001 年版，第 161 页。
④ 《江泽民文选》第 3 卷，人民出版社 2006 年版，第 280 页。
⑤ 《江泽民文选》第 3 卷，人民出版社 2006 年版，第 280 页。
⑥ 江泽民：《论“三个代表”》，中央文献出版社 2001 年版，第 163 页。

社会主义建设中的地位和作用分不开的。正因为如此，才使得党建工作在社会主义建设中显得如此重要。江泽民同志指出："综观国际国内形势，进入新世纪，继续推进现代化建设、完成祖国统一、维护世界和平与促进共同发展，是我们必须抓好的三大任务。党的建设，是实现这三大任务的根本保证。""面对新世纪的新形势，改革发展和各项事业能否顺利推进，关键取决于我们党，取决于我们党的凝聚力和战斗力，取决于我们党的领导水平和执政水平。"①"在我们这样一个多民族的发展中大国，要把十二亿多人的力量凝聚起来，向着社会主义现代化的目标前进，必须有中国共产党的坚强领导。否则，就会成为一盘散沙，四分五裂，不仅现代化实现不了，而且必然陷入混乱的深渊。这是总结近代以来中国发展的历程得出的结论，也是分析许多国家发展的经验教训得出的结论。"②

因此，"三个代表"重要思想的重要意义和地位，有多种表述。如江泽民同志认为，"'三个代表'要求，是我们党的立党之本、执政之基、力量之源，也是我们在新世纪全面推进党的建设，不断推进理论创新、制度创新和科技创新，不断夺取建设有中国特色社会主义事业新胜利的根本要求。"③"'三个代表'要求，是我们党保持先进性、始终成为建设有中国特色社会主义坚强领导核心的基本要求。"④ 党的十六大报告将其增加为党的思想路线的一部分。

除了这些意义之外，"三个代表"还指明了一个判断社会主义领导核心的标准，即如果这个领导核心能够始终做到"三个代表"，那么就是社会主义的领导核心，否则，就不是社会主义事业的领导核心。既然生产力是社会发展的根本动力，是发展先进文化和实现最广大人民根本利益的基础条件，社会主义政党就必须做到

① 江泽民：《论"三个代表"》，中央文献出版社2001年版，第138页。

② 江泽民：《论"三个代表"》，中央文献出版社2001年版，第163~164页。

③ 《中国共产党第十六次全国代表大会文件汇编》，人民出版社2002年版，第10页。

④ 江泽民：《论"三个代表"》，中央文献出版社2001年版，第163页。

始终代表先进生产力的发展要求，否则，社会主义的优越性、政党的先进性和合法性都难以得到体现，人民就会对社会主义及其政党失去信心。社会主义是全面协调发展的社会，是物质文明和精神文明共同发展的社会，“两个文明”的共同发展是社会主义优越性的重要体现。因此，社会主义政党必须始终代表先进文化的前进方向，推动两个文明的共同发展。既然“全心全意为人民服务，立党为公，执政为民，是我们党同一切剥削阶级政党的根本区别”①，“我们党始终坚持人民的利益高于一切。党除了最广大人民的利益，没有自己特殊的利益。党的一切工作，必须以最广大人民的根本利益为最高标准”②，如果社会主义政党不能做到始终代表最广大人民的根本利益，那么，该党就不是真正的社会主义政党。因此，“三个代表”作为社会主义领导核心的判断标准是“三个代表”的题中之义。

三、胡锦涛论中国特色社会主义的基本特征

1. 科学发展——中国特色社会主义的基本理念

顾名思义，“科学发展观”是一种关于发展的理念。但是，与一般关于发展的理论和观念不同的是，“科学发展观”不是某个人关于发展的观念和学说，也不是一般学术意义层面的发展学说，而是中国共产党关于中国特色社会主义发展的理念和学说，它不仅具有深刻的学术内涵，而且具备现实的可行性。因此，它既是中国共产党关于发展的哲学和理念，也是中国共产党发展中国特色社会主义的战略和方针。

在党的十七大报告中，科学发展观与邓小平理论、“三个代表”重要思想被并称为中国特色社会主义理论体系中的重大战略思想。在党的十八大报告中，进一步将科学发展观作为党的指导思想并且写入十八大修改的新党章之中。党的十八大报告指出：“科

① 《江泽民文选》第3卷，人民出版社2006年版，第279页。
② 《江泽民文选》第3卷，人民出版社2006年版，第280页。

学发展观是马克思主义同当代中国实际和时代特征相结合的产物，是马克思主义关于发展的世界观和方法论的集中体现，对新形势下实现什么样的发展、怎样发展等重大问题作出了新的科学回答，把我们对中国特色社会主义规律的认识提高到新的水平，开辟了当代中国马克思主义发展新境界。科学发展观是中国特色社会主义理论体系最新成果，是中国共产党集体智慧的结晶，是指导党和国家全部工作的强大思想武器。科学发展观同马克思列宁主义、毛泽东思想、邓小平理论、'三个代表'重要思想一道，是党必须长期坚持的指导思想。"①

从党的十六大到党的十八大，以胡锦涛同志为总书记的党中央在坚持中国共产党三代中央领导集体关于发展的重要思想基础上，进一步总结了改革开放以来社会主义发展的历史经验，从新世纪新阶段发展的全局出发，强调"聚精会神搞建设，一心一意谋发展"，对我们党的发展理论、发展观念、发展思路、发展模式和发展道路作出了一系列新的总结和概括，明确提出了坚持以人为本、全面协调可持续的科学发展观。科学发展观继承和发展了党的三代中央领导集体关于发展的重要思想，强调要时刻铭记发展是硬道理的战略思想，紧紧抓住发展这个党执政兴国的第一要务，牢牢扭住经济建设这个中心，坚持聚精会神搞建设，一心一意谋发展，不断解放和发展社会生产力。同时，科学发展观强调要着力把握发展规律，创新发展理念，转变发展方式，破解发展难题，提高发展质量和效益，努力实现以人为本、全面协调可持续的科学发展，实现各方面事业有机统一、社会成员团结和睦的和谐发展，实现既通过维护世界和平发展自己，又通过自身发展维护世界和平，从而丰富和发展了马克思主义的发展观。

关于科学发展观的基本内涵，胡锦涛指出："科学发展观，第一要义是发展，核心是以人为本，基本要求是全面协调可持续，根

---

① 胡锦涛：《坚定不移沿着中国特色社会主义道路前进　为全面建成小康社会而奋斗——在中国共产党第十八次全国代表大会上的报告》，《人民日报》2012年11月18日。

本方法是统筹兼顾。”①

（1）科学发展的第一要义是发展

之所以把发展作为科学发展观的第一要义，是因为科学发展并不是说不要发展，而是要着力推动经济社会又好又快地发展。因为中国解决所有问题的关键在于依靠自己的发展，包括解决发展过程中出现的矛盾和问题也只有通过发展的办法才能解决，停止倒退没有出路。发展对于提高国家综合国力和社会主义制度的吸引力，对于全面建成小康社会、加快推进社会主义现代化、实现中华民族的伟大复兴具有决定性意义。所以，胡锦涛同志强调：“发展，对于全面建设小康社会、加快推进社会主义现代化，具有决定性意义。”② 并且指出：“强调第一要义是发展，是基于我国社会主义初级阶段基本国情，基于人民过上美好生活的深切愿望，基于巩固和发展社会主义制度，基于巩固党的执政基础、履行党的执政使命作出的重要结论。发展是解决中国所有问题的关键，发展对于全面建设小康社会、加快推进社会主义现代化，对于开创中国特色社会主义事业新局面、实现中华民族伟大复兴具有决定性意义。”③ 正是基于对发展重要性的认识，党的十八大报告明确提出：“全党必须更加自觉地把推动经济社会发展作为深入贯彻落实科学发展观的第一要义，牢牢扭住经济建设这个中心，坚持聚精会神搞建设、一心一意谋发展，着力把握发展规律，创新发展理念，破解发展难题，深入实施科教兴国战略、人才强国战略、可持续发展战略，加快形成符合科学发展要求的发展方式和体制机制，不断解放和发展社会生产力，不断实现科学发展、和谐发展、和平发展，为坚持和发展中国特色社会主义打

① 中共中央文献研究室编：《科学发展观重要论述摘编》，中央文献出版社、党建读物出版社 2009 年版，第 6 页。

② 中共中央文献研究室编：《科学发展观重要论述摘编》，中央文献出版社、党建读物出版社 2009 年版，第 20 页。

③ 中共中央文献研究室编：《十七大以来重要文献选编》上，中央文献出版社 2009 年版，第 105 页。

下牢固基础。”①

（2）科学发展的核心是以人为本

以人为本是一种世界观、历史观和价值观。马克思主义视域中的“人”和“以人为本”是一个历史范畴，在不同国家及其发展的不同历史时期有着不同的内容和形式。在当今中国，在贯彻落实科学发展观、构建社会主义和谐社会的伟大历史征程中，以胡锦涛为总书记的党中央提出“以人为本”，具有其特定的内涵和要求。

2003 年 10 月党的十六届三中全会通过的《中共中央关于完善社会主义市场经济体制若干重大问题的决定》提出：“深化经济体制改革的指导思想和原则……坚持以人为本，树立全面、协调、可持续的发展观，促进经济社会和人的全面发展。”这是我党第一次在正式文件中提出“以人为本”的概念，把以人为本原则规定为科学发展观的根本指导原则。2004 年宪法修订时全国人民代表大会把“国家尊重和保障人权”写入宪法。胡锦涛同志 2005 年 2 月 19 日《在中共中央举办的省部级主要领导干部提高构建社会主义和谐社会能力专题研讨班开班式上的讲话》中，深刻阐述了以人为本的内涵：“必须坚持以人为本，始终把最广大人民的根本利益作为党和国家工作的根本出发点和落脚点，在经济发展的基础上不断满足人民群众日益增长的物质文化需要，促进人的全面发展；必须尊重人民群众的创造精神，通过深化改革、创新体制，调动一切积极因素，激发全社会的创造活力。”② 其后，胡锦涛同志在 2006 年 3 月 10 日中央人口资源环境工作座谈会的谈话以及 2006 年 10 月党的十六届六中全会中都不断强调坚持以人为本，并补充说明其丰富内涵。党的十六届六中全会《中共中央关于构建社会主义和谐社会若干重大历史问题的决定》，明确指出以人为本是构建社会

① 胡锦涛：《坚定不移沿着中国特色社会主义道路前进　为全面建成小康社会而奋斗——在中国共产党第十八次全国代表大会上的报告》，《人民日报》2012 年 11 月 18 日。

② 中共中央文献研究室编：《十六大以来重要文献选编》中，中央文献出版社 2006 年版，第 707 页。

主义和谐社会的指导原则之一，“必须坚持以人为本。始终把最广大人民的根本利益作为党和国家一切工作的出发点和落脚点，实现好、维护好、发展好最广大人民的根本利益，不断满足人民日益增长的物质文化需要，做到发展为了人民、发展依靠人民、发展成果由人民共享，促进人的全面发展”。① 2007 年 6 月 25 日在中央党校省部级干部进修班发表的重要讲话中，胡锦涛同志在阐释科学发展观与以人为本的关系时再次强调：科学发展观的核心是以人为本，做到发展为了人民、发展依靠人民、发展成果由人民共享。在党的十七大报告中，胡锦涛同志强调科学发展观的核心是以人为本，并且明确提出：全心全意为人民服务是党的根本宗旨，党的一切奋斗和工作都是为了造福人民。要始终把实现好、维护好、发展好最广大人民的根本利益作为党和国家一切工作的出发点和落脚点，尊重人民主体地位，发挥人民首创精神，保障人民各项权益，走共同富裕道路，促进人的全面发展，做到发展为了人民、发展依靠人民、发展成果由人民共享。党的十八大报告进一步强调：必须更加自觉地把以人为本作为深入贯彻落实科学发展观的核心立场，始终把实现好、维护好、发展好最广大人民根本利益作为党和国家一切工作的出发点和落脚点，尊重人民首创精神，保障人民各项权益，不断在实现发展成果由人民共享、促进人的全面发展上取得新成效。

从以上论述可以看出，以胡锦涛为总书记的党中央既坚持历史唯物主义的人民群众是历史创造者的基本原理，又着眼于新的时代和主题，明确把科学发展观的核心概括为“以人为本”，并且将以人为本作为党和政府一切工作的根本指针，全面而深刻地回答了为谁发展、靠谁发展、发展成果如何分配的问题。

首先，在为谁发展问题上，胡锦涛同志认为，发展的目的是为了满足人民的各方面权益和促进人民的全面发展。他指出：“坚持以人为本，就是要以实现人的全面发展为目标，从人民群众的根本利益出发谋发展、从人民群众的根本利益出发谋发展、促发展，不

---

① 中共中央文献研究室编：《十六大以来重要文献选编》下，中央文献出版社 2008 年版，第 651 页。

断满足人民群众日益增长的物质文化需要，切实保障人民群众的经济、政治和文化权益，让发展的成果惠及全体人民。”① 他特别强调和提醒我们党员干部要做到“权为民所用，情为民所系，利为民所谋”，强调要把实现好、维护好、发展好最广大人民的根本利益作为党和政府一切方针政策和各项工作的根本出发点和落脚点，坚持以人民群众拥护不拥护、赞成不赞成、高兴不高兴、答应不答应作为衡量党和政府一切政策和工作的标准，把发展的目的真正落实到满足人民需要、实现人民利益、提高人民生活水平上。

其次，在靠谁发展问题上，胡锦涛同志坚持人民群众是历史创造者的历史唯物主义基本原理，强调人民群众是发展的依靠力量和主体。胡锦涛同志指出：“人民是创造历史的根本动力。中国最广大人民群众是建设中国特色社会主义事业的主体，是先进生产力和先进文化的创造者，是社会主义物质文明、政治文明和精神文明协调发展的推动者。”② 强调要坚持发展依靠人民，要尊重人民的主体地位、发挥人民的首创精神，强调密切联系群众、始终相信群众、紧紧依靠群众，最充分地调动人民群众的积极性、主动性和创造性，最大限度地集中人民群众的智慧、经验和力量，最广泛地动员和组织人民群众投身中国特色社会主义建设和中华民族复兴的伟大事业。

再次，在发展成果如何分配问题上，胡锦涛同志强调“发展成果由人民共享”，强调要走共同富裕的道路，把改革发展取得的各方面成果体现在不断提高人民群众的生活质量和健康水平上，体现在不断提高人民群众的思想道德素质和科学文化素质上，体现在充分保障人民享有的经济、政治、文化、社会等各方面的权益上，让发展成果惠及全体人民。他重申毛泽东同志在党的七届二中全会上提出的“两个务必”的思想，指出：“全心全意为人民服务是党

① 中共中央文献研究室编：《十六大以来重要文献选编》上，中央文献出版社 2005 年版，第 849～850 页。

② 中共中央文献研究室编：《科学发展观重要论述摘编》，中央文献出版社、党建读物出版社 2009 年版，第 28 页。

的根本宗旨，党的一切奋斗和工作都是为了造福人民。要始终把实现好、维护好、发展好最广大人民的根本利益作为党和国家一切工作的出发点和落脚点，尊重人民主体地位，发挥人民首创精神，保障人民各项权益，走共同富裕道路，促进人的全面发展，做到发展为了人民、发展依靠人民、发展成果由人民共享。"① "相信谁、依靠谁、为了谁，是否始终站在最广大人民的立场上，是区分唯物史观和唯心史观的分水岭，也是判断马克思主义政党的试金石。"②

（3）科学发展的基本要求是全面协调可持续

"全面协调可持续" 是全面发展、协调发展和可持续发展的简称。"全面发展，就是要以经济建设为中心，全面推进经济、政治、文化建设，实现经济发展和社会全面进步。"③ 而 "协调发展，就是要统筹城乡发展、统筹区域发展、统筹经济社会发展、统筹人与自然和谐发展、统筹国内发展和对外开放，推进生产力和生产关系、经济基础和上层建筑相协调，推进经济、政治、文化建设的各个环节、各个方面相协调"④。"可持续发展，就是要促进人与自然的和谐，实现经济发展和人口、资源、环境相协调，坚持走生产发展、生活富裕、生态良好的文明发展道路，保证一代接一代地永续发展。"⑤

之所以将全面协调可持续作为发展的基本要求，首先是因为全面协调可持续发展是社会健康发展的必要条件。胡锦涛同志指出："建设中国特色社会主义，是以经济建设为中心，社会主义物质文明、政治文明和精神文明全面发展、全面进步的事业。物质文明、

① 《十七大报告辅导读本》，人民出版社 2007 年版，第 15 页。

② 中共中央文献研究室编：《十六大以来重要文献选编》上，中央文献出版社 2005 年版，第 369 页。

③ 中共中央文献研究室编：《十六大以来重要文献选编》上，中央文献出版社 2005 年版，第 850 页。

④ 中共中央文献研究室编：《十六大以来重要文献选编》上，中央文献出版社 2005 年版，第 850 页。

⑤ 中共中央文献研究室编：《十六大以来重要文献选编》上，中央文献出版社 2005 年版，第 850 页。

政治文明和精神文明都是社会文明的重要方面。缺少其中任何一个方面，社会都不可能健康地向前发展。"① 其次，是基于我国发展现状的需要。胡锦涛同志指出："一方面，经过长期的发展，我们积累了较为雄厚的物质技术条件，可以在推进全面协调可持续发展上有更大的作为；另一方面，城乡区域发展不平衡、经济社会发展不协调、经济发展与人口资源环境不适应等问题更加突出地摆在了我们面前，我们只有更加自觉地推进全面协调可持续发展，才能更好地化解对我国发展的各种制约因素，更好地推动我国发展进程，确保实现我国发展的战略目标。"②

（4）科学发展的根本方法是统筹兼顾

"统筹兼顾"是我们党在长期革命、建设、改革实践中形成的一条宝贵经验。早在抗日战争时期，毛泽东同志就提出要军民兼顾、公私兼顾。中华人民共和国成立之后，毛泽东同志又明确把"统筹兼顾、适当安排"作为社会主义建设的一条重要指导方针。改革开放以后，邓小平同志进一步强调必须按照统筹兼顾的原则来调节各种利益的相互关系。党的十三届四中全会以后，江泽民同志强调："我们所有的政策措施和工作，都应该正确反映并有利于妥善处理各种利益关系，都应认真考虑和兼顾不同阶层、不同方面群众的利益。"③

党的十六大以来，以胡锦涛为总书记的党中央提出了科学发展观等重大战略思想。科学的理论内含科学的方法，科学的方法支撑科学的理论。从方法论意义上讲，深入贯彻落实科学发展观，最根本的是要正确认识和妥善处理中国特色社会主义事业中的重大关系，切实做到统筹兼顾，既要总揽全局、统筹规划，又要抓住牵动全局的主要工作、事关群众利益的突出问题，着力推进、重点突

---

① 中共中央文献研究室编：《科学发展观重要论述摘编》，中央文献出版社、党建读物出版社 2009 年版，第 32 页。

② 中共中央文献研究室编：《科学发展观重要论述摘编》，中央文献出版社、党建读物出版社 2009 年版，第 45 页。

③ 《江泽民文选》第 3 卷，人民出版社 2006 年版，第 279 页。

破。党的十六届三中全会提出了“五个统筹”的思想，即“统筹城乡发展、统筹区域发展、统筹经济社会发展、统筹人与自然和谐发展、统筹国内发展和对外开放”。党的十七大在“五个统筹”思想的基础上，进一步提出了统筹中央和地方关系，统筹个人利益和集体利益、局部利益和整体利益、当前利益和长远利益，统筹国内国际两个大局。党的十八大又进一步强调：“必须更加自觉地把统筹兼顾作为深入贯彻落实科学发展观的根本方法，坚持一切从实际出发，正确认识和妥善处理中国特色社会主义事业中的重大关系，统筹改革发展稳定、内政外交国防、治党治国治军各方面工作，统筹城乡发展、区域发展、经济社会发展、人与自然和谐发展、国内发展和对外开放，统筹各方面利益关系，充分调动各方面积极性，努力形成全体人民各尽其能、各得其所而又和谐相处的局面。”①这些方面的统筹，拓展了“统筹兼顾”方针的内涵、对象和范围，体现了中国共产党人对社会主义建设规律认识的深化，从而成为深入贯彻落实科学发展观的落脚点和现实途径。

胡锦涛同志认为，统筹兼顾之所以是根本方法，首先是基于我们过去的经验。胡锦涛同志指出：“统筹兼顾是我们在中国这样一个十几亿人口的发展中大国治国理政的重要历史经验，是我们处理各方面矛盾和问题必须坚持的重大战略方针，也是我们党一贯坚持的科学有效的工作方法。”②“只有坚持统筹兼顾，我们才能真正处理好我国这样一个十几亿人口的发展中大国的改革发展稳定问题，真正处理好全体人民的根本利益和各方面的利益问题，真正把全体人民和各方面的积极性、主动性、创造性充分发挥出来，为推进党和国家事业形成广泛共识、集聚强大力量。”③

---

① 胡锦涛：《坚定不移沿着中国特色社会主义道路前进　为全面建成小康社会而奋斗——在中国共产党第十八次全国代表大会上的报告》，《人民日报》2012年11月18日。

② 中共中央文献研究室编：《科学发展观重要论述摘编》，中央文献出版社、党建读物出版社2009年版，第56页。

③ 中共中央文献研究室编：《科学发展观重要论述摘编》，中央文献出版社、党建读物出版社2009年版，第57页。

其次，统筹兼顾之所以能够成为根本方法，是由于我国经济社会状况发生了重大变化。胡锦涛同志指出："在我国改革发展的关键阶段，经济体制深刻变革，社会结构深刻变动，利益格局深刻调整，思想观念深刻变化。在这样的情况下，我们要推动科学发展、促进社会和谐，必须更加自觉地运用统筹兼顾的根本方法，正确反映和兼顾不同方面的利益。"①

总之，在马克思主义经典作家和以毛泽东、邓小平、江泽民为核心的中国共产党三代中央领导人中，都有关于发展的精辟论述。以胡锦涛为总书记的党中央提出的科学发展观，在继承马克思主义经典作家社会发展理论基础上，科学总结国内外在发展进程中的经验教训，揭示了经济社会发展的客观规律，反映了中国共产党对于发展的新认识，从理论上解决了如何发展中国特色社会主义这一重大课题，从而丰富和发展了马克思主义关于社会发展的理论。

2. 以人为本——中国特色社会主义的核心理念

唯物史观是关于现实的人及其发展规律的科学，人的发展是其理论的基础、核心和最终归宿。在马克思看来，历史进步是社会发展和人的发展相统一的过程，人的需要及其引发的社会基本矛盾是社会发展的源泉和动力，社会发展的目的是为了实现人的全面而自由的发展。马克思主义认为以人为本就是以人的本质为本，就是要根据人的本质来引导和规范社会和人自身的发展。什么是人的本质？在《关于费尔巴哈的提纲》中，马克思指出："人的本质不是单个人所固有的抽象物，在其现实性上，它是一切社会关系的总和。"② 马克思还说过：人类的特性就是"自由""自觉"的活动，"各个人的世界历史性的存在，也就是与世界历史直接相联系的各个人的存在"③。从这些论述中我们可以看出，马克思认为人的本质是个人、群体和类相统一的现实的人的实践活动，是自然因素、

① 中共中央文献研究室编：《科学发展观重要论述摘编》，中央文献出版社、党建读物出版社 2009 年版，第 57 页。

② 《马克思恩格斯选集》第 1 卷，人民出版社 1995 年版，第 56 页。

③ 《马克思恩格斯选集》第 1 卷，人民出版社 1995 年版，第 87 页。

社会因素和精神因素统一的世界历史性的存在。马克思主义所说的“本”，乃“根本”、“本体”、“本位”。以人为本，指人是价值主体和价值本位，是社会发展的目的和归宿所在，社会历史的全部成果是为了人。马克思在《1844年经济学—哲学手稿》中指出：共产主义是私有财产即人的自我异化的积极扬弃，因而是通过人并且为了人而对人的本质的真正占有，因此它是人向自身、向社会的人的复归。马克思和恩格斯在《共产党宣言》中写道：“代替那存在着阶级和阶级对立的资产阶级旧社会的，将是这样一个联合体，在那里，每个人的自由发展是一切人的自由发展的条件。”① 可见，马克思主义认为，实现“人的全面而自由的发展”，达到人的全面发展和人与自然、人与社会的全面复归，才是社会发展和人类实践的目的所在。马克思主义视域中的“以人为本”，既肯定人在社会历史发展中的主体实践作用，即以人为主体、以人为动力，依靠人、塑造人、发展人；又肯定了人在社会历史发展中的客体地位，即人类的一切活动都为了人，以人的利益、发展、幸福和自由为出发点和归宿点，以人为本是人的主体与客体、手段与目的的统一。

人是未完成的，人的存在、本质及其内涵是不断发展变化的。马克思主义视域中的“人”和“以人为本”是一个历史范畴，在不同国家及其发展的不同历史时期有着不同的内容和形式。在当今中国，在贯彻落实科学发展观、构建社会主义和谐社会的伟大历史征程中，以人为本具有其特定的内涵和要求。2003年10月党的十六届三中全会通过的《中共中央关于完善社会主义市场经济体制若干重大问题的决定》提出：“深化经济体制改革的指导思想和原则。树立全面、协调、可持续的发展观，促进经济社会和人的全面发展。”② 这是我党第一次在正式文件中提出“以人为本”的概念，把以人为本原则规定为科学发展观的根本指导原则和中国共产党人的执政理念。“以人为本”彰显社会主义与资本主义、封建主

① 《马克思恩格斯选集》第4卷，人民出版社1995年版，第730页。

② 中共中央文献研究室编：《十六大以来重要文献选编》上，中央文献出版社2005年版，第465页。

义的本质区别，是对社会主义本质理论的重大发展。我党第一次系统地提出以人为本的发展观并把它写入中央文件，意味着我党在发展观上实现了由以“物”为本到以“人”为本的价值向度的转变，明确地回答了为什么发展，向哪个方向发展的问题，即“应当怎样发展”和“为了什么而发展”这个目的论、价值论问题，它力图实现公平尺度与效率尺度的统一、工具尺度与价值尺度的统一、功利尺度与道义尺度的统一、生态尺度与人态尺度的统一，是真实的发展、科学的发展，是人类发展的正确方向。科学发展观的提出是世界上最大的发展中国家在总结全球可持续发展战略实施 10 余年和国内改革开放、现代化建设 20 多年的经验基础上对发展问题的深刻认识。它坚持了马克思主义的人本观，批判了现实生活和实践发展中的“以物为本”的发展观，总结了人类发展过程中片面追求经济增长的历史教训，要求我们的发展理念、发展模式由注重物的发展转向注重人的发展。它是中国政府对发展认识的新的里程碑，是引导中国现代化进程的指导思想。科学发展观视域中的“以人为本”实质是“以人民为本”，就是把人的全面发展、广大人民的根本利益作为党和国家一切工作的出发点和落脚点，不断满足人民日益增长的物质文化需要，真正做到发展为了人民、发展依靠人民、发展成果由人民共享。它充分体现了当代中国共产党人对社会主义的新认识，彰显了中国共产党人对社会主义本质认识的主体向度，即社会主义发展的目的在于促进人的自由而全面的发展，社会主义发展的主体和动力是人民群众，社会主义发展的根本标志和评价尺度是人的自由全面发展的程度以及人民群众利益的实现程度。

2004 年宪法修订时全国人民代表大会把“国家尊重和保障人权”写入宪法。胡锦涛同志 2005 年 2 月 19 日《在中共中央举办的省部级主要领导干部提高构建社会主义和谐社会能力专题研讨班开班式上的讲话》中，深刻阐述了以人为本的内涵：“必须坚持以人为本，始终把最广大人民的根本利益作为党和国家工作的根本出发点和落脚点，在经济发展的基础上不断满足人民群众日益增长的物质文化需要，促进人的全面发展；必须尊重人民群众的创造精神，通过深化改革、创新体制，调动一切积极因素，激发全社会的创造活力。”① 其后，胡锦涛总书记在2006年3月10日中央人口资源环境工作座谈会的谈话以及2006年10月党的十六届六中全会中都不断强调坚持以人为本，并补充说明其丰富内涵。党的十六届六中全会《中共中央关于构建社会主义和谐社会若干重大历史问题的决定》，明确指出以人为本是构建社会主义和谐社会的指导原则之一，“必须坚持以人为本。始终把最广大人民的根本利益作为党和国家一切工作的出发点和落脚点，实现好、维护好、发展好最广大人民的根本利益，不断满足人民日益增长的物质文化需要，做到发展为了人民、发展依靠人民、发展成果由人民共享，促进人的全面发展”。② 2007年6月25日在中央党校省部级干部进修班发表的重要讲话中，胡锦涛同志在阐释科学发展观与以人为本的关系时再次强调：科学发展观的核心是以人为本，做到发展为了人民、发展依靠人民、发展成果由人民共享。在党的十七大和十八大报告中，胡锦涛同志再次强调科学发展观的核心是以人为本，并且明确提出：全心全意为人民服务是党的根本宗旨，党的一切奋斗和工作都是为了造福人民。要始终把实现好、维护好、发展好最广大人民的根本利益作为党和国家一切工作的出发点和落脚点，尊重人民主体地位，发挥人民首创精神，保障人民各项权益，走共同富裕道路，促进人的全面发展，做到发展为了人民、发展依靠人民、发展成果由人民共享。

从以上论述可以看出，从党的十六大到党的十八大，以胡锦涛为总书记的党中央既坚持历史唯物主义的人民群众是历史创造者的基本原理，又着眼于新的时代和主题，明确把科学发展观的核心概括为“以人为本”，并且将以人为本作为党和政府一切工作的根本指针，全面而深刻地回答了为谁发展、靠谁发展、发展成果如何分配的问题。首先，在为谁发展问题上，科学发展观强调发展为了人

---

① 中共中央文献研究室编：《十六大以来重要文献选编》中，中央文献出版社2006年版，第707页。

② 中共中央文献研究室编：《十六大以来重要文献选编》下，中央文献出版社2008年版，第651页。

民，强调“权为民所用，情为民所系，利为民所谋”，强调要把实现好、维护好、发展好最广大人民的根本利益作为党和政府一切方针政策和各项工作的根本出发点和落脚点，坚持以人民群众拥护不拥护、赞成不赞成、高兴不高兴、答应不答应作为衡量党和政府一切政策和工作的标准，把发展的目的真正落实到满足人民需要、实现人民利益、提高人民生活水平上。其次，在靠谁发展问题上，科学发展观强调坚持发展依靠人民，强调要尊重人民的主体地位、发挥人民的首创精神，强调密切联系群众、始终相信群众、紧紧依靠群众，最充分地调动人民群众的积极性、主动性和创造性，最大限度地集中人民群众的智慧、经验和力量，最广泛地动员和组织人民群众投身中国特色社会主义建设和中华民族复兴的伟大事业。再次，在发展成果如何分配问题上，科学发展观强调发展成果由人民共享，强调要走共同富裕的道路，把改革发展取得的各方面成果体现在不断提高人民群众的生活质量和健康水平上，体现在不断提高人民群众的思想道德素质和科学文化素质上，体现在充分保障人民享有的经济、政治、文化、社会等各方面的权益上，让发展成果惠及全体人民。

3. 社会和谐——中国特色社会主义的本质属性

《中共中央关于构建社会主义和谐社会若干重大问题的决定》提出“社会和谐是中国特色社会主义的本质属性”① 的重大命题。《在中国共产党第十七次全国代表大会上的报告》中，胡锦涛同志又重提了这一论断，这标志着中国共产党在什么是社会主义和如何建设社会主义问题上又取得了新的突破。

从胡锦涛同志的相关论述中可以看出，“社会和谐”中的“社会”是狭义的，指的主要是社会事业、社会管理，具体包括医疗、文化、教育、环保等方面。在《中共中央关于构建社会主义和谐社会若干重大问题的决定》中，胡锦涛同志谈到“社会和谐”时，一是将社会建设与政治、经济、文化并列，二是强调经济社会协调

---

① 《中共中央关于构建社会主义和谐社会若干重大问题的决定》，《求是》2006 年第 20 期，第 3 页。

发展。例如，“着力发展社会事业、促进社会公平正义、建设和谐文化、完善社会管理、增强社会创造活力，走共同富裕道路，推动社会建设与经济建设、政治建设、文化建设协调发展”①。“社会要和谐，首先要发展。社会和谐在很大程度上取决于社会生产力的发展水平，取决于发展的协调性。同时，更加注重解决发展不平衡问题，更加注重发展社会事业，推动经济社会协调发展。”② 构建社会主义和谐社会“同建设社会主义物质文明、政治文明、精神文明是有机统一的”③。从这些论述中，我们可以看出，“社会和谐”一词中的“社会”是狭义的。广义的“社会”是包括政治、经济、文化三方面内容的。而“社会和谐”中的“和谐”，从宏观的层面看主要指人与人的和谐、人与自然的和谐。胡锦涛同志《在中共中央举办的省部级主要领导干部提高构建社会主义和谐社会能力专题研讨班上的讲话》中提出和谐社会具有六个特征，即“民主法治、公平正义、诚信友爱、充满活力、安定有序、人与自然和谐相处”④，这六个特征中，前面五个特征论述的是人与人之间保持和谐所需要的状态，而最后一条则说的是人与自然的关系。

“社会和谐是社会主义的本质属性”这一命题，一般都从共产党的领导和公有制等方面加以解释。我们可以从和谐社会的特点考察这一论断的依据。胡锦涛同志指出，社会主义和谐社会有六个特点，即“民主法治、公平正义、诚信友爱、充满活力、安定有序、人与自然和谐相处”。⑤ 之所以将“民主法治”作为和谐社会的特

---

① 《中共中央关于构建社会主义和谐社会若干重大问题的决定》，《求是》2006 年第 20 期，第 4 页。

② 《中共中央关于构建社会主义和谐社会若干重大问题的决定》，《求是》2006 年第 20 期，第 5 页。

③ 胡锦涛：《在中共中央举办的省部级主要领导干部提高构建社会主义和谐社会能力专题研讨班上的讲话》，《人民日报》2005 年 2 月 20 日。

④ 胡锦涛：《在中共中央举办的省部级主要领导干部提高构建社会主义和谐社会能力专题研讨班上的讲话》，《人民日报》2005 年 2 月 20 日。

⑤ 胡锦涛：《在中共中央举办的省部级主要领导干部提高构建社会主义和谐社会能力专题研讨班上的讲话》，《人民日报》2005 年 2 月 20 日。

征，胡锦涛同志指出："人民民主是社会主义的生命。"① "依法治国是社会主义民主政治的基本要求。"② 这些论断说明，民主法治是社会主义顺利发展的必要条件之一。而关于"公平正义"，胡锦涛同志指出："社会公平正义是社会和谐的基本条件，制度是社会公平正义的根本保证。"③ 这说明民主发展是保障社会公平正义的基础。

"诚信友爱、充满活力、安定有序"是"民主法治、公平正义"的体现和结果，缺少"民主法治、公平正义"的社会是不会"诚信友爱"的，也不会"充满活力和安定有序"。人与自然和谐表面上是人与自然的关系，实际上是人与人的关系在人与自然关系上的反映，人对自然的破坏性开发利用正是一个社会缺少"民主法治、公平正义"的后果和表现。因此，在这六个特征中，"民主法治、公平正义"是实现其他特征的前提和基础。强调"民主法治"一方面是基于中国社会主义建设过程中的经验教训，另一方面是基于"没有民主就没有社会主义"，"民主是社会主义的本质"等命题。而强调"公平正义"是邓小平社会主义本质论中"消灭剥削、消除两极分化，最终实现共同富裕"的自然推论。没有剥削和两极分化，同时又共同富裕的社会必然是公平和正义的。因此，"社会和谐"是社会主义的本质属性，其依据主要是社会主义本质论和中国社会主义建设历程中的经验教训和现实状况。关于这一点，可以从胡锦涛的另一段讲话中得到印证，他指出："根据马克思主义基本原理和我国社会主义建设的实践经验，根据新世纪新阶段我国经济社会发展的新要求和我国社会出现的新趋势新特点，我们所要建设的社会主义和谐社会，应该是民主法治、公平正义、

① 中共中央文献研究室编：《十七大以来重要文献选编》上，中央文献出版社 2009 年版，第 801 页。

② 中共中央文献研究室编：《十七大以来重要文献选编》上，中央文献出版社 2009 年版，第 24 页。

③ 《中共中央关于构建社会主义和谐社会若干重大问题的决定》，《求是》2006 年第 20 期，第 7 页。

诚信友爱、充满活力、安定有序、人与自然和谐相处的社会。”①

将“社会和谐”作为社会主义的本质属性在马克思主义发展史上还是第一次。在马克思主义经典作家和中国共产党的历代领导人中，有丰富的关于社会和谐的思想，但是由于种种原因，他们关于社会和谐的思想或者仅仅是理论上的设想，或者虽有实践，但理论观点缺乏全面性和可操作性。将“社会和谐”作为社会主义的本质论断，从理论上将“社会和谐”和社会主义本质联系在一起，大大丰富了我们关于什么是社会主义和如何建设社会主义的认识。具体来说就是在社会主义建设的目标和途径中将政治、经济、文化的“三位一体”扩展为政治、经济、文化、社会的“四位一体”，突出了社会建设在中国特色社会主义建设中的极端重要性。不仅如此，“社会和谐”还在实践层面取得了重大突破和进展，即中国共产党还从实践层面解决了构建“社会和谐”所需要的各方面问题，从而使“社会和谐”成为中国人民建设社会主义的实在目标和具体实践。

党的十六届六中全会通过的《中共中央关于构建社会主义和谐社会若干重大问题的决定》（以下简称《决定》），明确把“社会和谐”作为中国特色社会主义的本质属性。《决定》指出：“社会和谐是中国特色社会主义的本质属性，是国家富强、民族振兴、人民幸福的重要保证。”②《决定》的这个重大判断，既深刻、具体又全面、系统，进一步深化了对“什么是社会主义、怎样建设社会主义”基本问题的认识，深化了对社会主义本质的认识，是总结国内外社会主义建设特别是我国社会主义建设历史经验教训得出的重要结论，是构建社会主义和谐社会的理论基础。将“社会和谐”作为中国特色社会主义的本质属性是中国共产党人对于社会主义本质认识的丰富和新发展。长期以来，人们相当固定地从经

---

① 中共中央文献研究室编：《十六大以来重要文献选编》中，中央文献出版社2006年版，第706页。

② 《中共中央关于构建社会主义和谐社会若干重大问题的决定》，《求是》2006年第20期，第3页。

济基础和上层建筑方面，或者分别从经济、政治、文化方面的特征来认识社会主义的本质，已经形成了比较统一的基本观念和理论。但是，社会主义的本质属性是复杂的、多层面的，而且是发展变化着的。经济、政治、文化是社会的子系统，而社会作为一个有机系统又不是三个子系统的简单叠加，它的整体功能应当大于子系统功能之和。我们的奋斗目标就是要建设富强、民主、文明、和谐的社会主义现代化国家。这是相互联系、共为一体的奋斗目标。随着我国改革开放和现代化建设事业的发展，我国社会的经济结构、阶层结构、就业结构、分配方式等都发生了深刻变化，多样性的结构为我国经济社会发展带来了活力，也使社会作为一个整体系统的价值越来越显示出来，从而要求进一步加强社会整合功能，使多样性能够协调运行，从而达到全社会整体的良性运行和协调发展。构建社会主义和谐社会理念的提出，使我国的社会主义现代化建设总体布局，由发展社会主义市场经济、社会主义民主政治和社会主义先进文化三位一体，扩展为包括发展社会主义和谐社会的内容，实现了经济建设、政治建设、文化建设、社会建设四位一体的飞跃。党的十八大报告进一步谋划了中国特色社会主义五位一体的总体布局。因此，党中央将社会和谐作为社会主义的本质属性，特别是将人与自然的和谐以及经济、政治、文化、社会、生态文明整体的和谐作为社会主义的本质属性，使人们认识到社会主义在社会发展方面的整体特征，彰显了社会主义社会与其他社会整体上的本质区别以及中国共产党人对社会主义本质认识的整体向度。

四、习近平论中国特色社会主义的基本特征

在中国共产党第十八届一中全会中当选为中共中央总书记的习近平同志，继续接过历史的接力棒，团结带领全党全国各族人民坚持和发展中国特色社会主义，在中国特色社会主义伟大征程中开始了新的理论探索和实践探索。党的十八大以来，以习近平同志为总书记的党中央紧紧围绕坚持和发展中国特色社会主义这一主题，大力推进党的十八大精神的学习宣传贯彻，坚定不移深化改革开放；

积极倡导改进党的作风、密切联系群众，围绕保持党的先进性和纯洁性，在全党深入开展以为民、务实、清廉为主要内容的党的群众路线教育实践活动；首次提出并多次阐释实现中华民族伟大复兴的"中国梦"。这些新思想、新理念、新举措，体现了以习近平同志为总书记的党中央对中国特色社会主义的深刻领悟和全新理解。

1. 中国梦：中国特色社会主义的共同理想

"理想"一词，可以溯源于希腊语"ideal"，意思是人生的奋斗目标。在中国古代，理想又叫做"志"，就是我们通常所说的"志向"，常言道"三军可夺帅也，匹夫不可夺志也"。理想，就其本质来说，指的是人们在改造世界的实践活动中形成的、具有实现可能性的、对未来社会和自身发展的向往和追求，是人们的世界观、人生观、价值观在奋斗目标上的集中体现。理想可分为多个方面和多个层次，依据不同的标准可以把理想分为不同种类，仅按照理想主体标准来进行划分，我们可以把理想分为个人理想和社会理想。社会理想即社会共同理想，指的是全体社会占主导地位的共同奋斗目标。社会共同理想具有凝结人心、团结力量、鼓舞斗志等重要作用。邓小平同志曾经提出的"四有"新人培养目标，其中之一就是要有理想，邓小平同志指出："有了共同的理想，也就有了铁的纪律。无论过去、现在和将来，这都是我们的真正优势。"①1986年中共十二届六中全会通过的《中共中央关于社会主义精神文明建设指导方针的决议》正式提出"共同理想"这一概念，决议强调要用共同理想来动员和团结全国各族人民，并对共同理想与共产主义理想的关系进行了科学说明。此后，以江泽民为核心的党的第三代中央领导集体始终把树立中国特色社会主义的共同理想作为社会主义精神文明建设的重要目标，作为社会主义文化建设的根本。党的十六大之后，以胡锦涛同志为总书记的党中央同样高度重视理想信念教育，把共同理想作为社会主义核心价值体系的重要内容。总之，建设中国特色社会主义，把我国建设成为富强、民主、文明、和谐的社会主义现代化国家，实现中华民族的伟大复兴，是

① 《邓小平文选》第3卷，人民出版社1993年版，第144页。

我国各族人民在社会主义初级阶段的共同理想，简称“中国特色社会主义共同理想”。

2012年11月29日，习近平总书记在参观“复兴之路”展览时发表重要讲话，他回顾历史，展望未来，畅谈理想。习近平同志指出，每个人都有理想和追求，都有自己的梦想，实现中华民族伟大复兴，就是中华民族近代以来最伟大的梦想，就是中华民族近代最伟大的“中国梦”。此后，习近平同志还在多个场合对中国梦进行了更进一步的阐述。2013年3月17日，在十二届全国人大一次会议闭幕会上，习近平总书记不仅深刻阐述了“中国梦”的基本内涵，而且勾画了实现“中国梦”的具体路径。“中国梦”的提出迅速引起中国社会强烈共鸣，引发国际社会广泛关注。那么，实现中华民族伟大复兴的中国梦与中国特色社会主义共同理想是一个什么样的关系？中国梦的提出又对中国特色社会主义理论有什么理论贡献与价值？应该说，中国梦与中国特色社会主义共同理想在本质上是一致的，正因为如此，习近平同志在讲话当中多次将“把我国建成富强、民主、文明、和谐的社会主义现代化国家”和“中华民族伟大复兴的中国梦”相提并论。然而，中国梦不是中国特色社会主义共同理想的简单翻版或注解，而是包含着丰富的内涵。中国梦以一种大众化的方式宣示了中国特色社会主义的价值和奋斗目标，中国梦揭示了中国特色社会主义共同理想的基本特征，中国梦的提出清晰地勾勒了中国特色社会主义共同理想的历史发展，彰显了中国特色社会主义道路的正确性与中国特色社会主义理论的科学性，中国梦的提出科学地回答了中国特色社会主义共同理想实现的具体路径。

首先，中国梦是中国特色社会主义共同理想的大众化诠释，中国梦以大众化的方式宣誓了中国特色社会主义的价值和奋斗目标。中国特色社会主义共同理想在表达方式上具有一定的抽象性，同时也包含着一定的意识形态色彩。“现代传播理论与实践都表明，意识形态的内容不一定非要用意识形态的方式表达，非意识形态的话语更能起到潜移默化、润物细无声的效果。‘中国梦’在保持中国特色社会主义精神实质与科学价值的同时，从话语体系上对其进行了创造性转换，给当代中国社会和中国人一个既能有憧憬有超越又能看得见摸得着的目标，一个既科学崇高又喜闻乐见的理想，让中国特色社会主义更加亲和、更加清晰、更加具体。”① 正因为如此，中国梦一经提出，立刻在社会当中引起强烈反响并形成广泛共识，它不仅鼓舞了人心，激励了斗志，而且振奋了士气，团结了力量。

其次，中国梦揭示了中国特色社会主义共同理想的基本特征。中国特色社会主义共同理想就其主体而言，涉及党、国家、民族和个人等多个方面，体现了党、国家、民族和人民利益的高度一致性。习近平同志在论及中国梦时指出：“历史告诉我们，我们每个人的前途命运都和国家和民族的前途命运密切关联。国家好，民族好，大家才会好。”② 这里他着重强调了中国梦作为我们共同理想的共同体特点。但习近平同志并没有因此以国家梦、民族梦来否定个人梦，习近平同志强调：“中国梦归根到底是人民的梦，必须紧紧依靠人民来实现，必须不断为人民造福。”“生活在我们伟大祖国和伟大时代的中国人民，共同享有人生出彩的机会，共同享有梦想成真的机会，共同享有同祖国和时代一起成长与进步的机会。”③ 总之，实现中华民族伟大复兴的中国梦，它包括了国家富强、民族振兴、人民幸福三方面的内涵，三个方面既相互区别，又彼此联系，缺一不可，只有三个方面的梦想同时实现，才是中国梦的真正实现。

再次，中国梦的提出清晰地勾勒了中国特色社会主义共同理想的历史发展，彰显了中国特色社会主义道路的正确性与中国特色社会主义理论的科学性。实现中华民族伟大复兴，是中华民族近代以来最伟大的梦想，这个梦想，凝聚了几代中国人的夙愿。习近平同志在参观复兴之路展览讲话中以“雄关漫道真如铁”回顾了中华

---

① 辛鸣：《“中国梦”、中国道路与中国特色社会主义》，《学习时报》2013年3月11日。

② 《承前启后　继往开来　继续朝着中华民族伟大复兴目标奋勇前进》，《人民日报》2012年11月30日。

③ 习近平：《在第十二届全国人民代表大会第一次会议上的讲话》，《人民日报》2013年3月18日。

民族的昨天，以“人间正道是沧桑”展示了中华民族的今天，以“长风破浪会有时”宣示了中华民族的明天，清晰地勾勒出了中华民族的历史发展和未来前景，它不仅强烈地唤醒了人们心中深沉的历史记忆，而且展示了中国共产党人对于中国特色社会主义复兴道路的艰辛探索。

鸦片战争以来中国逐步沦为半殖民地半封建社会，民族复兴梦想开始点燃，孙中山先生率先提出了“振兴中华”的口号。然而，从太平天国到洋务运动，从戊戌变法到辛亥革命，无不以失败而告终。无数仁人志士抛头颅、洒热血，探索救国救民真理，最终并没有寻找到一条实现中华民族复兴的道路。中国共产党自成立之日起，就肩负着实现民族复兴的历史使命，经过长达28年的艰辛探索和不懈斗争，取得了新民主主义革命的伟大胜利，实现了民族的独立和人民的解放，为中华民族的伟大复兴奠定了坚实的基础。中华人民共和国成立后，特别是改革开放30多年来，中国共产党人在社会主义建设实践探索中，终于找到了一条实现中华民族伟大复兴的正确道路，这条道路就是中国特色社会主义道路。实践证明，只有坚持走中国特色社会主义道路，坚持以中国特色社会主义理论体系为指导，才会取得像今天这样举世瞩目的辉煌成就。同样，只要我们坚持和拓展中国特色社会主义道路，坚持和丰富中国特色社会主义理论体系，坚持和完善中国特色社会主义制度，中华民族的伟大复兴指日可待。正如习近平同志所指出的，“现在，我们比历史上的任何时期都更接近中华民族伟大复兴的目标。比历史上任何时期都更有信心、有能力实现这个目标”。①

最后，中国梦的提出科学地回答了中国特色社会主义共同理想实现的具体路径。习近平同志明确指出，实现中国梦必须走中国道路、必须弘扬中国精神、必须凝聚中国力量。② 实现中国梦必须走

---

① 习近平：《承前启后　继往开来　继续朝着中华民族伟大复兴目标奋勇前进》，《人民日报》2012年11月30日。

② 习近平：《在第十二届全国人民代表大会第一次会议上的讲话》，《人民日报》2013年3月18日。

中国道路，这条道路就是中国特色社会主义道路。中国特色社会主义道路植根于近代以来中国人民的伟大实践，具有深厚的历史渊源和广泛的现实基础。道路决定出路，中国特色社会主义是实现中国梦的必由之路。“全国各族人民一定要增强对中国特色社会主义的理论自信、道路自信、制度自信，坚定不移沿着正确的中国道路奋勇前进。”① 实现中国梦必须弘扬中国精神，这个精神就是以爱国主义为核心的民族精神，以改革创新为核心的时代精神。孙中山先生指出：“中国从前是很强盛很文明的国家，在世界上是头一个强国，所处的地位比现在的英国、美国、法国、日本还要高得多，因为那个时候的中国，是世界上的独强。我们祖宗曾经达到了那个地位，为什么到了现在，便一落千丈了呢？此中最大原因，就是由于我们失去了民族精神，所以国家便一天退步一天，我们今天要恢复民族的地位，便先要恢复民族的精神。”② 中国精神是凝心聚力的兴国之魂、强国之魂。实现中国梦必须凝聚中国力量，这个力量就是全国各族人民团结的力量。中国梦是民族的梦，更是每个中国人民的梦，归根结底是人民的梦，它需要我们团结全国各族人民，万众一心，众志成城，共同奋斗，才能形成强大的力量。“全国各族人民一定要牢记使命，心往一处想，劲往一处使，用 13 亿人的智慧和力量汇集起不可战胜的磅礴力量。”③

总之，中国梦是着眼于坚持和发展中国特色社会主义而提出的重要战略思想，它的提出为中国特色社会主义理论体系注入了新的时代精神和鲜活力量。④ 中国梦是中国特色社会主义共同理想的大众化表达，它不仅加深了我们对于中国特色社会主义理论体系的认识，而且极大地推进了中国特色社会主义理论体系的大众化发展，

---

① 习近平：《在第十二届全国人民代表大会第一次会议上的讲话》，《人民日报》2013 年 3 月 18 日。

② 《孙中山选集》，人民出版社 1981 年版，第 678~679 页。

③ 习近平：《在第十二届全国人民代表大会第一次会议上的讲话》，《人民日报》2013 年 3 月 18 日。

④ 刘奇葆：《关于中国特色社会主义理论体系的几点认识》，《人民日报》2013 年 7 月 8 日。

"中国梦"的提出无论在内容上还是形式上都丰富和发展了中国特色社会主义理论体系。

2. 改革开放：中国特色社会主义的强大合力

合力原本属于物理学的一个范畴，它指的是作用于同一物体上的多个力的矢量之和。恩格斯将合力概念引用到对社会历史的分析当中，提出了合力论。恩格斯在致约·布洛赫的信中指出："历史是这样创造的：最终的结果总是从许多单个的意志的相互冲突中产生出来的，而其中每一个意志，又是由于许多特殊的生活条件，才成为它所成为的那样。这样就有无数互相交错的力量，有无数个力的平行四边形，由此就产生出一个合力，即历史结果，而这个结果又可以看作一个作为整体的、不自觉地和不自主地起着作用的力量的产物。因为任何一个人的愿望都会受到任何另一个人的妨碍，而最后出现的结果就是谁都没有希望过的事物。所以到目前为止的历史总是像一种自然过程一样地进行，而且实质上也是服从于同一运动规律的。但是，各个人的意志……虽然都达不到自己的愿望，而是融合为一个总的平均数，一个总的合力，然而从这一事实中决不应作出结论说，这些意志等于零。相反地，每个意志都对合力有所贡献，因而是包括在这个合力里面的。"① 恩格斯的"合力论"思想深刻揭示了人类社会历史发展中客观规律性与人的主观能动性的辩证统一，它告诉我们：第一，社会历史发展是多种社会力量相互作用的结果，这就需要我们有效地整合各种力量，形成建设中国特色社会主义的强大合力。第二，各种社会力量背后其最深刻的思想动机则在于其物质利益，因此在加快改革开放和现代化建设步伐，夺取有中国特色社会主义事业的更大胜利进程中，应当妥善处理好各方利益关系，形成改革开放的强大合力，最终才能转化为建设中国特色社会主义的强大合力。

党的十七大报告回顾了中国改革开放的伟大历史进程，并得出一个基本结论：改革开放是决定当代中国命运的关键抉择，是发展中国特色社会主义、实现中华民族伟大复兴的必由之路。只有社会

① 《马克思恩格斯选集》第4卷，人民出版社1995年版，第697页。

主义才能救中国，只有改革开放才能发展中国，发展社会主义，发展马克思主义。改革开放是党的十一届三中全会以来历史新时期最鲜明的特点，当前我国改革已经进入攻坚期和深水区，改革必将触及更深层次的矛盾，必将面临更复杂的利益调整，从而也必然出现各种各样的声音。如何坚定方向，统一认识，形成合力，把中国特色社会主义事业推向前进，成为摆在以习近平为总书记的新的党中央面前的重要任务。面对改革开放新的历史时期出现的新矛盾、新问题，以习近平为总书记的党中央举起改革开放的大旗，以敢于啃硬骨头，敢于涉险滩的精神，坚定不移地把改革开放推向前进。早在中央党校2008年春季学期开学典礼上的讲话中，习近平同志就指出，改革开放是当代中国的主旋律，是建设和发展中国特色社会主义不可或缺的强大动力，也是坚持和发展中国特色社会主义理论体系不可或缺的强大动力，必须毫不动摇地坚持改革开放。①

党的十八大以来，以习近平同志为总书记的党中央首先选择作为中国改革开放先行者和排头兵的广东进行考察，向社会传递了改革开放的坚定信心和坚强决心。2012年12月31日，习近平主持中央政治局第二次集体学习并发表重要讲话，强调要以更大的政治勇气和智慧深化改革，形成推进改革开放的强大合力。

纵观习近平同志对于改革开放的重要论述，诚如媒体所评价，其社会主义改革观已渐显轮廓。总体上来看，习近平同志社会主义改革观实现了从“动力论”到“合力论”的飞跃。

第一，全党和全国各族人民必须在要不要改革开放问题上形成统一认识，形成合力。习近平同志指出，改革开放已进入攻坚期和深水区，改革开放事业将变得更加艰巨和繁重，但是，“改革不停顿，开放不止步”，必须坚定不移地坚持改革开放，“改革开放只有进行时没有完成时”，必须一代又一代人接力干下去。习近平同志强调，改革开放是当代中国发展进步的活力之源，是决定当代中国命运的关键一招，也是决定实现“两个100年”奋斗目标、实

---

① 习近平：《关于中国特色社会主义理论体系的几点学习体会和认识》，《求是》2008年第7期。

现中华民族伟大复兴的关键一招。针对有些人企图通过割裂改革开放前后两个历史时期，制造两个历史时期的对立来否定改革开放的思潮，习近平同志明确强调：改革开放前后两个历史时期决不是彼此割裂的，更不是根本对立的，不能用改革开放后的历史时期否定改革开放前的历史时期，更不能用改革开放前的历史时期否定改革开放后的历史时期。针对改革开放当中存在的一些问题与矛盾，习近平同志强调改革开放中的矛盾只能用改革开放的办法来解决。总之，以任何理由、任何方式怀疑改革，甚至否定改革的做法都是不可取的，都是与当前改革开放历史潮流相违背的。

第二，在怎么改革、如何改革问题上达成统一认识，形成改革开放的合力。在关于改革开放的方向问题上，习近平同志强调："改革开放是一场深刻革命，必须坚持正确方向，沿着正确道路推进。在方向问题上，头脑必须十分清醒，不断推动社会主义制度自我完善和发展，坚定不移走中国特色社会主义道路。"① 概言之，改革开放决不能偏离中国特色社会主义的发展轨道。在改革的领导力量与依靠力量关系问题上，习近平同志指出，必须坚持尊重人民首创精神，坚持在党的领导下推进。在关于改革的方法问题上，习近平同志认为必须坚持正确的方法论。以习近平同志为总书记的党中央的社会主义改革观最突出的一个特征就是强调改革开放的系统性和整体性，坚持全面的改革观。这种全面的改革观认为，既要坚持摸着石头过河，又要加强顶层设计。加强宏观思考和顶层设计，就是要更加注重改革的系统性、整体性和协同性。习近平同志指出，我们的改革是一项系统工程，必须更加注重各项改革的相互促进、良性互动，坚持整体推进，重点突破，在各项改革协同配合中推进，形成推进改革开放的强大合力。

总之，改革开放是发展中国特色社会主义的强大动力，其背后其实还存在一个合力转化为动力的问题，没有合力就不会有动力。伴随着改革开放进入到攻坚期和深水区，利益关系的深刻调

① 习近平：《以更大的政治勇气和智慧深化改革　朝着十八大指引的改革开放方向前进》，《人民日报》2013 年 1 月 2 日。

整，思想观念的深刻变化，都将导致凝聚共识与形成合力的难度不断加大。越是这样，越应该在要不要改革、如何改革问题上不断凝聚共识，形成改革开放的强大合力，方能形成建设中国特色社会主义的强大合力和动力。正如习近平同志所指出的："把最大公约数找出来，在改革开放上形成聚焦，做事就能事半而功倍。"①

3. 人民群众：中国特色社会主义的实践主体

所谓实践，是指人类能动地改造客观世界的物质性活动，实践的主体毫无疑问是人，但究竟是人民群众还是个人在社会历史发展中起着决定性作用，对于这一问题的不同回答，历史上形成了两种截然对立的观点，即"群众史观"与"英雄史观"。英雄史观强调人类社会历史是由少数的英雄豪杰、帝王将相所创造的，否定人民群众在历史创造中的主体性地位，把人民群众看作英雄人物用以实现其目的的工具和手段。与英雄史观相反，马克思主义群众史观充分肯定了人民群众在社会历史发展中的创造主体地位、认识主体地位和价值主体地位。马克思主义群众史观不仅成为新民主主义革命的重要理论武器，而且也是中国特色社会主义理论的重要基石。党的十八大报告明确指出，中国特色社会主义是亿万人民自己的事业，必须坚持人民主体地位，充分发挥人民主人翁精神。以习近平为总书记的党中央高度重视人民群众及其在中国特色社会主义建设事业中的重要地位和作用，在继承前几代中央领导集体群众观的基础上，进一步丰富和发展了马克思主义群众观。习近平同志明确指出，必须始终"坚持中国特色社会主义理论体系中贯穿的马克思主义立场，始终站在人民大众立场上，立党为公、执政为民，把服务群众、造福百姓作为最大责任"②。

习近平同志在论述中国梦时指出："中国梦归根到底是人民的

---

① 习近平：《寻求推进改革开放的最大公约数》，《新华每日电讯》2013年1月11日。

② 习近平：《深入学习中国特色社会主义理论体系 努力掌握马克思主义立场观点方法》，《求是》2010年第7期。

梦，必须紧紧依靠人民来实现，必须不断为人民造福。”① 习近平同志的这一简要论述充分道出了其群众观的两个基本方面。第一，中国特色社会主义事业是人民的事业，必须坚持人民主体地位，紧紧依靠人民群众。习近平提醒广大党员干部一定要真正悟透群众才是真正的英雄。“人民群众中蕴藏着无穷的智慧和创造力，要虚心向他们求教问策，把政治智慧的增长、执政本领的增强、领导艺术的提高深深扎根于人民群众的实践沃土中，不断从人民群众中吸取营养和力量。”② “领导不是百事通，不是万能的。要做群众的先生，先做群众的学生。领导干部要放下架子，甘当小学生，多同群众交朋友，多向群众请教。”③ 在谈到改革开放问题时，习近平同志再次重申，改革开放是亿万人民自己的事业，必须坚持尊重人民首创精神，善于从人民的实践创造和发展要求中完善政策主张。在习近平看来，人民群众才是我们力量的源泉，“只要与人民同甘共苦，与人民团结奋斗，就没有克服不了的困难，就没有完成不了的任务”④。因为，每个人的力量都是有限的，中国特色社会主义事业不是靠一个人、一个政党就能够实现，只有万众一心、众志成城，才能克服各种困难，把中国特色社会主义事业推向前进。第二，中国特色社会主义事业是人民的事业，必须不断为人民造福。人民群众不仅是价值创造的主体，而且也是价值评价的主体、价值享用的主体。习近平同志指出：“我们的人民热爱生活，期盼有更好的教育、更稳定的工作、更满意的收入、更可靠的社会保障、更高水平的医疗卫生服务、更舒适的居住条件、更优美的环境，期盼孩子们能成长得更好、工作得更好、生活得更好。人民对美好生活

① 习近平：《在第十二届全国人民代表大会第一次会议上的讲话》，《人民日报》2013 年 3 月 18 日。

② 习近平：《深入学习中国特色社会主义理论体系　努力掌握马克思主义立场观点方法》，《求是》2010 年第 7 期。

③ 中共中央文献研究室编：《论群众路线——重要论述摘编》，中央文献出版社 2013 年版。

④ 《习近平接受金砖国家媒体联合采访》，《人民日报》2013 年 3 月 20 日。

的向往，就是我们的奋斗目标。”① “检验我们一切工作的成效，最终都要看人民是否真正得到了实惠，人民生活是否真正得到了改善，这是坚持立党为公、执政为民的本质要求，是党和人民事业不断发展的重要保证。”② 因此，坚持人民主体地位，就要时刻把群众安危冷暖放在心上，及时准确了解群众所思、所盼、所忧、所急，把群众工作做实、做深、做细、做透，切实把人民利益实现好、维护好、发展好。

习近平群众观的一个鲜明特点就是自觉地从实现民族复兴中国梦的伟大目标和强烈使命出发，从加强党的自身建设尤其是作风建设，正确处理好党群关系，做好群众工作入手，着眼于党群关系改善与人民内部矛盾解决，从而充分调动广大人民群众在中国特色社会主义建设中的积极性、主动性和创造性。第一，加强和改进党的作风建设。2012 年 12 月 4 日，以习近平为总书记的党中央审议通过了关于改进工作作风、密切联系群众的“八项规定”。在习近平看来，一个地方工作与事业成功与否，关键在干部作风，成在干部作风，败也在干部作风，兴在干部作风，衰也在干部作风。因此，党风廉政建设，要从领导干部做起。而领导干部首先要从中央领导做起，因为己不正，无以正人。“八项规定”针对的都是群众长期反映强烈的现实问题，受到广大人民群众的好评。2013 年 4 月 19 日，中共中央又做出在全党范围内开展党的群众路线教育实践活动的重要决定，要求全党按照“要照镜子、正衣冠、洗洗澡、治治病”的总要求，用一年左右时间分批开展党的群众路线教育实践活动，从而将党的作风建设进一步推向深入。第二，加强群众工作，提高群众工作水平。习近平同志强调，广大党员干部必须认清新形势下群众工作的重要性和紧迫性，群众工作是我们党的优良传统和政治优势，应当把是否善于做好群众工作作为衡量和考核领导

---

① 《人民对美好生活的向往就是我们的奋斗目标》，《人民日报》2012 年 11 月 16 日。

② 习近平：《全面贯彻落实党的十八大精神要突出抓好六个方面工作》，《求是》2013 年第 1 期。

干部合不合格、称不称职的基本标准。习近平指出，群众工作的本质是密切党群关系，核心是正确处理人民内部矛盾，要做好群众工作首先必须始终站在人民群众的立场上，真心为群众着想，全力为群众造福，办好顺民意、解民忧、惠民生的实事，实现好、维护好、发展好最广大人民的根本利益，这是做好群众工作的基础。此外，正确的方式方法则是做好群众工作的重要保障。“要认真贯彻执行已有的行之有效的群众工作制度，大力弘扬深入群众、深入基层、深入调查研究的优良传统，拿出更多的时间和精力到基层去、到一线去、到条件较差和情况复杂的地方去，察实情、办实事、求实效。做到谋划发展思路向人民群众问计，查找发展中的问题听人民群众意见，改进发展措施向人民群众请教，落实发展任务靠人民群众努力，衡量发展成效由人民群众评判。”① 总之，习近平群众观从多个角度、多个方面论证和彰显了广大人民群众在中国特色社会主义建设事业中的主体性地位和作用。

---

① 《领导干部要不断提高新形势下群众工作水平》，《人民日报》2011 年 1 月 6 日。

比较研究篇

第六章

中国特色社会主义理论体系与毛泽东思想之基本特征比较分析

马克思主义在与中国革命、建设和改革实践相结合的历史过程中，先后产生了两大理论成果，这就是毛泽东思想和包括邓小平理论、“三个代表”重要思想、科学发展观在内的中国特色社会主义理论体系。中国特色社会主义理论体系是与马克思列宁主义、毛泽东思想既一脉相承又与时俱进的科学理论，是对毛泽东思想的继承和发展。

一、毛泽东探索中国特色社会主义道路的艰难历程和历史功绩

探索中国特色社会主义建设道路，是毛泽东在1956年开始提出的。经过20多年的曲折发展，直到十一届三中全会以后，我们党才逐步确立了一条成功的中国特色社会主义建设道路，形成了中国特色社会主义理论体系。对于中国共产党第一代中央领导集体和第二代中央领导集体探索中国特色社会主义道路的历史进程及其相互关系，薄一波同志曾经深刻而简明地指出：建设有中国特色社会

主义的道路“始于毛，成于邓”①。

1. 毛泽东探索中国特色社会主义道路的艰难历程

经济文化比较落后的国家如何建设社会主义，一直是社会主义国家建设的高难度课题。由于马克思和恩格斯生活在自由资本主义时代，当时并没有社会主义社会这样一个现实而具体的研究对象，因此，他们只能通过比较未来共产主义社会（包括它的第一阶段社会主义社会）与资本主义社会的不同特征，并且从与资本主义社会相对立的意义上非常谨慎地预测、描绘和揭示未来共产主义社会的一般特征。列宁领导的十月革命使社会主义由理论变成现实，对于“什么是社会主义、怎样建设社会主义”的问题，十月革命胜利之前，列宁基本上是按照马克思恩格斯的设想来理解和进行的。十月革命胜利之后，由于战时共产主义政策无法推行，列宁把马克思主义基本原理与俄国的具体实际相结合，实行新经济政策。斯大林实际上是按照发达社会主义的理想模式来建设经济文化比较落后的苏联，而且固守某些教条，理论与实际相脱节，最后使苏联社会主义模式日益僵化。正如邓小平同志所指出的：“社会主义究竟是个什么样子，苏联搞了很多年，也并没有完全搞清楚”，“苏联的模式僵化了”。②

在中国，随着生产资料的社会主义改造基本完成，我国开始转入全面的、大规模的社会主义建设。面对从半封建半殖民地社会脱胎出来的经济和文化，中国如何建设、巩固和发展社会主义，便成为以毛泽东为主要代表的中国共产党第一代中央领导集体必须思考并且加以解决的高难度课题。与生产资料所有制改造不同，在社会主义经济、政治和文化建设方面，我们一直沿用苏联的模式和道路。这一方面是由于我们缺乏社会主义现代化建设的经验，另一方面是由于我们的主要精力还没有转移到经济建设上来。毛泽东后来在总结这个时期的工作时说道：三年恢复时期，对搞建设，我们是

① 《就毛泽东的探索和邓小平的业绩：薄一波答中央文献研究室问》（1994年10月11日），《党的文献》1995年第1期，第4页。

② 《邓小平文选》第3卷，人民出版社1993年版，第139页。

懵懵懂懂的；接着搞第一个五年计划，对建设还是懵懵懂懂的；只能基本上照抄苏联的办法，但总觉得不满意，心情不舒畅。① 这也就是说：一方面，“基本照抄”是不得已而为之，因为自己不懂，只能抄别人的；另一方面，照抄照搬总不是办法，因为中国的情况与苏联不同，苏联的模式、经验和道路不一定适合中国。在毛泽东看来，“像中国这样大的国家，应该‘是为群众所欢迎的标新立异’”。② 也就是说，要从“走俄国的路”到“走自己的路”，中国革命是如此，中国社会主义建设也应该这样。

1956 年是国内外形势发生急剧而复杂变化的一年。就国内情况而言，“一五计划”卓有成就，“三大改造”顺利完成，共产党在全国人民心中的威望大大提高，中华民族的自信心和自豪感大大增强。但是，由于生产关系的急剧变化，社会主义改造遗留下不少问题需要加以调整和解决，再加上 1956 年在经济建设上有些冒进，出现了财政赤字，许多城市出现了粮食、肉类和日常生活用品缺乏的现象。反映在政治上，就是出现了少数人闹事的问题。据不完全统计，从 1956 年 9 月到 1957 年 3 月半年时间内，全国有多起罢工事件，共约一万多工人罢工，一万多学生罢课请愿，在农村中夏收以来有不少地区发生农民闹退社、闹缺粮的风潮。就国际形势来说，苏共二十大揭开了斯大林个人崇拜的盖子，但又“捅了娄子”，引发了“波匈事件”，进一步暴露了苏联传统社会主义模式（斯大林模式）的缺陷。国内外形势的急剧变化使毛泽东感到有必要“以苏为戒”，要开辟一条适合中国国情的社会主义建设道路。因此，在苏共二十大之后不久，毛泽东便提出了要进行马克思列宁主义的普遍真理同中国实际第二次结合的任务。根据吴冷西在《十年论战》中的回忆，毛泽东在 1956 年 4 月 4 日主持召开的中央书记处会议上就强调：“我认为最重要的教训是独立自主，调查研究，摸清本国国情，把马克思列宁主义的基本原理同我国革命和建设的具体实际结合起来，制定我们的路线、方针、政策。民主革命

---

① 《毛泽东文集》第 8 卷，人民出版社 1999 年版，第 117~118 页。

② 《毛泽东文集》第 7 卷，人民出版社 1999 年版，第 80 页。

时期，我们走过一段弯路，吃了大亏之后才成功地实现了这种结合，取得了革命的胜利。现在是社会主义革命和建设时期，我们要进行第二次结合，找出在中国进行社会主义革命和建设的正确道路。"①“现在我们有自己的实践经验，又有了苏联的经验和教训，应当更加强调从中国的国情出发，强调开动脑筋，强调创造性，努力找出中国这块大地上建设社会主义的具体道路。"② 而 1956 年 4 月发表的《论十大关系》和 1957 年 2 月发表的《关于正确处理人民内部矛盾的问题》，就是毛泽东积极探索中国特色社会主义建设道路的杰作。

经过大量的社会调查，并且经过理论的深入研究和政策上的反复思考，1956 年 4 月，毛泽东在中央政治局扩大会议上作了《论十大关系》的讲话。讲话总结苏联社会主义建设的经验教训，全面而深刻地论述了我国社会主义建设中的十对关系、十个矛盾。其中前五对是经济关系、经济矛盾，后五对是政治关系、政治矛盾，提出党的工作任务就是要处理这些矛盾，调动国内外一切积极因素为社会主义事业服务。《论十大关系》初步总结了我国社会主义建设的经验，提出了一系列关于社会主义建设的路线、方针和政策，正式表明中国共产党人开始探索一条不同于苏联模式的中国特色社会主义建设道路。1956 年 9 月，中国共产党第八次全国代表大会召开，大会正确分析了我国社会主义改造完成后的国内形势，指出：无产阶级同资产阶级之间的矛盾已经基本上解决，“国内的主要矛盾，已经是人民对于建立先进的工业国的要求同落后的农业国的现实之间的矛盾，已经是人民对于经济文化迅速发展的需要同当前经济文化不能满足人民需要的状况之间的矛盾。这一矛盾的实质，在我国社会主义制度已经建立的情况下，也就是先进的社会主义制度同落后的社会生产力之间的矛盾。党和全国人民的当前的主要任务，就是要集中力量来解决这个矛盾，把我国尽快地从落后的

① 《十七大以来重要文献选编》，中央文献出版社 2009 年版，第 253 页。

② 转引自吴冷西：《十年论战》上，中央文献出版社 1999 年版，第 23~24 页。

农业国变为先进的工业国。”① 党的八大之后，以毛泽东为主要代表的党中央继续对中国特色社会主义道路进行探讨，在 1957 年 2 月，毛泽东作了《关于正确处理人民内部矛盾的问题》的著名报告，提出了社会主义社会基本矛盾的理论和正确处理人民内部矛盾的理论，形成了社会主义社会矛盾学说的理论体系。

2. 毛泽东探索中国特色社会主义道路的理论成果和历史贡献

以毛泽东为主要代表的中国共产党第一代领导集体，对中国社会主义建设道路长达 20 年艰辛探索形成的理论成果，主要体现在以下几个方面。

第一，关于社会主义的主要任务是集中力量发展社会生产力的思想。马克思主义者最注重发展社会生产力。马克思和恩格斯在《共产党宣言》中明确指出：无产阶级在夺取政权之后，“将利用自己的政治统治，一步一步地夺取资产阶级的全部资本，把一切生产工具集中在国家即组织成为统治阶级的无产阶级手里，并且尽可能快地增加生产力的总量”。② 列宁在十月革命胜利之后也特别重视生产力的发展，在《苏维埃政权的当前任务》一书中，他强调指出：“当无产阶级夺取政权的任务解决以后，随着剥夺剥夺者及镇压他们反抗的任务大体上和基本上解决，必然要把创造高于资本主义的社会结构的根本任务提到首要地位，这个根本任务就是：提高劳动生产率。”③ 毛泽东作为当代中国伟大的马克思主义者，在他一生的社会主义革命和建设的实践中，高度重视生产力对于社会发展的最终决定作用，把解放和发展生产力作为中国共产党领导中国人民进行革命和建设的根本目标和根本任务。在中华人民共和国成立之前的党的七大政治报告中，毛泽东创造性地提出生产力是检验一切政党及其实践活动根本标准的科学论断。他指出：“中国一切政党的政策及其实践在中国人民中所表现的作用的好坏、大小，

① 中共中央文献研究室编：《建国以来重要文献选编》第 9 册，中央文献出版社 1994 年版，第 341 页。

② 《马克思恩格斯选集》第 1 卷，人民出版社 1995 年版，第 293 页。

③ 《列宁选集》第 3 卷，人民出版社 1995 年版，第 490 页。

归根到底，看它对于中国人民的生产力的发展是否有帮助及其帮助之大小，看它是束缚生产力的，还是解放生产力的。”① 在中华人民共和国成立前夕的1949年9月30日，在为中国人民政治协商第一届全体会议起草的宣言中，毛泽东指出，新中国将进行大规模的经济建设和文化建设，扫除旧中国所留下来的贫困和愚昧，逐步地改善人民的物质生活和提高人民的文化生活。从1952年秋后到1953年，在制定过渡时期总路线过程中，毛泽东一再强调：实现社会主义工业化是总路线的主体；过渡时期总路线就是解放所有制问题，目的是解放生产力。1954年9月，他在第一届全国人民代表大会第一次会议开幕词中指出，我国人民应当努力奋斗，将我们现在这样一个经济上文化上落后的国家，建设成为一个工业化的具有高度现代文明程度的伟大国家。

1956年初，毛泽东在最高国务会议第六次会议上的讲话中，分析了我国社会主义改造完成以后的国内形势和任务，强调指出，社会主义革命的目的是为了解放生产力。1956年4月，毛泽东在中央政治局作了《论十大关系》的讲话，论述了社会主义建设中的十大矛盾，讲话特别强调要以苏联的经验教训为鉴戒，要总结我国社会主义建设的经验，调动党内外、国内外一切积极因素，为把我国建设成为一个强大的社会主义国家而奋斗。他说，我们的任务，是要正确处理这些矛盾，一定要努力把党内党外、国内国外一切积极的因素调动起来，为社会主义建设服务，从而探索“适合中国的路线”。1956年9月在中国共产党八大政治报告的决议中明确提出，由于社会主义革命已经基本上完成，国家的主要任务已经由解放生产力变为保护和发展生产力。党和全国人民当前的主要任务和中心工作，就是要集中力量发展生产力，把我国尽快地从落后的农业国变为先进的工业国，以逐步满足人民日益增长的物质和文化需要。八大通过的中国共产党章程总纲规定：党的主要任务，就是有计划地发展国民经济，尽可能迅速地实现国家工业化，有系统、有步骤地进行国民经济的技术改造，使中国具有强大的现代化

---

① 《毛泽东选集》第3卷，人民出版社1991年版，第1079页。

的工业、农业、交通运输业和现代化的国防。党的一切工作的目的，是最大限度地满足人民的物质生活和文化生活的需要。1957年2月，他在最高国务会议上作《关于正确处理人民内部矛盾的问题》的讲话，指出在社会主义基本制度已经建立的情况下，我们的根本任务已经由解放生产力变为在新的生产关系下保护和发展生产力。党和国家当前的主要任务，就是要团结全国各族人民，进行一场新的战争——向自然界开战，发展我们的经济，发展我们的文化，巩固我们的新制度，建设我们的新国家。

第二，关于社会主义基本矛盾理论和人民内部矛盾理论。历史唯物主义认为，生产关系与生产力之间、上层建筑与经济基础之间的矛盾是人类社会发展的根本动力，其中生产力的发展是社会发展的最终动力。马克思在《〈政治经济学批判〉序言》中以经典的语言表述了历史唯物主义的这一基本原理。他指出："人们在自己生活的社会生产中发生一定的、必然的、不以他们的意志为转移的关系，即同他们的物质生产力的一定发展阶段相适合的生产关系。这些生产关系的总和构成社会的经济结构，即有法律的和政治的上层建筑竖立其上并有一定的社会意识形式与之相适应的现实基础。物质生活的生产方式制约着整个社会生活、政治生活和精神生活的过程。不是人们的意识决定人们的存在，相反，是人们的社会存在决定人们的意识。社会的物质生产力发展到一定阶段，便同它们一直在其中运动的现存生产关系或财产关系（这只是生产关系的法律用语）发生矛盾。于是这些关系便由生产力的发展形式变成生产力的桎梏。那时社会革命的时代就到来了。随着经济基础的变更，全部庞大的上层建筑也或慢或快地发生变更。"① 至于社会主义社会的发展动力和运行机制是什么，由于历史条件的限制，马克思和恩格斯没有也不可能加以具体论述。列宁在《对布哈林〈过渡时期的经济〉一书的评论》中，把"矛盾"与"对抗"两个概念明确区别开来，他指出："对抗和矛盾根本不是一个东西，在社会主

① 《马克思恩格斯选集》第2卷，人民出版社1995年版，第32~33页。

义制度下，对抗消失了，矛盾还会存在。"① 但是，到了斯大林那里，在社会主义社会却连矛盾也消失了。在 1938 年的《辩证唯物主义和历史唯物主义》中，斯大林写道："在社会主义制度下"，"生产关系同生产力状况完全适合，因为生产过程的社会性是由生产资料的公有制所巩固的"，"苏联的社会主义国民经济是生产关系完全适合生产力性质的例子，这里的生产资料公有制和生产过程的社会性完全适合，因此，在苏联没有经济危机，也没有生产力破坏的情况"。② 一直到 1952 年的《苏联社会主义经济问题》一书中，斯大林才吞吞吐吐地承认社会主义制度下生产关系与生产力之间的矛盾。他说："'完全适合'这种情况是不能在绝对的意义上理解的"，而"应该理解为在社会主义制度下，通常不会弄到生产关系和生产力发生冲突，社会有可能及时使落后了的生产关系去适合生产力的性质"，因为"就是在社会主义制度下，也会有落后的惰性的力量，它们不了解生产关系有改变的必要，但是这种力量，当然不难克服，不致把事情弄到冲突的地步"③。但是，斯大林还没有明确认识到社会主义的生产关系与生产力之间的矛盾、上层建筑与经济基础之间的矛盾，是社会主义的基本矛盾和推动社会主义向前发展的根本动力，以至于在处理社会主义社会矛盾问题上犯了一系列错误。

1956 年底，我国完成生产资料私有制的社会主义改造，社会主义制度已经建立起来，我国进入了一个社会主义建设的历史新时期。已经建立起来的社会主义社会到底还有没有矛盾？推动社会主义向前发展的动力到底是什么？这些问题被历史地提到中国共产党人面前。毛泽东根据马克思主义的社会基本矛盾运动的原理，总结了中国社会主义改造和社会主义建设的新鲜经验，也吸收了苏联、东欧社会主义国家建设的经验教训，探讨了社会主义社会基本矛盾

① 列宁：《对布哈林〈过渡时期的经济〉一书的评论》，人民出版社 1976 年版，第 12 页。

② 《斯大林文选》上，人民出版社 1962 年版，第 202、198 页。

③ 《斯大林文选》下，人民出版社 1962 年版，第 611 页。

运动的规律和社会主义发展的动力问题。在 1957 年 2 月 27 日发表的《关于正确处理人民内部矛盾的问题》一文中，毛泽东从对立统一规律是普遍存在于自然界、人类社会和人们的思想中的宇宙的根本规律的高度，去观察和分析社会主义社会的矛盾，创造性地提出了社会主义社会的基本矛盾运动是推动社会主义社会发展的动力的思想。毛泽东提出：矛盾是普遍存在的，社会主义社会也充满着矛盾。创造性地提出了社会主义社会的基本矛盾学说，强调基本矛盾运动推动社会主义社会发展前进；创造性地提出了社会主义社会的两类矛盾学说，强调两类矛盾的性质不同，解决方法也不同，必须要加以正确区分和处理。社会主义时期，人民内部矛盾处于突出地位，正确处理人民内部矛盾是党和国家政治生活的主题。社会主义社会矛盾理论为调动一切积极因素建设社会主义提供了理论依据，也为后来中国的改革作出了最初理论论证。

第三，关于社会主义发展"两阶段"思想。毛泽东从中国经济文化落后的现状出发，对建设社会主义社会的长期性得出了符合实际的认识。1957 年他提出，我国的社会主义制度还刚刚建立，还没有完全建成，还不完全巩固。首次区分了"建立社会主义制度"与"建成社会主义社会"这两个不同发展阶段。1959 年年底至 1960 年年初，他在读苏联《政治经济学（教科书）》时进一步指出，"社会主义这个阶段，又可能分为两个阶段，第一个阶段是不发达的社会主义，第二个阶段是比较发达的社会主义。后一阶段可能比前一阶段需要更长的时间"。① 其后，毛泽东多次讲到，在我们这样的国家，完成社会主义建设是一个艰巨的任务，建成社会主义特别建成强大的社会主义需要 100 年，或者更多的时间。社会主义社会分两阶段的思想，丰富和发展了马克思主义社会形态的理论，成为十一届三中全会后我们党形成初级阶段理论的一个重要依据。

第四，关于社会主义经济发展模式和经济体制的思想。在一个相当长的时期里，苏联优先发展重工业道路的发展模式，被视为与资本主义国家发展轻工业道路根本对立的、唯一正确的社会主义工

---

① 《毛泽东文集》第 8 卷，人民出版社 1999 年版，第 116 页。

业化的道路。但这是一条靠牺牲轻工业和农业，追求片面发展重工业的道路，所付出的代价是异常沉重的。一些东欧国家照搬苏联的经验，使国民经济和人民生活受到严重损害。鉴于苏联、东欧国家的教训，毛泽东认为，绝不能再走苏联、东欧的老路。因此，在经济发展方针上，毛泽东提出了区别于苏联的中国工业化的道路。在《论十大关系》中，他提出正确处理农、轻、重关系的思想。在《关于正确处理人民内部矛盾的问题》中，他进一步指出："工业化道路的问题，主要是指重工业、轻工业和农业的发展关系问题。"又说："发展工业必须和发展农业同时并举。"说这是"中国工业化的道路"。20 世纪 60 年代，这一思想进一步发展为"以农业为基础，工业为主导"的国民经济总方针。毛泽东反复强调建设社会主义不能照搬国外的经验，要走自己的路。他曾深刻指出："自力更生为主，争取外援为辅，破除迷信，独立自主地干工业、干农业、干技术革命和文化革命，打倒奴隶思想，埋葬教条主义，认真学习外国的好经验，也一定研究外国的坏经验——引以为戒，这就是我们的路线。"

长期以来，苏联实行的是高度集中统一的计划经济体制，重视中央集权而忽视地方分权；强调国家的整体利益和长远利益，而忽视企业、个人具体利益和现实利益。中华人民共和国成立以后，我国的经济体制是按照苏联模式建立起来的。这在恢复国民经济、促进社会主义改造和保证重点建设方面曾发挥过积极作用。但是，随着社会主义建设的全面展开，其弊病也日益暴露出来。在《论十大关系》中，对于经济体制改革方向，毛泽东进行了突破苏联高度集中统一模式的尝试。他提出中央向地方分权，发挥中央和地方两个积极性，两个积极性"比只有一个积极性好得多"；既要有统一性又要有独立性，强调要使企业有"自主权"，发挥企业的积极性，国家、企业、个人三者利益必须兼顾，不能只顾一头。在企业管理体制上，他提出了"两参一改三结合"的管理原则，即干部参加劳动，工人参加管理，改革不合理的规章制度，领导干部、技术人员和工人群众相结合。这些构想和实践对中国特色社会主义经济管理体制和模式的形成具有重要意义。

第五，关于社会主义政治体制的思想。苏联的政治体制模式，强调共产党的一党统治，排除任何其他政党的存在。在我国，毛泽东在八大期间曾表示，我们社会主义社会必须想些方法来扩大民主，使人有讲话的机会。我国的政党体制，实行什么体制为好？在生产资料的社会主义改造基本完成之后，这是一个急需回答和解决的问题。毛泽东在《论十大关系》中指出："究竟是一个党好，还是几个党好？现在看来，恐怕是几个党好。不但过去如此，而且将来也可以如此，就是长期共存，互相监督。"党的八大正式确认了这一指导思想。在领导制度方面，邓小平和董必武提出党政职能分开的思想。党的八大提出"党的代表大会常任制"问题，毛泽东提出党和国家领导人的任期问题等，以期完善党和国家的领导制度。在《关于正确处理人民内部矛盾的问题》中，他进一步阐述了共产党与民主党派"长期共存、互相监督"的方针，认为这是一个适合中国国情的民主政治制度。坚持共产党领导下的多党合作和民主协商的政党体制，是中国民主政治建设的伟大创造。毛泽东还特别强调要发扬党内民主，加强党内和人民群众的监督，健全民主集中制，尤其是各级党组织中的集体领导制度，反对个人崇拜，反对主观主义、命令主义和官僚主义。

第六，关于社会主义文化体制的思想。苏联在思想文化体制上，强调意识形态领域马克思列宁主义的绝对统治地位，领袖言论成为裁判真理的标准，不允许各种学派和各种学术思想自由争论。在我国，社会主义改造基本完成以后，毛泽东对提高全国人民的政治思想觉悟和文化水平，造就一支强大的技术队伍和理论队伍有一套长远设想，有一个十年规划。在意识形态领域，他提出了"百花齐放、百家争鸣"的方针。1956 年 5 月 2 日，他在最高国务会议上的讲话中明确指出："在中华人民共和国宪法范围之内，各种学术思想，正确的、错误的，让他们去说，不去干涉他们。李森科、非李森科，我们也搞不清，有那么多的学说，有那么多的自然科学，就是社会科学，这一派、那一派，让他们去说，在刊物上、报纸上可以说各种思想。"① 在《关于正确处理人民内部矛盾的问

① 毛泽东在最高国务会议第 7 次会议上的讲话记录，1956 年 5 月 2 日。

题》中，他全面论述了“双百”方针符合社会主义社会科学文化发展的客观规律，是繁荣我国科学文化事业的必由之路，是社会主义文化建设必须长期坚持的基本指导方针。

上述思想是以毛泽东为主要代表的中国共产党第一代中央领导集体坚持马克思主义基本原理和科学社会主义基本原则，以中国社会主义建设的实践为基础和根据，在总结苏联和中国社会主义建设的经验教训的基础上形成的理论成果。对此，毛泽东在 1960 年 6 月写的《十年总结》中指出：“前八年照搬外国的经验，但从 1956 年提出十大关系起，开始找到一条适合中国的路线。”尽管毛泽东从 1956 年开始倡导的探索，经过 20 年的历程，直至他逝世，始终未能从传统的社会主义观念和模式中走出来，甚至还出现了“文化大革命”的严重错误，但毛泽东对中国特色社会主义建设道路 20 年艰辛探索的历史经验和深刻教训，为中国特色社会主义发展道路和理论体系的形成提供了宝贵的精神财富和思想资源。

二、中国特色社会主义理论体系对毛泽东思想的继承和发展

中国特色社会主义道路的探索“始于毛”（开始于毛泽东），“成于邓”（形成于邓小平），“进于江、胡、习”（发展于江泽民、胡锦涛、习近平）。

邓小平继承毛泽东开辟的马克思主义中国化的历史事业，把马克思主义基本原理与中国社会主义建设的具体实际和时代特征相结合，实现了马克思主义中国化的第二次历史飞跃，创立了中国特色社会主义理论体系，开辟了马克思主义中国化的新境界。“三个代表”重要思想是同马克思列宁主义、毛泽东思想和邓小平理论一脉相承而又与时俱进的科学体系，丰富和发展了中国特色社会主义理论体系的内涵。党的十六大以来，以胡锦涛为总书记的党中央紧密结合新世纪新阶段国际国内形势的发展变化，高举邓小平理论和“三个代表”重要思想伟大旗帜，按照十六大作出的重大战略部署，在推进中国特色社会主义伟大事业凯歌行进中，创造性地提出

树立和贯彻落实科学发展观、构建社会主义和谐社会、建设社会主义新农村、建设创新型国家、树立社会主义荣辱观、加强党的执政能力建设和党的先进性建设、推动建设和谐世界等一系列重大战略思想，形成了以科学发展观为核心的中国共产党创新理论和中国特色社会主义理论体系的新成果。党的十八大以来，以习近平为总书记的党中央带领全党全国各族人民，坚持和发展中国特色社会主义，正在谱写马克思主义中国化的历史新篇章。

1. 邓小平探索中国特色社会主义道路的历史过程和历史贡献

党的十一届三中全会以后，走上中国特色社会主义的成功道路是极其艰难的。改革开放前20多年的实践表明，在坚持马克思主义基本原理和科学社会主义基本原则的前提下，走中国特色社会主义建设道路，必须抛弃前人囿于历史条件仍然带有空想因素的个别论断，必须破除对马克思主义的教条式理解，必须澄清附加在马克思主义名下的错误观点，并且根据新的实践对科学社会主义作出新的解释和回答。因此，要冲破旧的思想禁锢，在理论上进行创新并且又在实践中取得成效，就要有无产阶级革命家的胆略和远见卓识。承担这一历史重任的，就是由十一届三中全会开始形成的以邓小平为核心的中国共产党第二代中央领导集体。

以邓小平同志为核心的党的第二代中央领导集体对中国特色社会主义道路的探索，经历了一个历史过程。十一届三中全会召开前，党支持和领导了关于真理标准问题的讨论，重新确立了解放思想、实事求是的思想路线。1978年底召开的具有重大历史意义的党的十一届三中全会，以巨大的政治勇气和理论勇气，彻底否定了“以阶级斗争为纲”的错误理论和实践，科学评价了毛泽东同志和毛泽东思想，作出了把党和国家的工作重心转移到以经济建设为中心的社会主义现代化建设的轨道上的战略决策，同时对改革开放作了重大部署。十一届三中全会的召开标志着我们党重新确立了马克思主义的思想路线、政治路线、组织路线，为成功探索中国特色社会主义道路奠定了思想理论基础，提供了政治保证和组织保证。随后，针对拨乱反正过程中出现的资产阶级自由化，邓小平同志旗帜鲜明地提出必须坚持四项基本原则。“一个中心、两个基本点”的思想的提出，奠定了党在社会主义初级阶段基本路线的基础。

十一届三中全会以来，邓小平同志就一再告诫全党：要根据我国的实际情况，确定实现四个现代化的具体道路、方针、政策和措施。1979 年 3 月，他首次提出“中国式现代化道路”的命题，强调：“过去搞民主革命，要适合中国情况，走毛泽东同志开辟的农村包围城市的道路。现在搞建设，也要适合中国情况，走出一条中国式的现代化道路。”① 1980 年 1 月，他又提出，在发展经济方面，要寻找一条合乎中国实际的，能够快一点、省一点的道路。1982 年 9 月，在党的十二大开幕词中，邓小平同志在深刻总结我国革命和建设正反两方面历史经验的基础上，首次明确提出走自己的道路、建设有中国特色的社会主义的口号和科学命题，并且对中国特色社会主义道路的基本含义作了经典性的表述。邓小平同志指出：“我们的现代化建设，必须从中国的实际出发。无论是革命还是建设，都要注意学习和借鉴外国经验。但是，照抄照搬别国经验、别国模式，从来不能得到成功。这方面我们有过不少教训。把马克思主义的普遍真理同我国的具体实际结合起来，走自己的道路，建设有中国特色的社会主义，这就是我们总结长期历史经验得出的基本结论。”② “建设有中国特色的社会主义”的口号和科学命题，既是总结我们党长期革命和建设历史经验的基本结论，又是我们党在新时期的理论主题和实践主题；既是开创改革开放和社会主义现代化建设历史新局面的逻辑起点，又是整个新时期的历史起点。

党的十三大的主题报告就是《沿着有中国特色的社会主义道路前进》。党的十三大提出了社会主义初级阶段的理论，确立了以“一个中心、两个基本点”为主要内容的党在社会主义初级阶段的基本路线，对中国特色社会主义道路的核心内容作了准确表述。党的十三大报告指出：“在中国这样落后的东方大国中建设社会主义，是马克思主义发展史上的新课题。我们面对的情况，既不是马克思主义创始人设想的在资本主义高度发展的基础上建设社会主

---

① 《邓小平文选》第 2 卷，人民出版社 1994 年版，第 163 页。

② 《邓小平文选》第 3 卷，人民出版社 1993 年版，第 2~3 页。

义，也不完全相同于其他社会主义国家。照搬书本不行，照搬外国也不行，必须从国情出发，把马克思主义基本原理同中国实际结合起来，在实践中开辟有中国特色的社会主义道路。”① “在整个社会主义初级阶段，建设有中国特色的社会主义。领导和团结全国各族人民，以经济建设为中心，坚持四项基本原则，坚持改革开放，自力更生，艰苦创业，为把我国建设成为富强、民主、文明的社会主义现代化国家而奋斗。”②

党的十四大根据邓小平同志视察南方重要讲话的精神，将邓小平建设有中国特色社会主义的主要内容概括为九个方面：社会主义的发展道路、社会主义的发展阶段、社会主义的根本任务、社会主义的发展动力、社会主义建设的外部条件、社会主义建设的政治保证、社会主义建设的战略步骤、社会主义的领导力量和依靠力量以及祖国统一。十四大报告对邓小平开辟中国特色社会主义道路、创立中国特色社会主义理论的历史功绩作出高度评价：“邓小平同志是我国社会主义改革开放和现代化建设的总设计师。他尊重实践，尊重群众，时刻关注最广大人民的利益和愿望，善于概括群众的经验和创造，敏锐地把握时代发展的脉搏和契机，既继承前人又突破陈规，表现出了开辟社会主义建设新道路的巨大政治勇气和开拓马克思主义新境界的巨大理论勇气，对建设有中国特色社会主义理论的创立做出了历史性的重大贡献。”③

在1997年10月召开的党的十五大上，由邓小平创立的马克思主义中国化第二大理论成果——建设有中国特色社会主义理论，被正式命名为邓小平理论，并且确立为党的指导思想。党的十五大报告对邓小平理论的历史地位和指导意义作了高度评价和系统总结。报告指出：“马克思列宁主义同中国实际相结合有两次历史性飞跃，

---

① 中共中央文献研究室编：《十三大以来重要文献选编》上，人民出版社1991年版，第11页。

② 中共中央文献研究室编：《十三大以来重要文献选编》上，人民出版社1991年版，第617页。

③ 中共中央文献研究室编：《十四大以来重要文献选编》上，人民出版社1996年版，第13~14页。

产生了两大理论成果。第一次飞跃的理论成果是被实践证明了的关于中国革命和建设的正确的理论原则和经验总结，它的主要创立者是毛泽东，我们党把它称为毛泽东思想。第二次飞跃的理论成果是建设有中国特色社会主义理论，它的主要创立者是邓小平，我们党把它称为邓小平理论。”① “在当代中国，只有把马克思主义同当代中国实践和时代特征结合起来的邓小平理论，而没有别的理论能够解决社会主义的前途和命运问题。邓小平理论是当代中国的马克思主义，是马克思主义在中国发展的新阶段。”② 十五大还将邓小平理论写进了新党章，与马克思列宁主义、毛泽东思想一道，作为中国共产党的指导思想。十五大修改的新党章指出：“十一届三中全会以来，以邓小平同志为主要代表的中国共产党人，总结建国以来正反两方面的经验，解放思想，实事求是，实现全党工作中心向经济建设的转移，实行改革开放，开辟了社会主义事业发展的新时期，逐步形成了建设有中国特色社会主义的路线、方针、政策，阐明了在中国建设社会主义、巩固和发展社会主义的基本问题，创立了邓小平理论。邓小平理论是马克思列宁主义的基本原理同当代中国实践和时代特征相结合的产物，是毛泽东思想在新的历史条件下的继承和发展，是马克思主义在中国发展的新阶段，是当代中国的马克思主义，是中国共产党集体智慧的结晶，引导着我国社会主义现代化事业不断前进。”③

中国特色社会主义道路的选择，首要前提是搞清楚“什么是社会主义、怎样建设社会主义”这一根本问题。在国际共产主义运动和我国社会主义建设的实践过程中，由于对这一根本问题没有完全搞清楚，因而在社会主义建设道路的选择上走了很多弯路。邓小平理论正是围绕这个中心问题进行科学探索和解答，为中国特色

---

① 中共中央文献研究室编：《十五大以来重要文献选编》上，人民出版社2000年版，第9页。

② 中共中央文献研究室编：《十五大以来重要文献选编》上，人民出版社2000年版，第10页。

③ 中共中央文献研究室编：《十五大以来重要文献选编》上，人民出版社2000年版，第53页。

社会主义道路的科学选择和不断开拓奠定了基石，从而丰富和发展了毛泽东关于社会主义建设思想。

邓小平理论对毛泽东思想的继承和发展，对探索中国特色社会主义道路的历史贡献主要表现在以下六个方面。

第一，确立解放思想、实事求是的思想路线，为成功开辟中国特色社会主义道路奠定思想基础。

新时期我们党解放思想、实事求是思想路线的重新确立，是实现拨乱反正、推进中国特色社会主义伟大事业的逻辑前提和历史起点。“文化大革命”结束后，为了冲破“两个凡是”的思想禁锢，打开中国特色社会主义建设的历史新局面，邓小平同志在 1977 年 4 月致当时党中央负责同志的信中提出：我们必须世世代代地用准确的完整的毛泽东思想来指导我们全党、全军和全国人民，把党和社会主义的事业，把国际共产主义运动的事业，胜利推向前进。此后，邓小平一再强调，毛泽东思想的精髓是实事求是，并亲自领导和支持了关于实践是检验真理唯一标准的大讨论，彻底否定了“两个凡是”的错误思想和路线，为党的十一届三中全会的召开作了必要的思想理论准备。在为十一届三中全会作准备的中央工作会议上，邓小平在《解放思想，实事求是，团结一致向前看》的报告中指出：“一个党，一个国家，一个民族，如果一切从本本出发，思想僵化，迷信盛行，那它就不能前进，它的生机就停止了，就要亡党亡国。”① 并且强调：“实事求是，是无产阶级世界观的基础，是马克思主义的思想基础。过去我们搞革命所取得的一切胜利，是靠实事求是；现在我们要实现四个现代化，同样要靠实事求是。”② 这个报告实际上确定了党的十一届三中全会的主题，是开创我国改革开放历史新时期和中国特色社会主义建设新局面的宣言书。

邓小平对解放思想、实事求是的强调是一以贯之的。在中国社会主义建设的重大历史关头，邓小平都强调解放思想、实事求是的重要性。反对“两个凡是”，在 1978 年支持“真理标准”大讨论，

① 《邓小平文选》第 2 卷，人民出版社 1994 年版，第 143 页。

② 《邓小平文选》第 2 卷，人民出版社 1994 年版，第 143 页。

发表《解放思想，实事求是，团结一致向前看》的重要讲话，从而使全党摆脱了“两个凡是”的思想束缚，使改革开放成为全国人民的共识。1992年，在改革开放遭受了一系列挫折而停滞不前的时候，邓小平再次重申解放思想、实事求是，从而解决了困扰中国改革开放的一系列重大问题，从而实现了社会主义与市场经济相结合，确立了社会主义市场经济的改革目标。不仅如此，邓小平理论中的一系列重要观点都贯彻和体现了解放思想、实事求是的思想路线。社会主义初级阶段论、社会主义本质论、社会主义市场经济论、“一国两制”论最能体现邓小平解放思想、实事求是的思维特点。正是在实事求是地分析了中国的国情后，邓小平才作出了中国的社会主义还不够格，还处于初级阶段的论断。同样在实事求是地考察了世界各国社会主义运动兴衰成败的经验教训后，邓小平提出了全新的社会主义本质论，大大深化了我们对社会主义的认识。在1992年以前，市场与资本主义、计划与社会主义被普遍认为是必然地联系在一起的。而邓小平在深刻考察了世界社会主义运动的经验和现实后，提出了计划和市场都是手段，都是配置资源的方式，而不是区别社会主义与资本主义本质特征的重要论断。正是基于对中国历史和现实、中国与世界关系（特别是中国与英国、葡萄牙、美国、日本等复杂关系）的理性考察以及利弊得失的辩证分析，邓小平提出了“一国两制”的伟大构想。正是基于“解放思想、实事求是”在中国特色社会主义理论和实践中的重要地位和作用，江泽民在党的十四大报告中指出：“解放思想，实事求是，是建设有中国特色社会主义理论的精髓，是保证我们党永葆蓬勃生机的法宝。”① 而将“解放思想”与“实事求是”并列，并且将其作为中国共产党思想路线的首倡者正是邓小平。邓小平在党内重新确立解放思想、实事求是的思想路线，为改革开放和中国特色社会主义道路的成功开辟奠定了思想基础。

---

① 中共中央文献研究室编：《十四大以来重要文献选编》上，人民出版社1996年版，第39页。

第二，提出“走自己的道路，建设有中国特色的社会主义”的科学命题，确立了中国特色社会主义道路的重大战略思想。

经济文化比较落后的国家如何建设社会主义，一直是社会主义国家建设的高难度课题。由于马克思和恩格斯生活在自由资本主义时代，当时并没有社会主义社会这样一个现实而具体的研究对象，因此，他们只能通过比较未来共产主义社会（包括它的第一阶段社会主义社会）与资本主义社会的不同特征，并且从与资本主义社会相对立的意义上非常谨慎地预测、描绘和揭示未来共产主义社会的一般特征。列宁领导的十月革命使社会主义由理论变成现实，对于什么是社会主义、怎样建设社会主义，十月革命胜利之前，列宁基本上是按照马克思恩格斯的设想来理解和进行的。十月革命胜利之后，由于战时共产主义政策无法推行，列宁把马克思主义基本原理与俄国的具体实际相结合，实行新经济政策。斯大林实际上是按照发达社会主义的理想模式来建设经济文化比较落后的苏联，而且固守某些教条，理论与实际相脱节，最后使苏联社会主义模式日益僵化。

邓小平在总结苏联社会主义模式的经验教训的基础上，开创了一条适合中国国情的社会主义建设的新道路，这就是建设有中国特色的社会主义道路。邓小平指出：“社会主义究竟是个什么样子，苏联搞了很多年，也并没有完全搞清楚。可能列宁的思路比较好，搞了个新经济政策，但是后来苏联的模式僵化了。”① 他还强调：“我们过去照搬苏联搞社会主义的模式，带来很多问题。我们很早就发现了，但没有解决好。我们现在要解决好这个问题，我们要建设的是具有中国自己特色的社会主义。”② 针对人们思想上的困惑和疑虑，邓小平强调人们要解放思想，要把社会主义本质、社会主义根本制度与社会主义的发展模式、具体道路、运行机制等具体做法区别开来。他指出：“社会主义制度并不等于建设社会主义的具体做法。苏联搞社会主义，从一九一七年十月革命算起，已经六十

① 《邓小平文选》第 3 卷，人民出版社 1993 年版，第 139 页。
② 《邓小平文选》第 3 卷，人民出版社 1993 年版，第 261 页。

三年了，但是怎么搞社会主义，它也吹不起牛皮。我们确实还缺乏经验，也许现在我们才认真地探索一条比较好的道路。”① 针对斯大林模式的弊端及其对其他社会主义国家的消极影响，邓小平特别强调不能照搬别国模式，强调要走自己的路：“我是主张改革的，不改革就没有出路，旧的那一套经过几十年的实践证明是不成功的。过去我们搬用别国的模式，结果阻碍了生产力的发展，在思想上导致僵化，妨碍人民和基层积极性的发挥。”② 他还强调：“在革命成功后，各国必须根据自己的条件建设社会主义。固定的模式是没有的，也不可能有。”③ “各个国家应该根据自己的特点来实行社会主义的政策。”④

第三，确立“一个中心、两个基本点”的社会主义初级阶段的基本路线，明确中国特色社会主义的中心任务和基本政治前提。

党的十一届三中全会以来，以邓小平为核心的党的第二代中央领导集体，认真总结历史的经验教训，提出在中国这样的经济文化比较落后的国家，进入社会主义以后必须经历一个很长的社会主义初级阶段。邓小平深刻指出：“中国社会主义是处在一个什么阶段，就是处在初级阶段，是初级阶段的社会主义。社会主义本身是共产主义的初级阶段，而我们中国又处在社会主义的初级阶段，就是不发达的阶段。一切都要从这个实际出发，根据这个实际来制订规划。”⑤

所谓社会主义初级阶段，其基本含义有两层：其一，就社会性质而言，我们已经是社会主义社会，因而必须坚持社会主义方向和道路，而不能倒退回去搞“新民主主义”、搞私有化，也不能搞什么“全盘西化”和补什么“资本主义的课”。任何倒退和走回头路的企图，任何“改旗易帜”、偏离社会主义轨道的倾向，都是与社

① 《邓小平文选》第2卷，人民出版社1994年版，第250~251页。
② 《邓小平文选》第3卷，人民出版社1993年版，第237页。
③ 《邓小平文选》第3卷，人民出版社1993年版，第292页。
④ 《邓小平文选》第2卷，人民出版社1994年版，第313页。
⑤ 《邓小平文选》第3卷，人民出版社1993年版，第252页。

会主义社会的性质不相容的。因此，邓小平始终强调在社会主义初级阶段坚持“四项基本原则”的极端重要性。在1979年3月30日党的理论工作务虚会上，针对当时存在的资产阶级自由化的错误思潮，邓小平明确提出了必须坚持“四项基本原则”的思想。邓小平指出，在20世纪内实现四个现代化，把我国建设成为一个社会主义强国，这是一个非常艰巨的任务。“我们要在中国实现四个现代化，必须在思想政治上坚持四项基本原则。这是实现四个现代化的根本前提。这四项是：第一，必须坚持社会主义道路；第二，必须坚持无产阶级专政；第三，必须坚持共产党领导；第四，必须坚持马列主义、毛泽东思想。”① 他还特别强调：决不允许在四项基本原则这个根本立场上有丝毫动摇，“如果动摇了这四项基本原则中的任何一项，那就动摇了整个社会主义事业，整个现代化建设事业”②。之后，邓小平始终把“四项基本原则”作为中国特色社会主义的政治前提和思想基础。在著名的1992年南方重要讲话中，邓小平再次强调：“在整个改革开放的过程中，必须始终注意坚持四项基本原则。”③ 其二，就发展程度而言，我国社会主义社会的成熟程度还很低，生产力还很不发达，仅仅处于初级阶段而不是较高阶段。所以，邓小平特别强调发展经济、解放和发展生产力的极端重要性。他指出：“现代化建设的任务是多方面的，各个方面需要综合平衡，不能单打一。但是说到最后，还是要把经济建设当作中心。离开了经济建设这个中心，就有丧失物质基础的危险。其他一切任务都要服从这个中心，围绕这个中心，决不能干扰它，冲击它。”④ 并且反复强调指出：“抓住时机，发展自己，关键是发展经济。”⑤ “发展才是硬道理。”⑥

总之，“一个中心、两个基本点”的社会主义初级阶段基本路

---

① 《邓小平文选》第2卷，人民出版社1994年版，第164~165页。
② 《邓小平文选》第2卷，人民出版社1994年版，第173页。
③ 《邓小平文选》第3卷，人民出版社1993年版，第379页。
④ 《邓小平文选》第2卷，人民出版社1994年版，第250页。
⑤ 《邓小平文选》第3卷，人民出版社1993年版，第375页。
⑥ 《邓小平文选》第3卷，人民出版社1993年版，第377页。

线的确立，明确了中国特色社会主义的中心任务和基本政治前提，使中国特色社会主义的路线方针政策置于现实的科学基础上。对此，邓小平视察南方的重要谈话中深刻而简明地总结道："要坚持党的十一届三中全会以来的路线、方针、政策，关键是坚持'一个中心、两个基本点'。不坚持社会主义，不改革开放，不发展经济，不改善人民生活，只能是死路一条。"①

第四，系统论述改革开放的思路和政策，找到建设和发展中国特色社会主义的根本动力和途径。

中国特色社会主义建设道路的关键，是找到社会主义发展的内在动力。历史唯物主义认为，社会基本矛盾运动是人类社会发展的根本动力，其中社会生产力的发展是社会发展的最终动力、最根本的决定力量。在生产资料的社会主义改造基本完成之后，剥削阶级作为一个阶级已经被消灭，阶级对立与阶级对抗已不复存在。因此，社会主义社会基本矛盾的性质和内容发生了根本性的变化。人民日益增长的物质文化需要同落后的社会生产之间的矛盾，已经成为社会主义社会的主要矛盾。因此，从根本上解决这一主要矛盾的运动，就成为社会主义社会发展的根本动力和直接动力。我国社会主义改造基本完成以后，毛泽东把马克思主义唯物辩证法运用到我国社会主义建设的实践中，创立了人民内部矛盾论，阐述了社会基本矛盾学说，明确指出社会主义社会的基本矛盾可以通过社会主义制度本身得到解决，奠定了社会主义社会发展动力的理论基础。但是，由于历史的局限和各种复杂的国内外原因，毛泽东后来提出"以阶级斗争为纲"的口号，给社会主义建设带来严重损失。

邓小平强调，革命不只是搞阶级斗争、暴力革命，生产力方面的变革也是革命，而且是最重要、最根本的革命。他强调，建设、发展社会主义只能通过改革，改革是中国的第二次革命，"如果现在再不实行改革，我们的现代化事业和社会主义事业就会被葬送"②。所谓改革，就是变革社会主义生产关系和上层建筑中同生

① 《邓小平文选》第3卷，人民出版社1993年版，第370页。
② 《邓小平文选》第2卷，人民出版社1994年版，第150页。

产力发展不相适应的环节和部分。改革是社会主义制度的自我完善和发展，而不是改变社会主义的根本制度。改革包括经济体制、政治体制、科技体制、文化体制、教育体制等方面的全面改革。邓小平还特别强调：改革必须坚持以公有制为主体和共同富裕两个重要原则，要正确处理改革、发展、稳定三者的关系问题，改革胆子要大，步子要稳，判断改革开放得失成败的根本标准是“三个有利于”，等等。

第五，提出实现社会主义现代化“三步走”发展战略，为中国特色社会主义道路确立战略目标和战略步骤。

十一届三中全会后，邓小平创造性地提出了我国现代化建设发展“三步走”的总体构想。在20世纪80年代初期，邓小平提出到20世纪末实现人均国民生产总值翻两番，达到小康水平的战略目标和分前后两个十年两步走的战略部署。20世纪80年代中期，邓小平又在小康目标和两步走的基础上，进一步论述了新的现代化战略目标和战略部署。他指出：“我们确定的目标不高。从一九八一年开始到本世纪末，花二十年的时间，翻两番，达到小康水平，就是年国民生产总值人均八百到一千美元。在这个基础上，再花五十年的时间，再翻两番，达到人均四千美元。那意味着什么？到下一个世纪中叶，我们可以达到中等发达国家的水平。”① 党的十三大依据邓小平的构想，明确了我国经济建设“三步走”的战略部署。邓小平的“三步走”战略部署，从更深刻的认识层次上和更长远的历史跨度上，提出了我国社会主义初级阶段经济建设的发展战略，为中国特色社会主义道路确立了战略目标和战略步骤。

第六，提倡继续发扬独立自主、自力更生、艰苦创业的精神，制定中国特色社会主义道路的基本方针。

独立自主、自力更生是中国新民主主义革命胜利的一条基本经验，是毛泽东思想活的灵魂的一个基本点，也是毛泽东在领导中国革命过程中一贯强调和坚持的方针。邓小平在认真总结中国革命、建设和改革的历史经验，深入分析社会主义初级阶段基本国情基础

---

① 《邓小平文选》第3卷，人民出版社1993年版，第224页。

上，继承和发展了毛泽东倡导的自力更生、艰苦奋斗的精神。他强调："我们一方面实行开放政策，另一方面仍坚持建国以来毛泽东主席一贯倡导的自力更生为主的方针。必须在自力更生的基础上争取外援，主要依靠自己的艰苦奋斗。"① 我们搞的现代化，是中国式的现代化，我们建设的社会主义，是有中国特色的社会主义。"中国的事情要按照中国的情况来办，要依靠中国人自己的力量来办。独立自主，自力更生，无论过去、现在和将来，都是我们的立足点。中国人民珍惜同其他国家和人民的友谊和合作，更加珍惜自己经过长期奋斗而得来的独立自主权利。"② 党的十三大将"自力更生，艰苦创业"作为实现社会主义现代化奋斗目标的方针，概括进党在社会主义初级阶段的基本路线之中，成为社会主义初级阶段的基本路线和中国特色社会主义建设道路的一个重要内容。

总之，在中国这样一个经济文化比较落后的东方大国建设社会主义，是马克思主义发展史上的高难度课题，没有经典可依，没有成例可援，只有依靠中国共产党领导中国人民把马克思主义的普遍真理同中国的具体实际结合起来进行独立的探索。以邓小平为核心的中国共产党第二代中央领导集体，正是在总结中华人民共和国成立以来正反两方面经验、借鉴吸取国际经验的基础上，立足于改革开放新的伟大实践，探索出一条中国特色社会主义的建设道路。改革开放 30 多年的实践证明，由邓小平开创的中国特色社会主义道路是富国之路、强国之路，是中华民族的伟大复兴之路。

2. 江泽民推进中国特色社会主义的历史功绩

继毛泽东思想、邓小平理论以后，以江泽民为主要代表的中国共产党人，高举邓小平理论的伟大旗帜，适应新世纪、新阶段世情、国情和党情的重大变化，在探索解决中国特色社会主义实践中遇到的新情况和新问题过程中，继续推进马克思主义中国化的伟大事业，进一步回答"什么是社会主义、怎样建设社会主义"的问题，创造性地回答了"建设什么样的党、怎样建设党"的问题，

① 《邓小平文选》第 2 卷，人民出版社 1994 年版，第 406 页。
② 《邓小平文选》第 3 卷，人民出版社 1993 年版，第 3 页。

创立了“三个代表”重要思想。“三个代表”重要思想是同马克思列宁主义、毛泽东思想和邓小平理论既一脉相承而又与时俱进的科学体系，是马克思主义中国化的新成果。

江泽民对中国特色社会主义的历史贡献主要表现在以下几个方面：

第一，受命于重大历史关头，担负捍卫中国特色社会主义的历史重任。20世纪80年代末90年代初，国内发生严重政治风波，世界社会主义出现严重曲折，中国的改革开放和社会主义现代化建设事业面临空前压力和巨大困难，党和国家前途命运处于重大历史关头。中国的社会主义事业向何处去？中国特色社会主义建设道路会不会因为1989年政治风波和东欧剧变而中断？这些问题历史地摆在中国共产党人面前。以江泽民为核心的党的第三代中央领导集体临危受命、不负重托，坚持党的十一届三中全会以来的基本路线不动摇，坚定不移地走邓小平领导我们党开创的中国特色社会主义道路，正确处理好改革、发展、稳定三者的关系，在国内外政治风波的严峻考验面前，紧紧依靠全党同志和全国各族人民，成功地稳定了改革和发展的大局，捍卫了社会主义国家的政权，捍卫了中国特色社会主义伟大事业，维护了最广大人民群众的根本利益，奋力维护和着力推进中国特色社会主义道路继续沿着正确方向波浪式前进。

第二，战胜风险挑战，推进中国特色社会主义伟大事业。从党的十三届四中全会到党的十六大是不平静、不平常的13年，来自政治领域、经济领域、外交领域和自然界的风险和挑战接连不断：海湾战争，华东水灾，“台独”分裂势力猖狂挑衅，亚洲金融危机，长江和嫩江、松花江严重洪涝灾害，“法轮功”组织聚众闹事，美国悍然用导弹袭击我国驻南联盟大使馆，“9·11”事件，阿富汗战争，等等。在复杂的形势和严峻的挑战面前，以江泽民为核心的党的第三代中央领导集体带领全党和全国各族人民，坚持以经济建设为中心，坚持四项基本原则，坚持改革开放，从容应对并成功化解各种风险和挑战。同时牢牢把握“抓住机遇、深化改革、扩大开放、促进发展、保持稳定”的大局，锐意推进经济体制改革、政治体制改革、文化体制改革和其他各方面的改革，建设高度的社会主义物质文明、政治文明和精神文明。坚持“一国两制”方针，使香港、澳门先后回归祖国并且保持了繁荣稳定的发展。坚持独立自主的和平外交政策，为打开我国外交工作新局面作出了杰出贡献。在此期间，我国的综合国力大幅度提升，人民生活水平总体上实现了温饱向小康的历史性跨越，中国特色社会主义伟大事业显示出光明的前景。

第三，创建社会主义市场经济新体制，开创中国特色社会主义的历史新局面。党的十四大确立了社会主义市场经济体制的改革目标，把中国特色社会主义事业推进到一个新阶段。在社会主义条件下发展市场经济，这是前无古人的伟大创举，是中国共产党人对马克思主义发展作出的历史性贡献，体现了以江泽民为核心的党的第三代中央领导集体坚持解放思想、实事求是的思想路线和与时俱进的开拓进取精神，以及坚持体现时代性、把握规律性、富于创造性的巨大理论勇气和实践勇气。以江泽民为核心的第三代中央领导集体积极探索了公有制在社会主义市场经济条件下的具体实现形式，提出公有制为主体、多种所有制经济共同发展是我国社会主义初级阶段的基本经济制度的新思想；提出坚持按劳分配为主体、多种分配方式并存的社会主义初级阶段的分配制度，确立了劳动、资本、技术和管理等生产要素按贡献参与分配的原则；提出了“引进来”与“走出去”相结合的新的对外开放战略，制定和实施了“科教兴国”、“西部大开发”、“可持续发展”等一系列重大战略和方针政策；确定了以信息化带动工业化、实现国民经济的跨越式发展的新理念；提出了“建设社会主义政治文明”和“以德治国”的新思想，以及坚持党的领导、人民当家做主和依法治国的辩证统一和法治建设与道德建设、依法治国与以德治国紧密结合等新的政治理念。这些新体制、新政策、新思想、新理念的确立和实施，打开了中国特色社会主义经济、政治、文化等各项事业发展的崭新局面。

第四，创立“三个代表”重要思想，引领中国特色社会主义道路的正确航向。中国特色社会主义建设关键在党。建设一个什么样的党、怎样建设党是一个关系中国特色社会主义生死存亡的全局性、根本性的重大问题。把党建问题摆在改革开放和现代化建设战略全局的关键位置，是以江泽民为核心的党的第三代中央领导集体探索建设中国特色社会主义的重要特点。在党的十三届四中全会到党的十六大这13年艰辛探索中创立的“三个代表”重要思想，具有深厚的实践基础、理论基础和群众基础。它用一系列紧密联系、相互贯通的新思想、新观点、新论断，进一步回答了什么是社会主义、怎样建设社会主义的问题，创造性地回答了建设什么样的党、怎样建设党的问题。以“三个代表”重要思想为指导提出了“两个先锋队”、“两个纲领”、“两个基础”、“两个转变”、“两大历史性课题”等重大理论观点，对党的性质、任务、阶级基础、群众基础、历史地位、党建任务和方针作出了科学的回答，并且提出了在新的历史条件下坚持和发展党的先进性、提高党的执政能力的时代课题。这对于推进我们党领导的中国特色社会主义伟大事业和党的建设新的伟大工程，使党引导中国特色社会主义道路的正确航向继续前进，具有重大而深远的历史意义。

3. 胡锦涛对中国特色社会主义理论的新发展

党的十六大以来，以胡锦涛为总书记的党中央高举邓小平理论和“三个代表”重要思想的伟大旗帜，顺应国内外形势发展变化，抓住重要战略机遇期，发扬求真务实、开拓进取精神，坚持理论创新和实践创新，着力推动科学发展，促进社会和谐，完善社会主义市场经济体制，在全面建设小康社会，坚定不移地推进改革开放伟大事业的实践中，创造性地提出树立和贯彻落实科学发展观、构建社会主义和谐社会、建设社会主义新农村、建设创新型国家、树立社会主义荣辱观、加强党的执政能力建设和党的先进性建设、推动建设和谐世界等一系列重大战略思想，形成了以科学发展观为核心的中国共产党创新理论和中国特色社会主义理论体系的新成果。

科学发展观是对马克思主义社会发展理论的继承和创新。马克思主义的社会发展理论，特别是马克思主义的社会有机体的理论和人的自由全面发展理论，是科学发展观的重要思想理论来源。

马克思在《〈政治经济学批判〉序言》中以经典的语言表述了历史唯物主义的基本原理，特别是社会结构理论和社会有机体的思想。他指出："人们在自己生活的社会生产中发生一定的、必然的、不以他们的意志为转移的关系，即同他们的物质生产力的一定发展阶段相适合的生产关系。这些生产关系的总和构成社会的经济结构，即有法律的和政治的上层建筑竖立其上并有一定的社会意识形式与之相适应的现实基础。物质生活的生产方式制约着整个社会生活、政治生活和精神生活的过程。不是人们的意识决定人们的存在，相反，是人们的社会存在决定人们的意识。社会的物质生产力发展到一定阶段，便同它们一直在其中运动的现存生产关系或财产关系（这只是生产关系的法律用语）发生矛盾。于是这些关系便由生产力的发展形式变成生产力发展的桎梏。那时社会革命的时代就到来了。随着经济基础的变更，全部庞大的上层建筑也或慢或快地发生变革。"① 从这段经典论述中可以看出，在马克思看来，人类社会是一个由经济结构、政治结构和文化结构相互联系的有机系统；人类的生活包括物质生活、政治生活、精神生活和社会生活；人类社会的发展动力是生产力与生产关系、经济基础与上层建筑的矛盾运动；经济因素是社会历史发展决定性的基础，经济基础决定上层建筑，但是政治和思想的上层建筑对于经济基础也具有能动的反作用。在《1844 年经济学—哲学手稿》、《共产党宣言》、《哥达纲领批判》、《资本论》等著作中，马克思对资本主义"以物为本"、"以钱为本"的发展观和价值观给予了猛烈的批判，把实现人的自由全面发展作为人类追求的终极价值目标。恩格斯在继承和发展了马克思社会发展理论的基础上，在其晚年关于历史唯物主义的通信中，在强调经济因素是社会历史发展决定性的基础的同时，重点强调了政治的和思想的上层建筑对于经济基础的能动的反作用，强调社会历史发展的实际进程是经济、政治、文化等多种因素交互作用的结果，提出了著名的"合力论"思想。尽管马克思和恩格斯没有也不可能对无产阶级取得政权之后，社会主义国家如何发展的问题提出完整的设想和具体方案，但是他们提出的比较完备的社会发展理论和对共产主义社会（包括它的第一阶段社会主义

① 《马克思恩格斯选集》第 2 卷，人民出版社 1995 年版，第 32~33 页。

社会）的科学预测，为科学发展观的形成奠定了世界观和方法论的理论基础。

中国共产党三代领导集体在继承马克思主义经典作家关于社会发展理论的基础上，结合中国社会主义建设和改革开放的实际，重点探讨了中国社会主义建设和发展问题，形成了中国特色的社会主义发展理论。中国共产党三代领导集体关于中国特色社会主义发展的重要思想，为科学发展观的形成提供了直接的思想理论来源。

毛泽东同志虽然没有提出系统的科学发展理论，并且由于缺乏经验，在探索社会主义发展道路的实践上也出现过重大失误，但其关于社会主义发展问题的思考在许多方面至今都闪烁着“科学性”的光芒。这主要表现在：在《论十大关系》和《关于正确处理人民内部矛盾的问题》等著作中，毛泽东同志强调在发展过程中要正确处理好人民内部矛盾，要正确处理好各方面的关系（主要是“十大关系”），要“统筹兼顾，适当安排”；在面对国际敌对势力对社会主义新中国的经济封锁、军事威胁、政治孤立、外交制裁的情况下，毛泽东强调“独立自主，自力更生”的发展方针；强调人在社会发展中的地位和作用，特别是人的主观能动性和精神动力在社会主义建设和发展中的作用，强调发展的目的是“为人民服务”，等等。

在马克思主义发展史上，邓小平的发展理论是第一个完备的科学发展理论。其社会发展理论主要体现在以下几个方面：在发展的战略地位上，邓小平基于中国经济文化比较落后的实际和“文化大革命”忽视经济发展的沉痛教训，强调“发展才是硬道理”，而发展主要是“发展经济”，从而形成了“一个中心、两个基本点”的社会主义初级阶段的基本路线；在发展目的和评价标准上，邓小平提出了人民本位价值标准，指出发展的目的是满足人民群众日益增长的物质文化生活需要，判断改革开放和社会主义现代化建设发展得失成败的标准是人民“高兴不高兴”、“赞成不赞成”、“拥护不拥护”、“答应不答应”；在发展的战略步骤上，邓小平从我国处在社会主义初级阶段的基本国情出发，制定了分“三步走”基本实现现代化的发展战略，提出了建立和建设小康社会的历史任务；

在发展的动力问题上，邓小平继承了马克思主义关于社会基本矛盾运动的理论，创造性地提出了改革是社会主义发展动力的思想，强调“改革开放要贯穿中国整个发展过程”；在发展的内容上，邓小平认为社会主义建设的任务是多方面的，“单打一”不行，应该做到经济、政治、思想文化全面发展，强调“两手抓、两手都要硬”，强调社会主义的发展是经济与政治、物质文明与精神文明的协调发展。邓小平的发展理论是在和平与发展成为时代的主题的历史条件下，在总结我国社会主义建设以及世界社会主义国家发展的历史经验教训的基础上形成和发展起来的。他第一次比较系统地科学回答了“什么是发展”以及经济文化比较落后的中国“如何发展”的问题。邓小平关于中国特色社会主义的发展理论是科学发展观的直接思想理论来源。

在世界多极化、经济全球化、科技进步日新月异、综合国力竞争日趋激烈的历史条件下，为了解决中国特色社会主义发展过程中出现的新的矛盾和问题，以江泽民为核心的党的第三代领导集体在继承邓小平的“发展才是硬道理”的基础上，把发展作为党执政兴国的第一要务，坚持要用发展的办法解决前进中的问题，提出“发展要有新思路，改革要有新突破，各项工作都要有新局面”。其中“发展要有新思路”就是不能走西方国家工业化发展和传统计划经济发展的老路，而必须走中国特色社会主义市场经济发展的新路。在发展战略上，以江泽民同志为核心的党的第三代领导集体提出并且实施了三大发展新战略——科教兴国发展战略、西部大开发战略和可持续发展战略，即通过实施科教兴国发展战略，注重依靠科技进步和提高劳动者素质，走新型工业化道路，通过信息化带动工业化；通过实施西部大开发战略，调节东西部地区之间发展的不平衡，将西部地区的资源优势转化为经济优势；通过实施可持续发展战略，使发展具有长足的后劲和活力，实现人与自然之间、经济与社会之间的和谐发展，推进经济的发展和社会的全面进步；不断推进社会主义物质文明、政治文明和精神文明的发展，促进人的自由全面发展。江泽民的发展理论与邓小平关于中国特色社会主义的发展理论一样，都是科学发展观的直接思想理论来源，科学发展观是对邓小平和江泽民关于中国特色社会主义社会发展理论的系统总结和逻辑提升。

在我国全面进入小康社会、加快推进社会主义现代化的新的历史发展阶段，以胡锦涛为总书记的党中央以马克思主义社会发展理论为指导，继承和发展了中国共产党三代领导集体关于发展的重要思想，深刻总结国内外在发展问题上的经验教训，科学分析我国发展进程中面临的各种新情况新问题，提出了以人为本、全面协调可持续的发展观，从而把马克思主义的社会发展理论和中国共产党人的发展观推向了新境界。科学发展观紧密结合新的发展实践，在继续坚持“一个中心、两个基本点”的社会主义初级阶段基本路线的前提下，更加突出强调“以人为本”，强调城乡之间、区域之间、经济社会之间、人与自然之间的协调发展，强调社会的可持续发展；更加突出地坚持经济建设、政治建设、文化建设、社会建设和生态建设的协调发展，强调促进社会的全面进步和人的自由全面发展；更加注重宏观调控、注重统筹兼顾、注重改革创新，着力用发展的办法解决经济社会发展中的突出矛盾和问题，解决关系人民切身利益的民生问题。科学发展观的提出，是我们党对于共产党执政规律、社会主义建设规律、人类社会发展规律认识上的新探索、新概括和新升华，是继邓小平理论和“三个代表”重要思想之后，我们党在改革开放和社会主义现代化建设事业指导思想上的又一次与时俱进，是中国特色社会主义理论体系的最新理论成果，谱写了马克思主义中国化的历史新篇章。

三、中国特色社会主义理论体系与毛泽东思想的内在统一性

中国特色社会主义理论体系坚持和发展了马克思列宁主义、毛泽东思想，是与马克思列宁主义、毛泽东思想既一脉相承又与时俱进的科学理论。它与毛泽东思想之间具有内在的统一性。

第一，中国特色社会主义理论体系与毛泽东思想一样，都坚持以马克思主义的世界观和方法论——辩证唯物主义和历史唯物主义

为指导。中国特色社会主义理论体系和毛泽东思想都坚持运用辩证唯物主义和历史唯物主义的立场、观点和方法，分析和解决中国革命、建设和改革各个历史阶段的实际问题，使马克思主义的基本立场、观点和方法中国化，在实践中创新、丰富和发展中国化的马克思主义理论。辩证唯物主义和历史唯物主义的世界观和方法论，是马克思主义最根本的理论特征。辩证唯物主义和历史唯物主义坚持用唯物、辩证的观点看世界，坚持用联系的、发展的、矛盾的观点和方法分析事物、处理问题，坚持实践是检验真理的唯一标准，坚持从物质资料生产出发特别是生产力和生产关系、经济基础和上层建筑的矛盾运动来解释社会历史的发展，坚持人民群众是历史的创造者的历史观，等等。用马克思主义的这些基本的立场、观点和方法，去分析和解决中国革命、建设和改革各个历史阶段的实际应用，便形成了中国化的马克思主义——毛泽东思想和中国特色社会主义理论体系。

第二，中国特色社会主义理论体系与毛泽东思想一样，都坚持党的最高纲领和最低纲领的统一，为我们坚持马克思主义的最终奋斗目标，根据实际制定和实施推动中国特色社会主义建设的科学战略提供了理论基础。实现物质财富极大丰富、人民精神境界极大提高、每个人自由而全面发展的共产主义，是马克思主义最崇高的社会理想，也是中国共产党人最高的价值目标。中国特色社会主义理论体系强调树立共产主义远大理想和坚定信念，同时强调共产主义只有在社会主义社会充分发展和高度发达的基础上才能实现，实现共产主义是一个非常漫长的历史过程，要立足我国正处于并将长期处于社会主义初级阶段这个实际，脚踏实地地为实现党在现阶段的基本纲领而不懈努力。这是在新世纪、新阶段继承和发展毛泽东倡导的把马克思主义的普遍真理与中国实际相结合，把远大理想与实事求是精神相结合的具体体现。中国共产党人坚持走适合中国国情的社会主义革命和建设道路，以实现中华民族的伟大复兴为己任，经过长时期的努力，不断使经济更加发展、民主更加健全、科教更加进步、文化更加繁荣、社会更加和谐、人民生活更加殷实，不断促进人的自由全面发展，不断向党的最终目标前进。忘记远大理想而只顾眼前就会失去方向，离开现实工作而空谈远大理想就会脱离实际。中国特色社会主义理论体系与毛泽东思想一样，都既鲜明地坚持了马克思主义的社会理想，同时又为在锲而不舍的努力中不断朝着实现共产党人的远大理想和最终目标胜利前进指明了现实途径。

第三，中国特色社会主义理论体系与毛泽东思想一样，都坚持了无产阶级的党性原则和人民群众主体论。中国特色社会主义理论体系坚持马克思主义关于无产阶级政党必须植根于人民的政治立场，注重从人民群众的实践中吸取养分，为我们坚持马克思主义群众观点、不断实现最广大人民的根本利益提出了新的理论要求。实现最广大人民的根本利益是马克思主义最鲜明的政治立场，是无产阶级政党区别于资产阶级政党以及其他一切剥削阶级政党最显著的标志。中国特色社会主义理论体系强调中国共产党是中国工人阶级的先锋队，同时是中国人民和中华民族的先锋队，是中国特色社会主义事业的领导核心；建设中国特色社会主义的根本目的是不断实现好、维护好、发展好最广大人民的根本利益，党的理论、路线、纲领、方针、政策和工作必须以符合最广大人民的根本利益为最高衡量标准；坚持实践第一的观点，以最广大人民的实践为理论创新的源泉，以实现最广大人民的根本利益为理论创新的目的；坚持“立党为公、执政为民”，“群众利益无小事”；坚持“发展为了人民，发展依靠人民、发展成果由人民共享”。这些重要理论观点与毛泽东“为人民服务”的思想完全一致，是毛泽东党群关系思想的继承和发展。

第四，中国特色社会主义理论体系与毛泽东思想一样，都坚持了解放思想、实事求是的思想路线和马克思主义与时俱进的理论品质，体现了马克思主义理论创新的勇气，为我们坚持马克思主义基本原理、不断在实践中推进理论创新打开了新的理论视野。坚持一切从实际出发，理论联系实际，实事求是，在实践中检验真理和发展真理，是马克思主义最重要的理论品质。这种与时俱进的理论品质，是150多年来马克思主义始终保持蓬勃生命力的关键所在。中国特色社会主义理论体系与毛泽东思想一样，都强调实践是检验真理的唯一标准，强调解放思想与实事求是的辩证统一，强调实践没有止境、创新也没有止境，强调党的全部理论和工作要体现时代性、把握规律性、富于创造性。邓小平理论创造性地运用马克思列宁主义、毛泽东思想，结合中国处在社会主义初级阶段的实际，提出了社会主义本质论、社会主义初级阶段论、社会主义改革开放论、社会主义市场经济论、社会主义民主政治论以及和平发展论和"一国两制"论，等等。"三个代表"重要思想创造性地运用马克思列宁主义、毛泽东思想特别是邓小平理论，紧密结合中国特色社会主义建设的新实际，提出了关于建立社会主义市场经济体制的思想，关于公有制为主体、多种所有制经济共同发展是我国社会主义初级阶段的基本经济制度的思想，关于按劳分配为主体、多种分配方式并存的思想，关于实行全方位对外开放战略的思想，关于正确处理改革、发展、稳定关系的思想，关于社会主义政治文明建设的思想，关于建设社会主义法治国家的思想，关于以法治国和以德治国相结合的思想，关于走中国特色精兵之路的思想，关于巩固党的阶级基础和扩大党的群众基础的思想，等等。科学发展观等重大战略思想创造性地运用马克思列宁主义、毛泽东思想、邓小平理论和"三个代表"重要思想，并结合进入新世纪、新阶段的实际，创造性地提出树立和贯彻落实"以人为本"科学发展观、构建社会主义和谐社会、建设社会主义新农村、建设创新型国家和创新型社会、树立社会主义荣辱观、加强党的执政能力建设和党的先进性建设、推动建设和谐世界等一系列重大战略思想，形成了以科学发展观为核心的中国共产党创新理论和中国特色社会主义理论体系的最新成果，谱写着马克思主义中国化的历史新篇章。

中国特色社会主义理论体系与毛泽东思想一样，既坚持马克思主义的基本原理，又不从书本、概念和抽象的原则出发，而是一切从实际出发，深刻总结实践创造的新鲜经验并上升到理论，在推动马克思主义中国化发展的进程中卓有成效地坚持了马克思主义。中国特色社会主义理论体系与毛泽东思想一样，既是坚持马克思主义的典范，又是发展马克思主义的典范。

第五，中国特色社会主义理论体系与毛泽东思想一样，是同马克思列宁主义既一脉相承又与时俱进的科学理论。所谓一脉相承，是指中国特色社会主义理论体系与毛泽东思想具有内在的、本质上的一致性。这种内在的、本质上的一致性包括它们都具有共同尊奉的初级文本（马克思列宁主义的文本）、共同的世界观和方法论（辩证唯物主义和历史唯物主义）、共同的话语系统和言说方式、共同的价值理念（全心全意为人民服务）、共同的信仰追求（实现人的自由全面发展和共产主义社会）、共同的理论品质（与时俱进）以及共同的中国共产党人的集体智慧创造。中国特色社会主义理论体系与毛泽东思想的一脉相承性，并不是说中国特色社会主义理论体系与毛泽东思想的具体观点和具体结论完全相同，而是指其基本原理、基本观点、内在精神和思维方法的完全一致。就内在精神和思维方法而言，主要是唯物辩证的方法、深层的历史感和历史主义方法、科学的批判精神以及与时俱进的理论品质。所谓与时俱进，是指中国特色社会主义理论体系与毛泽东思想一样，都不是封闭的、宗派主义的教条体系，而是随着实践的发展而发展的科学的开放体系，其精神是革命的、批判的。中国特色社会主义理论体系是以中国共产党人站在当代人类实践、人类科学以及人类文化发展的最前沿，立足社会主义初级阶段基本国情，总结共产党执政规律、社会主义建设规律、人类社会发展规律得出的科学结论。它体现了继往与开来、坚持与发展、继承与创新的有机统一，是马克思主义中国化新的理论成果。

第七章

中国特色社会主义理论体系与苏联社会主义理论之基本特征比较分析

中国特色社会主义理论继承和发展了列宁晚年关于社会主义建设的思想，辩证扬弃了斯大林的社会主义建设理论和实践，排除了“左”倾教条主义、新自由主义和民主社会主义等社会思潮的干扰，把马克思列宁主义的基本原理同中国社会主义建设的具体实际相结合，既坚持了科学社会主义的基本原则，又根据我国实际和时代特征赋予其鲜明的中国特色，从而形成了不同于苏联社会主义模式的具有鲜明“中国特色”的社会主义模式和道路。

一、苏联社会主义理论的概念辨析

在比较分析中国特色社会主义理论和苏联社会主义理论之前，我们有必要对几个相关概念进行辨析。苏联是苏维埃社会主义共和国联盟的简称（俄语缩写 CCCP，英语缩写 USSR），存在时期较长（一般认为存在时间是 1922 年 12 月 30 日—1991 年 12 月 25 日），各个阶段所奉行的理论主张不尽相同，这就需要厘清哪些时期的理论才能够称得上是苏联社会主义理论。

这涉及以下两个方面的基本问题：第一，新经济政策时期是否构成苏联社会主义发展的一个独立时期，也就是在列宁主政时期的"新经济政策"是暂时的权宜之计还是一个长远的发展道路？第二，斯大林主政时期所奉行的社会主义理论是否就是苏联社会主义理论的典型代表？这一问题与第一个问题相关，也与如何评价斯大林之后的几位苏联领导人时期的相关思想相关。

关于第一个问题，许多学者认为"新经济政策"只是一个暂时的具有过渡性质的政策，是苏联为了解决当时所面临的政治经济危机而采用的临时手段。在这项政策出台时，当时的许多俄共领导人也持这种观点。例如，托洛茨基在共产国际第四次大会上说："新经济政策是一定空间和时间条件下的产物——这是被资本主义包围的工人国家的权宜之计。"① 之所以会产生这样的认识，一是由于"新经济政策"产生的背景比较特殊。"新经济政策"是在"战时共产主义政策"难以为继，苏维埃政权危机四伏的情况下出台的，这就使得很多人认为这项政策的目的在于稳定政局、恢复生产。二是列宁在解释"新经济政策"的必要性时，为了避免人们认为这项政策是在转向资本主义，使用了"退却"、"过渡"、"环节"等词汇。列宁指出："为了使'我们'能顺利地完成我们直接向社会主义过渡的任务，就必须懂得，需要经过哪些中间的途径、方法、手段和辅助办法，才能使资本主义以前的各种关系过渡到社会主义。"② "在最近这几年，必须善于考虑那些便于从宗法制度、从小生产过渡到社会主义的中间环节。"③ "既然退却是正确的，那么，在退却之后同农民群众汇合起来一道前进，虽然缓慢百倍，却能坚定地稳步前进，使他们随时看到我们毕竟在前进。"④ 这样的解释与当时大多数人对于社会主义的理解相结合很容易产生这种

① 参见［苏］罗·亚·麦德维杰夫：《让历史来审判》上，人民出版社1983年版，第69页。

② 《列宁选集》第4卷，人民出版社1995年版，第509页。

③ 《列宁选集》第4卷，人民出版社1995年版，第510页。

④ 《列宁全集》第43卷，人民出版社1987年版，第77页。

认识。

事实上，在列宁本人看来，新经济政策并不是一项权宜之计，而是一项需要长期坚持的方针。1921 年 5 月，在俄共（布）第十次代表会议上的总结发言中，列宁就同意奥新斯基提出的新经济政策是要“认真地和长期地”实行的这一结论。他说：“第一个结论是‘认真地和长期地’。我认为他说得完全对。‘认真地和长期地’这一点确实需要牢牢记住，好好记住。由于我们有一种传播流言的风气，现在到处都在传说目前的政策是一种带引号的政策，也就是说，是在耍政治手腕，还说一切都是权宜之计。这是不对的。如果认为这是在玩什么花招，那就是跟着那些小资产阶级庸人鹦鹉学舌了，而小资产阶级庸人不光是活跃在共产党之外。”① 在《关于新经济政策问题的决议草案》中，列宁指出：“当前的基本政治任务是使党和苏维埃的全体工作人员充分领会和确切执行新经济政策。党认为这是一个要在若干年内长期实行的政策，要求一切工作人员极其仔细和认真地加以执行。”② 1921 年 6 月，列宁在讲到新经济政策时再次强调：“我想提一下最近一次专门讨论新经济政策问题的党代表会议的决定。这次代表会议之所以临时召开，是为了使全体同志都能完全相信，正如代表会议上所说的那样，决定下来的这一政策是认真的和长期的，今后对此决不会有任何动摇了。而以前是有过不少动摇和怀疑的。”③

“新经济政策”除了表现在经济政策方面，还表现在政治体制方面。在政治体制上，列宁一直在致力于社会主义民主政治建设。在列宁主政时期，实行党的集体领导，执政的布尔什维克党的最高机关是代表大会，两次代表大会之间的最高领导机关是中央委员会，而中央委员会休会期间负责政治事务的机构是政治局。政治局是一个领导集体，列宁只是这个集体中的一员，在作决定时只有一票的权利。1921 年 3 月俄共（布）十大做出了《关于检查委员会

① 《列宁全集》第 41 卷，人民出版社 1986 年版，第 323 页。
② 《列宁全集》第 41 卷，人民出版社 1986 年版，第 327 页。
③ 《列宁全集》第 41 卷，人民出版社 1986 年版，第 347 页。

的决定》，明确规定监委与党委“平等地行使职权”。俄共（布）十一大制定的《中央检查委员会条例》，又赋予检查委员会对中央机关、俄共中央书记处、组织局、各书记、部长的检查权、质询权。即使在病重期间，列宁仍在思考国家机构的改革问题，这说明列宁始终将社会主义民主政治建设作为社会主义建设的一个关键性任务来对待。而在斯大林当政时期，集体领导、中央委员会、监察委员会的作用都被削弱了，权力过于集中到斯大林个人身上。因此，斯大林当政时期放弃的不仅是新经济政策时期的一些具体的政治、经济政策，而且是其中一些根本性的内容。

斯大林之后的几位领导人虽然对斯大林时期的社会主义发展模式进行过一些改革，但都是细枝末节的修补，并没有从体制上进行根本性的变革。而赫鲁晓夫、戈尔巴乔夫的修正主义改革又放弃了科学社会主义的根本原则。因此，斯大林时期的社会主义理论可以称得上是斯大林及其以后的继任者的代表。但也有学者建议将斯大林时期的社会主义和他以后的继任者加以区分，称为斯大林模式和斯大林改进模式。

因此，列宁当政时期与斯大林主政以后有很大的差异，这些差异不仅表现在具体制度上，在一些关于社会主义基本制度和特征等至关重要的问题上也存在差异。所以，我们在阐述苏联社会主义理论的基本特征时，将列宁和斯大林及其以后各个时期的理论分开论述。

二、中国特色社会主义理论体系与苏联社会主义理论关于什么是社会主义的理解

在社会主义理论体系中，其核心命题和理论主题是回答“什么是社会主义、怎样建设社会主义”。对于什么是社会主义，中国特色社会主义理论与苏联社会主义理论的回答既有相同之处，又存在明显的差别。

1. 列宁对于什么是社会主义的认识

对于什么是社会主义，列宁的认识经历了不断发展的过程。在

十月革命之前，列宁关于社会主义的认识来源于马克思、恩格斯关于社会主义的论述，即社会主义具有四个特征：生产资料公有制，计划经济，没有商品货币关系，没有阶级剥削和阶级差别。关于公有制和计划经济，列宁说："社会主义的目的（和实质）是：把土地、工厂等等即全部生产资料变为全社会的财富，取消资本主义生产，代之以按照总的计划进行有利于社会全体成员的生产。"① 关于商品、货币关系，列宁说："至于社会主义，那么大家知道，它就是消灭交换，谈论什么社会主义就是可笑的。"② "自由贸易就是回到资本主义奴隶制。"③

在 1918 年实行的"战时共产主义政策"中，其主要内容是：把中小工业也收归国有，加大推进农民集体化的力度，这些措施体现了消灭私有制的主张；实行余粮征集制，即实行国家对粮食的垄断和分配，禁止私人买卖和取消货币流通，其实质是在消灭商品经济；住房、水、电、粮食均统一由国家计划供应，以及进行义务劳动等，其实质也是搞计划经济。"战时共产主义政策"表面上看似乎只是暂时性的政策，但在开始时列宁并不是这样认为，即使在这一政策遇到极大困难时，他仍然建议通过制定法令加以执行。他说："我们在由于疲惫和饥饿而不得不暂时作出让步的情况下，仍然能够坚持自己的共产主义粮食政策的原则，并把这些原则坚决贯彻下去，直到共产主义在全世界彻底胜利。"④ 可见，这些政策是按照经典作家马克思恩格斯关于社会主义特征的相关论述制定的。

关于什么是社会主义，列宁还有一些著名的论断。列宁说："群众生气勃勃的创造力正是新的社会生活的基本因素。让工人着手在自己的工厂建立工人监督吧，让他们用工业品来供应农村，换取粮食吧，每一件产品、每一俄磅粮食都应当计算到，因为社会主

---

① 《列宁全集》第 4 卷，人民出版社 1985 年版，第 229 页。
② 《列宁全集》第 17 卷，人民出版社 1988 年版，第 111 页。
③ 《列宁全集》第 38 卷，人民出版社 1986 年版，第 349 页。
④ 《列宁全集》第 35 卷，人民出版社 1985 年版，第 412 页。

义首先就是计算。"① "社会主义就是计算。如果你们愿意对每一块铁和每一块布都实行计算和监督，那就是社会主义。"② "计算和监督是社会主义的实质。"③ 从这些论断的背景来看，列宁主张通过工人的监督和计算防止敌对势力的破坏。之所以要加强监督和计算，一是由于新政权尚缺乏相关法令，不能通过法令有效地对各种敌对活动进行惩处；二是与列宁关于共产主义社会的设想有关。他认为，在共产主义第一阶段，"计算和监督，——这就是把共产主义社会第一阶段'调整好'，使它能正常地运转所必需的主要条件。在这里，全体公民都成了国家（武装工人）雇用的职员。全体公民都成了一个全民的、国家的'辛迪加'的职员和工人。全部问题在于要他们在正确遵守劳动标准的条件下同等地劳动，同等地领取报酬。对这些事情的计算和监督已被资本主义简化到了极点，而成为非常简单、任何一个识字的人都能胜任的手续——进行监察和登记，算算加减乘除和发发有关的字据"。④ 从这段论述可以看出，列宁关于计算、监督与社会主义的关系是从计划经济的特征中推理出来的。

在战时共产主义政策时期，列宁关于社会主义的论断中，有一个有深远影响的论断："在任何社会主义革命中，当无产阶级夺取政权的任务解决以后，随着剥夺剥夺者及镇压他们反抗的任务大体上和基本上解决，必然要把创造高于资本主义社会的社会经济制度的根本任务，提到首要地位；这个根本任务就是：提高劳动生产率。"⑤ 与大力发展生产力的说法紧密相关，列宁还提出了几个关于什么是社会主义的著名命题和公式。例如，"苏维埃政权+普鲁士的铁路管理制度+美国的技术和托拉斯组织+美国的国民教育等

① 《列宁全集》第33卷，人民出版社1985年版，第52~53页。
② 《列宁全集》第33卷，人民出版社1985年版，第59页。
③ 《列宁全集》第33卷，人民出版社1985年版，第192页。
④ 《列宁全集》第31卷，人民出版社1985年版，第96~97页。
⑤ 《列宁全集》第34卷，人民出版社1985年版，第168页。

等等等++=总和=社会主义”①。“共产主义=苏维埃政权+电气化”②。从这些内容看，这些论断并不是对于社会主义本质的论断，而是建设社会主义必要条件的论述，其主旨在于强调建设社会主义要通过大力发展科技、教育、文化和提高管理水平迅速提高和发展生产力。可以看出，实行新经济政策之前的列宁关于社会主义的看法，并没有突破马克思、恩格斯所描述的社会主义，对什么是社会主义，列宁仍然从公有制、计划经济、消灭商品货币和阶级差别等方面加以认识。

在推行“新经济政策”之后，列宁对于什么是社会主义的观点发生了很大变化。从“新经济政策”的主要内容看，列宁认为，社会主义=工农联盟+国家资本主义+商业贸易。在新经济政策遭到广泛质疑时，列宁指出：“国家支配着一切大的生产资料，无产阶级掌握着国家政权，……难道这不是我们所需要的一切，难道这不是我们通过合作社……建成完全的社会主义社会所必需的一切吗？这还不是建成社会主义社会，但这已是建成社会主义社会所必需而且足够的一切。”③“在生产资料公有制的条件下，在无产阶级对资产阶级取得了阶级胜利的条件下，文明的合作社工作者的制度就是社会主义的制度。”④可见，此时的列宁认为社会主义=无产阶级专政+生产资料公有制+合作社。

承认合作社制度就是社会主义的制度，主张国家支配大的生产资料，实质上就是承认家庭、私人资本企业和国家资本主义也是社会主义生产的主体，这等于否认了社会主义是单一公有制。由于多种所有制主体的存在，商品的交换和市场也必须存在。基于同样的原因，国家对经济的计划只能部分实行，这意味着列宁已经将计划经济与社会主义本质分离开来了，当然，列宁并没有明确地指出这一点。

---

① 《列宁文稿》第3卷，人民出版社1978年版，第520页。

② 《列宁全集》第40卷，人民出版社1986年版，第223页。

③ 《列宁全集》第43卷，人民出版社1987年版，第362页。

④ 《列宁全集》第43卷，人民出版社1987年版，第365页。

从这一阶段列宁关于什么是社会主义的论断看，“无产阶级专政”和“公有制”这两项还是得到了坚持，只是在所有制的形式上不再是单一的国有制，而是多种所有制共存；商品货币关系得到了恢复，这等于部分取消计划经济；而多种形式私有制的存在也等于否定了消灭阶级和阶级差别的主张。

在取得这些重要突破的同时，列宁在社会主义的价值和标准问题上也有了新的认识。“目前我们踏上了实干的道路，我们必须走向社会主义，但不是把它当作用庄严的色彩画成的圣像。我们必须采取正确的方针，必须使一切都经过检验，让广大群众，全体居民都来检验我们的道路，并且说：‘是的，这比旧制度好。’这就是我们给自己提出的任务。”① “社会主义现在已经不是一个遥远将来，或者什么抽象图景，或者什么圣像的问题了。说到圣像，我们仍持原来那种否定的看法。我们把社会主义拖进了日常生活，我们应当弄清这一点。”② 在这里，列宁提出了一个判断社会主义的标准，即广大人民群众的认可，而评价的内容则是日常生活方面，而不是依据理想和目标是否高尚。这是一个在苏联和许多国家的社会主义实践中没有得到充分重视的问题，即没有把路线、方针、政策与人民群众的日常生活紧密结合起来，没有充分考虑广大人民群众的现实需求。

综上所述，我们可以发现，在实行新经济政策的实践过程中，列宁形成了比较完整的什么是社会主义的认识。具体来说包括：社会主义的根本任务是发展生产力，是创造出高于资本主义的劳动生产率；社会主义的经济特征是生产资料公有制加按劳分配；社会主义的政治特征是无产阶级民主和无产阶级专政的国家政权；社会主义的文化特征是国民具有较高的科学文化素质和共产主义的思想；社会主义必须使人民的实际生活好于资本主义。而在所有制形式、商品货币、消灭阶级及阶级差别问题上则与以前有明显的不同。因此，就对社会主义的认识来说，列宁在新经济政策时期的观点是比

① 《列宁全集》第43卷，人民出版社1987年版，第301页。

② 《列宁全集》第43卷，人民出版社1987年版，第302页。

较成熟的。

2. 斯大林对于什么是社会主义的认识

在早年，斯大林就认为在未来的社会主义社会里，“不会有任何阶级存在：既不会有资本家，也不会有无产者，因此也就不会有剥削”①。可见，在这里斯大林强调的是社会的阶级构成问题，强调的是没有阶级和剥削，其侧重的是社会公平问题。在1927年《和第一个美国工人代表团的谈话》中，斯大林说：“马克思和恩格斯把无产阶级专政时期看作相当长的充满革命搏斗和国内战争的时期，掌握政权的无产阶级在这个时期内采取经济上、政治上、文化上和组织上的种种必要措施，以便建立社会主义的新社会、没有阶级的社会、没有国家的社会，来代替资本主义的旧社会。”② 在1931年，他说：“要在把苏联变为工业国家的同时彻底排挤资本主义分子，扩大社会主义经济形式的战线，建立起在苏联消灭阶级和建成社会主义社会的经济基础。”③ 在1934年，他说：“我们正向着建立无阶级的社会主义社会前进。”④ 从以上引文中可以看出，从他早年一直到他主政期间，其始终主张社会主义没有阶级存在，在他看来，实现没有阶级存在的手段就是要依靠无产阶级专政。因此，无产阶级专政和没有阶级存在是斯大林关于什么是社会主义的核心内容。

在所有制方面，斯大林坚持生产资料公有制是社会主义的经济基础。他说：“关于建成社会主义经济的问题，则包括**整个**国民经济，**既**包括工业，**也**包括农业。因为建成社会主义的问题，是组织整个国民经济的问题，是使工业同农业**正确结合**的问题……如果工业与农业因此不能组成一个统一的国民经济的整体，那就根本不会有社会主义。”⑤ 正是基于这样的认识，他才主张实行农业集体化，

---

① 《斯大林全集》第1卷，人民出版社1953年版，第305页。
② 《斯大林选集》上卷，人民出版社1979年版，第612页。
③ 《斯大林全集》第13卷，人民出版社1956年版，第158页。
④ 《斯大林全集》第13卷，人民出版社1956年版，第310页。
⑤ 《斯大林选集》上卷，人民出版社1979年版，第386页。

反对新经济政策中的农业政策。他说："目前苏维埃制度是建立在两种不同的基础上：联合的社会主义化的工业和以生产资料私有制为基础的个体小农经济。苏维埃制度能不能长久地建立在这两种不同的基础上呢？不，不能。"① "所以，要巩固苏维埃制度并使我国社会主义建设获得胜利，单是工业社会主义化是完全不够的。为此还必须从工业社会主义化进到整个农业社会主义化。"② 由于斯大林把生产资料公有制作为社会主义的本质特征，所以，在农业集体化完成之后，他就宣布："我们已经走出旧意义上的过渡时期而进入在全线直接展开大规模社会主义建设的时期。很明显，虽然我们离建成社会主义社会和消灭阶级差别还很远，但是我们已经进入社会主义时期。"③ 社会主义社会的"经济基础在苏联已经建成了"④。

斯大林认为："随着剥削的消灭，商品生产和买卖也会消灭，因此那里不会有劳动力的购买者和出卖者、雇佣者和被雇佣者存在的余地。"⑤ 这里将社会主义与商品经济对立起来了。尽管斯大林也提出过商品生产的思想，但是他所说的商品生产有很大的局限性，只限于全民所有制和集体所有制之间的商品生产和商品交换，特别是个人消费品的交换。他说："我国的商品生产并不是通常的商品生产，而是特种的商品生产，是没有资本家参加的商品生产，它所涉及的基本上都是联合起来的社会主义生产者（国家、集体农庄、合作社）所生产的商品。它的活动范围只限于个人消费品。显然，它决不能发展为资本主义生产。"⑥ 因此，在经济运行机制上，斯大林将社会主义与商品经济对立起来了。

综上所述，在什么是社会主义问题上，斯大林把无产阶级专政、公有制、计划经济作为社会主义的本质要求。与列宁不同的

---

① 《斯大林全集》第11卷，人民出版社1955年版，第7页。
② 《斯大林全集》第11卷，人民出版社1955年版，第7页。
③ 《斯大林全集》第13卷，人民出版社1956年版，第7页。
④ 《斯大林全集》第13卷，人民出版社1956年版，第192页。
⑤ 《斯大林全集》第1卷，人民出版社1953年版，第305~306页。
⑥ 《斯大林选集》下卷，人民出版社1979年版，第551页。

是，在公有制和计划经济问题上两者的理解并不一致。列宁主张大生产资料公有制，主张多种所有制并存，主张利用市场发展经济。

斯大林之后的苏共领导人在无产阶级专政、公有制、计划经济方面都基本沿袭了斯大林的做法，所以在什么是社会主义问题上，斯大林的观点是他们的典型代表。

3. 中国、苏联关于什么是社会主义认识之异同

中国特色社会主义理论体系中关于什么是社会主义的认识是以邓小平的社会主义本质论为基础的。在中国特色社会主义理论体系中，邓小平对社会主义本质有明确、全面和深刻的论述。而在苏联社会主义理论中，虽然列宁和斯大林对于什么是社会主义也有丰富的论述，但并没有像邓小平的社会主义本质论那样明确的表述。

关于生产力在社会主义社会中的地位和作用，邓小平说："社会主义的首要任务是发展生产力，逐步提高人民的物质和文化生活水平。从一九五八年到一九七八年这二十年的经验告诉我们：贫穷不是社会主义，社会主义要消灭贫穷。不发展生产力，不提高人民的生活水平，不能说是符合社会主义要求的。"① 在著名的南方谈话中，邓小平全面而深刻地论述了社会主义的本质，他指出："社会主义的本质，是解放生产力，发展生产力，消灭剥削，消除两极分化，最终达到共同富裕。"② 在这里，生产力成为社会主义本质的第一条内容。

关于生产力的地位和作用，列宁和斯大林也有相似的论述。列宁认为，"在任何社会主义革命中，当无产阶级夺取政权的任务解决以后，随着剥夺剥夺者及镇压他们反抗的任务大体上和基本上解决，必然要把创造高于资本主义社会的社会经济制度的根本任务，提到首要地位；这个根本任务就是：提高劳动生产率"③。"无产阶级夺取政权之后，它的最根本的需要就是增加产品数量，大大提高

① 《邓小平文选》第 3 卷，人民出版社 1993 年版，第 116 页。
② 《邓小平文选》第 3 卷，人民出版社 1993 年版，第 373 页。
③ 《列宁全集》第 34 卷，人民出版社 1985 年版，第 168 页。

社会主产力。"① "劳动生产率，归根到底是保证新社会制度胜利的最重要最主要的东西。"② "提高劳动生产率是一个根本的任务，认为不这样就不可能最终地过渡到共产主义。"③ 斯大林也认为，社会主义的俄国应该大力发展生产力，只有这样，才能最终战胜资本主义制度，"我们才可以期望我国将有充裕的消费品，丰富的产品，我们才可能从共产主义的第一阶段过渡到共产主义的第二阶段"④。

关于生产力在社会主义中的地位和作用，邓小平借鉴和吸收了列宁、斯大林关于生产力的相关思想。所不同的是，邓小平明确地将解放、发展生产力作为社会主义的本质，这在提法上进一步将社会主义与生产力之间的关系明确化；另外，邓小平提出了解放生产力问题。他认为，"社会主义基本制度确立以后，还要从根本上改变束缚生产力发展的经济体制，建立起充满生机和活力的社会主义经济体制，促进生产力的发展，这是改革，所以改革也是解放生产力。"⑤ 通过改革经济体制来解放和发展生产力是邓小平的理论创新，他说："过去，只讲在社会主义条件下发展生产力，没有讲还要通过改革解放生产力，不完全。应该把解放生产力和发展生产力两个讲全了。"⑥

在所有制问题上，邓小平始终强调："一个公有制占主体，一个共同富裕，这是我们所必须坚持的社会主义的根本原则。"⑦ 在中国共产党的政治报告中，一直坚持将公有制作为基本的经济制度。在这个问题上，邓小平与列宁和斯大林的观点原则上是一致的。

但是，在这个问题上，中国特色社会主义理论体系与苏联社会

① 《列宁全集》第 42 卷，人民出版社 1987 年版，第 369 页。
② 《列宁选集》第 4 卷，人民出版社 1972 年版，第 16 页。
③ 《列宁选集》第 3 卷，人民出版社 1972 年版，第 748 页。
④ 斯大林：《列宁主义问题》，人民出版社 1971 年版，第 675 页。
⑤ 《邓小平文选》第 3 卷，人民出版社 1993 年版，第 370 页。
⑥ 《邓小平文选》第 3 卷，人民出版社 1993 年版，第 370 页。
⑦ 《邓小平文选》第 3 卷，人民出版社 1993 年版，第 111 页。

主义理论也存在着差异。中国特色社会主义理论坚持以社会主义公有制为主体、多种所有制共同发展的基本经济制度。这一主张与列宁在新经济政策时期的主张相似，与斯大林主政后有所不同。在斯大林主政时期及其他苏共领导人主政时期，苏联只有国有和集体两种所有制，即只有公有制，没有私有制和混合所有制。

在社会主义经济体制问题上，列宁将社会主义与计划经济分离开来，斯大林及其以后的苏共领导人则推行高度集中的计划经济。从认识上说，新经济政策时期的列宁并不把计划经济视为社会主义的本质要求，而斯大林等则与之相反，将计划经济看做社会主义的本质特征之一。关于计划经济与社会主义的关系，邓小平则明确指出："计划多一点还是市场多一点，不是社会主义与资本主义的本质区别。计划经济不等于社会主义，资本主义也有计划；市场经济不等于资本主义，社会主义也有市场。计划和市场都是经济手段。"① 因此，邓小平实质上继承并发展了列宁的思想，而抛弃了斯大林及其以后领导人的主张。

在社会主义本质论中，邓小平指出：社会主义要消灭剥削、消除两极分化，最终实现共同富裕。在如何达到这一目标问题上，邓小平把坚持公有制、按劳分配作为不产生两极分化、实现共同富裕的前提。他说："一个公有制占主体，一个共同富裕，这是我们所必须坚持的社会主义的根本原则。"② "坚持社会主义，实行按劳分配的原则，就不会产生贫富过大的差距，再过二十年、三十年，我国生产力发展起来了，也不会两极分化。"③ 可见，在邓小平看来，公有制和按劳分配是实现这一目标的基础。

作为社会发展目标，无论是列宁和斯大林都是主张消灭阶级剥削、消除两极分化，也都是把这看做社会主义的本质。但在实现手段上，邓小平与列宁的做法相似，将这一目标看做一个长期发展的过程，并采用符合经济社会发展规律的做法。而斯大林则采用了强

---

① 《邓小平文选》第 3 卷，人民出版社 1993 年版，第 373 页。

② 《邓小平文选》第 3 卷，人民出版社 1993 年版，第 111 页。

③ 《邓小平文选》第 3 卷，人民出版社 1993 年版，第 64 页。

制的方法，消灭阶级，取消私有制。这种不顾实际情况，超越社会发展阶段的做法不但付出了巨大的代价，而且也并没有真正实现这一目标。

最后，我们对中国特色社会主义理论体系与苏联社会主义理论中判断社会主义本质的基本出发点作一个简单对比。我们知道，马克思、恩格斯关于社会主义基本特征的设想是建立在发达资本主义基础之上的，同时，毕竟在他们生活的时代并没有社会主义社会的制度存在，因此，他们所描述的社会主义的基本特征更多地是在与资本主义基本特征相对立的意义上提出的，并且对于社会主义的认识更多地带有一些理想色彩。而且马克思用“共产主义”一词比较多，用“社会主义”一词比较少。至于现实的社会主义究竟是什么，怎样建设，马克思和恩格斯没有也不可能加以具体论述。

在十月革命胜利之初，列宁提出了“战时共产主义政策”，试图以马克思、恩格斯所描述的社会主义特征为依据建设社会主义。在“战时共产主义政策”遭到挫折之后，列宁果断地提出了“新经济政策”。与“战时共产主义政策”相比较，“新经济政策”的出发点是基于俄国的政治、经济等各方面的现实情况之上的，充分考虑到了所面临的国内外局势，这就是“新经济政策”迅速取得成效的根本原因。

在新经济政策时期，对于什么是社会主义，列宁指出：“目前我们踏上了实干的道路，我们必须走向社会主义，但不是把它当作用庄严的色彩画成的圣像。我们必须采取正确的方针，必须使一切都经过检验，让广大群众，全体居民都来检验我们的道路，并且说：‘是的，这比旧制度好。’这就是我们给自己提出的任务。”①“社会主义现在已经不是一个遥远将来，或者什么抽象图景，或者什么圣像的问题了。说到圣像，我们仍持原来那种否定的看法。我们把社会主义拖进了日常生活，我们应当弄清这一点。”② 在这里，列宁提出了至关重要的两点：一是社会主义必须使人民的生活水平

① 《列宁全集》第43卷，人民出版社1987年版，第301页。
② 《列宁全集》第43卷，人民出版社1987年版，第302页。

得到全面的提高；二是要让人民来决定、检验各种方针政策。第一点意味着社会主义建设的目标应该是不断提高人民群众的物质文化生活水平，而不是相反，即不能为了高远的“理想目标”而置人民的实际生活、现实利益于不顾；第二点意味着要加强社会主义民主政治建设，要真正实现人民当家做主。对照这两点，斯大林及其以后的苏联社会主义实践都没有做好。斯大林开创的农业发展模式是上述两点的反面典型。在如何发展农业的问题上，斯大林时期不是根据人民的生活需要和意愿，而是凭借书本中对社会主义的描述，靠暴力强制推行农业集体化。

中国特色社会主义理论体系继承并且发展了列宁晚年关于社会主义建设的思想。邓小平始终把提高人民的生活水平作为社会主义的重要内容，他说：“社会主义的优越性归根到底要体现在它的生产力比资本主义发展得更快一些、更高一些，并且在发展生产力的基础上不断改善人民的物质文化生活。”① “不坚持社会主义，不改革开放，不发展经济，不改善人民生活，只能是死路一条。”② 在他著名的“三个有利于标准”中，第三个“有利于”就是“是否有利于提高人民的生活水平”③。而在“三个代表”重要思想以及“科学发展观”等重大战略思想视域中，“立党为公、执政为民”，“权为民所用、情为民所系、利为民所谋”、“以人为本”，“社会和谐”成为中国共产党人的执政理念和中国特色社会主义的重要特征。

三、中国特色社会主义理论体系与苏联社会主义理论关于怎样建设社会主义的理解

1. 列宁晚年关于社会主义建设的思想

经济文化比较落后的国家如何建设社会主义，一直是社会主义

---

① 《邓小平文选》第 3 卷，人民出版社 1993 年版，第 63 页。
② 《邓小平文选》第 3 卷，人民出版社 1993 年版，第 370 页。
③ 《邓小平文选》第 3 卷，人民出版社 1993 年版，第 372 页。

国家建设的高难度课题。由于马克思和恩格斯生活在自由资本主义时代，当时并没有社会主义社会这样一个现实而具体的研究对象，因此，他们只能通过比较未来共产主义社会（包括它的第一阶段社会主义社会）与资本主义社会的不同特征，并且从与资本主义社会相对立的意义上非常谨慎地预测、描绘和揭示未来共产主义社会的一般特征。在《1844年经济学—哲学手稿》、《德意志意识形态》、《共产主义原理》、《共产党宣言》、《资本论》、《哥达纲领批判》、《社会主义从空想到科学的发展》以及晚年的历史学、人类学笔记等著作中，马克思恩格斯只是对共产主义社会的一般特征和未来发展作了大体的预测和描绘。其中包括：生产力高度发达、社会产品极大丰富；全社会共同占有生产资料，消灭私有制；根据社会需要对社会生产进行有计划调节，消灭商品、货币；在共产主义第一阶段（即社会主义阶段）对个人消费品实行按劳分配，到共产主义高级阶段实行按需分配；从资本主义社会到共产主义社会的过渡时期的国家只能是无产阶级专政，随后，阶级逐步消灭、国家逐步消亡；在共产主义社会的高级阶段，随着生产力的高度发展和人们思想道德文化水平的极大提高，每个人的自由全面发展将是一切人自由全面发展的条件，人与自然之间、人与社会之间、人与人之间和谐发展，人类彻底解放。

列宁曾高度评价马克思和恩格斯对未来共产主义的科学预测。认为这种预测绝不是乌托邦的空想。因为“马克思的全部理论，就是运用最彻底、最完整、最周密、内容最丰富的发展论去考察现代资本主义。自然，他也就要运用这个理论去考察资本主义的即将到来的崩溃和未来共产主义的未来的发展”①。对于什么是社会主义、怎样建设社会主义，十月革命胜利之前，列宁基本上是按照马克思恩格斯的上述观点来理解和进行的。他认为，“无产阶级的社会革命以生产资料和流通手段的公有制代替私有制，有计划地组织社会生产过程来保证社会全体成员的福利和全面发展，将消灭社会的阶级划分，从而解放全体被压迫的人类，因为它将消灭社会上一

① 《列宁选集》第3卷，人民出版社1995年版，第186页。

部分人对另一部分人的一切形式的剥削。”① 这是十月革命胜利之前列宁对社会主义基本特征比较全面的回答。由于马克思和恩格斯主要是根据西欧资本主义各国（特别是当时英国）生产力比较发达的情况预测未来社会主义的，以马克思、恩格斯对社会主义的设想来指导经济文化比较落后的俄国社会主义改造和建设，在实践中遇到了许多困难。于是，列宁把马克思主义的基本原理与俄国社会主义建设的具体实践相结合，对于经济文化比较落后的苏维埃俄国进行社会主义建设，提出了以下根本观点：俄国社会主义建设的道路不同于西方；必须渐进地、缓慢地推进社会主义建设的过程；建设社会主义必须发展生产力，大力提高劳动生产率；建设社会主义必须发展先进文化；建设社会主义必须利用商品货币；必须利用资本主义建设社会主义；必须有步骤地发展社会主义民主。② 列宁晚年关于社会主义建设的思想，极大地丰富和发展了马克思、恩格斯的社会主义理论。

列宁是继承和发展马克思主义的楷模。在列宁看来，马克思主义是布尔什维克党必须坚持的指导思想。“我们完全以马克思的理论为依据，因为它第一次把社会主义从空想变成科学，给这个科学奠定了巩固的基础，指出了继续发展和详细研究这个科学所应遵循的道路。……它说明了革命的社会党的真正任务不是臆造种种改造社会的计划，不是劝导资本家及其走狗改善工人的处境，不是策划密谋，而是组织无产阶级的阶级斗争，领导这一斗争，而斗争的最终目的是由无产阶级夺取政权并组织社会主义社会。”③ 列宁始终坚信马克思主义的科学性和真理性：“从马克思的理论是客观真理这一为马克思主义者所同意的见解出发，所能得出的唯一结论就是：沿着马克思的理论的道路前进，我们将愈来愈接近客观真理（但决不会穷尽它）；而沿着任何其他的道路前进，除了混乱和谬

---

① 《列宁全集》第 36 卷，人民出版社 1985 年版，第 402 页。

② 参见顾海良、梅荣政主编：《科学社会主义理论与实践》，武汉大学出版社 2006 年版，第 100~105 页。

③ 《列宁全集》第 4 卷，人民出版社 1985 年版，第 160 页。

误之外，我们什么也得不到。”① “直到现在，革命已经一再证明了马克思主义的一切基本理论原理和社会民主党的一切重要口号是正确的。”② 因此，“只有革命马克思主义的理论，才能成为工人阶级运动的旗帜”③。

虽然列宁主张将马克思主义作为指导思想，但列宁坚决反对教条主义地对待马克思主义。列宁指出：“我们决不把马克思的理论看作某种一成不变的和神圣不可侵犯的东西；恰恰相反，我们深信：它只是给一种科学奠定了基础，社会党人如果不愿落后于实际生活，就应当在各方面把这门科学推向前进。我们认为，对于俄国社会党人来说，尤其需要独立地探讨马克思的理论，因为它所提供的只是总的指导原理，而这些原理的应用具体地说，在英国不同于法国，在法国不同于德国，在德国又不同于俄国。”④ “现在必须弄清一个不容置辩的真理，这就是马克思主义者必须考虑生动的实际生活，必须考虑现实的确切事实，而不应当抱住昨天的理论不放，因为这种理论和任何理论一样，至多只能指出基本的、一般的东西，只能大体上概括实际生活中的复杂情况。”⑤

要坚持和发展马克思主义，就要有坚持真理、修正错误的勇气。在“战时共产主义政策”时期，列宁实际上是按照马克思和恩格斯关于社会主义的特征来向社会主义过渡的，尽管“战时共产主义政策”对于维护新生的苏维埃政权发挥了重要的历史作用，但列宁在发现了这一政策的弊端之后，坚决果断地停止了这一政策。列宁的做法体现了对待马克思主义的科学态度，也显示了敢于修正错误的理论和实践勇气。

2. 斯大林关于社会主义建设的思想

如何在面临帝国主义重重包围的经济文化比较落后的俄国建

---

① 《列宁全集》第 18 卷，人民出版社 1988 年版，第 145 页。
② 《列宁全集》第 12 卷，人民出版社 1987 年版，第 80 页。
③ 《列宁全集》第 4 卷，人民出版社 1985 年版，第 155 页。
④ 《列宁选集》第 1 卷，人民出版社 1995 年版，第 274~275 页。
⑤ 《列宁选集》第 3 卷，人民出版社 1995 年版，第 26~27 页。

设、巩固和发展社会主义，斯大林与列宁既有一致性，也有差别性。在马克思主义的指导地位问题上，斯大林与列宁的主张是一致的。斯大林认为："只有掌握了马克思列宁主义理论的党，才能信心百倍地前进，并引导工人阶级前进。相反地，没有掌握马克思列宁主义理论的党，却不得不徘徊摸索，对自己的行动失去信心，没有能力引导工人阶级前进。"①

而在对待马克思主义问题上，斯大林同样坚决地反对教条主义。他说："不能要求距今四十五至五十五年以前的马克思主义经典作家预见到每一个别国家在遥远的将来所发生的所有一切历史曲折。如果要求马克思主义的经典作家对每一个别国家在五十至一百年以后可能发生的一切理论问题都给我们作出现成答案，使我们这些马克思主义经典作家的后代可以安然地躺在暖炕上来咀嚼这些现成的答案，那就太可笑了。"② "马克思主义这一科学是不能停滞不前的，——它是在发展着和完备着。马克思主义在自己的发展中不能不以新的经验、新的知识丰富起来，——因此，它的个别公式和结论不能不随着时间的推移而改变，不能不被适应于新的历史任务的新公式和新结论所代替。马克思主义不承认绝对适应于一切时代和时期的不变的结论和公式。马克思主义是一切教条主义的敌人。"③

既然马克思主义不可能对以后的具体问题提供直接的方法和答案，那么，俄国社会主义建设就应该把马克思主义与俄国具体实际相结合。斯大林说："但是我们可以而且应当要求现代的马克思列宁主义者不局限于背熟马克思主义的个别的一般原理，而要领会马克思主义的实质，学会经常考虑到社会主义国家在我国存在几十年的经验，最后，并学会根据这个经验和马克思主义的实质，把马克思主义的个别的一般原理具体化，使其更加确切和完善。"④

① 《斯大林选集》下卷，人民出版社 1979 年版，第 615 页。
② 《斯大林选集》下卷，人民出版社 1979 年版，第 468 页。
③ 《斯大林选集》下卷，人民出版社 1979 年版，第 538 页。
④ 《斯大林选集》下卷，人民出版社 1979 年版，第 468 页。

斯大林认为，马克思主义是科学，同样也需要不断丰富和发展。他说："马克思主义是什么呢？马克思主义就是科学。如果马克思主义不用无产阶级阶级斗争的新经验来丰富自己，如果它不从马克思主义观点，不从马克思主义方法的角度来吸取这些经验，马克思主义这门科学能保持和发展吗？显然是不能的。"① "马克思主义要求在保持马克思主义观点、保持马克思主义方法的条件下根据新的经验来改善和丰富旧公式。"② "科学上的规定向来都是由实践，由经验来检验的。如果科学和实践、和经验断绝了关系，那它还算什么科学呢？""科学所以叫作科学，正是因为它不承认偶像，不怕推翻过时的旧事物，很仔细地倾听经验和实践的呼声。"③ "马克思列宁主义的理论是关于社会发展的科学，关于工人运动的科学，关于无产阶级革命的科学，关于共产主义社会建设的科学。它既是一种科学，就不会也不可能停留不前，而会不断发展和不断完善。显然，它在自己的发展进程中不能不用新的经验和新的知识来丰富自己；它的某些原理和结论不能不随着时间的推移而改变，不能不用适合于新的历史条件的新结论和新原理来代替。"④ 斯大林在这里不但指出马克思主义需要随实践的发展而发展，同时也指出马克思主义本身也要接受经验的检验。

斯大林将马克思主义的内容作了简单的划分，即基本原理部分和具体原理与结论。对于斯大林来说，马克思主义的基本原理与基本方法无疑是正确的，但具体的原理与结论则可能过时。因此，对后者要具体分析。在这个问题上，斯大林的说法比列宁更加明确，提出了区分马克思主义的字句与实质的主张。他说："掌握马克思列宁主义理论，决不是说要熟读它的一切公式和结论，抱住这些公式和结论的每一个字句不放。要掌握马克思列宁主义理论，首先必

① 《斯大林选集》上卷，人民出版社 1979 年版，第 570 页。
② 《斯大林选集》上卷，人民出版社 1979 年版，第 570 页。
③ 《斯大林选集》下卷，人民出版社 1979 年版，第 384 页。
④ 《斯大林选集》下卷，人民出版社 1979 年版，第 615 页。

须学会把它的字句和实质区别开来。”①“列宁的伟大，正在于他没有做马克思主义字句的俘虏，而善于抓住马克思主义的实质，并从这个实质出发，向前发展了马克思和恩格斯的学说。”②

马克思主义的实质是什么呢？斯大林认为，“辩证法是马克思主义的灵魂”。③ 而关于辩证法，斯大林的理解是：辩证法认为，自然界是一个有机联系的整体；自然界是不断运动和变化，不断更新和发展的；发展是有规律的由量变到质变的转化，发展是通过事物内在矛盾的揭露、冲突和克服而进行的。④ 总之，辩证法就是关于发展的科学。由此，斯大林提出一个方法论，“一切以条件、地点和时间为转移”。⑤ 由此我们可以看出，关于马克思主义的灵魂、实质，斯大林与列宁所说的具体问题具体分析是一致的，只不过斯大林把“具体”分解为“条件”、“地点”、“时间”。

由上述内容可以看出，斯大林在对待马克思主义问题上坚决反对教条主义，主张根据实践丰富和发展马克思主义。

那么，在对待自己的理论上，斯大林也是主张“一切以条件、地点和时间为转移”。例如，斯大林的民族问题分析曾被列宁称为首屈一指的马克思主义理论，但当谢米奇在十月革命后仍引证斯大林在1921年关于民族问题是资产阶级革命一部分的观点时，他批评道：“离开空间和时间，离开当前活的历史环境来引证别人的话，因而违反了辩证法最基本的要求，他没有考虑到在某个历史环境下是正确的东西在另一个历史环境下可能是不正确的。”⑥ 当有人引用斯大林十月革命后关于资本主义与社会主义“谁战胜谁”的观点时，斯大林说这在纯理论上是对的，但在实践上却不适合了，“如果在已经改变了的新的条件下还继续实行旧政策，那是不

① 《斯大林选集》下卷，人民出版社1979年版，第615页。
② 《斯大林全集》第8卷，人民出版社1954年版，第222页。
③ 《斯大林选集》下卷，人民出版社1979年版，第164页。
④ 参见《斯大林选集》下卷，人民出版社1979年版，第425~429页。
⑤ 《斯大林选集》下卷，人民出版社1979年版，第430页。
⑥ 《斯大林全集》第7卷，人民出版社1958年版，第185页。

正确的和不合辩证法的。”①

总之，斯大林在对待马克思主义和自己的理论上都主张具体问题具体分析，一切以条件、地点和时间为转移。显然，斯大林在理论上是反对教条主义的，那么在实践中斯大林是教条主义者吗？我们只有通过对斯大林时期社会主义的实践模式（斯大林模式）的分析，才能得出结论。

斯大林模式（也称为苏联社会主义模式）是苏联人民在斯大林的领导下，在进行社会主义建设过程中逐步形成的一种经济、政治、文化管理体制，是社会主义在苏联的具体实现形式。斯大林模式有以下典型的特点：政治权力高度集中，党政不分，政企不分，以党代政，以政代企；在所有制上追求单一的公有制形式，分配上带有平均主义色彩；实现高度集中统一的指令性计划管理和高度集权的部门管理，排斥市场机制的作用；实行高度集中思想文化管理体制，进行严密的意识形态控制，领袖的言论成为裁判真理的标准。斯大林模式从20世纪20年代末一直到50年代斯大林执政时期在苏联一直没有改变，甚至一度成为世界社会主义的唯一模式和“样板”。1953年3月斯大林逝世后，苏联的政治、经济、文化状况发生了很大的变化，但是，斯大林领导时期建立的社会主义社会基本框架即1936年宪法规定的基本原则依然沿袭下来，直到20世纪80年代中期。

斯大林模式曾经起过重要的历史作用，它适应了落后国家求生存、求发展的迫切需要，初步显示出社会主义可以集中力量办大事等巨大的优越性，为苏联积累力量打败德国法西斯，取得卫国战争的胜利奠基了基础，并且为世界社会主义国家的发展提供了一个可资借鉴的发展模式。但是，随着苏联社会主义建设实践的发展，这种模式日益僵化，弊端日益凸显。主要弊端是：经济上，单一的所有制形式，过分集中的、排斥市场经济的计划经济，造成了经济运行机制的日趋僵化；过分强调优先发展重工业和军事工业，忽视农业和轻工业，造成国民经济各部门的比例失调；平均主义的分配方

① 《斯大林全集》第13卷，人民出版社1956年版，第66页。

式，影响企业和劳动者积极性的提高。政治上，政治权力高度集中于少数领导人，缺乏有效的民主监督，法治不健全；没有正确处理好党政关系、政企关系、中央和地方的关系，党政不分、政企不分、以党代政、以政代企情况比较普遍；机构臃肿，官僚主义严重。思想文化上，实行高度集中思想文化管理体制，用行政手段甚至政治斗争手段处理思想和学术问题，甚至将领袖的言论作为裁判真理的标准。

从历史背景看，斯大林模式的形成与当时的国际形势和斯大林等苏共领导人对战争的担忧有直接关系。就苏联国内来说，由于当时的苏联是唯一的社会主义国家，刚刚经历过资本主义国家的武装干涉，再加上连年战争，国家实力大减，因此，斯大林等人对资本主义国家是否会再发动侵苏战争非常担忧。我们可以从当时斯大林等人的讲话中看到这一点。1925 年 1 月，许多国家纷纷承认苏联，国际局势比较稳定，在这样的情况，斯大林还是认为："近来国际形势已经开始起根本的变化。向我们预示新的纠纷即将发生的一些新的前提正日益成熟"，① "由于战争的前提日益成熟而使战争的爆发不可避免（当然不是明天，不是后天，而是几年以后）"。② "意味着集中一切力量来进一步发展工业。"③ 1925 年 12 月召开的联共（布）十四大初步确定了通过优先发展重工业来实现工业化的经济发展战略。这一战略的确定既是从苏联的国情出发，也明显与对国际局势的估计相关。

1927 年 5 月英国宣布与苏联断绝外交关系与商务关系，张伯伦发起英、法、德、日、意等六国外长会议，提出"和共产国际作斗争"的口号。国际上掀起了反苏浪潮，苏联多个驻外使馆和商务机构受到袭击，苏联驻波兰大使在华沙被刺身亡。1927 年 8 月联共中央和监委联席会议决议指出："反革命的反苏战争危险是目前时期最尖锐的问题。苏联和资本主义包围之间的矛盾的尖锐化

① 《斯大林全集》第 7 卷，人民出版社 1958 年版，第 12 页。
② 《斯大林全集》第 7 卷，人民出版社 1958 年版，第 14 页。
③ 《斯大林全集》第 7 卷，人民出版社 1958 年版，第 49 页。

是目前时期的主要趋向。”① 布哈林当时告诫人们说：苏维埃政权的喘息时间有可能骤然终止。② 1927 年 7 月，斯大林在《时事问题简评》中写道：“新的帝国主义战争的威胁这一问题是现实的基本问题，这是几乎不能怀疑的了。这里所说的不是什么不固定的无形的新战争的‘危险’，而是一般新战争特别是反苏战争的真正的实在的威胁。”③ 可见，当时苏共领导人预计资本主义国家侵犯苏联的战争将会在短期内爆发。在这样的形势下备战的需要更加迫切。斯大林在《时事问题简评》中强调指出：“任务就是要加强我国的国防力量，发展我国的国民经济，改进我们的军事工业和非军事工业，提高我国工人、农民和红军战士的警惕性，锻炼他们保卫社会主义祖国的意志，消灭那种可惜还远没有被消灭的松弛现象。”④

苏联“一五计划”的制定更加突出了备战的特点。1927 年 12 月召开的联共（布）第十五次代表会议通过的《关于制定国民经济五年计划的指示》明确表示，“由于各资本主义国家与苏联关系的尖锐化，国民经济五年计划必须经得起国防因素的特殊压力”，所以在“制定五年计划时，必须极力注意使整个国民经济中尤其是工业中的那些能在战时在保证我国国防和经济稳定方面起主要作用的部门得到最迅速的发展”。在“一五计划”完成时，苏联的重工业尤其是军事工业得到了迅速的发展，但工业比例失调现象也更加突出。在制定“二五计划”时，对轻工业的增长速度，比例以及投资都做了大幅的增加。由于战争威胁日益迫近，不得不重新加强重工业的发展，致使轻工业发展计划再次没有完成。

如果说重视重工业尤其是军事工业的发展，忽视轻工业的发展是由于备战造成，那么农业发展策略也与备战有直接关系。发展重

---

① 参见陆南泉、姜长斌等：《苏联兴亡史论》，人民出版社 2002 年版，第 432 页。

② ［美］斯蒂芬·F. 科恩：《布哈林政治传记》，人民出版社 1988 年版，第 361 页。

③ 《斯大林全集》第 9 卷，人民出版社 1954 年版，第 291 页。

④ 《斯大林全集》第 9 卷，人民出版社 1954 年版，第 296 页。

工业需要大量资金，而对于当时的苏联来说，工业化所需资金只能来自内部的积累，其结果只能是农业补充工业发展所需资金。在备战的背景下，1927 年的粮食收购危机使斯大林认为这是国内外敌对势力合谋的结果。于是斯大林不顾农民的强烈反对强行推行农业集体化。就农业发展本身来说，这一政策是失败的。1928—1933 年，牲畜从 6000 万头减至 3300 万头；1932—1933 年在北高加索、伏尔加河中下游、乌克兰、哈萨克发生饥荒，仅在哈萨克斯坦就损失人口 175 万人。在乌克兰这个农业区，饿死者多达 1000 万人。① 1929—1933 年，农业总产值下降了 23%，其中畜牧业下降了 53%，1932 年的粮食产量比 1928 年减少了 4.6%。② 但从备战和工业化来说，这一农业政策也发挥了积极的作用。

如果从备战的角度来看，就很容易理解斯大林模式中的经济管理体制，只有在战争或备战的情况下才需要对全国的财力物力使用行政手段进行指令性管理。如果不是备战和战争的需要，指令性管理模式的弊端就会很快暴露，长期维持是不现实的。从时间上看，苏联指令性计划也正是在这一时期形成的。1926 年 12 月，斯大林提出了“社会主义经济是最统一最集中的经济”的思想③，1927 年 12 月，他又提出“指令性计划”经济的思想，为建立高度集中的经济体制作了理论上的准备。1929 年 4 月，联共（布）十六次代表会议决定“改进土地管理和运输业管理制度”。5 月底，“一五计划”得到苏维埃第五次代表大会的批准，指令性的国家计划被宣布为法律并付诸实施，标志着苏联计划经济体制的初步形成。对农业的计划管理也是在 1935 年完成的。

就苏联的政治体制来说，其形成的内在原因有很多。但国际局势的恶化和战争威胁显然使人们对民主的关注降低，也使个人迷信

---

① 转引自左凤荣：《从“以制度为本”到“以人为本”——中国特色社会主义对苏联斯大林模式的实质性突破》，《探索与争鸣》2009 年第 2 期，第 11 页。

② 转引自高歌：《苏联的外交战略对斯大林模式形成的影响》，《当代世界与社会主义》1993 年第 4 期，第 22 页。

③ 《斯大林全集》第 9 卷，人民出版社 1954 年版，第 122 页。

和专断有了继续存在的合理理由。斯大林认为在没有和平国际环境的背景下，“那就根本谈不上什么民主，因为那时必须把民主收起来。党要动员起来，我们大概要使它军事化，关于党内民主的问题自然就不存在了”①。由于同样的原因，很容易使人将国内与国际斗争联系在一起，这就为阶级斗争日益尖锐论和国家专政职能必须加强论提供了现实的依据。而这两种理论对于斯大林模式中的政治体制最终得以形成起了重要作用。

斯大林之后的苏共领导人中，赫鲁晓夫进行了较大力度的改革。但总的来说，由于他并没有从体制、机制上认识斯大林模式的问题，把斯大林模式产生弊端的原因简单归结为斯大林个人的品质，并且将改革简单归结为中央向地方的放权上，缺乏系统的、整体的改革思路和配套方案。其改革没有触及斯大林模式弊病的根本，最终也没有突破斯大林模式的局限。

在勃列日涅夫时期，虽然也推行了“新经济体制”改革，例如，1973 年通过了关于建立联合公司的决定，1979 年通过了关于完善经济机制的决定。然而，这些措施的主要方向不是促进搞活经济，不是促进从行政管理方法向经济管理方法的过渡，不是促进社会主义商品经济的发展，而是向加强集中方向发展，着重完善指令性计划体系和行政管理方法。在整个 70 年代，苏联不断批判“市场社会主义”和“无政府工团主义”，实际上是借批判这两者的名义，批判要求扩大商品货币关系利用范围和企业自主权的主张。在政治体制方面，在完善立法、苏维埃制度和传统的干部管理制度等方面做了一些工作，但没有实质性的进展。总的来说，在勃列日涅夫时期高度的中央集权制基本上不变；指令性经济基本上不变；以行政手段为主要的管理方法这一原则基本上不变。②

在 20 世纪 80 年代，戈尔巴乔夫试图从六个方面进行全面的改革：在整个社会机制方面，打破阻障机制，建立加速社会经济发展

---

① 《斯大林全集》第 6 卷，人民出版社 1956 年版，第 9 页。

② 吴仁彰：《十月革命与苏联模式的改革》，《俄罗斯中亚东欧研究》1987 年第 6 期，第 28~31 页。

的有效机制；在政治体制方面，全面发扬社会主义民主和社会主义自治；在经济体制方面，以经济管理方法代替发号施令和行政命令方法，把科技革命与计划经济结合起来，促进苏联经济向集约化经济过渡；在科技革命方面，坚持转向科学，使实践与科学结合在一起，每项创举要具有深刻的科学基础；在社会政策方面，优先发展社会领域，重视满足人的物质需求和精神需求；在思想意识方面，反对歪曲社会主义道德，实现社会公正。① 从苏共二十七大的主张看，在理论上，苏共仍然没有突破对计划经济、公有制的传统认识。在政治体制上，也没有从体制上解决长期困扰苏联的问题。而当改革遇到一些阻力和挫折以后，戈尔巴乔夫便转向了彻底否定和放弃马克思主义基本原理和科学社会主义的基本原则，奉行民主社会主义的改革路线，结果导致苏联解体、苏联社会主义改革失败。

3. 中国、苏联关于社会主义建设思想的异同

在如何对待马克思主义问题上，首先，中国特色社会主义理论体系反对教条主义地对待马克思主义。邓小平指出："一个党，一个国家，一个民族，如果一切从本本出发，思想僵化，迷信盛行，那它就不能前进，它的生机就停止了，就要亡党亡国。"② 江泽民强调："如果不顾历史条件和现实情况的变化，拘泥于马克思主义经典作家在特定历史条件下、针对具体情况作出的某些个别论断和具体行动纲领，我们就会因为思想脱离实际而不能顺利前进，甚至发生失误。这就是我们为什么必须始终反对以教条主义的态度对待马克思主义理论的道理所在。"③ 胡锦涛也强调指出："中国特色社会主义理论体系是不断发展的开放的理论体系。《共产党宣言》发表以来近一百六十年的实践证明，马克思主义只有与本国国情相结

---

① 戈尔巴乔夫在苏共中央全会上的讲话，塔斯社 1987 年 1 月 27 日。转引自吴仁彰：《十月革命与苏联模式的改革》，《俄罗斯中亚东欧研究》1987 年第 6 期。

② 《邓小平选集》第 2 卷，人民出版社 1994 年版，第 143 页。

③ 《江泽民论有中国特色社会主义》（专题摘编），中央文献出版社 2002 年版，第 631 页。

合、与时代发展同进步、与人民群众共命运，才能焕发出强大的生命力、创造力、感召力。”①

而苏联社会主义理论具有明显的教条主义色彩。从苏联的整个历史看，在思想路线上，在革命胜利初期，列宁有教条主义的倾向，但很快改变了这一倾向，在继承和发展马克思主义上作出了表率。斯大林时期虽然也明确反对教条主义，但由于特殊的原因，在社会主义建设的实践上具有明显的教条主义的倾向。斯大林以后的几位领导人在思想路线上显然有严重的教条主义倾向，在一些重要的观念上始终没有突破传统认识。戈尔巴乔夫则从一个极端走向另一个极端，从教条主义的马克思主义走向否定马克思主义的基本原理和科学社会主义的基本原则，奉行“改旗易帜”民主社会主义的改革路线。

其次，中国特色社会主义理论体系始终强调要坚持马克思主义基本原理，坚持马克思主义在意识形态的指导地位。在改革开放之初，邓小平就明确指出在改革开放的条件下，要坚持“四项基本原则”，“四项基本原则”的第一条就是“坚持马克思主义、毛泽东思想”。对于这个问题，江泽民指出：“马克思主义是我们立党立国的根本指导思想，是全国各族人民团结奋斗的共同理论基础。马克思主义的基本原理任何时候都要坚持，否则我们的事业就会因为没有正确的理论基础和思想灵魂而迷失方向，就会归于失败。这就是我们为什么必须始终坚持马克思主义基本原理的道理所在。”②“否认马克思主义的科学性，丢掉老祖宗，是错误的、有害的。”③既要坚持马克思主义，又要反对教条主义，那么马克思主义中哪些是必须坚持，哪些是需要根据具体情况加以判断的呢？江泽民指出：“坚持马克思主义的立场、观点、方法，坚持马克思主义的基

① 胡锦涛：《高举中国特色社会主义伟大旗帜　为夺取全面建设小康社会新胜利而奋斗》，《十七大报告辅导读本》，人民出版社2007年版，第11～12页。

② 《江泽民论有中国特色社会主义》（专题摘编），中央文献出版社2002年版，第631页。

③ 《江泽民论有中国特色社会主义》（专题摘编），中央文献出版社2002年版，第635页。

本原理。这一点，要坚定不移，不能含糊。”① “我们决不能停留在对马克思主义的某些原则、某些本本的教条式理解上，或者停留在对社会主义的一些不科学的甚至扭曲的认识上，或者停留在那些超越社会主义初级阶段的不正确的思想上，而必须用辩证唯物主义和历史唯物主义的世界观、方法论去分析和解决问题，使思想适应发展变化的新形势。”②

在上述问题上，中国特色社会主义理论与苏联社会主义理论的观点是一致的，都强调在坚持马克思主义的基础上根据实践丰富和发展马克思主义，都反对教条主义地对待马克思主义。苏联社会主义理论强调“具体问题具体分析”、“一切以条件、地点和时间为转移”；中国特色社会主义理论认为“解放思想、实事求是是建设有中国特色社会主义理论的精髓，是保证我们党永葆蓬勃生机的法宝”。③ 从毛泽东和邓小平对“实事求是”的解释看，其含义与列宁、斯大林的观点是一致的，只不过具体表述不一致。而“解放思想”，邓小平认为就是实事求是，其目的在于强调要做到实事求是，一定要在思想上破除教条主义的影响。

在关于马克思主义哪些内容需要坚持，哪些内容需要具体分析，中国特色社会主义理论体系借鉴了列宁和斯大林的观点。坚持马克思主义的立场、观点和方法的主张，在列宁那里已有明确的表述，而将基本原理与具体结论和论断加以区分、分别对待的主张则是斯大林明确表达过的观点。中国特色社会主义理论在这个问题上将列宁和斯大林的观点进行了综合。

而在如何发展马克思主义问题上，中国特色社会主义主张：“实践没有止境，创新也没有止境。我们要突破前人，后人也必然

---

① 《江泽民论有中国特色社会主义》（专题摘编），中央文献出版社 2002 年版，第 633 页。

② 《江泽民论有中国特色社会主义》（专题摘编），中央文献出版社 2002 年版，第 626 页。

③ 《江泽民论有中国特色社会主义》（专题摘编），中央文献出版社 2002 年版，第 626 页。

会突破我们。这是社会前进的必然规律。”① “实践基础上的理论创新是社会发展和变革的先导。通过理论创新推动制度创新、科技创新、文化创新以及其他各方面的创新，不断在实践中探索前进，永不自满，永不懈怠，这是我们要长期坚持的治党治国之道。”② 在理论检验上，中国特色社会主义理论强调“实践是检验真理的唯一标准”、“三个有利于”等。

与中国特色社会主义理论相比，列宁和斯大林都主张根据“经验”、“实践”来发展马克思主义，这是中国特色社会主义理论和苏联社会主义理论的相同之处。列宁强调“实践第一”，实践内容广泛，但列宁又把人民的日常生活引入作为检验标准，因而能够迅速改变过时的政策和观念。斯大林强调的是“经验”，由于经验的内容非常广泛，哪些经验能够证实或证伪马克思主义的观点并不清楚，因而可操作性不强。在检验标准上，中国特色社会主义理论明确强调“理论创新”，这比苏联社会主义理论更加具体，如“三个有利于”理论。在这个问题上，中国特色社会主义显然继承发展了列宁的思想，这与中国特色社会主义理论体系在什么是社会主义问题上能够取得重大突破有很大关系。苏联社会主义理论虽然明确反对教条主义，主张根据经验和实践发展马克思主义，但是在如何发展马克思主义的问题上缺乏明确的标准。因而在实践中要么不敢突破传统观念，践行事实上的教条主义，要么走向彻底抛弃马克思主义的极端。但是这个问题并不是操作性本身的问题，就其根源在于没有真正理解社会主义的价值，忽略了社会主义的目标在于促进人更全面和自由地发展。

---

① 江泽民：《全面建设小康社会开创中国特色社会主义事业新局面——在中国共产党第十六次代表大会上的报告》，人民出版社 2002 年版，第 12 页。

② 江泽民：《全面建设小康社会开创中国特色社会主义事业新局面——在中国共产党第十六次代表大会上的报告》，人民出版社 2002 年版，第 12 页。

第八章

中国特色社会主义理论体系与越南、朝鲜、古巴、老挝社会主义理论之基本特征比较分析

苏联东欧剧变之后，世界社会主义运动处于低潮。目前坚持走社会主义道路的国家除了中国之外，主要有越南、朝鲜、古巴、老挝四个国家。越南、朝鲜、古巴、老挝等社会主义国家坚持把马克思主义基本原理与本国具体实践相结合，形成了具有自己鲜明民族特色的社会主义理论。

一、中国特色社会主义理论体系与越南社会主义理论之比较分析

（一）越南社会主义理论的主要内容

1. 越南社会主义建设的指导思想——胡志明思想及其基本内涵

越南建设社会主义的指导思想有一个逐渐演变的过程。1945

年 8 月，越南宣布越南民主共和国成立，1976 年改名越南社会主义共和国。同年，越南劳动党改名为越南共产党。在 20 世纪 30 年代，越南劳动党进行革命的指导思想是马克思列宁主义。在 20 世纪 50 年代，《越南劳动党党章》把马、恩、列、斯主义和毛泽东思想共同作为越南革命的指导思想。1956 年苏共“二十大”以后，越南追随苏联，越共不再提毛泽东思想。① 在 1991 年，武元甲首次提出“胡志明思想是马列主义在越南民族解放事业和新社会建设事业的实践中的创造性运用，是马列主义的新发展”②。在同年召开的越共“七大”上，胡志明思想与马克思列宁主义并列成为越共的指导思想。在 1992 年，越南国会通过新宪法，再次明确了胡志明思想在越南党和国家中的指导地位。

关于胡志明思想的内涵，在越南理论界有着不同的概括。但一般认为，胡志明思想是马克思列宁主义在越南革命和建设过程中创造性的应用和发展。

关于胡志明思想的体系，越共“二大”将其分为“思想、道德、方法、风格”四个方面。“思想”包括人文思想、经济思想、政治思想、军事思想和文化思想等。道德分为道德思想和道德榜样两方面。关于胡志明的方法体系，越南学者认为，胡志明的方法既继承了马克思列宁主义的思想，又融合了东方哲学的思想精华。一些得到公认的具有代表性的胡志明方法，如“以不变应万变”、“以柔克刚”、“以弱胜强”、“以寡敌众”、“以民族和国家生活中的实践和事件为尺度来衡量和调整思维和行动”、“以大团结为动力和力量”、“以动员说服来达到团结一致”等等。越南学者认为，风格与方法相似，但风格包括个人特征。胡志明的风格主要有：思维风格、领导风格、工作风格、表达（说与写）风格和生活风格。③

---

① 范宏贵：《略谈胡志明思想》，《当代世界社会主义问题》1996 年第 4 期，第 39 页。

② ［越］双成：《胡志明思想的概念和体系》，《东南亚纵横》1995 年第 2 期，第 7 页。

③ ［越］双成：《胡志明思想的概念和体系》，《东南亚纵横》1995 年第 2 期，第 8~10 页。

为了满足实践对理论的需要，近年来越南理论界对胡志明思想的研究，主要集中在早期，其中重点研究了胡志明的人文思想、反贪污腐败思想、对外关系的思想等等。①

关于胡志明的人文思想，主要有以下观点：人并非泛泛、抽象的人，而是具体的人，首先是那些受尽蹂躏的自己的同胞，其次才是不分肤色、种族、被压迫的勤劳的全人类。胡志明人文思想的内容可概括为四点：（1）对人充满仁爱；（2）对人的力量和价值充满信心；（3）争取人的解放的斗争意志；（4）待人处世大公无私。②

在反腐败问题上，胡志明的主要观点是：要不断改善人民的生活，就必须集中一切人力来发展生产，除此以外，别无他策，必须大力发展生产，经济要先行等等。但是，要想改善生活，必须把生产和节约结合起来，必须经常性地同它的主要敌人——贪污、铺张浪费这种不负责任的工作方式——作斗争。③

越南之所以将胡志明思想作为越南社会主义建设的指导思想，与越南在发展过程中遇到的特殊问题有关。越南在建国后一直采用苏联社会主义的发展模式，由于忽视了本国的经济社会特点，这一发展模式在实践过程中遇到了许多挫折。在总结经验教训的基础上，越南共产党认识到建设社会主义没有固定的模式，发展模式必须结合本国经济社会的具体特点。基于这种认识，越南共产党提出了“革新开放”的口号，开始全面探索符合越南特点的社会主义发展模式和道路。将胡志明思想作为党的指导思想，正是越南共产党积极探索具有本国特色的发展模式和道路的具体体现。

2. 越南社会主义理论关于什么是社会主义的观点

在革新以前，越南社会主义理论对社会主义的认识体现在以下

① 潘金娥：《2006 年越南社会主义理论研究的最新动态》，《马克思主义研究》2007 年第 6 期，第 125 页。

② ［越］双成：《胡志明思想的概念和体系》，《东南亚纵横》1995 年第 2 期，第 8 页。

③ ［越］双成：《胡志明思想的概念和体系》，《东南亚纵横》1995 年第 2 期，第 8 页。

方面：把社会主义等同于平均分配制度；认为想要有社会主义就必须快速改造生产关系，而忽视了生产力发展的要求；过分强调公有制的作用，对私有经济成分有成见，认为它与社会主义完全对立，因而必须立即把它从社会主义建设的过程中清除；把资本主义看成与社会主义是完全对立的，要对其进行全部的否定，因而也要蔑视资本主义已取得的价值和成就，进而否定了人类的文明成果；把社会主义经济与商品生产对立起来，把市场经济与资本主义等同；不承认社会主义法权国家的性质，把法权国家与资本主义国家等同；不重视法律在社会生活和社会管理中的地位和作用；对国家和社会不加以区分；等等。①

基于本国的具体实践和胡志明思想的有关论述，越南共产党“七大”提出，社会主义应具有六个方面的基本特征：劳动人民当家做主；有一个在现代生产力和主要生产资料公有制基础上高度发展的经济；有先进的文化，浓厚的民族特色；人们从被压迫、被剥削、不公平下解放出来，各尽所能，按劳享受，生活温饱，自由幸福，人人有条件全面发展；国内各民族平等、团结和互相帮助，共同进步；与世界各国人民有友谊和合作关系。② 这些其实是胡志明思想的具体化。

之所以将这些内容作为社会主义的特征，越南理论界认为，劳动人民当家做主是社会主义制度的核心，是社会发展的动力，是人与社会制度的有机结合。物质生产是人活动的最重要的方面之一，因此发展生产既要符合越南社会主义目标，又要符合发展条件，对越南来说，高度发展的经济应该建立在生产资料公有制基础上。人活动的第二个重要的方面是文化活动，文化发展是维护和巩固一个民族长存的基础，是人与社会存在、活动、发展的条件。文化的先进性联系着时代性和人类的文明。民族本色是每个民族经过漫长历

① ［越］范文德：《越南社会主义革新的理论创新》，《马克思主义研究》2011 年第 4 期，第 129~130 页。

② 转引自范宏贵：《越共对社会主义和剥削问题的新认识》，《当代世界社会主义问题》1999 年第 2 期，第 70 页。

史提炼的特殊精华、价值。因此，越南谋求发展的文化是既先进又充满越南特色的文化。决定越南社会主义本质的内容，是人得到解放，摆脱压迫、剥削、不公，按劳分配，生活温饱、自由幸福，创造全面发展的条件。① 强调民族特色的一个重要原因在于越南是一个多民族国家，建立良好的民族关系显然是社会顺利发展的重要内容和影响因素。强调与其他国家友谊、合作的关系，一方面是基于越南在实践过程中的经验教训，另一方面是基于越南对于时代特征和国际形势的判断。越南共产党认为世界各国面临着许多全球性的问题（资源短缺、生态环境破坏、人口爆炸、核战争威胁、贫穷与疾病），没有任何一个国家可以单独解决这些问题，必须有国际间的合作。世界各国和各民族为了发展日益迫切要求和平、稳定的国际合作。

越南共产党于2011年1月召开越共“十一大”，在越南的社会主义目标上，“十一大”把“十大”报告中提出的“民富、国强、社会公平、民主、文明”修改为“民富、国强、民主、公平、文明”的社会主义，即把“民主”提前；同时还修改了第四个特征，即“把人们从压迫、剥削和不公中解放出来，各尽所能，按劳分配，享有温饱、自由、幸福的生活，个人享有全面发展的条件”，删除前半句话“把人们从压迫、剥削和不公中解放出来，各尽所能，按劳分配”。很明显，修改后的纲领更加淡化了传统社会主义特征中所强调的“公有制”、“按劳分配”的基本特征，去掉了“压迫”、“剥削”和“不公”等被认为具有浓厚意识形态色彩的字眼，从而使“越南的社会主义”更加脱离传统定义，更容易被持不同意见的人所接受。②

---

① ［越］武贤：《论越南社会主义模式》，《当代世界社会主义问题》1992年第3期，第65~66页。

② 中国社会科学院马克思主义研究院当代世界社会主义研究室：《变革中的社会主义四国——2010—2011年越南、古巴、老挝、朝鲜四国社会主义研究报告》，《当代世界与社会主义》2011年第5期，第44页。

3. 越南社会主义建设的基本指导方针——社会主义方向市场经济

“社会主义方向市场经济”这一概念在越共“九大”政治报告中被首次提出。2001年，越共“九大”的政治报告提出，我们党和国家“一贯主张长期实现社会主义方向的、受国家管理的、按市场机制运行的多种成分的商品经济。这正是社会主义方向市场经济。”报告认为，社会主义方向市场经济的目标在于：发展生产力，发展经济，建设社会主义的物质技术基础，提高人民的生活水平。该报告标志着越南“社会主义方向市场经济”理论的正式形成。①

所谓“社会主义方向市场经济”，越共“九大”报告认为，“遵循社会主义方向、由国家管理、按照市场机制运行的多种成分的商品经济，就是社会主义方向市场经济”。②

“社会主义方向市场经济”这一概念，突出了两个方面的要素：一是市场经济因素，另一个是社会主义方向的限定。越共理论界认为“社会主义方向市场经济”属政治经济范畴，它反映了社会国民经济的目的和本质，即在国家管理下按照客观规律（尤指市场经济规律）来确立崭新的和进步的生产关系，按社会主义方向来发展多种成分的商品经济，以此为基础来实现“民富、国强、社会公平、民主、文明”的目标。

关于“社会主义方向市场经济”的性质，越共认为，它既不是资本主义条件下的自由市场经济，也不是全面完善的社会主义市场经济，而是向社会主义过渡时期的具体经济模型。即通过发展社会主义方向市场经济来向社会主义社会逐步过渡。因此，越南的社会主义方向市场经济是市场经济发展史上的一个独特形式，是普遍

① 吴宇晖、杜氏秋恒、张嘉昕：《论越南社会主义定向市场经济体制——中越社会主义市场经济体制改革之比较》，《经济社会体制比较》2008年第3期，第176页。

② 转引自于向东：《越南“社会主义方向市场经济”理论的确立》，《当代亚太》2002年第11期，第16页。

现象中的特殊情况。

越南之所以提出发展“社会主义方向市场经济”，并将“市场经济”与“社会主义”联系在一起，源于越共对于“社会主义”与“市场经济”之间关系的理解。越南理论界认为：市场经济是一种经济体制，与特定的社会制度没有必然联系，因此，市场经济并不是资本主义社会的特殊产物，与社会主义制度绝不是相互对立的。“社会主义方向市场经济”的实质内容是市场经济，而社会主义方向是不可或缺的重要前提。之所以需要将两者结合在一起，是因为市场经济的自由发展会导致贫富悬殊和两极分化，必须加以限制和干预。但市场经济又是人类文明发展的结果，可以通过国有经济的主导作用在国家宏观调控下加以利用，利用市场机制服务于社会主义，发展生产力，发展经济。在越共“十一大”上，越共将越南社会主义经济体制的“具有以现代生产力和主要生产资料公有制为基础的高度发达的经济基础”的特征，修改为“具有以现代生产力和与之相适合的生产关系为基础的高度发达的经济基础”。①

越共“九大”认为，“社会主义方向市场经济”的目标和理论，依据的是马克思主义关于生产关系符合于生产力性质和水平的基本原理。生产关系的变革体现在所有制、管理机制和分配形式三方面。判断生产关系的变革是否保持了社会主义方向，有三条根本标准：一是推进生产力的发展；二是改善人民生活；三是实现社会公平。②

越南理论界认为，越南社会主义方向市场经济具有以下四个方面的特征：③

---

① 中国社会科学院马克思主义研究院当代世界社会主义研究室：《变革中的社会主义四国——2010—2011 年越南、古巴、老挝、朝鲜四国社会主义研究报告》，《当代世界与社会主义》2011 年第 5 期，第 44 页。

② 转引自于向东：《越南“社会主义方向市场经济”理论的确立》，《当代亚太》2002 年第 11 期，第 17 页。

③ ［越］梅胡蒂：《越南社会主义市场经济的特征》，《国外社会科学》2001 年第 4 期，第 113~114 页。

在所有制方面，三种基本的所有制形式同时并存，这三种形式分别是全民所有制、集体所有制和私有制。就目前来说，越南有五种经济形式，即国有经济、合作经济、国家资本主义经济、个体小业主经济和私人资本主义经济。在这五种经济形式中，起主导作用的是国有经济，其他几种经济形式起着补充作用。其中的国家资本主义经济形式，其依据是列宁在新经济政策中提出的国家资本主义是落后国家向社会主义过渡的桥梁这一观点。列宁提出小生产并不能直接过渡到社会主义社会，可以利用国家资本主义作为中间环节来发展生产力，向社会主义过渡。

在分配形式上，实行以按劳动成果和经济效益分配为主要形式，并与其他分配形式（如按资金、社会福利、科技发明等）相结合。此外，分配制度还针对不同地区的经济发展水平，做出相应的侧重调整。

在组织管理方面，越南向社会主义过渡时期的市场经济，不是完全自发的市场机制，而是与国家计划机制相结合而形成的混合机制，并且重视国家的宏观调控职能。国家通过法律、战略规划、计划和政策，运用市场机制和其他经济形式和方式来管理市场经济，以鼓励生产、解放生产力，发挥市场经济的积极作用，限制其消极作用，保护劳动生产者和全体人民的利益。

在对外关系上，越南实行开放性的对外政策，在发展目的和方向上融入世界和地区经济一体化进程。20 世纪 80 年代末以后，越南改变了过去闭关锁国的方针，主动实施“对外开放”和“国际一体化政策”，奉行“愿与世界各国为友”的全方位多样化对外开放政策，开始了世界范围内的广泛外交，积极适应和参与地区和世界经济一体化进程。① 越南共产党认为，经济全球化是客观的发展趋势，这一趋势吸引着越来越多的国家参与，经济全球化将对越南社会主义产生机遇与挑战并存的双重影响。面对全球化进程，越南的原则是“融入”和“开放”，在越共“十大”报告中，在原来

---

① 许宝友：《时代特征与越南社会主义》，《当代世界与社会主义》2003 年第 1 期，第 41 页。

“积极融入”之前加上了“主动”一词，即“主动而积极地”与世界经济融合。其目的在于争取利用全球化提供的有利因素，限制和克服全球化的消极因素，促进越南社会经济发展和工业化、现代化建设。

（二）中国特色社会主义理论体系与越南社会主义理论的异同

1. 指导思想的异同

从指导思想上看，中、越两国的社会主义理论既有相同的地方，也有不同的地方。中国共产党章程规定：中国共产党以马克思列宁主义、毛泽东思想、邓小平理论、“三个代表”重要思想和科学发展观作为自己的行动指南。这明确说明中国特色社会主义理论体系的指导思想是马克思列宁主义、毛泽东思想、邓小平理论、“三个代表”重要思想和科学发展观。而越共“七大”和 1992 年的越南宪法都规定：越南社会主义的指导思想是马克思列宁主义和胡志明思想。从这一表述可以看出，两国社会主义理论的相同之处表现在两个方面：首先，两国社会主义的指导思想都强调马克思主义的基础地位，即都主张本国目前社会主义建设的指导思想来源于马克思列宁主义。其次，在强调马克思列宁主义的基础地位同时，都主张将马克思列宁主义与本国的具体实践相结合，发展适合本国特色的马克思主义理论，都主张依据新的实践不断推动理论创新，反对将马克思列宁主义教条化、本本化。

就不同之处而言，中国特色社会主义在革命和建设过程中形成了一系列标志性的理论成果，如毛泽东思想、邓小平理论、“三个代表”重要思想和科学发展观。由于中国改革开放较早，越南非常重视对中国特色社会主义建设经验教训的借鉴和吸收，因此，越南社会主义理论中的一些重要观点与中国特色社会主义理论体系中相关观点极其相似，但这并不意味着越南社会主义理论没有自己的创新。越南社会主义理论虽然没有明确提出几个具有标志性的理论成果，只是提出了胡志明思想，但这并不代表它没有重要的理论突破。如在什么是社会主义、市场经济的地位和作用、所有制的形式和相互关系等问题上越南社会主义理论都有独到的认识。

2. 社会主义观的异同

经过20多年的革新实践，越南社会主义理论认为越南社会主义有以下特征：社会主义国家是一个民富、国强、社会公平、民主、文明的国家；人民当家做主；有建立在现代生产力及与之相适应的生产关系基础上的高度发达的经济；有先进的、富于民族特色的文化体制；人们从被压迫、不公中解放出来，生活温饱、自由、幸福，具有全面发展的条件；全体越南人民平等、团结、互爱互助、共同进步；有在共产党领导下的属于人民的、来自人民的、为了人民的社会主义法权国家；与世界各国建立友好合作关系。还包括：走社会主义道路必须发展社会主义定向的市场经济；社会主义只能用市场经济手段并且通过市场经济来建立；要大力推进工业化和现代化；建设先进的、富于民族特色的文化体制，作为社会精神的基础；建设社会主义民主，实现民族大团结；建立属于人民的、来自人民的、为了人民的社会主义法权国家；建设廉洁、坚强的党；保证国防的坚固和国家的安全；主动而积极地融入国际经济，等等。①

中国特色社会主义理论体系中关于“什么是社会主义”有丰富而深刻的探讨，如邓小平的“社会主义本质论”；十五大报告中关于社会主义政治、经济、文化纲领的论述；胡锦涛关于“和谐”是社会主义本质特征的论述等。论断的形式多样，着重点各有不同，涉及社会主义建设的各个方面。

从越南学者关于社会主义的表述可以看出，越南社会主义理论关于社会主义的认识在很多重要方面与中国特色社会主义理论体系的相关认识非常相似。如在政治上都主张坚持共产党的领导，施行依法治国，发展社会主义民主，实现人民当家做主；在经济上主张将社会主义和市场经济相结合，抛弃将市场经济视为资本主义特征的传统观点，大力发展生产力，推动实现工业化和现代化，施行对

① ［越］范文德：《越南社会主义革新的理论创新》，《马克思主义研究》2011年第4期，第130页。

外开放的经济发展策略等；在文化上建设先进的、具有民族特色的社会主义文化；在民主问题上主张各民主平等、团结；在对外关系上主张同世界各国和平共处，发展友好合作关系。

从形式上，越南社会主义理论关于什么是社会主义的论断更接近中国共产党第十五次全国代表大会报告中关于社会主义纲领的论述。把社会建设每一个方面中的重要策略都作为社会主义的特征来看待，这样的论断可能会造成混淆，即将现代社会中共性的东西看做社会主义所特有的内容。此外，越南社会主义理论中还缺乏像邓小平社会主义本质论这样简明扼要的经典论断。20 世纪 90 年代初期，越南学者曾提出越共七大中关于“人们从被压迫、不公中解放出来，生活温饱、自由、幸福、具有全面发展的条件”的内容是社会主义的本质内容。① 与邓小平社会主义本质论相比，这一论断本身只是阐述了一个价值目标，没有涉及实现这一目标的手段和过程。但就这一论断本身来看，如果缺乏关于手段和过程的论述，就难以看成其社会主义的特征。

3. 关于社会主义市场经济认识之异同

无论是中国特色社会主义理论体系还是越南社会主义理论都提出了将社会主义和市场经济相结合的策略并付诸了实践。社会主义市场经济理论的提出和实践是中、越两国社会主义建设过程中的重大突破，对中、越两国的社会主义建设实践产生了重大而深远的影响。

就中、越两国社会主义市场经济的具体内容来看，两国的社会主义市场经济理论并不完全相同。就相同之处来看，表现在以下方面：在理论上都突破了把计划经济视作社会主义本质特征的思想束缚，否定了社会主义与市场经济不相容的传统认识；同时破除了社会主义是单一公有制的传统观念，提出了以公有制为主体，多种所有制经济共同发展的策略；在市场机制与国家宏观调控的关系上，都主张发挥市场机制的基础性作用，同时不断完善国家的宏观调控

---

① ［越］武贤：《论越南社会主义模式》，《当代世界社会主义问题》1992 年第 3 期，第 66 页。

作用；在分配方式上，都坚持以按劳分配为主体，多种分配方式并存的分配体制。

就不同之处来看，中、越两国的社会主义市场经济主要有以下不同：首先，两国对所处社会阶段的性质判断不同。中国特色社会主义理论体系认为中国已经进入了社会主义阶段，只不过是社会主义的初级阶段。而越南社会主义理论则认为越南正处于向社会主义社会过渡的时期，其社会主义定向市场经济是为国家步入社会主义社会提供物质准备。其次，在经济形式上，国家资本主义在越南经济形式中处于重要地位，仅次于国有经济和合作经济；而在中国生产资料社会主义改造完成以后，中国共产党的正式文件一般就不再提国家资本主义了。

总体而言，越南的社会主义建设和革新借鉴吸收了中国改革开放的历史经验，借鉴吸收了中国特色社会主义理论体系的成果，因此，两国的社会主义理论在许多方面非常相似。

二、中国特色社会主义理论体系与朝鲜社会主义理论之比较分析

朝鲜民主主义人民共和国于 1948 年 9 月成立，1950—1953 年经历了三年抗美战争，1953—1956 年进行社会主义改造，确立了社会主义制度。在以金日成和金正日为首的劳动党领导下，朝鲜探索了一条具有自己特点的社会主义发展道路，形成了主体社会主义思想。

（一）朝鲜社会主义理论的主要内容

1. 朝鲜社会主义理论的指导思想——“主体思想”及其基本内涵

1965 年 4 月，朝鲜劳动党领导人金日成提出了“主体思想”这一新概念，并且将它具体化为“思想上树立主体，政治上自主，经济上自立，国防上自卫”，这成为朝鲜社会主义的四项基本原则。1970 年 11 月，朝鲜劳动党召开五大，规定“党的指导思想是

马克思列宁主义和把马克思列宁主义创造性地运用于朝鲜实际的主体思想”。1972 年 12 月，朝鲜第五届最高人民会议通过的《朝鲜民主主义人民共和国社会主义宪法》，把“主体思想”作为制定朝鲜社会主义革命和建设的一切路线、方针、政策的依据。这样，朝鲜以党规、国法的形式，确立了“主体思想”在朝鲜党和国家意识形态中高于一切的主导地位。

“主体”一词最早见于金日成在 1955 年 12 月召开的党的宣传会议上所作的《关于在思想工作中克服教条主义和形式主义，树立主体的讲话》一文。1965 年 4 月，金日成在印度尼西亚“阿里亚哈姆”社会科学院发表的演讲中把朝鲜劳动党一贯坚持的立场归结为“思想上的主体、政治上的自主、经济上的自立、国防上的自卫”，并首次使用了“主体思想”一词。① 但金正日认为，金日成是在 1930 年 6 月在卡伦举行的共产主义青年同盟和反帝青年同盟领导干部会议上首次阐述了主体思想的原理，提出了朝鲜革命的主体路线。② 在这次会议上，金日成做了《朝鲜革命前进的道路》的报告，报告的主要内容包括确定了朝鲜革命的主要性质和基本任务，发动群众进行武装斗争和如何建党问题。③ 对照后来朝鲜官方关于“主体思想”的解释，可以认为这篇讲话中有“主体思想”的萌芽。

关于“主体思想”的内涵，阐述比较丰富的文献首推金正日的《主体思想的继承与发展》一书。作为朝鲜的领导人，金正日的观点最能代表朝鲜官方的权威解释。叙利亚广播电台记者穆罕默德·阿·米苏利著有《金日成主义理论与实践》④，书中也对主体思想有较为系统的论述。这里以金正日的著作为主要依据，对主体

---

① 《国外社会主义研究资料丛书》，求实出版社 1984 年版，第 67 页。

② ［朝鲜］金正日：《主体思想的继承与发展》，（朝鲜）外文出版社 1995 年版，第 13 页。

③ 朝鲜劳动党中央委员会党史研究所编：《朝鲜劳动党简史》，人民出版社 1986 年版，第 32～39 页。

④ ［叙］穆罕默德·阿·米苏利：《金日成主义理论与实践》，（朝鲜）外文出版社 1978 年版。

思想的基本内容进行分析。

"主体思想"的基本内容可以划分为三个层次：第一层次是"主体思想"的哲学原理，第二层次是"主体思想"的社会历史观，第三层次是"主体思想"用于指导实践的主要原则。

（1）"主体思想"的哲学原理

所谓"主体思想"的哲学原理，其基础是"人是一切的主人，人决定一切"这一判断。"所谓人是一切的主人，意味着人是世界和自己命运的主人；所谓人决定一切，意味着人在改造世界和开拓自己的命运中起决定作用。"① "人之所以能作为世界的主人，占有特别的地位，起到特别的作用，就是因为人是自主性、创造性和意识性的社会存在。"②

所谓"自主性"，"是社会人要成为世界和自己命运的主人，自主地生活和发展的属性"。金正日认为，自主性不是一般有生命的物质所具有的求生存的自然属性的发展和完成。人的自主性是一种社会属性，是人作为社会存在和发展的属性。自主性是社会的产物，不是自然所赋予的而是社会赋予人的，不是从自然界继承的而是从社会历史的发展中形成并得到发展的属性。人的自主性是社会生活、社会实践的要求和反映。"对作为社会存在的人来说，自主性是生命。"③ 这里的"生命"是指政治生命。在金正日看来，人有两种生命，一是肉体生命，另一个是社会政治生命。肉体生命是作为生物有机体的生命，而社会政治生命是作为社会存在的人的生命。④ 所谓"创造性"，是社会人有目的、有意识地改造世界，开拓自己命运的属性。人之所以按照自己的需要去改造世界，正是因

---

① ［朝鲜］金正日：《主体思想的继承与发展》，（朝鲜）外文出版社 1995 年版，第 14 页。

② ［朝鲜］金正日：《主体思想的继承与发展》，（朝鲜）外文出版社 1995 年版，第 15 页。

③ ［朝鲜］金正日：《主体思想的继承与发展》，（朝鲜）外文出版社 1995 年版，第 15 页。

④ ［朝鲜］金正日：《主体思想的继承与发展》，（朝鲜）外文出版社 1995 年版，第 15 页。

为人有创造性。创造性作为社会存在的人的本质特点，主要表现作为世界改造者的作用。① 所谓“意识性”指的是社会人决定自己的认识并改造世界和自己本身的一切活动的属性。人由于具有意识性，才去认识世界的运动发展规律，按照自己的要求去改造世界。

关于自主性、创造性和意识性之间的关系，金正日认为，自主性、创造性和意识性都是人的社会属性。作为人的社会属性，三者所表现的侧面各不相同。自主性是人作为世界和自己命运的主人要求自主地生活的属性，创造性是人有目的有意识地改造世界、开拓自己命运的属性，意识性是人决定认识和改造世界及其自身的一切行动的属性。自主性、创造性和意识性三者之间既有区别又互相紧密联系。离开自主性就不能充分发挥创造性，离开了创造性就不能很好地实现自主性，而自主性和创造性又是以意识性为前提的。②

“自主性、创造性和意识性，是只有作为社会存在的人所固有的。”③ “人由于具有自主性、创造性和意识性，因而成为世界上最优越、最有力的存在，不是听凭命运摆布而是革命地，不是被动地而是能动地对待世界，不是盲目地而是有目的、有意识地改造世界。作为具有自主性、创造性和意识性的社会存在的人，是世界的唯一支配者和唯一改造者。”④ 从这些论断可以看出：在金正日看来，自主性、创造性和意识性是人区别于其他生物的本质。“自主性、创造性和意识性，是只有作为社会存在的人所固有的。”⑤

金正日认为，主体思想阐明了人的本质特点、人在世界上所占

---

① ［朝鲜］金正日：《主体思想的继承与发展》，（朝鲜）外文出版社 1995 年版，第 15~16 页。

② ［朝鲜］金正日：《主体思想的继承与发展》，（朝鲜）外文出版社 1995 年版，第 6 页。

③ ［朝鲜］金正日：《主体思想的继承与发展》，（朝鲜）外文出版社 1995 年版，第 15 页。

④ ［朝鲜］金正日：《主体思想的继承与发展》，（朝鲜）外文出版社 1995 年版，第 16 页。

⑤ ［朝鲜］金正日：《主体思想的继承与发展》，（朝鲜）外文出版社 1995 年版，第 15 页。

的地位和所起的作用，从而确立了以人为中心的世界观，是以人为中心去对待世界的观点和立场。以人为中心对待世界有以下内涵：一是要从人的利益出发对待世界。因为世界上最宝贵的是人，世界上没有比人的利益更为贵重的东西了。世界上的一切事物，只有为人服务才有价值。二是以人的活动为主去对待世界的变化发展。世界上最有力的存在是人，要求改造世界并能实现改造世界的也是人。世界只有靠人的积极活动才能成为为人服务的世界。

由于“主体思想”强调以人为中心，那么它与人本主义哲学有什么区别呢？金正日认为，人本主义哲学是以纯粹人的问题为研究对象的，主要是谈论何谓人、何谓人生的一种人生哲学。主体哲学的根本问题，不是纯粹的人的问题，而是世界和人的关系的问题；主体的哲学原理，不是单纯地阐述人生观的原理，而是阐明以人为中心的世界观的原理。主体哲学也有关于人的见解，在这一方面，主体哲学同人本主义哲学也是根本不同的。主体哲学把人看作是自主的、创造性的、有意识的社会存在。而人本主义哲学否定人的社会性，把人看作是受本能支配的存在，脱离了世界的、孤立的、无所作为的存在，鼓吹悲观厌世和极端个人主义。①

（2）“主体思想”的社会历史观

依据“主体思想”的哲学原理中关于人的本质是社会性的存在，人的社会属性表现在人的自主性、创造性和意识性的结论，“主体思想”的社会历史观就是从这三个方面阐述它关于社会历史的看法。“主体思想”的社会历史观包含四个基本命题：一是人民群众是社会历史的主体；二是人类历史是人民群众为自主性而斗争的历史；三是社会历史的运动是人民群众的创造性运动；四是在革命斗争中起决定作用的是人民群众的自主的思想意识。

关于“人民群众是社会历史运动的主体”这一命题，其主要依据是：人民群众是革命和建设的主人，是改造自然、发展社会的决定因素。人民群众用自己的双手创造社会的一切财富，靠自己的

① ［朝鲜］金正日：《主体思想的继承与发展》，（朝鲜）外文出版社 1995 年版，第 2~3 页。

斗争改造世界、发展历史。离开了人民群众，社会运动本身就不可能存在，也谈不上历史的发展。①

"人民群众是社会历史运动的主体"这一命题还包括其他一些论断。它认为，通过对自然和社会的改造，人民群众的地位得到了加强，力量得到了壮大，在社会历史发展中的能动作用也就更大。在阶级社会中，人民群众开拓并发展历史，而剥削阶级总是企图使历史停滞、倒退。社会发展的历史就是劳动群众和反动的剥削阶级之间的斗争的历史。在不同的社会阶段，人民群众的地位和作用是不同的。在阶级社会，劳动群众没能占据社会主人应有的历史地位，不能自主地开拓历史。在社会主义社会，劳动群众成为社会和自己命运的真正主人，有意识地创造历史。人民群众虽然是历史的创造者，但只有受到正确的领导，才能在社会历史的发展中占据作为主体应有的地位，起到作为主体应有的作用。工人阶级的党是革命的参谋部，工人阶级的领袖是革命的最高领导者。只有受到党和领袖的正确领导，工人阶级等人民群众才能有力地开展改造自然、改造社会的活动。②

"人类历史是人民群众为自主性而斗争的历史"指的是人类改造社会、改造自然、改造人的一切活动的目的都是为了实现和维护人民群众的自主性。改造社会的活动是人民群众为了从阶级和民族的压迫中摆脱出来，过上自主性的生活而创造社会政治条件的活动；改造自然的活动是人民群众为从自然的束缚中摆脱出来而创造物质条件的活动；而改造人的活动是人民群众为从旧思想和旧文化的束缚中摆脱出来而创造思想文化条件的活动。社会改造、自然改造和人的改造是人民群众实现自主性的各个重要组成部分，人只有从这三个方面的束缚中解放出来，才能完全实现自主性。③

---

① [朝鲜] 金正日:《主体思想的继承与发展》，(朝鲜) 外文出版社 1995 年版，第 19 页。

② [朝鲜] 金正日:《主体思想的继承与发展》，(朝鲜) 外文出版社 1995 年版，第 19~21 页。

③ [朝鲜] 金正日:《主体思想的继承与发展》，(朝鲜) 外文出版社 1995 年版，第 22~24 页。

在这三个方面的自主性中，首要的是从社会政治上实现自主性。在政治上受奴役的情况下，即使发展了生产力，人民群众也不能从旧的思想文化的束缚中解脱出来。在阶级社会，改造社会使人民群众获得政治上的自主性是重点，而在社会主义社会，自然和人的改造是重要的任务。人民群众的自主性将通过在社会主义和共产主义建设中最终实现。①

“社会历史的运动是人民群众的创造性运动”指的是：依靠人民群众的创造性劳动，社会才得以不断进步。人民群众的创造性活动包括两个方面：一是人民群众就是以创造性的劳动征服自然，创造出自己生存和发展所需要的财富；二是通过变革旧事物的创造性活动，带来了社会的进步。

人民群众的创造性是不断发展的。人民群众在改造自然、发展社会的同时，培养了自己的创造能力。社会生产力发展的历史，是人们征服自然的创造力增强的历史；社会变革的历史是人民群众变革社会的能力得到增强的历史。而共产主义社会是人民群众自主性和创造性全面得到实现的社会。② 人民群众的创造性活动要求在改造自然和社会的过程中始终坚持创造性的立场。所谓创造性立场就是“丢掉教条主义的态度，以独立的思考，具体认识活生生的现实，并根据现实情况来解决一切问题”③。

之所以说“在革命斗争中起决定作用的是人民群众的自主思想意识”，是基于以下认识：第一，自主的思想意识是作为自己命运的主人的自觉性，是自己开拓自己命运的意志。人只有具有了自主的思想意识，才能进行征服自然的有意识的活动，才能进行反对那些侵害和践踏自主性的压迫者的积极斗争。第二，只有具有了先进的阶级思想，有了自主的阶级意识，才能具有正确的阶级立场，

① ［朝鲜］金正日：《主体思想的继承与发展》，（朝鲜）外文出版社，1995 年版，第 25 页。

② ［朝鲜］金正日：《主体思想的继承与发展》，（朝鲜）外文出版社 1995 年版，第 28~29 页。

③ ［朝鲜］金正日：《主体思想的继承与发展》，（朝鲜）外文出版社 1995 年版，第 30 页。

才能为革命的胜利而斗争。第三，只有用自主的思想意识武装起来的人，才能在革命斗争中采取坚定的立场和态度，才能以坚强的意志积极地参加革命，克服一切困难，经得住一切考验，将斗争进行到底。第四，在革命运动中，物质因素的作用取决于人的有意识的活动。①

（3）主体思想的指导原则

其主要内容就是如何在实践中坚持自主性、创造性立场，加强思想意识的作用。关于如何坚持自主立场，金日成提出了四项原则：思想上树立主体；政治上自主；经济上自立；国防上自卫。

所谓“思想上树立主体”，就是要有自己是革命和建设的主人的自觉性，以本国革命为中心去思考和实践，用自己的力量和智慧去解决一切问题的观点和态度。

如何判断是否在思想上树立了主体呢？金正日提出：在思想上树立主体，就是用主体思想和体现了主体思想的党的路线、政策武装起来，建立党的唯一思想体系。只有这唯一思想体系充满了全党和全社会，才可以说思想上牢固树立了主体。②

关于如何在思想上树立主体，金正日提出了四条措施：一是要熟悉自己的东西，即本民族的历史、地理、经济、文化、风俗习惯，尤其是党的政策、革命历史和传统。二是必须具有高度的民族自尊心和革命的自豪感。三是发展民族文化，提高群众的文化技术水平。四是反对事大主义等旧思想。③

“政治上自主”就是实施捍卫本国人民的民族独立和主权、维护本国人民的利益、依靠本国人民的力量的政治。关于如何做到政治上自主，金正日提出了三条措施：一是建设主体的政治力量；二是有一个自己的指导思想；三是在对外关系上行使完全的自主权和

---

① ［朝鲜］金正日：《主体思想的继承与发展》，（朝鲜）外文出版社 1995 年版，第 31~32 页。

② ［朝鲜］金正日：《主体思想的继承与发展》，（朝鲜）外文出版社 1995 年版，第 36~37 页。

③ ［朝鲜］金正日：《主体思想的继承与发展》，（朝鲜）外文出版社 1995 年版，第 37~39 页。

平等权。① “经济上自立” 指的是要建立自己的民族经济。关于如何建立民族经济，金正日提出：一是要在经济建设中坚持自力更生原则；二是要在多方面地综合发展经济；三是用现代技术装备经济，大量培养民族技术人才；四是建立自己的原料和燃料基地。②

所谓“国防上自卫”就是用自己的力量保卫自己的国家。如何做到国防上自卫，金正日提出：一是要拥有自己的武装力量；二是要建立全国全民的防卫体制；三是高度发挥人民武装力量在政治思想上的优越性；四是要建立自己的国防工业；五是要加强后方。③

主体思想指导原则中的第二条是“运用创造性方法”。“运用创造性方法”可以细化为两个方法：一是依靠人民群众的方法；二是根据实际情况进行工作的方法。

所谓“依靠人民群众的方法”，一是要根据群众的要求和愿望正确地制定路线和政策，并把这一路线和政策变成群众自己的东西；二是要把阶级路线和群众路线正确地结合起来；三是要广泛地开展群众运动；四是要建立革命的工作方法。④

“根据实际情况进行工作的方法”指的是要根据不断变化的现实和国家的具体条件解决一切问题。要做到这一点，首先要正确地分析本国的主客观条件；其次，要正确地对待现成的理论；第三要根据时代的历史条件和自己的具体情况，积极地探求革命和建设的新的原理和途径。⑤

“主体思想指导原则”的第三条是“要把思想作为根本抓起

---

① ［朝鲜］金正日：《主体思想的继承与发展》，（朝鲜）外文出版社 1995 年版，第 39~41 页。

② ［朝鲜］金正日：《主体思想的继承与发展》，（朝鲜）外文出版社 1995 年版，第 41~44 页。

③ ［朝鲜］金正日：《主体思想的继承与发展》，（朝鲜）外文出版社 1995 年版，第 45~48 页。

④ ［朝鲜］金正日：《主体思想的继承与发展》，（朝鲜）外文出版社 1995 年版，第 49~52 页。

⑤ ［朝鲜］金正日：《主体思想的继承与发展》，（朝鲜）外文出版社 1995 年版，第 52~54 页。

来”，这一条依据的是人民群众自主的思想意识起决定性作用的观点。这一原则具体分为两个方面：一是要思想改造先行；二是政治工作先行。

所谓“思想改造”，指的是把人改造成为真正的共产主义新人的工作。思想改造先行，是因为人的改造，本质上是思想改造。决定人的价值和品质的，是思想。思想改造的主要任务是树立革命的世界观、革命观问题，也就是树立主体的革命观。主体革命观的核心是忠于党和领袖的精神。①

“政治工作先行”指的是在做其他一切工作之前，先用党的路线和政策武装人民群众，激发他们的革命热情，使群众发挥出高度的自觉性和积极性，去有效地进行革命斗争和建设事业。政治工作先行是社会主义的本质要求。在社会主义社会中，人民群众是社会的主人，因此依靠人民群众的高度政治觉悟和革命热情，是合乎规律的。只有使政治工作先行，提高劳动者的积极性，才能发挥社会主义的优越性。②

（4）主体思想的历史地位

金正日认为，由于主体思想阐明了人是具有自主性、创造性和意识性的社会存在，因而是关于人的完整的哲学解释。由于阐明了人是一切的主人、人决定一切这一哲学原理，主体思想给世界观问题带来了新的变革。主体思想在唯物主义原理阐明了世界的物质本原的基础上，把人在世界上的地位和作用问题作为哲学的根本问题提了出来，对世界的主人是谁这一问题做出了回答。③

金正日认为，主体思想的历史观确立了以人民群众这一主体为中心来观察历史发展和社会变革的新的观点和立场，发现了社会主义建设的途径和规律。与马克思主义相比，主体思想在两个大的方

---

① ［朝鲜］金正日：《主体思想的继承与发展》，（朝鲜）外文出版社 1995 年版，第 56 页。

② ［朝鲜］金正日：《主体思想的继承与发展》，（朝鲜）外文出版社 1995 年版，第 58~59 页。

③ ［朝鲜］金正日：《主体思想的继承与发展》，（朝鲜）外文出版社 1995 年版，第 63 页。

面实现了创新。一是马克思主义第一次确立了工人阶级的革命世界观，而主体思想则把工人阶级的革命世界观发展到了一个新的更高的阶段并加以完善。① 以唯物史观为基础的先前的社会主义学说，只把物质经济的因素看做革命斗争的根本条件，未能指出加强革命的主体、增强其作用是革命的根本途径；只追求经济建设，忽略了人的改造即思想工作是社会主义的首要任务。而主体思想由于发现了人在世界中的地位和作用，发现了人民群众的自主的思想意识在革命斗争中的决定性作用，从而解决了建设社会主义的根本途径问题，从而克服了马克思主义在这一方面的缺陷。②

2. 朝鲜社会主义理论的社会主义观

金正日继承和发展了金日成的主体思想，并且将主体思想创造性运用，特别强调人的社会性，强调“集体主义”，将集体主义看做社会主义的本质和优越性的根源。

关于社会主义的本质，金正日的论述主要涉及了两个角度：一是把集体主义作为社会主义的本质；二是从思想觉悟和人与人之间的关系对社会主义的本质进行阐述。金正日认为，社会主义的本质在于集体主义，其优越性和生命力的源泉也在于集体主义。在他看来，所谓集体主义，就是重视集体利益重于个人利益的思想，把国家和社会的利益放在首位，在国家和社会的利益中实现个人的利益。关于个人利益，他认为社会主义集体主义所反对的，不是个人利益本身，而是侵害国家和社会的利益、只追求个人利益的现象。③

“集体主义是社会主义的本质”基于这样的推理：首先，人不是个别地而是集体地生活在一起。人只有形成社会的集体进行活动，才能生存和进步，只有依靠社会成员集体的合作，才能改造自

---

① ［朝鲜］金正日：《主体思想的继承与发展》，（朝鲜）外文出版社 1995 年版，第 66 页。

② ［朝鲜］金正日：《主体思想的继承与发展》，（朝鲜）外文出版社 1995 年版，第 346~348 页。

③ ［朝鲜］金正日：《主体思想的继承与发展》，（朝鲜）外文出版社 1995 年版，第 338~339 页。

然和社会，才能实现自主的要求。其次，集体生活必然涉及如何协调集体与个人的关系问题。能否处理好两者之间的关系，关系到个体的积极性和创造性，关系到集体的团结和合作。而只有集体主义才能加强集体的团结和合作，增强集体所有成员的创造热情，把集体的自主要求和个人的自主要求正确地结合起来，都同样圆满地加以实现。①

金正日还认为，人民群众以作为主人的高度觉悟和能力，同志式地团结起来进行斗争，这就是社会主义社会区别于一切剥削阶级社会的本质，是推动社会主义社会发展的原动力。② 从这两个论断的关系看，集体主义的本质是根源。思想觉悟和人民的团结的根源就在于集体主义恰当地阐明了集体与个人的关系，正如金正日所说，“社会主义的本质在于集体主义，其优越性和生命力的源泉也在于社会主义”。③

关于社会主义的优越性，金正日从以下几个方面进行了说明：第一是社会主义全面地实现了社会的人要同样自主地、创造性地生活和进步的本性的要求。④ 第二是社会主义比资本主义思想上优越。他说，社会主义社会比资本主义优越，指的就是思想上的优越性；社会主义的威力，不外乎是思想上的威力。⑤ 第三是人民群众做了一切的主人。社会主义是人民群众做了一切的主人、一切都为人民群众服务的社会，是依靠人民群众团结的力量不断发展的最先进的社会。使人民群众作为国家和社会的主人，充分享有自主的和

---

① ［朝鲜］金正日：《主体思想的继承与发展》，（朝鲜）外文出版社 1995 年版，第 344~345 页。

② ［朝鲜］金正日：《主体思想的继承与发展》，（朝鲜）外文出版社 1995 年版，第 266 页。

③ ［朝鲜］金正日：《主体思想的继承与发展》，（朝鲜）外文出版社 1995 年版，第 338 页。

④ ［朝鲜］金正日：《主体思想的继承与发展》，（朝鲜）外文出版社 1995 年版，第 200 页。

⑤ ［朝鲜］金正日：《主体思想的继承与发展》，（朝鲜）外文出版社 1995 年版，第 277 页。

创造性的生活，这就是社会主义事业的正义性。① 第四是一切都为人民群众服务。在社会主义社会里党和国家的一切生活都服从于给人民群众保障真正的自由与权利、富足而文明的生活。② 第五是社会依靠人民群众的团结的力量不断得到发展。③ 第六是人民群众对社会主义的支持和信赖。④ 从内容上来说，其他几点都是第一点的展开和具体化。

综合上述论断，金正日关于社会主义优越性的阐述可以概括为：社会主义社会没有贫富之差，有先进的思想，不存在给人民造成不安和痛苦的社会弊端，物质文化生活也不断提高，在政治上人人都享有平等的政治权利和自由，以主人翁的态度参加国家活动。⑤

3. 朝鲜社会主义理论的经济理论

在经济上，朝鲜坚持计划经济，反对市场经济，实行有限开放政策。20 世纪 80 年代以前，朝鲜实现的是高度集中的计划经济，阻碍了对外开放和对内搞活。同时，出于对对外依赖和从属的担心，朝鲜一直坚持自主的民族经济建设路线。由于没有参与国际经济分工，朝鲜经济在技术、资金、信息等方面严重不足，由于长期实行配给制，国内分工体系混乱，地下经济猖獗。

80 年代以后，朝鲜开始强调自主民族经济和改革开放并不矛盾。1982 年，金正日在《对于主体思想》一文中主张“以自力更生原则发展自主的民族经济，并不意味着关着门搞经济”。朝鲜对外经济合作促进委员会委员长也明确表示：“自主的民族经济，反

---

① ［朝鲜］金正日：《主体思想的继承与发展》，（朝鲜）外文出版社 1995 年版，第 330~331 页。

② ［朝鲜］金正日：《主体思想的继承与发展》，（朝鲜）外文出版社 1995 年版，第 334 页。

③ ［朝鲜］金正日：《主体思想的继承与发展》，（朝鲜）外文出版社 1995 年版，第 336 页。

④ ［朝鲜］金正日：《主体思想的继承与发展》，（朝鲜）外文出版社 1995 年版，第 356~357 页。

⑤ ［朝鲜］金正日：《主体思想的继承与发展》，（朝鲜）外文出版社 1995 年版，第 201 页。

对他国的经济约束，但并不反对合作关系。”①

90 年代以后，迫于东欧剧变和国内经济形势持续恶化的压力，朝鲜开始对原有的经济体制进行调整。2002 年 7 月 1 日，朝鲜以“社会主义计划经济的改善和完成”为口号，颁布了一系列经济管理改革措施，又称“7.1 措施”，其主要内容涉及以下几点：第一，改变配给制的范围，取消除粮票之外的所有配给券。粮食由原先统一分配，变为可以到市场上购买。第二，改革价格体制，其中劳动力工资和物价大幅度上调。三是改革金融体制，“废止外汇券”，打击外汇黑市交易。第四，废除平均主义分配，实施差别工资。将按需要分配的共产主义方式转化为按能力工作，根据成果分配的社会主义方式。第四，改革生产管理体制，赋予了下级部门更多的自主权。国家计划委员会只制定宏观重要指标，具体的细节指标由有关部门根据具体情况制定。第五，部分地引进了市场机能。允许“社会主义物资交流市场”的存在，使原材料、零配件允许企业间进行买卖成为可能，并使地方企业自己制定生产品的价格及销售。

在对外开放方面，朝鲜的对外经济主要与苏联、东欧和中国等社会主义国家开展。随着中国的对外进程的加快，作为试验，朝鲜于 1984 年颁布了《对外合资法》。1991 年 11 月，朝鲜宣布将罗津、先锋这两个面积为 621 平方公里的地区变成自由经济贸易区。目前，朝鲜已将开放区从最初的罗津、先锋这两个地区扩大到南浦、元山、海州、新浦等沿海城市。

（二）中国特色社会主义理论体系与朝鲜社会主义理论的异同

1. 指导思想的异同

就指导思想而言，中国特色社会主义理论体系与朝鲜社会主义理论既有相同之处，也有不同点。中国特色社会主义理论体系的指导思想是马克思列宁主义、毛泽东思想、邓小平理论、“三个代表”重要思想和科学发展观，而朝鲜社会主义理论的指导思想则

① 转引自方孟宇：《缘起、内容与展望：朝鲜社会主义改革浅论》，《理论观察》2008 年第 5 期，第 76 页。

是马克思列宁主义和主体思想。就相同之处而言，中国特色社会主义理论体系和朝鲜社会主义理论都坚持马克思列宁主义的指导地位，都将其作为指导思想的理论基础。而且，两国的社会主义理论都坚持将马克思列宁主义与本国的具体实践相结合，结合具体实践不断发展马克思主义，都主张马克思主义本土化。就指导思想的核心内容，朝鲜社会主义理论强调人的自主性、创造性和意识性，强调人在历史活动中的主体地位，强调人民群众在创造历史过程中的重要作用，强调先进的意识对于主体的重要影响。就这一点而言，中国特色社会主义理论体系始终强调人民群众是历史的创造者，强调科学的理论对于人民群众创造历史的重要影响。中国共产党始终强调“群众路线”，科学发展观提倡“以人为本”，就是明显的证明。因此，就强调人民群众在社会发展中的历史地位和重要作用这一方面，中朝两国社会主义理论的基本观念是基本一致的。

两国社会主义理论所不同之处表现在以下几个方面：首先，具体内容不同。中国特色社会主义理论的指导首先是马克思列宁主义、毛泽东思想、邓小平理论、“三个代表”重要思想和科学发展观，它是马克思主义基本原理与中国革命和建设具体实践相结合的产物；朝鲜社会主义理论的指导思想是马克思列宁主义和主体思想，是马克思列宁主义与朝鲜具体实践相结合的结果。其次，在两国的指导思想中，中国特色社会主义理论体系的灵魂和精髓是解放思想、实事求是、与时俱进、求真务实，所以中国特色社会主义理论体系不断有新的理论创造，如邓小平理论、“三个代表”重要思想和科学发展观等。其中邓小平理论主要回答了什么是社会主义和如何建设社会主义的问题，“三个代表”重要思想主要回答了建设什么样的党和如何建党的问题，科学发展观主要回答了实现什么样的发展和怎样发展的问题。朝鲜社会主义始终坚持主体思想，所有的理论增长点都纳入主体思想的框架之下，即思想上树立主体、政治上自主、经济上自立、国防上自卫，没有明显的标志性阶段性的理论创新。在金日成之后，金正日在高举主体思想的同时，提出了“先军政治”和“强盛大国”的战略。但就其实际内容来看，这些战略的核心是军事层面，当然由于朝鲜特殊的国际、国内环境，军事策略事实上发挥着全局性的作用。但这从另一方面表明，先军政治只能是临时性的策略，不能长远充当国家的发展战略。中国特色社会主义理论体系的时代特征就是改革开放，反映时代潮流，积极应对世界经济全球化、政治多极化的挑战，而朝鲜社会主义由于国际、国内的限制，在改革开放方面做得还很不够，改革主要在经济领域，在计划经济的框架下进行完善调整，对外开放也有限度，并非全方位的对外开放。中国特色社会主义理论体系的指导思想是兼顾马克思主义的辩证法和唯物史观的基本思想，如解放思想、实事求是、与时俱进、求真务实的思想路线体现的就是马克思主义辩证法的要求，而“群众路线”、“以人为本”等体现的则是唯物史观的基本精神。朝鲜社会主义理论重视唯物史观，突出人在社会历史活动的主体地位和作用，特别突出人的思想意识的作用。

2. 社会主义观的异同

什么是社会主义，如何建设社会主义是任何社会主义理论必须要回答的问题，对这一问题的不同理解是区分不同社会主义理论的基本标准。关于什么是社会主义，中国特色社会主义理论体系与朝鲜社会主义理论之间有明显的差异。

首先，关于社会主义本质的认识不同。就中国特色社会主义理论体系来说，关于什么是社会主义的论断有两个层面，即本质层面的论断和本质特征的论断。关于本质层面论断的典型代表是邓小平的本质论，即“社会主义的本质，是解放生产力，发展生产力，消灭剥削，消除两极分化，最终达到共同富裕”①。朝鲜社会主义理论认为，社会主义的本质是集体主义，金正日认为，“社会主义的本质在于集体主义，其优越性和生命力的源泉也在于社会主义”。② 集体主义之所以是社会主义的本质是因为只有集体主义才能加强集体的团结和合作，增强集体所有成员的创造热情，把集体的自主要求和个人的自主要求正确地结合起来，都同样圆满地加以实现。③

① 《邓小平文选》第3卷，人民出版社1993年版，第373页。

② ［朝鲜］金正日：《主体思想的继承与发展》，（朝鲜）外文出版社1995年版，第338页。

③ ［朝鲜］金正日：《主体思想的继承与发展》，（朝鲜）外文出版社1995年版，第344~345页。

其次，两个社会主义观的基本特征有所不同。根据邓小平的社会主义本质论，社会主义应该具有两个基本的本质特征，一是有高度发达的生产力，二是共同富裕。因此，邓小平关于社会主义本质的论断有一个明显的特点，即将科学标准与价值标准融合在了一起，建设高度发达的生产力是社会主义的物质基础，实现共同富裕是社会主义的价值要求。从金正日关于社会主义本质的表述看，其特征是突出价值标准，即强调集体主义对于社会主义的重要性，并没有强调发展生产力对于社会主义的重要性。

再次，关于社会主义的价值判断有所不同。中国特色社会主义理论体系强调平等是社会主义的本质要求，除了平等之外，中国特色社会主义理论体系认为社会主义的核心价值观并不是单一的，民主、自由、平等、公正、和谐等都是社会主义价值观的有机内容。朝鲜社会主义强调集体主义的重要性，集体主义原则协调的是个人与集体的关系，在一个社会中，除了集体与个人的关系之外还有集体与集体、个人与个人之间的关系，这两对关系之间存在着是否平等的问题。但从朝鲜的具体社会实践来看，由于其实行的是计划经济，在社会福利方面实行免费教育和医疗，社会成员之间的差距并不大，因此，朝鲜社会主义理论也很重视平等。这是两国社会主义观的一个共同点。但综合两国社会主义的价值观来看，中国特色社会主义理论体系的价值观要比朝鲜社会主义理论的价值观丰富。

三、中国特色社会主义理论体系与古巴社会主义理论之比较分析

（一）古巴社会主义理论的主要内容

1. 古巴社会主义理论的指导思想

古巴是唯一处于西半球的社会主义国家。20 世纪 60 年代，古巴选择并且走上社会主义道路。1961 年 4 月古巴明确社会主义革命方向之后，经过两年多的社会主义改造，到 1963 年确立了以公有制为主体的社会主义经济制度。1976 年的古巴宪法中把马克思

列宁主义作为国家的指导思想。1991年，古共“四大”在党的指导思想中又加进了马蒂思想。1992年，古巴宪法把国家的指导思想改为“马蒂思想和马克思、恩格斯、列宁的政治社会思想”。虽然古巴宪法中没有将卡斯特罗的思想作为指导思想，但在实际上卡斯特罗的著作与马克思主义基本原理、马蒂的著作一起都是古巴党校的主要课程。① 1997年10月召开的古共“五大”在其核心文件《团结、民主和捍卫人权的党》中，称古巴共产党是一个以马列主义、马蒂学说和卡斯特罗的思想为指导的政党。这是古巴共产党的文件第一次使用“卡斯特罗思想”的提法。然而，至于什么是卡斯特罗思想，古巴共产党似乎没有给出答案。② 古巴宪法为什么没有将卡斯特罗的思想列为指导思想之一呢？一个重要的原因是卡斯特罗与马蒂思想的联系。卡斯特罗不仅继承了马蒂的革命思想，而且还遵循了马蒂思想轨迹的逻辑延伸，成长为一个坚定的马蒂主义—马克思主义者、科学社会主义者。③ 这说明卡斯特罗的主要思想是来源于何塞·马蒂的。

从内容来看，何塞·马蒂的思想主要包括以下几个方面：

由于所处时代的原因，何塞·马蒂思想的一个重要内容是关于古巴和拉美地区的民族独立解放运动的。在早年，马蒂主要反对西班牙对古巴的殖民统治，主张古巴独立，表现出了强烈的爱国主义精神。他说：“人唯一真正的荣耀是全心全意为他人服务。”“祖国是人人幸福之所在，是人人痛苦之所在。”“要将祖国当做祭坛，为之供献我们的生命；不能将祖国当做垫脚墩，踏着它升官发财。”“那不忠于自己国的人是7个月的婴儿。这种人由于没有任

① 朱佳木：《古巴的社会主义政权为什么能够长期存在——访问古巴后的思考》，《马克思主义研究》2007年第11期，第88~89页。

② 江时学：《中国特色社会主义与古巴特色社会主义之比较》，《中国特色社会主义研究》2010年第2期，第32页。

③ 宋晓平：《从马蒂到卡斯特罗：古巴革命的实践与思想轨迹》，《拉丁美洲研究》2008年第3期，第16页。

何价值，所以遭到其他人的唾弃。”①

何塞·马蒂的爱国主义并不是局限于古巴，而是针对整个拉丁美洲。在觉察到美国的扩张企图后，马蒂把古巴的独立与整个拉美的独立联系在了一起，提出了“我们的美洲”概念，其核心观念是反对美国对拉美的扩张，号召坚决维护拉美的团结和独立。他说：“美洲只要还有一个国家受奴役，其他国家的自由就都处于危险之中。”“我们在古巴战斗是为了以我们的独立保障西班牙美洲的独立。”“古巴和波多黎各的独立不仅是确保这两个岛上居民的幸福、尊严和自由劳动，也是拯救自由安的列斯受到威胁的独立和维护美国的尊严的必不可少的历史事件。”②

何塞·马蒂思想的另一个重要内容是他的人道主义思想。马蒂将人分为“好人”和“坏人”两种，而关于划分的标准，他认为：“这个世界上只有一种劣等人：他们首先想到的是自己的利益……；只有一种优等人：他们首先想到的是人类的利益。”在马蒂看来，“好人”是被压迫者，是优等人，他们想的是“人类的利益”；“坏人”是压迫者，是劣等人，他们想的只是“自己的利益”。因此，马蒂非常同情弱者和被压迫者。他说：“应该与被压迫者站在一起，维护不利于压迫者的利益和权欲的制度。”“我愿与地球上的穷人同生死、共命运。”③

马蒂关于人的一个基本思想是主张人人平等。马蒂认为：“人不能因为属于这个或那个种族就享有特殊的权力——人并不因为黑就低人一等或高人一头”，“在古巴本没有种族战争之忧患。不论白人、混血儿和黑人都是人，都是古巴人”，“真正的人，不论肤色黑白，总是互相以诚相见，以礼相待，以德为重，以能给生之养之的大地增添光彩而自豪”，“无论是白人还是黑人，凡种族主义

① 转引自郝名玮：《评马蒂的爱国主义思想和实践》，《世界历史》1995 年第 2 期，第 67 页。

② 转引自郝名玮：《评马蒂的爱国主义思想和实践》，《世界历史》1995 年第 2 期，第 68 页。

③ 转引自郝名玮：《评马蒂的爱国主义思想和实践》，《世界历史》1995 年第 2 期，第 66 页。

者便应同样受到谴责”。① “科学证实了这样的观念：自然中的各种力量是类似的，人是相同的，宇宙中各种要素的构成是一样的，人的尊严无贵贱之分。”②

从具体实践看，古巴在国家和社会发展过程中主要继承和发扬了马蒂的以下思想：

一是遵循马蒂的正义、平等、博爱思想，坚持实行免费教育、公费医疗和社会保障制度。卡斯特罗指出，社会主义应当为所有人提供一种“真正的和绝对的机会均等”，使其在体力和智力方面获得充分的发展，而不应受到任何性别、种族、类别和经济地位的歧视。为此，古巴通过宪法和各项专门法保障公民获得免费教育、公费医疗和社会保障的权利。

二是继承和发扬马蒂关于民族独立和“两个美洲”的思想，反对美国干涉，加强同拉美国家的团结。古巴通过各种方式和途径，加强同拉美国家的联系和合作。到 1991 年，除哥斯达黎加和萨尔瓦多外，古巴同拉美 30 多个国家和地区都恢复了外交关系。1998 年，古巴加入拉美一体化协会，这些措施有效地抵消了由于美国对古巴封锁政策所带来的消极影响。对于古巴来说，民族独立、社会主义和反美是紧密联系在一起的，这是古巴社会主义的一个特点。卡斯特罗指出，革命、社会主义和民族独立是不可分割地结合在一起的，我们今天的一切都应归功于革命和社会主义，没有社会主义，就没有古巴的独立、主权和未来，社会主义是我们革命的实质。捍卫社会主义制度，是古巴在美国的压制下谋求生存的惟一方式。卡斯特罗指出，如果有一天资本主义在古巴复辟，我们就会永远失去独立和主权，就会成为迈阿密的延伸，成为美国帝国主义的一个附庸。③

① 转引自徐世澄：《试论何塞·马蒂思想——纪念何塞·马蒂 150 周年诞辰》，《拉丁美洲研究》2002 年第 6 期，第 5 页。

② 转引自郝名玮：《评马蒂的爱国主义思想和实践》，《世界历史》1995 年第 2 期，第 66 页。

③ 崔桂田：《论美古关系与古巴社会主义发展的特点》，《当代世界与社会主义》2003 年第 1 期，第 80 页。

三是大力开展“思想战”。何塞·马蒂说：“思想战壕比石头战壕更管用。”卡斯特罗继承了马蒂这一思想，提出“‘思想战’永远是最重要的武器”。在实践中，古巴将这一思想进行了创造性的发挥，形成了一套完整的“思想战”的做法。其主要方法：一是古共中央高度重视，成立专门领导小组，由卡斯特罗亲自抓。二是把爱国主义与社会主义教育紧密结合起来，通过正反对比，使广大群众树立社会主义理想信念。三是注重对新一代领导人加强教育和培养，将“思想战”的许多工作交由年轻人来完成。四是注重全民文化教育。五是坚持思想教育与解决社会热点问题相结合。六是充分发挥新闻传媒的作用，请普通群众参与一些专题节目，通过讨论明辨是非，扩大宣传。①

2. 古巴社会主义理论的社会主义观

关于什么是社会主义，卡斯特罗等领导人的明确论述并不多。卡斯特罗认为，社会主义正如我们认为的那样，应当为所有的人提供一种“真正的和绝对的机会平等”，使其在体力和智力方面获得充分的发展，而不应受到任何性别、类别、种族、经济地位的歧视。② 从古巴的社会主义建设实践看，最能体现古巴对社会主义认识的也是社会公平。

公平在古巴表现在许多方面，最重要的表现是在社会福利领域。古巴的社会福利由三个基本要素构成：工资、社会保障和保证普遍、免费社会服务的各种社会消费基金。社会消费基金一直是保障居民拥有现存社会服务和产品的主要机制。社会消费基金主要包括教育、卫生和社会保障。在古巴，政府推行免费教育、公费医疗和社会保障。1992 年，古巴修改后的宪法明确规定，每个儿童、青年和成年人都有免费接受教育的权利。古巴的《教育国有化法》也规定，古巴的教育是公共的和对全体国民实行免费教育，教育是

---

① 肖枫、王志先：《古巴社会主义》，人民出版社 2004 年版，第 218～221 页。

② ［古巴］埃斯特万·拉索·埃尔南德斯：《菲德尔与古巴社会主义》，《拉丁美洲研究》2006 年第 5 期，第 69 页。

全体古巴人民平等享有的权利，教育工作应由国家负责。对于免费医疗制度，卡斯特罗在古共“五大”做报告时指出，今后我们在医疗等领域依然不收费，因为它们是国家无偿给予人民的基本福利，这属于我们革命的本质特征之一。根据1992年修改后的宪法和法律、法令规定，所有古巴人都享有免费看病和免费住院治疗的权利。关于社会保障制度，1997年古共“五大”通过的经济决议指出：保障和捍卫各项社会成果，依然是社会主义国家的责任，这些成果体现在每个人都享受社会保障等领域里的平等机遇高度公正的权利。该决议还指出：“低收入家庭和身体状况条件受到限制的人将得到国家的援助，以便使他们维持体面的生活，任何人不会被抛弃。国家将尽最大努力提供合理价格的食品和基本日用工业品，努力保障以食品为主的定量供应。”①

在社会领域，古巴没有种族歧视，很多领导干部是黑人。在政治方面，1992年古巴修改了人民代表选举制度，决定以不记名投票方式直接选举全国人大和省级人大代表。人大代表由群众组织，而不是党组织推荐提名。选民参选率均在98%以上。② 在1991年召开的古共“四大”上，通过了允许教徒入党的规定。古共认为，尊重公民的宗教信仰自由就像尊重其健康、自由和生活一样。这不仅是一个政治观点，而且是一个原则。作为执政党，要实现宪法的规定，在入党问题上不能歧视、排斥一部分人。③

除了上述权益的公平之外，古巴的公平还表现在普通民众与领导干部之间的平等上。在古巴，党政干部的工资待遇是完全公开的。按2001年的标准，全国职工的平均月工资为245比索，最低工资与最高工资的比例约为1∶5。2004年，局级干部和部级干部的月工资都是400比索。国家规定，党政机关干部的工资不得高于同级的企业领导人的工资。古巴职工的住房多数是统一分配的。分

① 转引自李锦华：《古巴共产党是如何继承和发扬何塞·马蒂思想进行治国理政的》，《当代世界》2008年第5期，第52页。

② 肖枫、王志先：《古巴社会主义》，人民出版社2004年版，第213页。

③ 肖枫、王志先：《古巴社会主义》，人民出版社2004年版，第193页。

房的标准按实际需要，而不是看官职的大小。除个别领导人有官邸之外，没有专为领导干部建造的单独居住区。在生活必需品的供应方面，供应标准对所有人都是一样，党政官员没有特供。在就医方面，所有人包括政治局委员同群众一样，到一般医院挂号看病。除了个别领导人外，党政领导人不配警卫员。除卡斯特罗坐防弹车外，所有高级干部，包括第二把手劳尔·卡斯特罗的公务车都是拉达牌轿车，许多领导干部骑自行车上下班，不坐公家配给的轿车。①

建国以来，古巴的经济与社会政策发生了很大变化，但总的来说，对社会领域的关注一直占据优先地位。以 2003 年为例，上述三项社会事业的开支占到了当年国家预算支出的 42%。尽管高福利政策对国家财政构成了极大的压力，卡斯特罗还是强调："不止一个人曾经说，古巴把贫困社会化了。我们回答他们说：'是的，把贫困社会化总比少数人分享有限的财富要好，这少数人掠夺一切，而其他的人却一无所有。'"②

3. 古巴社会主义理论的经济理论——"更新"社会主义经济模式

在经济发展模式上，古巴也在对传统的经济发展模式进行变革，古巴称之为"更新"社会主义经济模式。"更新"经济模式有两个基本点：一是坚持计划经济，反对市场经济；二是对传统的经济模式进行广泛的变革。在经济体制上，古巴主张计划经济，反对市场经济，把市场经济看做资本主义的东西。古巴经济体制改革的总原则是"既要充分利用市场，又要坚持计划经济"。卡斯特罗强调"不能放弃一切计划"，"不能把我们的社会经济发展交给市场的盲目规律"。在他看来，市场是一个无人能驾驭的疯狂的野兽，它造成了"人类最自私、最不平等、最残酷无情的社会制度"，甚

① 参见毛相麟：《古巴社会主义研究》，社会科学文献出版社 2005 年版，第 71～72 页。

② 转引自肖枫、季正矩：《关于古巴社会主义革命与建设若干问题的思考》，《当代世界与社会主义》2005 年第 1 期，第 39 页。

至认为，搞市场经济会引起贫富分化，会造成一个“充当帝国主义颠覆社会主义第五纵队”的新的富人阶级，破坏人民的团结和社会的稳定①。“在我们搞社会主义的时候，经常用资本主义的那些方式。这是我们最大的忧虑之一。因为，如果我们在社会主义建设中以资本主义方式为手段，就会迫使所有的企业相互竞争，就会出现到处收买财物的强盗企业、海盗企业。”②“有些人曾认为可以用资本主义的方法来建设社会主义。这是重大历史性错误之一。我不愿意谈这个话题，也不想做理论分析，但我有无数例证说明，那些自恃理论家的人，那些没有正确理解马克思、恩格斯和列宁思想的人，在很多事情上没有说准。”③ 2010 年 8 月 1 日，古巴部长会议副主席、经济和计划部长马里诺·穆里略在古巴人代会上说：“古巴不会进行经济改革，而是进行不向市场让步的古巴社会主义经济模式的更新。”他强调，古巴“将保持政府控制 90%经济活动的中央计划经济的模式，经济模式的某些东西会有所松动，如允许从事个体劳动，但我们不会交出所有权，古巴不会用市场经济改革来应对经济问题”④。

古巴虽然反对市场经济，但并不意味着坚守传统的经济不变。2010 年 11 月 9 日，古巴公布了《经济社会政策的纲要》，纲要要点如下：（1）古巴继续是实施计划经济而不是市场经济的社会主义国家（第 1 点）；社会主义国有企业是国民经济的主要形式，此外，承认并鼓励合资企业、合作社、土地承包、商店承包、个体劳动者等有益于提高社会劳动效率的其他形式（第 2 点）。（2）将继续保持免费医疗、免费教育等革命的成果（第 129 点），但将减少

---

① 转引自肖枫、季正矩：《关于古巴社会主义革命与建设若干问题的思考》，《当代世界与社会主义》2005 年第 1 期，第 38 页。

② ［古巴］菲德尔·卡斯特罗，［法］伊格纳西奥·拉莫内：《卡斯特罗访谈传记：我的一生》，中国社会科学出版社 2008 年版，第 346～347 页。

③ ［古巴］菲德尔·卡斯特罗，［法］伊格纳西奥·拉莫内：《卡斯特罗访谈传记：我的一生》，中国社会科学出版社 2008 年版，第 551 页。

④ 转引自徐世澄：《古巴：“更新”社会主义经济模式迎接党的“六大”召开》，《当代世界》2010 年第 12 期，第 35 页。

或取消过度的社会开支（第59点和第132点）。（3）国家将修改就业结构，减少冗员，扩大非国有部门的工作、扩大个体劳动者的活动范围（前言和第158点），并向其提供银行贷款（第51点）和允许其进入原材料批发市场（第9点）。（4）古巴将继续吸引外资、寻找资金来源来遏制生产部门的资金流失（前言和第89点）。（5）将重新安排其所欠外债的偿还期，严格履行其承诺以改善诚信（前言、第85点和第86点）。（6）将创建一个更加先进的金融制度，控制货币政策（第46点和第47点）；将向个人的消费进行贷款（第50点）。（7）将继续减少政府的比重和取消补贴；将逐步取消低价供应日用品和食品的购货本（第162点）。（8）将逐步取消货币双轨制（前言和第54点，即政府发的工资是古巴比索，而进口商品的销售价格是以比古巴比索24倍的可兑换比索计价）。（9）将放松对买卖房子的限制，以解决严重的住房不足的问题（第275点、第276点）。（10）古巴将给农业以更大的自主权以减少对进口的依赖（第167点），并增加和巩固商品和劳务的出口（第68点）。（11）继续积极参与拉美一体化协会、加勒比共同体、加勒比国家联盟、加勒比石油组织等拉美和加勒比一体化进程（第108点），重点是参与美洲玻利瓦尔联盟（第107点）。①

从这些要点可以看出，古巴虽然坚持计划经济，但已开始对原有的经济体制进行重要修改，其中扩大企业自主权、减少政府直接干预，扩大个体经营户的经营范围，减少政府补贴，扩大吸收外资，可以看做部分引入市场因素，但远不是市场经济，只是在计划经济的框架下进行的调整。与过去的调整相比，古巴这些改革涉及的范围比历史上任何一次都广泛。

（二）古巴社会主义理论与中国特色社会主义理论体系的异同

1. 指导思想的异同

在指导思想上，中国特色社会主义理论体系坚持的是马克思列

① 徐世澄：《古巴："更新"社会主义经济模式迎接党的"六大"召开》，《当代世界》2012年第12期，第37~38页。

宁主义、毛泽东思想、邓小平理论、“三个代表”重要思想和科学发展观。古巴社会主义理论的指导思想是马蒂思想和马克思、恩格斯、列宁的政治社会思想。就相同之处而言，两国社会主义理论都坚持将马克思列宁主义作为思想基础，同时也都主张将马克思列宁主义和本国的具体实践相结合，走具有本国特色的社会主义道路。

就不同点而言，古巴社会主义理论不但突出了具有本民族特色的马蒂思想，还专门突出了恩格斯的地位，这在其他社会主义国家中是没有的。就指导思想的内容而言，古巴社会主义理论指导思想中的马蒂思想主要涉及民族独立和人道思想。关于卡斯特罗的思想，虽然古巴五大文件曾提出“卡斯特罗思想”与马蒂思想、马克思、恩格斯、列宁的思想都是古巴共产党的指导思想，但关于卡斯特罗的思想的具体内容，古巴官方文件并没有明确的论述。这一点与中国特色社会主义理论体系形成明确的对比。中国特色社会主义对于每一个阶段的理论成果都进行了及时的系统总结，及时上升为国家发展的指导思想。因此，就指导思想的丰富和系统而言，中国特色社会主义理论要比古巴社会主义理论完整和丰富。

在领导核心方面，两国社会主义理论都主张坚持共产党的绝对领导。邓小平曾经指出：“离开了中国共产党的领导，谁来组织社会主义的经济、政治、军事和文化？谁来组织中国的四个现代化？”① “在中国这样的大国，要把几亿人口的思想和力量统一起来建设社会主义，没有一个由具有高度觉悟性、纪律性和自我牺牲精神的党员组成的能够真正代表和团结人民群众的党，没有这样一个党的统一领导，是不可能设想的，那就只会四分五裂，一事无成。”② 古巴宪法规定，古巴共产党是马克思列宁主义的工人阶级先锋队组织，是国家和社会的最高领导力量。它组织和引导国家和社会向建设社会主义和实现共产主义的目标前进。卡斯特罗认为，古巴共产党“概括了一切，集中体现了我国历史上一切革命者的理想，具体体现了革命的思想、原则和力量”，“党是今天

① 《邓小平文选》第2卷，人民出版社1994年版，第170页。
② 《邓小平文选》第2卷，人民出版社1994年版，第341～342页。

古巴的灵魂”。①

2. 社会主义观的异同

古巴社会主义理论关于社会主义的认识主要突出的是公平，正如卡斯特罗所说：社会主义正如我们认为的那样，应当为所有的人提供一种“真正的和绝对的机会平等”，使其在体力和智力方面获得充分的发展，而不应受到任何性别、类别、种族、经济地位的歧视。② 但是由于生产力水平不高，古巴在基本生活用品方面长期处于短缺状态，许多基本生活用品实行定量供应，直到2009年11月1日，古巴才取消了包括土豆、胡萝卜、豆类、肥皂、大米、白糖和面包等在内的生活必需品的定量供应。因此，古巴的公平更接近于平均主义。但是收入上的平等主义经常被古巴官方拒绝，劳尔·卡斯特罗在2008年7月的国民议会演讲中说道：“社会主义意味着社会公正和平等，但平等不等于平等主义。”他坚持“社会主义意味着社会公正和平等，但这种平等是权利的平等和机会的平等，而不是收入的平等。后者也是一种剥削，一种不好的、甚至坏的工人和无所事事的人对好工人的剥削”。“必须意识到为了逐步解决现存工资体制上的问题，我们必须消灭不劳而获和过度的补贴——这意味着要实行每个人按其劳动获得报酬的社会原则。”③ 为此，古巴政府主要从两方面着手，一方面限制不劳而获，另一方面限制差距过大。限制不劳而获的措施就是逐步取消定量配给制，只对基本的生活必需品进行补贴。限制差距的主要措施：在观念上宣传社会主义竞赛原则，其内容就是将物质激励和精神激励相协调，不能只重视两种手段中的某一种；在政策上就是采取减少收入差距的非工资措施。例如，自2004年去美元化和2005年对比索的重估以来，实际上美元兑换比索要征收18%的税。在货币商店的交易税起自

---

① 毛相麟：《古巴社会主义研究》，社会科学文献出版社2005年版，第52页。

② ［古巴］埃斯特万·拉索·埃尔南德斯：《菲德尔与古巴社会主义》，《拉丁美洲研究》2006年第5期，第69页。

③ 转引自［英］史蒂夫·拉德拉姆：《古巴复兴社会主义的发展战略》，《当代世界与社会主义》2012年第5期，第156页。

24%。2004年，对工作场所的津贴规定了上限，除了政府的战略目标外没有引入新的津贴方案。对于混合企业中的津贴也开始进行征税。税收增加了，从事农业部门生产的古巴人也被提醒要习惯交税。2006年大幅提高了电力部门的税收标准，这在一定程度上间接增加了对使用高津贴能源的较富有者的征税。①

中国特色社会主义理论体系关于社会主义的认识同样强调公平，主张共同富裕，反对两极分化。但在实现共同富裕的方式上，中国特色社会主义理论体系主张：让一部分人先富起来，先富带后富，最终实现共同富裕。② 因此，关于社会主义与公平的关系以及公平的含义，两国社会主义理论的理解是一致的。在分配方式的基本原则上两国的主张是一致的，即主张按劳分配为主体、多种分配方式并存的分配方式。这是两国社会主义理论的一致之处。

但具体实践过程中，如何看待各种社会政策的实际作用和性质，两国社会主义理论存在差异。最明显的差异表现在对待市场的态度上。对于市场，中国特色社会主义理论主张：市场并不是资本主义所特有的，社会主义也可以有市场，因此中国特色社会主义理论体系主张建立社会主义市场经济体制。社会主义要大胆吸收和借鉴人类社会创造的一切文明成果，吸收和借鉴世界各国包括资本主义发达国家一切反映现代社会化生产规律的先进经营方式和管理方法。③ 而古巴社会主义理论认为：市场是一个无人能驾驭的疯狂的野兽，它造成了“人类最自私、最不平等、最残酷无情的社会制度”，搞市场经济会引起贫富分化，会造成一个“充当帝国主义颠覆社会主义第五纵队”的新的富人阶级，破坏人民的团结和社会的稳定。④“在我们搞社会主义的时候，经常用资本主义的那些方

① 转引自［英］史蒂夫·拉德拉姆：《古巴复兴社会主义的发展战略》，《当代世界与社会主义》2012年第5期，第156页。

② 参见《邓小平文选》第3卷，人民出版社1993年版，第373~374页。

③ 参见《邓小平文选》第3卷，人民出版社1993年版，第373页。

④ 转引自肖枫、季正矩：《关于古巴社会主义革命与建设若干问题的思考》，《当代世界与社会主义》2005年第1期，第38页。

式。这是我们最大的忧虑之一。因为，如果我们在社会主义建设中以资本主义方式为手段，就会迫使所有的企业相互竞争，就会出现到处收买财物的强盗企业、海盗企业。”① “有些人曾认为可以用资本主义的方法来建设社会主义。这是重大历史性错误之一。我不愿意谈这个话题，也不想做理论分析，但我有无数例证说明，那些自恃理论家的人，那些没有正确理解马克思、恩格斯和列宁思想的人，在很多事情上没有说准。”② 这表明古巴社会主义理论把市场经济当做资本主义所特有的东西，而且是资本主义中最不利于社会团结稳定的内容。

3. 所有制理论的异同

在所有制问题上，中国特色社会主义理论体系和古巴社会主义理论都坚持公有制为主体的所有制结构。这是两国的共同点。

对于公有制，中国特色社会主义理论体系认为：毫不动摇巩固和发展公有制经济，推行公有制多种实现形式，深化国有企业改革，完善各类国有资产管理体制，推动国有资本更多投向关系国家安全和国民经济命脉的重要行业和关键领域，不断增强国有经济活力、控制力、影响力。对于私有制经济，中国特色社会主义理论主张：毫不动摇鼓励、支持、引导非公有制经济发展，保证各种所有制经济依法平等使用生产要素、公平参与市场竞争、同等受到法律保护。因此，中国特色社会主义理论体系的所有制理论可以总结为：以公有制为主体，多种所有制共同发展。

在对待私有制问题上，古巴基本上持限制的立场，私有制仅仅处于补充地位，政府对其发展进行多方面的限制。在 2010 年 11 月 9 日公布《经济社会政策的纲要》中明确规定：社会主义国有企业是国民经济的主要形式，此外，承认并鼓励合资企业、合作社、土

① ［古巴］菲德尔·卡斯特罗，［法］伊格纳西奥·拉莫内：《卡斯特罗访谈传记：我的一生》，中国社会科学出版社 2008 年版，第 346~347 页。

② ［古巴］菲德尔·卡斯特罗，［法］伊格纳西奥·拉莫内：《卡斯特罗访谈传记：我的一生》，中国社会科学出版社 2008 年版，第 551 页。

地承包、商店承包、个体劳动者等有益于提高社会劳动效率的其他形式。① 古巴部长会议副主席、经济和计划部长马里诺·穆里略在古巴人民代表大会上说古巴“将保持政府控制 90%经济活动的中央计划经济的模式经济模式的某些东西会有所松动，如允许从事个体劳动，但我们不会交出所有权，古巴不会用市场经济改革来应对经济问题”②。20 世纪 90 年代前期，为应对苏联解体的冲击，古巴曾一度鼓励个体经济和私营经济的发展，但是到 20 世纪 90 年代末，古巴政府反而加大了对个体经济、私营经济的限制。为了应对近年出现的经济问题，古巴开始进行全面的经济调整，非公经济发展的规模和领域得到进一步的扩大。尽管如此，根据新的纳税条例，个体劳动者应缴纳个人所得税、销售税、公共服务税、社保费，如果雇人，还应缴纳雇用劳动力税等，平均税率将占其收入的 25%~50%。过高的税率还会对个体经济的快速发展构成严重的制约。因此，古巴对私有经济一直持限制和利用的态度。

四、中国特色社会主义理论体系与老挝社会主义理论之比较分析

（一）老挝社会主义理论的主要内容

1. 老挝社会主义理论的指导思想

在近代历史上，老挝长期遭受法国、日本、美国等外国殖民主义统治。1951 年 2 月，印度支那共产党成立，当时的老挝革命者加入了印度支那共产党。1952 年 2 月，印度支那共产党“二大”决定在越南、老挝、柬埔寨分别建立独立的共产党。老挝人民党 1955 年 3 月 22 日宣告成立，1972 年召开“二大”时改为老挝人民

① 徐世澄：《古巴：“更新”社会主义经济模式迎接党的“六大”召开》，《当代世界》2010 年第 12 期，第 38 页。

② 转引自徐世澄：《古巴：“更新”社会主义经济模式迎接党的“六大”召开》，《当代世界》2010 年第 12 期，第 35 页。

革命党。1975 年 12 月 2 日，老挝人民民主共和国成立，老挝人民革命党公开执政。老挝人民革命党成为执政党之后，在领导社会主义建设过程中，对老挝社会主义的认识和实践大体经历了三个阶段：1975—1979 年社会主义改造时期；1979—1986 年的政策调整时期；1986 年以来的重新认识国情、推行改革开放的新时期。① 在长期的社会主义建设过程中，在党和国家的指导思想上，老挝人民革命党主张坚持马列主义的指导地位。在党的一大、二大、四大、五大和七大上，这一立场得到了反复强调。在强调坚持马列主义的同时，老挝人民革命党也强调吸收其他“人类智慧的精华”，要“把马克思列宁主义作为党的思想理论基础，同时吸取人类智慧的精华，与老挝实际相结合”。虽然老挝人民革命党没有提出新的思想理论体系，但是如果老挝在指导思想上的主张得到实现，那么，一个新的具有本地化特色的理论体系必将形成。

东欧剧变之后，面对国内外的反对势力的压力，老挝人民革命党四届八中全会提出了“六项原则”：（1）坚持社会主义；（2）坚持马列主义是党的思想基础；（3）党的领导是一切胜利的决定因素；（4）坚持在集中原则基础上发扬民主；（5）增强人民民主专政的力量和效力；（6）坚持真正的爱国主义和纯洁的国际主义相结合。在“六项基本原则”之外，老挝人民革命党还提出了“五个观点”，即“社会主义是世界历史发展的必然趋势；资本主义本质没有改变；改革是客观需要；坚定社会主义目标，牢牢掌握六项原则；加强思想教育，提高革命品质，加强内部团结和思想统一”。② 这“六项基本原则”与“五个基本观点”成为老挝社会主义建设的基本指导思想。

2011 年 3 月，老挝人民革命党第九次全国人民大会召开，大会提出以“六个原则”领导全面革新和不断创新。在大会通过了老挝人民革命党 2011—2015 年的工作方针和任务：（1）政治方面：

---

① 顾海良、梅荣政主编：《科学社会主义理论与实践》，武汉大学出版社 2006 年版，第 248～249 页。

② 肖枫：《社会主义向何处去》，当代世界出版社 1999 年版，第 462 页。

提高国家政权机构的职能，完善人民民主制度并逐步成为民有、民享、民治的法治国家；深入贯彻“建设省成为战略单位、建设县成为全面坚强的单位、建设村成为发展单位”的方针；加强党的统战工作，发挥老挝建国阵线、老挝人民革命青年团、老挝妇女联合会、老挝工会、老挝退伍军人联合会等组织的职能，以增强老挝全国各族人民乃至海外老挝侨民的凝聚力；深入广泛地执行全民全面国防治安路线，将国防治安工作与经济、社会发展以及对外联络等工作充分协调起来；继续扩大对外交往和国际合作，始终奉行和平、独立、友好与合作的外交路线，在坚持互相尊重、互惠互利的原则下鼓励开展多渠道、多方面、多层次、多形式的对外合作关系；建设廉洁、坚强的党，加强党的执政能力和领导能力。（2）经济方面：坚持以经济发展为核心；加强政府经济管理的能力和效率；注重解决人民贫困问题，使之能够得到基本解决；发展综合性农业生产，确保粮食生产安全，保护和恢复森林覆盖率；贯彻执行工业化、现代化战略方针。（3）社会文化方面：以发展教育和培养人才为核心任务；使老挝人民身体健康；大力发扬国家的优良传统，发展精神文明事业，使老挝人民具备崇高的革命情操和先进的人生观与世界观；充分利用全社会的综合潜力解决突出的社会问题，给予各种弱势群体以适当的社会福利。① 这实际上提出了一个全面的建设纲领，可以看做“六条基本原则”和“五个观点”的具体化和丰富。

2. 老挝社会主义理论的社会主义观

老挝人民革命党关于社会主义的认识首先体现在社会主义应该有高度发达的生产力上，生产关系应该和生产力协调发展。根据这一认识，老挝对自己所处的社会阶段进行了判断。在 1982 年 4 月召开的党的“三大”和 1984 年 8 月召开的三届六中全会，老挝人民革命党认为老挝的经济从总体看是“自然性质的、自给自足的

① 中国社会科学院马克思主义研究院当代世界社会主义研究室：《变革中的社会主义四国——2010—2011 年越南、古巴、老挝、朝鲜四国社会主义研究报告》，《当代世界与社会主义》2011 年第 5 期，第 45~46 页。

小农经济”。在1986年11月召开的党的“四大”会议上，老挝党对国情提出了新的判断。老挝人民革命党认为，老挝的基本国情是：世界上最贫穷和最不发达的20个国家之一；自然资源丰富，但尚未得到充分的开发与利用；人口稀少且分布不均，生产力落后，社会分工不发达，消费品几乎全靠进口，交通运输极其困难；现存的五种经济成分中大部分是自给自足的自然经济。由此，老挝人民革命党认为“目前老挝处于社会主义初级阶段”。在1991年3月召开的党的“五大”上，老挝人民革命党认为，老挝还不具备建设社会主义的物质条件，当前还处在“向社会主义过渡的初级阶段”，并将建设“社会主义国家”的目标改为“繁荣昌盛的国家”。这等于否认了老挝现阶段是社会主义社会。1996年3月，老挝人民革命党召开第六次代表大会。会议认为，老挝处于“党领导人民进入革命的新阶段，即朝着社会主义的方向建设人民民主制度阶段”，并提出老挝人民革命党的基本路线是：以老挝人民革命党为领导核心，继续建设和发展人民民主制度，为逐步进入社会主义创造条件。在党的“八大”政治报告中，老挝人民革命党坚持了“四大”作出的对老挝社会主义发展阶段的基本判断，认为目前老挝的革命建设仍然处于向社会主义过渡期的初期。

其次，关于社会主义与所有制的关系，老挝人民革命党“八大”强调：“作为社会主义国家，必须还要重点发展社会主义的经济成分，即国有经济和集体经济，毕竟这两种经济成分主要在那些能给国家提供最大收益和能带给人民生活水平的整体提高的行业，这是其他任何一种经济成分都不能的。① 同时，老挝人民革命党又认为由于老挝目前的生产力比较落后，尚不具备建设社会主义的经济基础，因此，必须调动一切积极因素发展经济，承认非社会主义经济成分与社会主义经济成分具有同等的法律地位。因此，在社会主义与所有制的关系上，老挝人民革命党认为社会主义的经济基础是公有制，

---

① 《老挝人民革命党第八次代表大会会议文件汇编》，（老挝）国家出版社2006年版，第55页。转引自刘玥：《老挝人民革命党对社会主义的认识和实践》，广西民族大学2009年硕士学位论文，第49页。

但在向社会主义过渡时期和初级阶段可以大力发展私有制经济。

在社会主义的价值原则上，老挝人民革命党认为社会主义不能出现两极分化，所以，老挝政府十分重视扶贫工作。老挝党政府还专门设立了“国家消除贫困及农村发展指导委员会”，“政策银行”和“国家减贫基金”，将每年的10月17—24日设为“国家消除贫困周”。这些专门机构的设立，既体现了老挝政府决心加大扶贫力度，也使国内外组织机构和个人能通过正规的渠道向贫困地区提供资金。自专门成立了扶贫组织机构以来，扶贫工作得到更好的落实，2003—2008年，“国家减贫基金”共向5个省21个县1913个贫困村援建了2067个项目，援助资金达1680亿基普。2008年，“政策银行”累计发放扶贫优惠贷款1500亿基普等。另外，老挝政府通过争取国际援助，在北部4个省实施3个农村发展项目和1个粮食种植项目，重点帮助农民解决停止罂粟种植后的返贫问题。2008年，共有2.28万户贫困家庭脱贫，全国贫困家庭比例已下降至15.83%。①

3. 老挝社会主义理论的经济理论——国家管理下的市场经济

在经济体制方面，老挝的改革目标是建立“国家管理下的市场经济”。1996年，老挝人民革命党“六大”提出，要由自然和半自然经济向市场经济过渡，建立由党领导的、国家管理的市场经济机制。2001年，“七大”提出加强党的领导和政府的管理，进一步建立和完善政府宏观调控下的市场机制，到2020年形成国家管理的市场经济体系。

在所有制方面，老挝人民革命党在“五大”政治报告中强调：为使自然经济和半自然经济向商品经济过渡，在社会主义公有制经济成分占主导地位的市场经济新体制下，继续鼓励发展包括非社会主义性质的经济成分；老挝的经济结构是一个多种经济成分、多种所有制经济和多种经济组织形式长期共存的经济结构，每一种经济成分在法律面前都有平等的权利，在政府管理下按市场经济管理机

---

① 陈定辉：《老挝：2008年回顾与2009年展望》，《东南亚纵横》2009年第2期，第32页。

制运作，相互合作又相互竞争。目前，老挝已形成有自然或半自然经济、小商品经济、私人资本主义经济、国家资本主义经济（公私合营）和社会主义经济（国营）五种经济成分并存的经济结构。

继1990年老挝政府开始实行向农户颁发土地证，规定农民对土地拥有经营权、转让权、继承权和出售权的土地私有化政策后，1993年5月，老挝政府正式出台了《土地法》，这一法令的颁布承认了土地私有化的合法性。在“五大”相关政策的推动下，到1992年6月，老挝中央所属的150多家企业和其他国有企业就有三分之一以上实现了租赁、拍卖和股份制。在1993年召开的五届六中全会和第三届国会第一次会议上，老挝人民革命党再一次明确指出：企业发展的方向是股份化和私营化。按照企业发展的方向是股份化和私营、私有化的方针，老挝国有企业私有化的改革结果尤为突出，到1995年，老挝有工业企业1036家，其中，国有企业占0.29%；集体企业仅占0.19%；私营股份企业占1.45%；个体企业占98.07%；在5449家商业企业中，国有企业仅占0.18%；集体企业0.26%；私营股份企业占0.56%；个体企业占98.99%。① 因此，老挝的经济成分实际上以私有为主。

（二）老挝社会主义理论与中国特色社会主义理论体系的异同

1. 指导思想的异同

在指导思想上，两国的社会主义既有相同之处，也存在着明显的差异。就相同之处而言，两国的基本指导思想是相同的，而且都强调马克思列宁主义与本国实际相结合。老挝强调马克思列宁主义的指导地位。同时，老挝人民革命党也强调吸收其他“人类智慧的精华”，要把马克思列宁主义作为党的思想理论基础，同时吸取人类智慧的精华，与老挝实际相结合。中国特色社会主义同样强调马克思列宁主义的指导地位，同时也强调要以中国化马克思主义的理论成果指导社会主义建设实践。

---

① 郑国材：《老挝人民革命党“六大”纪实》，《当代世界》1996年第6期，第21页。

另外，两国的社会主义理论都强调坚持共产党的领导。老挝人民革命党主张在政治上坚持党对国家的领导、坚持社会主义发展方向、坚持发展人民民主制度。在党的“四届八中全会”上，老挝人民革命党提出了老挝革新开放必须坚持的“六项原则”，其中三条原则是：坚持社会主义目标，紧紧掌握新时期老挝革命的性质；马列主义是党指导老挝人民革命事业的思想基础；老挝人民革命党的领导是老挝人民革命事业胜利的决定条件。老挝《宪法》规定：“老挝各族人民的国家主人翁权利，通过以老挝人民革命党为领导核心的政治制度来保障和实现。”① 在党的“六大”上，人民革命党的基本路线确定为：以老挝人民革命党为领导核心，继续建设和发展人民民主制度，为逐步进入社会主义创造条件。中国特色社会主义理论体系同样坚持中国共产党的领导，并强调坚持共产党的领导是中国改革开放必须坚持的基本原则之一。

两国社会主义理论的不同之处在于：首先，中国特色社会主义理论体系有严密的体系和丰富的内容，而老挝社会主义理论则没有严密的理论体系。其次，老挝社会主义理论强调列宁的思想，特别是列宁的国家资本主义思想，中国特色社会主义理论体系并没有提及这一点。再次，老挝认为自己所处的社会发展阶段不是社会主义阶段，而是向社会主义的过渡阶段。中国特色社会主义理论体系则认为中国已经处于社会主义阶段，只是还处于社会主义的初级阶段。最后，基于特殊国情，老挝人民革命党也对一些重要问题的提法作了修改，如将具有社会主义性质的“无产阶级专政”修改为“人民民主政体”，将“建设社会主义国家”的口号和目标修改为“建设繁荣昌盛的国家”，将代表工农和革命的锤子、镰刀、五角星替换为老挝最著名的佛塔塔銮。这些变化与向社会主义过渡的提法更为符合。而中国特色社会主义明确提出坚持人民民主专政，坚持社会主义道路。

---

① 申旭、马树洪：《当代老挝》，四川人民出版社 1992 年版，第 287～288 页。

2. 社会主义观的异同

在社会主义观方面，两国社会主义理论也存在着异同。就相同点来说，两国的社会主义理论都主张社会主义应该有高度发达的生产力。中国特色社会主义理论体系认为：解放和发展生产力是社会主义的本质内容，是社会主义的根本任务。老挝人民革命党在"八大"政治报告中提出：在目前，老挝的革命建设仍然处于向社会主义过渡期的初期。过渡期就是建立和发展人民民主政权时期，这个时期的社会主要矛盾是落后生产力与社会日益增长的物质文化需求之间的矛盾（以前认为社会主要矛盾是社会主义与资本主义两条道路之间的矛盾），根据老挝贫困、落后和欠发达的国情，老挝在过渡期的主要任务是解放生产力，并通过持续地发展生产力，使生产力和生产关系达到协调，为逐步走向社会主义奠定基础。①

在价值观方面，两国的社会主义理论都坚持社会主义应该避免两极分化，保持社会公平。老挝人民革命党"八大"政治报告中提出的七个方面内容中的第一条内容就包含：全面发展经济消除贫困的内容。② 而中国特色社会主义理论体系更是将消除两极分化和实现共同富裕作为社会主义的本质内容。

就不同点来说，主要表现在所有制方面。对于公有制，中国特色社会主义理论体系主张：毫不动摇地巩固和发展公有制经济，推行公有制多种实现形式，深化国有企业改革，完善各类国有资产管理体制，推动国有资本更多投向关系国家安全和国民经济命脉的重要行业和关键领域，不断增强国有经济活力、控制力、影响力。对于私有制经济，中国特色社会主义理论主张：毫不动摇地鼓励、支持、引导非公有制经济发展，保证各种所有制经济依法平等使用生产要素、公平参与市场竞争、同等受到法律保护。

对于公有制与社会主义的关系，老挝社会主义理论也强调：作

① 宋涛：《老挝革新政策 20 年的发展与走向》，《当代世界》2007 年第 2 期，第 32 页。

② 宋涛：《老挝革新政策 20 年的发展与走向》，《当代世界》2007 年第 2 期，第 34 页。

为社会主义国家，必须还要重点发展社会主义的经济成分，即国有经济和集体经济，毕竟这两种经济成分主要分布在那些能给国家提供最大收益和能给人民生活水平带来整体提高的行业，这是其他任何一种经济成分都不能做到的。对于私有制经济，老挝社会主义主张：为使自然经济和半自然经济向商品经济过渡，在社会主义公有制经济成分占主导地位的市场经济新体制下，继续鼓励发展包括非社会主义性质的经济成分；老挝的经济结构是一个多种经济成分、多种所有制经济和多种经济组织形式长期共存的经济结构，每一种经济成分在法律面前都有平等的权利，在政府管理下按市场经济管理机制运作，相互合作又相互竞争。

因此，就所有制与社会主义的关系来说，两国社会主义的共同点在于：都主张在公有制占主导地位的条件下多种所有制共同发展。不同点在于：在具体实践上，老挝的政策实际上是鼓励私有化和股份制，公有制经济成分的比重严重下降，公有制的主导地位并没有得到有效的保证。而在中国，尽管公有制经济成分的比例在下降，但国有经济的控制力和影响力反而不断加强，对私有经济的支持和引导也在加强，比较明确地贯彻了社会主义与公有制关系的基本主张。

第九章

中国特色社会主义理论体系与西方马克思主义之基本特征比较分析

西方马克思主义作为20世纪最具国际性影响的西方社会思潮之一，产生于20世纪20年代，至今已经走过了80多年的发展历程。由于西方马克思主义思潮内部的错综复杂性及其发展的开放性，“西方马克思主义”这一概念本身就颇有争议，成为一个开放性的概念。从柯尔施1930年发表《关于“马克思主义和哲学”问题的现状》明确提出“西方马克思主义”这一概念，到1955年法国哲学家莫里斯·梅洛-庞蒂在《辩证法的历险》中专章论述开始产生影响，再到20世纪70年代，英国新左派理论家佩里·安德森在《西方马克思主义探讨》和加拿大生态学马克思主义者本·阿格尔在《西方马克思主义概论》中所作的修正，西方马克思主义这一概念的内涵与外延都发生了一些变化。在我国，学术界对于“西方马克思主义”的界定也一直存在不同的见解，并曾一度引起激烈争论。

目前国内外学术界基本上认同以下基本观点：第一，从地域视角来看，西方马克思主义产生并发展于西方，试图回答的是现代资本主义社会人的自由和解放问题；第二，从思想路线或思想内涵来看，它与“正统马克思主义”相区别，有其独特的思想内涵，形成自己独特的解释路径；第三，从理论基础和学术立场来看，他们的理论应该是导源于马克思主义学说，并确认自己是马克思主义的拥护者和信奉者，又试图重释、补充、重建马克思主义。① 正确认识、定位和评价西方马克思主义，并把它与中国特色社会主义理论体系进行比较研究，有利于我们以一个更宽广的世界视野来认识马克思主义的历史发展，并且把握中国特色社会主义理论体系的基本特征。

一、西方马克思主义的历史发展与批判路径

(一) 西方马克思主义的历史发展

西方马克思主义的历史发展深深地植根于西方资本主义经济、政治、文化、社会的发展及其内在矛盾之中，有其现实的社会历史背景。在西方马克思主义的发展进程中，其理论主题和旨趣不断发生转化，我们可以将其发展历程大致分为以下几个阶段。

1. 西方马克思主义形成阶段（20 世纪 20 年代初—20 世纪 30 年代初）

早期西方马克思主义是作为国际共产主义运动内部的一种非正统的马克思主义观点形态出现的，尚未形成一种独立的社会思潮，但他们的思想主张开辟了一条不同于“正统马克思主义”的解释路向，奠定了西方马克思主义的发展基础。早期西方马克思主义主要代表人物和代表作包括卢卡奇的《历史与阶级意识》、柯尔施的《马克思主义和哲学》和葛兰西的《狱中札记》。

早期西方马克思主义是“第一次世界大战后欧洲资本主义先

① 参见陈学明：《评“西方马克思主义”的最新理论成果》，《毛泽东邓小平理论研究》2005 年第 1 期；王凤才：《追寻马克思——走进西方马克思主义》，山东大学出版社 2003 年版，第 8 页。

进地区无产阶级革命失败的产物”①。俄国十月革命的胜利与第一次世界大战后西欧发达资本主义国家按照俄国十月革命模式所进行的社会主义革命运动相继失败所形成的巨大反差，促使早期西方马克思主义理论家反思西欧发达资本主义国家无产阶级革命失败的原因，开始了他们的理论探索。他们认为西欧发达资本主义国家的无产阶级革命失败的根本原因在于无产阶级主观精神准备不足，缺乏成熟的阶级意识。而造成这一现象的重要根源之一在于第二国际、第三国际理论家对于马克思主义理解的偏颇。他们把马克思主义科学主义化、实证主义化，把马克思主义理论庸俗化为经济决定论，对马克思主义作自然主义的消极理解，从而使马克思主义走向一种机械决定论、宿命论，导致无产阶级在社会历史发展中的主观能动性的丧失。因此，他们特别强调马克思主义哲学的辩证性以反对马克思主义的科学主义化和实证主义化，并且主张重建马克思主义哲学，用黑格尔主义来重新解释和改造马克思主义，恢复马克思主义哲学的能动性、主体性、辩证性和实践性，从而形成了一种“黑格尔主义的马克思主义”。

2. 西方马克思主义发展阶段（20 世纪 30 年代初——20 世纪 60 年代末）

这一时期，西方马克思主义开始从党内发展到党外，从国际共产主义运动内部的非正统的马克思主义观点，逐渐扩展为一种具有国际性影响的社会思潮，出现了早期法兰克福学派、存在主义马克思主义、弗洛伊德主义马克思主义、结构主义马克思主义、新实证主义马克思主义等流派，形成了人本主义的马克思主义和科学主义的马克思主义的对立，呈现出多样化发展趋向。

西方马克思主义多样性发展与这一时期社会历史文化的变化发展有着密切的联系。1932 年，马克思的早期重要著作《1844 年经济学—哲学手稿》的公开发表，对西方马克思主义产生了巨大影响，促使西方马克思主义进一步从人、人性、人本主义、人道主义

① ［英］佩里·安德森：《西方马克思主义探讨》，人民出版社 1981 年版，第 117 页。

去解读马克思主义。1929—1933 年席卷整个资本主义世界的经济危机爆发，这场危机不仅没有引发社会主义革命的发生，反而出现纳粹党支持率大幅度提高，法西斯主义上台，这就促使西方马克思主义从文化心理角度进行分析，他们把马克思主义与弗洛伊德学说结合起来揭示当时大众的心理结构、心理趋向和法西斯主义兴起的心理根源。其主要代表人物包括赖希、弗罗姆等。第二次世界大战结束之后，资本主义出现了一些新的变化，促进了西方马克思主义社会批判理论的发展。他们对工具理性、大众文化、意识形态等进行了深刻的批判，形成了富有特色的文化批判理论。与人本主义马克思主义相反，以阿尔都塞为代表的结构主义马克思主义，则反对把马克思主义人道主义化，强调马克思主义的科学性，主张保持马克思主义理论的严密性和独立自主性。

3. 西方马克思主义调整阶段（20 世纪 70 年代——至今）

西方马克思主义经历了 20 世纪 60 年代末的“五月风暴”的高潮和 20 世纪 80 年代末 90 年代初的东欧剧变的剧烈震荡后，在其发展方向上和关注的主题上都出现不同程度的调整。

20 世纪 70 年代以后，西方马克思主义发生新的变化，随着工业技术革命无度发展，技术理性的过度张扬，它所带来的社会负面效应问题也日益凸显，并引发了全球范围内的生态危机。于是，生态危机问题成为新一代西方马克思主义研究和关注的主题。以威廉·莱易斯、本·阿格尔为代表的西方马克思主义者力图用马克思主义理论来分析生态危机产生的原因，探讨生态危机的解决办法，并且用生态学观点来补充、重建马克思主义，试图在克服生态危机的同时走向社会主义，形成了生态学马克思主义。而以柯亨、威廉姆·肖、罗默等人为代表则用当代分析哲学的原则、方法和范畴来理解和阐释马克思主义，使马克思主义的基本命题和概念达到精确、明晰。他们主张用语言分析、数理逻辑、模型建构等方法重新理解和解释马克思主义理论，试图建立一种“既科学又革命”的马克思主义理论，形成了分析马克思主义的思潮。此外，法兰克福学派社会批判理论进一步发展，并发生分化。

20 世纪 80 年代末 90 年代初，世界社会主义运动遭遇了严重挫折，也直接冲击和影响到西方马克思主义。经过短暂的阵痛与调整后，20 世纪 90 年代中期起，逐渐走出低谷，并不断升温，甚至当代西方一些著名思想家，如美国的詹姆逊（又称詹明信）、法国的德里达等都不约而同地声援马克思主义，宣称“马克思主义没有过时”。而 90 年代中后期关于马克思主义和社会主义的大型国际学术会议频频举行也昭示着东欧剧变后国外马克思主义研究的复兴。这一时期，西方马克思主义更加注重对苏联模式社会主义的批判反思，关注市场与社会主义、民主与社会主义关系问题的探讨。

（二）西方马克思主义的批判路径

资本主义为什么总能安度各种危机并维持和固化其统治，这种统治的内在机制是什么，它有没有自身难以摆脱的根本困境，对诸如此类问题的批判反思构成了整个 20 世纪西方马克思主义的主体内容。西方马克思主义正是通过对资本主义的独特批判和反思而成为具有重要影响的社会历史理论，并由此而被学界判定为 20 世纪马克思主义发展的一个支脉。对于西方马克思主义的批判路径及其特点，可以从横断面、纵向面以及批判类型演进三个方面考察。

1. 横断面的剖析：西方马克思主义批判路径的层次跃升

整个 20 世纪，资本主义逐步走向垄断的资本主义，它既是充满各种矛盾、危机和困境的资本主义，也是不断修复、发展的资本主义。它在危机中没有被革命力量瓦解，也没有在富有效率的发展中从根本上促进人的自由和社会公平正义的实现。正是整个 20 世纪资本主义演进过程中的各种矛盾和问题及其对人类造成的灾难，促发了一批批具有人类关怀价值取向的思想家们著书立说，批判资本主义，试图通过对马克思主义的重新解释和对现实的分析批判达到对资本主义的干预或超越，由此形成了具有重要影响力的西方马克思主义思潮。具体而言，促发西方马克思主义产生并使西方马克思主义一开始就对资本主义作整体剖析的社会历史背景和现实因素，主要有以下几个方面：

第一，在 1918—1923 年期间，中欧和东欧的无产阶级革命经历了从持续爆发到先后失败的过程，这是一个受到俄国十月社会主义革命胜利的感召而在结局上反差巨大的历史时期，它一方面彰显了当时资本主义危机和无产阶级革命的时代主题，但另一方面，尽管资本主义面临着普遍的经济和政治危机，中东欧无产阶级的整体革命却未必能够变成瓦解资本主义的摧枯拉朽的力量。问题在于，这些国家的工人被动员起来，并且也的确是在各国共产党组织下进行的武装暴动，为什么没有能够取得像俄国十月社会主义革命一样的胜利呢？为什么资本主义出现了危机，受到了革命的冲击，却依然能保持其上层建筑的稳定呢？对诸如此类问题的反思促发了以卢卡奇、葛兰西等为代表的最早的西方马克思主义理论家的产生，他们在厘清无产阶级革命指导思想的基础上，把理论剖析的视角转向资本主义本身的统治机制，从对经济根源的透视上升到思想观念层面的分析，强调突破资产阶级意识形态和文化统治的极端重要性。

第二，1933 年希特勒在德国上台，开始了长达 10 多年的法西斯主义统治，这种统治一方面是对犹太人的排挤、迫害和屠杀，另一方面，它又是威胁所有社会成员的无处不在的极权主义典型。除了德国的法西斯主义之外，所谓自由、民主国度的美国也被一些思想家认为是极权主义的一个代表。而不管哪种极权主义，它们都具有一些的共同特征：一是意识形态上的恐怖性；二是个体生存的无价值性；三是文化的普遍规制性和残酷性。在 20 世纪 30—40 年代极权主义盛行的德国乃至后来的美国，文化的意识形态性质就表现为它已经成为了极权主义支配社会生活的帮凶，文化全面背离了人的向度，成为了像极权主义一样的扼杀个性、剥夺自由的工具。如何全面审视和评判这种文化，已成为那个时代需要解决的重大问题。

第三，西方资本主义社会经过二战后的重建和 20 世纪 50 年代的迅速恢复，尤其是在进入 60 年代以后，日渐变成了发达的工业社会，变成了富裕的社会。消费开始显现为支配经济生活、日常社会生活乃至精神生活的主导力量，消费不单决定着品位，也决定着人们的职业差别和地位等级。消费越来越成为左右生产、决定价值取向、瓦解社会对立的控制性力量。问题是，消费在结构上与在功能上是什么关系？消费是否已经超出了它应有的功能和权限？诸如此类的问题日益凸显出来。

第四，战后资本主义的迅速发展，得力于科学技术的全方位应用。科学技术的高效率，不仅体现在劳动生产率的普遍提高、经济水平的整体上升上，而且还体现在体力劳动和脑力劳动的差别的消弭、传统产业的自动化和第三产业的比例不断扩张、人们的生产时间缩短而休闲时间增加等方面。科学技术给人类带来舒适、便捷和普遍的幸福感，人的生活方式的变化似乎更加趋向于对人价值的肯定，但问题在于：发达资本主义社会科学技术的作用在现象层面与在本质层面是同一的吗？科学技术在经济领域与它在政治领域是同等中立的吗？科学技术在日常生活的维度上与它在思想观念的维度上是没有分别的吗？如何看待由人支配的科学技术发展引发的社会问题和"异化"问题，是20世纪中期日渐凸显的必须加以分析批判的又一重大问题。

上述几个方面的历史事件和社会变化，构成了西方马克思主义产生和演进的现实背景，也是西方马克思主义理论家展开对资本主义批判的主要历史根据和现实根据。

从横断面看，西方马克思主义理论家对资本主义社会的分析批判，大体经历了三个层面的跃迁，这就是从物化分析到对资本主义文化的批判、从消费异化的抽象议论到对消费政治的揭示、从科学技术之经济效能的勘定到对科技政治化的批判等多向度的层次跃升过程，这凸显出西方马克思主义理论家共同具有的从经济层面的批判转向上层建筑（文化意识形态和政治）批判的跃升路径。

（1）从经济层面的物化分析跃迁到对资本主义文化的批判

卢卡奇在分析1918—1922年中东欧无产阶级革命失败的原因时，把物化和物化意识看做遮蔽无产阶级的自我意识的重要元凶，指出资产阶级正是通过物化和物化意识有效地扼制了社会政治危机，阻止了一切社会革命的潜在可能性。

所谓物化，卢卡奇用它表示在商品的结构和运行法则对人的情感、思维方式、价值取向和行为伦理等方面的侵蚀过程中，人成为商品支配的对象，成为商品的客体，最终堕入一种物化的境地。物化现象表明，商品对日常生活的统治实质上是通过对人的统治进行的，这是因为，物化不仅仅是商品侵蚀本身，它事实上已经从经济层面进入观念层面，进到意识形态或政治的层面，并在实质上作为意识形态或政治因素支配和控制着人的思维方式及其行为。在卢卡奇看来，由物化孕生出来的物化意识，是一种典型的具有互解功能的操控意识，它替换或驱散人的多样化的观念世界，瓦解人们的思想反思能力和主体认知能力，使人们自觉自愿地服从于社会合理化原则，屈从于算计理性，屈从于不合理的现实，奉行一种操作主义的行为伦理和顺世主义的价值取向。因而最终，在涉及历史变迁的重要关头，在危机中昭示革命和新生的可能性的关键时刻，人们却依然处在一种未被唤醒的被动状态。物化和物化意识既从经济层面吞没了人的主体性，湮灭了人的变革潜能，又从意识形态或政治上侵蚀了人的精神空间，使人成为资本主义社会的维护性因素。

如果说卢卡奇对物化和物化意识的分析初步展陈出从经济层面的物化向观念层面跃升的基本轨迹，那么法兰克福学派则通过对文化的批判彰显出西方马克思主义批判路径从经济层面到文化层面跃升的完整轨迹。在法兰克福学派看来，资本主义的文化在现象层面显现为文化产品的技术化、产业化和商品化运作，显现为文化工业化的经济现实，即文化工业的“每一个产品都是巨大的经济机器的模型，这些经济机器无论是在工作的时候，还是在闲置的时候，都会像作品那样，为大众提供有力的支持”①，在运用技术促成文化生产的产业化过程中，文化工业“凭借自己的力量，把先前笨拙的艺术转换成为消费领域以内的东西，并使其成为一项原则，文化工业抛弃了艺术原来那种粗鲁而又天真的特征，把艺术提升为一种商品类型”②，最终呈现出文化工业的产品到处被使用，甚至在娱乐消遣的状态下也被灵活地消费这一商品化的经济现实。然而，资本主义文化又在实质上被法兰克福学派看做一种意识形态现象。

① ［德］马克斯·霍克海默，西奥多·阿道尔诺：《启蒙辩证法——哲学断片》，渠敬东、曹卫东译，上海人民出版社 2006 年版，第 114 页。

② ［德］马克斯·霍克海默，西奥多·阿道尔诺：《启蒙辩证法——哲学断片》，渠敬东、曹卫东译，上海人民出版社 2006 年版，第 121 页。

因此，对文化的意识形态性质及意识形态功能的批判，构成了法兰克福学派思想家们的共同旨趣。法兰克福学派认为，从总体上看，资本主义文化作为无处不在的意识形态，一方面会带来资本主义文化生活的情感的表面愉悦、心灵空间的象征性充实、人际交往的形式意义、思维方式的单一化、价值取向的非个性化等成就；另一方面，它为意识形态所操持，直接彰显其多样化的意识功能。具体表现在：第一，它把虚假的需要与真实的需要、幻想的生活与真实的生活相混淆，显现出它所具有的意识形态的欺骗功能；第二，文化通过对个性的压抑和对思想的控制，张扬它所含摄的意识形态的操作功能；第三，文化通过对实然秩序的颂扬和对既定利益格局的维护，展陈它所具有的意识形态的辩护功能。法兰克福学派断定，资本主义文化的意识形态运作，瓦解了个人理智对真假判断的辨别能力，斩断了人的理智行为同他的人类本质的内在关联性，扼制了人的多向度的创造性潜能，最终成功地迫使人们沉溺于个人的观念世界中，人们在强大的文化意识形态机器面前不得不“把自己封闭在自身之中”①，从而也就不会再萌生任何有害的念头。这种结局无疑是资本主义文化所具有的意识形态的稳定机制的现实成就，然而它却对人的主体化生存是有害的。

（2）从消费异化的抽象议论跃迁到对消费政治的揭示

消费，在本来的意义上是人对有用物的使用过程，它与生产、分配、交换相交织，作为经济现象的一个环节与人的生活不可分离。然而，在当代资本主义社会，消费又是一个与人的生活相对立的异化现象。弗洛姆指出：“消费主要是一种人为激发的幻想的满足，一种与我们具体的、实在的自我相离异的幻想行为。”② 如同资本主义社会无处不存在异化一样，资本主义消费自始至终和方方面面都是异化的。异化的消费，主要体现为人们对物的不可扼制的

---

① ［德］马克斯·霍克海默：《批判理论》，李小兵等译，重庆出版社 1989 年版，第 265 页。

② ［美］E. 弗洛姆：《健全的社会》，孙恺祥译，贵州人民出版社 1994 年版，第 105 页。

占有，而对越来越多的占有物的性质、来源及用途却一无所知；一方面，“我们产生了愈来愈多的需要，需要更多的东西，更大的消费”，并且人需求更多的消费也是合理合法的，但是，另一方面，“我们对消费的渴求，已经跟人类真实需要完全失去了联系”，“人感到他的消费欲望永远也得不到满足”①；一方面，人的消费行为趋于变成强制性的目的，消费态度、消费取向趋于服从消费的引导和支配，并且在事实上似乎也显现出没有什么不被消费、没有什么不能被消费的状况，但是，另一方面，尽管“我消费了这个或那个，而我自己则没有什么变化，留下的只不过是一些对所作事情的记忆而已”②。

消费的异化，本质上是生产异化的延伸及深化，是资本主义社会总体异化的一个方面、一个环节，它表明经济层面除生产领域的对抗外，消费领域也是对抗的。从而，“人不仅同他所做的工作、所消耗的东西和欢乐相疏离，而且同那些决定着我们社会，以及生活在其中的每个人的生活的社会力量相离异”③。

如果说对消费异化的揭示是西方马克思主义者的一种人本主义立场，那么对消费的社会政治控制功能的分析则表明，西方马克思主义者对消费问题进行剖析的视角转换。这一路径的典型变化集中体现在鲍德里亚对消费的政治分析及其批判理路中。

鲍德里亚把20世纪60年代以来的西方社会看做消费主导的社会。这一社会以其普遍性区别于先前的生产为中心的社会。在鲍德里亚看来，如同宗教曾经是普遍性的、人文主义的自由与平等的观念也是普遍性的一样，“今天，普遍性成了人类需要，这种普遍性

① ［美］E. 弗洛姆：《健全的社会》，孙恺祥译，贵州人民出版社1994年版，第106页。

② ［美］E. 弗洛姆：《健全的社会》，孙恺祥译，贵州人民出版社1994年版，第108页。

③ ［美］E. 弗洛姆：《健全的社会》，孙恺祥译，贵州人民出版社1994年版，第108页。

渗透到了所有文化的和物质的商品之中。它成为了消费的普遍性”①，虽然鲍德里亚强调当今社会是消费主导的社会，消费是普遍性的，但是他强调的消费不是作为经济流通环节的消费，其衍生意义大于它的字面意义，它表达的是一种意识形态的衍生含义，一种社会政治的含义。

首先，消费的主体不是具有自我选择能力的理性的普通个体，“消费的主体，是符号的秩序”②。在鲍德里亚看来，“消费不仅要在结构的意义上被界定为交换体系和符号体系，同时还要在策略的意义上被界定为一种权力机制。现在，消费问题并不能在需要的概念中得到说明，同样，需要在性质上的转变，或者需要在数量上的增长也都不能阐明消费问题”③，因此，尽管消费表面上曾经是一种普适的价值体系，但实际上，消费“不过是一种制度、一种道德而已。在这一意义上，它在过去和未来都曾经是或者将会是任何社会中权力策略的一个要素”④。

其次，消费是对享受的否认。鲍德里亚认为，消费是一个系统，它维持着符号秩序和组织完整，因而作为一种道德（一种理想价值体系）、一种沟通体系和一种交换结构，消费既与需求满足无关，也与享受无关，在实质上，“消费被规定为排斥享受的，作为社会逻辑，消费建立在否认享受的基础上”⑤。一方面，在消费社会，“我们处在‘消费’控制着整个生活的境地。所有的活动都以相同的组合方式束缚，满足的脉络被提前为一小时一小时地勾画

---

① ［法］让·鲍德里亚：《符号政治经济学批判》，夏莹译，南京大学出版社 2009 年版，第 37 页。

② ［法］让·鲍德里亚：《消费社会》，刘成富、全志钢译，南京大学出版社 2008 年版，第 198 页。

③ ［法］让·鲍德里亚：《符号政治经济学批判》，夏莹译，南京大学出版社 2009 年版，第 70 页。

④ ［法］让·鲍德里亚：《符号政治经济学批判》，夏莹译，南京大学出版社 2009 年版，第 41 页。

⑤ ［法］让·鲍德里亚：《消费社会》，刘成富、全志钢译，南京大学出版社 2008 年版，第 60 页。

了出来”①，但是，另一方面，作为消费之上乘之境的享受的自为性、自主性和终极性的性质却被消费系统过滤和删除。这是因为，在消费社会，人们的消费已经不再是孤立的个人行为，也不再是纯粹私人空间的活动，人们“进入了一个全面的编码价值生产交换系统中，在那里，所有的消费者都不由自主地互相牵连”，“在此意义上，消费和语言一样，或和原始社会的亲缘体系一样，是一种含义秩序”②。因此，消费在本质上是趋向于作为消费者的人与人之间的关联机制或某种含义秩序的建构，而不是孤立的个人享受。

再次，消费是实现社会一体化的政治控制和整合机制。鲍德里亚认为，揭露消费的真相在于它并非在于一种享受功能，而是“一种生产功能——并且因此，它和物质生产一样并非一种个体功能，而是即时且全面的集体功能”③。所谓“即时且全面的集体功能”，即是说，消费是作为社会控制和整合机制发挥其功效的，它服从于当代资本主义解决自身基本矛盾的政治需要，具有政治性。在鲍德里亚看来，消费主导的当代资本主义的基本问题不再是“获得最大的利润”与“生产的理性化”之间的矛盾（在企业的主层次上），而是“在潜在的无限生产力（在技术结构的层次上）与销售产品的必要性之间的矛盾”④。资本主义出于解决自身矛盾的需要而进行的多样化的控制，使得消费承担某种政治的责任，作为社会整合机制显现它对社会体系化的符码规控。

综上所述，鲍德里亚强调消费的政治意蕴，实质是要说明政治经济化和经济政治化的交融所产生的张力性的景观，这种景观展陈丰盛的同时遮蔽普遍的匮乏；在彰显社会进步的同时，却藏匿着它

① ［法］让·鲍德里亚：《消费社会》，刘成富、全志钢译，南京大学出版社 2008 年版，第 5 页。

② ［法］让·鲍德里亚：《消费社会》，刘成富、全志钢译，南京大学出版社 2008 年版，第 60 页。

③ ［法］让·鲍德里亚：《消费社会》，刘成富、全志钢译，南京大学出版社 2008 年版，第 60 页。

④ ［法］让·鲍德里亚：《消费社会》，刘成富、全志钢译，南京大学出版社 2008 年版，第 52 页。

不可摆脱的退步；张扬自由、民主、平等，却使不自由、不民主、不平等结构化。

（3）从科学技术之经济效能的勘定跃迁到对科技政治化的批判

在西方马克思主义理论家中，赫伯特·马尔库塞和尤尔根·哈贝马斯是关注并具体诠释科学技术政治化的主要代表人物，他们也是把社会批判理论从社会日常生活层面、一般文化层面和人文层面转向政治层面，分析政治统治及意识形态统治新变化，揭示及批判发达资本主义社会统治机制的更新造成新的压抑及不自由的重要思想家。

在马尔库塞和哈贝马斯看来，20 世纪的科学技术既有经济的功效，也有政治的功效。一方面，科学技术本身的发展和应用显示出它从生产过程的操作领域以及它对整个经济层面逐渐转变成改变人们意识状态和思想观念的无形力量，推动人们对既定的生活方式的认同，对已有社会的认同，对已有的幸福和自由的处境的认同。这是科学技术由生产领域向观念领域、由经济层面向意识层面侵蚀扩张的过程，这种从经济的基础层面到人们的乃至整个社会的观念层面的上升运动，以从“下”到“上”的方式达到的心理认同，为资本主义发达工业社会利用科学技术进行社会统治，以科学技术的合理性显示和推动其统治的合理性奠定了现实的基础。另一方面，当一种社会的政治及其意识形态具有追求自身的合理性统治的需要的时候，科学技术有可能变成新的统治形式，变成一种政治意识形态现象。马尔库塞指出，在发达工业社会中，“技术‘中立性’的传统概念不再能够得以维持。技术本身不能独立于对它的使用；这种技术社会是一个统治系统，这个系统在技术的概念和结构中已经起着作用”①。这就是说，科学技术的中立性离不开对科学技术的非中立性的运用。一个社会的政治统治的需要和意识形态的社会支配性的需要，决定着科学技术运作的主体偏向性，当科学

① ［美］赫伯特·马尔库塞：《单向度的人》，刘继译，上海译文出版社 2006 年版，第 7 页。

技术在20世纪越来越表现出它的阶级偏向性和制度偏向性的时候，当科学技术表达出发达工业社会政治统治的偏向和意识形态的偏好，并直接作为新的意识形态和政治统治方式发挥其对全社会的控制和支配的时候，科学技术就变成了一种既不中立，也不纯净的社会力量，变成了高耸于生活世界之上的政治现象，变成了发达工业社会或资本主义国家组织、管理社会活动过程的控制力量，科学技术由对生产的运用和经济的主导，变成了社会的新的统治形式，变成由上到下整合社会的意识形态，不仅“技术的合理性已经变成政治的合理性”①，而且“技术本身就是（对自然和人的）统治，就是方法的、科学的、筹划好了的和正在筹划着的统治”②。科学技术的统治作为政治统治，具有发达资本主义社会所需要的而传统政治统治不曾具有的巨大效能，这是因为，科学技术不仅有利于“使一切真正的对立一体化，使一切不同的抉择同化”③，而且，科学技术“比之旧式的意识形态更加难以抗拒，范围更为广泛，因为它在掩盖实践问题的同时，不仅为既定阶级的局部统治利益作辩解，并且站在另一个阶级一边，压制局部的解放的需求，而且损害人类要求解放的利益本身”④。

2. 纵向面的解构：西方马克思主义批判路径的历时跨越

一般认为，17—18世纪的思想启蒙运动，为资本主义政治和文化的发展作出了重要的精神奠基，一大批启蒙思想家和知识分子们日渐被推崇为规划资本主义未来发展的领袖，他们“倡导宽容，反对偏见；倡导革新，反对陈腐；认为少数派的权利高于多数派的

---

① ［美］赫伯特·马尔库塞：《单向度的人》，刘继译，上海译文出版社2006年版，第8页。

② ［德］尤尔根·哈贝马斯：《作为“意识形态”的技术与科学》，李黎、郭官义译，学林出版社1999年版，第40页。

③ ［美］赫伯特·马尔库塞：《单向度的人》，刘继译，上海译文出版社2006年版，第18页。

④ ［德］尤尔根·哈贝马斯：《作为“意识形态”的技术与科学》，李黎、郭官义译，学林出版社1999年版，第69页。

热情，个人的道德自治高于宗教权威关于上帝启示的主张”①。启蒙运动最鲜明的政治理论是提出了束缚独裁力量、扩大社会中个人经验的可能性，其激进性在于它对于特权和偏见的普遍攻击。“启蒙运动素来是一场针对一切独裁权力、传统力量、根深蒂固的偏见和掩饰社会苦难的行为的抵抗运动。”② 其普遍主义的价值观在于倡导并奉行互惠性、公开对话以及保护个人免遭独裁权力的伤害，在促成制度的责任感、法律规定的互惠和进行社会改革试验的承诺等原则的形成中贯彻启蒙运动的政治精神和理性精神，防止帝国主义、种族主义对启蒙运动普遍主义价值观的践踏，防止自由被操控、民主受威胁，从而“启蒙运动的普遍主义保护而非威胁主体性的发挥。它力图令制度负责任，这是民主的基本原则，并藉此为拓展个人自由创造前提条件”③。在这个意义上可以说，启蒙和启蒙运动一开始就是作为政治现象出现的，是一种与政治紧密关联的政治运动，在资本主义历史上是奠基性的，它的立场和原则在于保障资本主义制度建构在理性、自由和民主的根基上，并且不断地促进这一社会走向健全，在逐步地实现启蒙运动理念的过程中，使启蒙运动构筑的普遍主义蓝图得到实现。

然而，资本主义在从启蒙时代到当代的历史发展过程表明，尽管它经历了不同的阶段，呈现出不同的具体形态，但并没有实际地贯彻启蒙运动的原则。当代发达资本主义社会的极权主义性质不仅使资本主义越来越远离启蒙运动的普遍主义价值观、政治精神和理性精神，而且使启蒙运动变成一个反启蒙的过程。对这一现象的关注和深度剖析，是西方马克思主义理论家批判资本主义的纵向路径，它表明西方马克思主义理论家对资本主义自启蒙运动以来的历史的分析批判是以资本主义具有反启蒙、反历史、反自身的性质的

---

① ［美］斯蒂芬·埃里克·布隆纳：《重申启蒙——论一种积极参与的政治》，殷杲译，江苏人民出版社2006年版，第4页。

② ［美］斯蒂芬·埃里克·布隆纳：《重申启蒙——论一种积极参与的政治》，殷杲译，江苏人民出版社2006年版，第7页。

③ ［美］斯蒂芬·埃里克·布隆纳：《重申启蒙——论一种积极参与的政治》，殷杲译，江苏人民出版社2006年版，第10页。

结论为前提的。这种对资本主义的历时考察，大体经历了从对启蒙的批判进展到对发达工业社会极权主义的批判、从对启蒙运动目标的质疑进展到对现代性之当代困境的批判、从对资本主义一体化的批判进展到对资本主义自反性的透视这三重解构，它反映了西方马克思主义理论家批判路径从历史到现实、从目标到实践、从统一到背反的历史视野，显现为批判的历时跨越。

（1）从质疑启蒙转向对发达工业社会极权主义性质的批判，这是一种从历史到现实的批判路径

霍克海默和阿道尔诺是西方马克思主义理论家中率先作这种批判的思想家，他们从对启蒙的历史考察进而延伸转到对极权制度的批判，由此所形成的这一基本路径，成为西方马克思主义理论家们对资本主义作历史和现实批判的一个典型范例。在他们看来，启蒙是人类驾驭生活、走向进步的重要动力，也是人类主体性获得增长的向导和精神保障，“启蒙的根本目标就是要使人们摆脱恐惧，树立自主。……启蒙的纲领是要唤醒世界，祛除神话，并用知识代替幻想”①。启蒙伴随于人类的成长，并通过不同的形式协调人与周边世界的关系，引导着人在这种关系中走向自主，走向对各种偶然性和不确定性的驾驭。在这一过程中，人的理性得到了培育、发展和壮大，启蒙最终建构了理性。尤其在近代，启蒙理性成就已经通过各种科学门类的建立和科学对自然的解释和技术征服得到具体化。但是，这并不意味着启蒙一定导致进步，启蒙未必带来福音，启蒙的背反性在资本主义的历史和现实的实践中已经昭然若揭。在霍克海默和阿道尔诺看来，资本主义的启蒙已经从它的历史背反性走向现实的背反性，主要表现在：

第一，启蒙消解了不平等的同时又使不平等永恒化，即“启蒙消除了旧的不平等与不公正——即绝对的君主统治，但同时又在普遍的中介中，在所有存在与其他存在的关联中，使这种不平等长

① ［德］马克斯·霍克海默，西奥多·阿道尔诺：《启蒙辩证法——哲学断片》，渠敬东、曹卫东译，上海人民出版社2006年版，第1页。

驻永存”①。第二，启蒙以一种虚幻的文化方式肯定个性和个体的潜能的同时，又在实质上普遍地否定个性，收摄、操控个体于集体统一性之中。正如他们所指出的：“甚至在自由主义时代中，启蒙也始终与社会动力保持一致。受到操控的集体统一性就在于对每个个体的否定，因为个性正是对那种把所有个体统归于单一集体的社会的嘲讽。”② 第三，启蒙所倡导的自由已经变成了人们实际的不自由，“他们看似自由自在，实际上却是经济和社会机制的产品”③；启蒙所追求的合理性，变成了每个人都必然遭受的奴役的这一不合理性，以致“人们只有逆来顺受，才能有所倚靠”④。

由上可见，霍克海默和阿道尔诺在对启蒙作出从历史到现实的批判考察中，已经捕捉到启蒙的真实命意，这就是在资本主义发展中，启蒙已经实际地变成了一种背反性的力量，它促成了资本主义对人的控制和广泛的支配，使人的自由蒸发为遥不可及的幻想，使不平等在平等的幻象下变成普遍的现实。

如果说，霍克海默和阿道尔诺开启了启蒙问题上从历史到现实的批判路径，那么，马尔库塞则把这种批判进一步推向战后发达资本主义社会的统治机制及其各个方面所具有的极权主义性质的全面揭露。在马尔库塞看来，极权主义是战后资本主义统治的新型方式，它较之法西斯极权主义更具隐蔽性，也更具恐怖性。他说：“当代工业社会，由于其组织技术基础的方式，势必成为极权主义。因为‘极权主义’不仅是社会的一种恐怖的政治协作，而且

---

① ［德］马克斯·霍克海默，西奥多·阿道尔诺：《启蒙辩证法——哲学断片》，渠敬东、曹卫东译，上海人民出版社 2006 年版，第 9 页。

② ［德］马克斯·霍克海默，西奥多·阿道尔诺：《启蒙辩证法——哲学断片》，渠敬东、曹卫东译，上海人民出版社 2006 年版，第 9 页。

③ ［德］马克斯·霍克海默，西奥多·阿道尔诺：《启蒙辩证法——哲学断片》，渠敬东、曹卫东译，上海人民出版社 2006 年版，第 140 页。

④ ［德］马克斯·霍克海默，西奥多·阿道尔诺：《启蒙辩证法——哲学断片》，渠敬东、曹卫东译，上海人民出版社 2006 年版，第 139 页。

也是一种非恐怖的经济技术协作。"① 战后发达资本主义不仅趋向极权主义，而且事实上也是作为极权主义进行统治和控制的。

在马尔库塞看来，极权主义已成为无处不在的统治机能，支配和控制着全部社会生活，在生产领域、语言领域、思维领域、在人的价值选择和日常具体实践的方方面面，都隐藏着极权主义的操纵。仅就生产领域的技术装备而言，它之所以变成极权主义，就在于"它不仅决定着社会需要的职业、技能和态度，而且还决定着个人的需要和愿望。因此，它消除了私人与公众之间、个人需要与社会需要之间的对立。对现存制度来说，技术成了社会控制和社会团结的新的、更有效的、更令人愉快的形式"②。不仅如此，技术的极权主义还阻止了人的自立自决的能力，抑制了人发展自己的主体向度的可能性，使人的不自由处处得到合理化和现实化。

在人际交往的理解层面，人们对事物的看法和判断，作为极权主义操纵和控制人的理解力的结果，既与对象的实际状态和性质无关，也与人的主观思维无关。事实上，极权主义管辖下的理解，是一种模型化的活动或仪式化的活动，模型化和仪式化不仅使"交流阻止了意义的真正发展"③，而且使交流活动丧失其实际意义。这一点表现在语言上，亦是如此。马尔库塞指出，发达工业社会的语言，是被管理的模式化的语言，是仪式化的极权主义语言，是包含着政治涵义的功能化的语言，这种"魔术似的仪式化语言的新颖之处就在于，人们一方面并不相信或关心人家告诉他的东西，另一方面却仍然在根据它行动"④。语言的极权主义化或极权主义在语言上的控制是发达资本主义社会极权化统治的具体化表现，它使

① [美] 赫伯特·马尔库塞：《单向度的人》，刘继译，上海译文出版社2006年版，第4~5页。

② [美] 赫伯特·马尔库塞：《单向度的人》，刘继译，上海译文出版社2006年版，第7页。

③ [美] 赫伯特·马尔库塞：《单向度的人》，刘继译，上海译文出版社2006年版，第81页。

④ [美] 赫伯特·马尔库塞：《单向度的人》，刘继译，上海译文出版社2006年版，第95页。

得“自由的流行方式是奴役，平等的流行方式是强加给人以不平等”①，这一普遍生活处境既得不到理解，也得不到语言的表达，更不可能进行现实的反抗。此外，人们普遍奉行社会倡导的单向度思维，遵从价值取向上的顺从主义，等等，既是极权主义统治的要求，也是极权主义成功实现社会整体控制的结果。

（2）从对启蒙运动的目标的反思进到对现代性之现实困境的批判，这是从目标到实践的批判路径

对资本主义现代性奠基于启蒙运动。我们今天所言及的现代性的核心原则和要素（比如，理性精神、市场体系、法律制度、民主构架、自由主义、平等原则、进步主义等），都是启蒙思想家在启蒙运动中普遍倡导的原则，是他们为资本主义未来发展树立的旗帜，也是启蒙思想家们同资本主义一道推翻旧势力、弃绝旧传统和建设理性的、自由的、进步的社会发展目标。资本主义现代性实践的过程，无论从历史上看还是从现实过程看，都是以启蒙运动树立的原则为圭臬的。因此，启蒙运动是现代性的精神起点，它以普遍原则为现代性定规树标，也以某种政治精神促发了现代性的实践。可以说，没有启蒙运动及其宏大目标，就没有资本主义的现代性。

问题在于，启蒙运动倡扬的理性精神、市场体系、法律制度、民主构架、自由主义、平等原则、进步主义等原则，作为开启现代性的目标，它的历史实现和现实实现却是存在重大疑问的，至少启蒙运动规划的目标在现代性实践的物质层面的实现与在精神层面的实现是背道而驰的，在社会制度层面的实现与作为个人生活方式的实现是对抗的。总体而言，启蒙运动的目标与现代性总体实践始终处于一种理想与现实的冲突之中。这种态势既被卢卡奇所觉察和批判，也为法兰克福学派的马克思主义者所批判，前者如卢卡奇对市场体系的质疑、对理性工具化的质疑、对物化侵蚀人的主体意识的批判等；后者如法兰克福学派对文化意识形态的批判、对发达工业社会技术控制的批判、对新的压抑的总体性的批判等。除此之外，

① ［美］赫伯特·马尔库塞：《单向度的人》，刘继译，上海译文出版社2006年版，第82页。

诸如波德里亚、鲍曼等人则直接指出资本主义现代性造就的是非理性的社会，是充满诸多矛盾和困境的社会，现代性背离了启蒙运动的原则，与启蒙运动树立的宏大目标渐行渐远。波德里亚指出，资本主义现代性建构起庞大的物的体系，而人并没有由此而成为物的体系的驾驭者，人反而成为客体，成为物的体系支配的对象，成为受物控制的非主体性存在；资本主义的理性操持，导致的是全社会的非理性，正如他所强调的："全社会在劳动和生产本位主义目的性的影响下，变成了集中营、拘留所、监狱。"①

这样，在现代资本主义，启蒙不仅是反启蒙原则的、非理性的，而且还是充满张力的、代价巨大的毁灭性力量。鲍曼把理性与非理性的对抗、可靠性与自由的对立、秩序与反秩序的冲突、公平与效率的不相容看做资本主义的现代性永远的张力，资本主义不仅无力解决这些张力，而且还将通过付出巨大的代价维系自身的存在，这主要表现在三个方面：第一，现代秩序的建构以大量被秩序所排挤的人的牺牲（成为无用的东西）为代价；第二，现代经济的进步以大量过剩人口的牺牲和环境的破坏为代价；第三，现代性的全球化扩张以第三世界沦为进一步的贫穷和苦难为代价。正是因为有这些张力和代价的存在，资本主义现代性实践的前景是黯淡的，甚至是毁灭性的。

（3）从对资本主义一体化的批判进到对资本主义自反性的批判，这是从统一到背反的批判路径

进入 20 世纪以后，资本主义越来越呈现为某种一体化的态势。通过法西斯主义达到的恐怖的极权主义一体化、通过技术统治达到的一体化、通过新的极权主义达到的一体化、通过消费控制达到的一体化，都是整个 20 世纪资本主义一体化的主要样式。西方马克思主义对上述几种一体化态势的分析批判意在表明，资本主义具有瓦解各种内在对立因素的潜力，同时又能阻击各种外在不利因素的侵蚀，逐渐发展出应对各种危机和灾难的弹性能

① ［法］让·波德里亚：《象征交换与死亡》，车槿山译，译林出版社 2006 年版，第 39 页。

力，但并不能由此断定资本主义一定是“一切好的社会中最好的社会”。事实上，尽管资本主义能通过不同方式达到一体化，但是，一体化并不等于普遍的和谐，不等于内在统一的建立，一体化也不意味着资本主义所有问题的消失和内在危机的解除。资本主义一体化只是一种外在的强制而不是实质性的统一；并且这种一体化否定了个体生活的多样性和价值选择的自由，否定了社会大众追求意义实现的可能性，否定了普遍公平对社会再生的重大价值，否定了多元生活方式的创造性意义。因而，资本主义一体化并不能实质性地促进生存意义的普遍实现，它在根本上是与人的价值诉求背道而驰的。

与早期西方马克思主义对一体化的“伪统一”的批判不同，20世纪下半叶的西方马克思主义者越来越注重对资本主义自反性的批判，他们基于后现代主义的批评，立足于生态学的和全球化的负面效果，断定资本主义越来越趋向于走向一种自我瓦解的道路，趋向于演变成风险性社会，资本主义走完了反自然、反人类的历程后不得不走向一种自己反对自己的道路，这一趋势正如当代美国学者马歇尔·伯曼所言，现代资产阶级“实质上是历史上最具破坏性的统治阶级”①，它一方面使得资本主义社会总是凸显为“永不满足的欲望和冲动、不断的革命、无限的发展、一切生活领域中不断的创造和更新”，但是另一方面，又总是使资本主义趋于“虚无主义、永不满足的破坏、生活的碎裂和吞没、黑暗的中心、恐怖”②。伯曼所言及的这种态势早在19世纪40年代就为马克思所预见。这种趋势在20世纪变得更加不可遏制，未来的结局究竟如何，将取决于人们何时从资本主义迷雾中觉醒以及人类能否对资本主义实现整体性的超越。

---

① [美] 马歇尔·伯曼：《一切坚固的东西都烟消云散了——现代性体验》，徐大建、张辑译，商务印书馆2003年版，第129页。

② [美] 马歇尔·伯曼：《一切坚固的东西都烟消云散了——现代性体验》，徐大建、张辑译，商务印书馆2003年版，第131页。

3. 批判类型的演进：人本主义的马克思主义、科学主义的马克思主义与生态学马克思主义

从横断面和纵向面考察并揭示西方马克思主义的批判路径，是试图从逻辑理路提取和展陈这种批判的大致框架，本书在这样做的时候主要依靠的是逻辑分析方法，这种方法的优点是能帮助我们从不同流派的不同语境和主题各异的文本中梳理出整个西方马克思主义批判路径的轮廓或基本结构，使我们有可能越过多样而复杂的文献之帷幕，直观到它的内在“骨骼”或把握其本质上统一的东西。运用逻辑方法分析揭示对象的本质，不得不暂时撇开具有多样性、曲折性、复杂性的历史的东西，但是，为了使逻辑性的本质结构具有充分可靠性，就必须以历史的东西为根据，即逻辑必须忠实于历史。这里所谓历史的东西，包括两个方面：其一是实践发展的历史，即整个20世纪西方资本主义的演变过程及其不同阶段分期所呈现出来的社会经济、政治、文化和生活方式的重要变化（这个方面已在本文的第一部分的开头作了简要的交代）；其二是理论发展的历史，即跟随实践发展变化而相应出现的具有不同理论旨趣的各个西方马克思主义流派，他们的思想体系、理论形态及其变化过程。

从历史的视角出发，其实就是要把西方马克思主义之横断面和纵向面的逻辑性的批判路径还原到西方马克思主义之缘起、流变和价值倚重的历史过程之中，以便从历史的视角把握西方马克思主义的不同类型，从其坐标的不同说明各个流派批判资本主义所发挥出来的历史作用的区别。

具体说来，从历史的视域考察西方马克思主义批判坐标的生成动因，必须把握三个因素：其一是20世纪资本主义不同历史阶段的现实问题，以问题为中心并依据不同问题转换其批判理路，构成整个西方马克思主义批判言论的对象性因素；其二是对各种西方思想资源的利用，尤其是西方哲学的方法论成果和原则的再运用，构成西方马克思主义批判理论的方法论依据；其三是对马克思主义的立场和价值取向的不同倚重，西方马克思主义不同流派大体上经历了对人本主义的马克思主义、科学主义的马克思主义和生态学马克

思主义等几种类型。不同类型的马克思主义在整个20世纪西方文坛的呈现，实际上是整个西方马克思主义在批判当代资本主义过程中所采取的不同理论坐标的转型。而不管是哪一种转型，都表明马克思主义始终是解构资本主义的根本立场和核心性的价值取向，西方马克思主义正是由于它对马克思主义立场及价值取向的持守，它才能把对资本主义的批判与一般的人文主义、科学主义和生态学的思潮区分开来，从而使马克思主义在整个20世纪的西方文坛以一种批判的轨迹得以发展，并产生重大的学术影响。

尽管西方马克思主义只有在上述三个因素的有机统一中才能得到具体的界定，其批判特色和批判路径才能得到梳理，但是，就它与马克思主义的关系而言，我们需要就这种关系的历史境遇及其发展趋势作出具体分析，这是我们从西方马克思主义批判历程中寻求有益启示并吸取教训的基本前提。

人本主义的马克思主义作为西方马克思主义的第一个类型，涉及三大流派，这就是黑格尔主义的马克思主义、法兰克福学派的马克思主义以及存在主义的马克思主义。它们在时间上涵盖20世纪20年代至60年代，历经两次世界大战。社会危机与人类的出路、革命主体及其时代使命、资本主义及法西斯主义带来的人道主义灾难、文化背反性的反思等等，构成了人本主义的西方马克思主义的理论主题。这一类型的理论家们在运用西方人本主义哲学工具批判资本主义的过程中，注重对马克思的人本主义思想的阐发，在坚持马克思的人本主义立场的同时，强调主体和主体意识在历史变革中的核心作用，主张以人道主义的马克思主义解决资本主义社会的各种问题，为人类寻求解放的出路。他们普遍突出马克思早期著作的理论意义，张扬这一思想对于超越资本主义的重大价值，认为早期马克思的著作代表着真正的马克思主义，坚持马克思主义就是要到马克思早期思想中发掘其人本主义真谛，以人道主义的马克思主义干预资本主义，把人类从资本主义的苦难中拯救出来。

科学主义的马克思主义是西方马克思主义的第二种类型，涉及实证主义的马克思主义、结构主义的马克思主义和分析学派的马克思主义三大流派，在时间跨度上经历了20世纪50年代至80年代，西方社会经过50年代战后的恢复开始走向繁荣，资本主义虽有危机，但由于国家干预使其表现出强大的应变能力。在这种历史态势下，如何彰显马克思主义的时代价值、凸显马克思主义对资本主义分析批判的指导意义，成为科学主义的西方马克思主义共同关心的主题。对于这一类型的理论家来说，从人本主义观点解释马克思主义并不能发掘马克思主义的时代价值。为使马克思主义在20世纪中叶以后能够继续展陈其时代生命力，就必须克服马克思思想中早期阶段人本主义的模糊性、不成熟性及意识形态因素，要通过实证分析还原马克思思想的科学本质，以实证的、科学化的马克思主义作为批判资本主义、解释历史发展的理论武器。

生态学马克思主义是西方马克思主义的第三种类型，它产生于20世纪70年代，并一直持续到当今时代。这一类型的西方马克思主义所面临的现实处境是西方资本主义社会陷入发展的困境，生态问题普遍凸显出来。解决人类出路既需要摆脱资本主义造成的历史苦难，又需要摆脱资本主义造成的现实苦难和生态苦难，如何从资本主义造成的“整体苦难”中解放出来，如何在后继的社会主义社会避免因生态问题而造成的发展难题和困境，如何把人的制度解放和生态解放有机统一起来，构成生态学马克思主义的重大课题。当然，这也是整个人类存续的重大课题。生态学马克思主义作为西方马克思主义批判坐标的最新转型，它吸取人本主义的马克思主义和科学主义的马克思主义的批判特质，继续把资本主义社会的各种张力及弊端作为其批判的对象，在把资本主义造成的经济、政治和文化问题扩展到生态层面和全球性总体问题的同时，注重对马克思主义在生态问题上的扩展及其对解决生态问题的指导意义。生态学马克思主义一方面结合19世纪马克思对资本主义社会造成的生态问题的批判，发掘马克思主义在当今依然具有的主导价值；另一方面又紧紧抓住20世纪下半叶资本主义发展的生态难题，从制度与成本、生产条件与国家功能、经济危机与生态危机、技术系统与生态系统的非对称性关系、资本主义不平衡发展与资源不可再生性关系等方面展开批判性的分析，这种分析既突出资本主义社会对于全球生态问题的根源性，又突出对资本主义在生态问题上的非持续性的揭示。因为资本主义的存在和发展，资本主义规模的全球化扩张，只能加重生态危机，而不能使生态问题从根本上得到遏制。正如奥康纳所指出的，资本主义发展中的各种问题以及作为其转化形态的生态问题，都“首先是社会政治及意识形态的问题，其次才是社会经济的问题”①。生态危机可以被界定为政治斗争中的一个转折点，“这种转折点首先以及在最主要的意义上是一种政治上的转折点”②。资本主义只有实现制度转型，才能为生态问题的解决带来曙光，这也是生态学马克思主义的基本判断。

综上所述，从人本主义的马克思主义到科学主义的马克思主义再到生态学马克思主义，这种研究类型的转换，基本上体现了整个20世纪西方马克思主义发展的大致轨迹。它紧扣20世纪资本主义社会的各种问题，凸显对这些问题的批判；同时，注重对马克思思想重新解读和重新发现，在对马克思总体思想作不同强调和倚重中推动马克思主义在整个20世纪西方的发展。这种发展严格局限于学术层面，局限于西方马克思主义理论家个体的学术探索。它除了以文本方式从不同侧面揭示和批判了资本主义社会的问题及其难题之外，与工人运动是脱节的，与西方国家共产党组织也几乎不相关联，对西方社会运动的指导作用也十分有限。正如英国著名左翼思想家佩里·安德森在《西方马克思主义探讨》中指出的：“西方马克思主义首要的最根本的特点就是：它在结构上与政治实践相脱离。”③ 在上述意义上，整个20世纪西方马克思主义是一种纯书斋式的马克思主义，其对资本主义的批判虽有火花，并曾经耀眼一方，但不能带来普遍而持久的光照。④

---

① ［美］詹姆斯·奥康纳：《自然的理由——生态学马克思主义研究》，唐正东、臧佩洪译，南京大学出版社2003年版，第265页。

② ［美］詹姆斯·奥康纳：《自然的理由——生态学马克思主义研究》，唐正东、臧佩洪译，南京大学出版社2003年版，第220页。

③ ［英］佩里·安德森：《西方马克思主义探讨》，高铦等译，人民出版社1981年版，第41页。

④ 参见袁银传、杨乐强：《西方马克思主义的批判路径及其启示》，《中国社会科学》2012年第5期。

二、西方马克思主义的基本理论特征及其与中国特色社会主义理论体系的相似性

（一）西方马克思主义的基本理论特征

从上述关于西方马克思主义的发展历程的分析，可以看出西方马克思主义发展的总体逻辑，从这一总体逻辑出发，我们可以把握西方马克思主义一些基本理论特征。

西方马克思主义发展存在两条逻辑：第一条逻辑就是实践的逻辑。从1918年到1922年间，德国、意大利、奥地利、匈牙利等国家和地区爆发了无产阶级革命，但结果均以失败而告终。西方马克思主义正是在反思西欧革命实践的过程中，力图寻找和探索一条不同于俄国的社会主义革命道路和社会主义"模式"。实践的发展逻辑总是离不开理论的支撑，因此第二条逻辑就是理论逻辑。西方马克思主义者在对革命实践道路的探索中，把理论的矛头一方面直指"正统马克思主义"及其弊病，另一方面指向当代西方资本主义社会，同时特别注重对西方哲学文化的吸收和利用，在新的历史背景下对马克思主义进行补充、重释和重建，以寻找现代西方人的自由与解放道路。对"正统马克思主义"进行批判并重新解释马克思主义与对现代资本主义社会的批判构成西方马克思主义的两大紧密联系的理论旨趣，是西方马克思主义共同的学术传统，哲学理论与批判理论构成西方马克思主义的主要内容。

正是在这一总体逻辑展开过程中，西方马克思主义呈现出以下一些基本理论特征：第一，反对"正统马克思主义"，提出一种完全不同于"正统马克思主义"的新的解释路向，具有非正统性。第二，主张用各种西方社会思潮来解释、补充和发展马克思主义，具有开放性。第三，特别重视理论的批判性，注重对当代资本主义的理论批判，从"正统"马克思主义对资本主义制度的批判转向对资本主义意识形态批判、技术理性批判、大众文化批判、现代国家批判、心理机制和性格结构的批判，再转向对资本主义生态危机

的批判。第四，实践逻辑逐步被理论逻辑所消解，成为一种“学院式”的马克思主义。第五，反对教条主义，致力于实现马克思主义现代化。他们在追寻马克思的同时，极力主张重构、重建马克思主义。第六，特别强调主体性，把研究的焦点从经济领域转向哲学、文化领域，并主张以意识革命和文化革命为先导和主要内涵的新的革命观。

西方马克思主义除了在总体逻辑上表现一些共同的理论旨趣和学术倾向外，各个流派及其具体的思想观点上则十分复杂多样，并没有形成一个十分统一的思想体系。以上所述的基本特征也是国内学界比较认同的一些概括。①

（二）中国特色社会主义理论体系与西方马克思主义基本理论特征的相似性

尽管中国特色社会主义理论体系与西方马克思主义在基本理论特征上存在根本区别和差异性，但中国特色社会主义理论体系与西方马克思主义作为马克思主义在 20 世纪世界化和民族化过程的产物，同时也存在某些理论特征的相似性。这种相似性主要体现在时代性、开放性、反思性、创新性等理论特征上。

1. 时代性

时代性与现代性在一定程度上其涵义是一致的，所谓时代性就是要使理论保持与时代同步，而每一个特定的时代就当时而言也即是现代。西方马克思主义的时代性特征主要体现在其对于现代性的强调。大部分西方马克思主义理论家都将实现马克思主义“现代化”作为自己的历史使命，他们极力主张“革新”或“重建”马克思主义，使马克思主义具有现代性。西方马克思主义思想家的理由主要有以下两点：第一，马克思主义许多原理不适应现时代的发展。他们认为，马克思主义主要产生于 19 世纪自由资本主义或

---

①　参见王凤才：《追寻马克思——走进西方马克思主义》，山东大学出版社 2003 年版，第 17~18 页；顾海良、梅荣政主编：《马克思主义发展史》，武汉大学出版社 2006 年版，第 181~183 页。

“古典资本主义”时代，当代资本主义与马克思本人所处的自由资本主义时代相比，已发生了根本的变化，出现了许多新趋势和新特征。马克思主义的许多原理所赖以成立的现实基础消失了，不能解答现时代提出的各种新问题，因而过时了，必须加以重新解释或对马克思主义重新发现，以适应当代的社会现实。第二，马克思主义在发展中被严重歪曲。西方马克思主义者认为，马克思的理论被恩格斯及其后的“正统马克思主义者”所歪曲，已变得面目全非，所以需要正本清源，恢复马克思主义的本来面目，建立一种“马克思的马克思主义”以与恩格斯及其后的“正统马克思主义”相对立。

中国特色社会主义理论体系是马克思主义基本原理与中国实际和当今时代特征相结合的产物，是当代中国的马克思主义。它能够始终站在时代前列，敏锐把握时代脉搏，勇敢直面时代问题，准确反映时代精神，积极引领时代潮流。第一，准确把握时代主题与时代脉搏。邓小平指出，“现在世界上真正大的问题，带全球性的战略问题，一个是和平问题，一个是经济问题或者说发展问题。和平问题是东西问题，发展问题是南北问题。概括起来，就是东西南北四个字。”① 江泽民站在世纪之交进一步指出，“和平与发展是当今世界的两大主题，同时这两大课题至今一个也没有解决。霸权主义和强权政治有新的表现，天下仍很不太平。世界正处在向多极化发展的趋势之中，单极和多极的斗争十分激烈，多极格局的最终形成将经历一个曲折漫长的过程。”② 站在新世纪、新阶段的历史平台上，胡锦涛强调和平与发展仍然是当今时代主题的同时，指出“和平、发展、合作成为时代的潮流”。第二，准确反映时代发展要求即“聚精会神搞建设，一心一意谋发展”。从邓小平提出“发展是硬道理”，到江泽民指出“发展是党执政兴国的第一要务”，再到胡锦涛强调“坚持科学发展、和谐发展、和平发展”，中国特色社会主义理论体系始终抓住发展这一主线，坚持以经济建设为中

① 《邓小平文选》第3卷，人民出版社1993年版，第105页。

② 《江泽民文选》第3卷，人民出版社2006年版，第7页。

心，从而从根本把握了时代的客观发展要求。第三，直面时代课题。中国特色社会主义理论体系立足于变化的国际国内环境，科学地回答什么是社会主义、怎样建设社会主义，建设什么样的党、怎样建设党，实现什么样的发展、怎样发展等重大理论和现实课题，从而把中国特色社会主义事业不断推向前进。

2. 开放性

一种思想理论体系的开放性包括了对现实实践的开放和对人类创造的一切文明成果的开放。西方马克思主义的一个显著特征对西方各种社会思潮的开放，他们十分重视吸收资产阶级的思想文化成果来“补充、修正或发展”自己，实现马克思主义的多元化。早期西方马克思主义利用黑格尔主义精神解释马克思主义形成黑格尔主义的马克思主义。西方马克思主义更多地是将现代资产阶级的哲学、社会学、心理学等学科的思想“嫁接”到马克思主义中去，形成了存在主义的马克思主义、弗洛伊德主义的马克思主义、结构主义的马克思主义、生态学马克思主义等等。西方马克思主义同样向现实社会开放，西欧无产阶段革命实践、法西斯主义横行、工业文明时代的现代性等都成为了他们理论发展的现实基础。

恩格斯指出：“所谓‘社会主义社会’不是一种一成不变的东西，而应当和任何其他社会制度一样，把它看成是经常变化和改革的社会。”① 胡锦涛在十七大报告中也强调：“中国特色社会主义理论体系是不断发展的开放的理论体系。”② 中国特色社会主义理论体系植根于中国改革开放的伟大实践，植根于广大人民群众的实践活动。实践总是在不断向前发展的，实践的发展总是不断产生新的问题需要我们去解决，中国特色社会主义理论体系就是在不断地回答和解决时代实践提出的问题的过程中向前发展，从而显示出强大生命力。中国特色社会主义理论体系同时也向人类创造的一切文明成果开放，具有巨大包容性。中国特色社会主义理论体系吸收和借

---

① 《马克思恩格斯全集》第 37 卷，人民出版社 1971 年版，第 443 页。

② 胡锦涛：《高举中国特色社会主义伟大旗帜　为夺取全面建设小康社会新胜利而奋斗》，《十七大报告辅导读本》，人民出版社 2007 年版，第 11 页。

鉴几千年来人类思想和文明发展中一切有价值的东西，包括了对马克思列宁主义、毛泽东思想的继承与发展，同时吸收了中国传统文化精华，又汲取人类社会其他优秀文明成果，特别是当代科学技术发展的最新成果。例如，科学发展观的提出既是对改革开放以来中国社会发展经验的反思和总结，又是对近代工业革命以来传统发展观的检讨和矫正，也是对马克思主义社会发展理论的继承与创新。总之，中国特色社会主义理论体系是一个反思过去、立足现实、面向世界、面向未来的开放的理论体系。

3. 反思性

反思往往是理论创新和发展的重要途径。在西方马克思主义发展史上，反思对于推进西方马克思主义发展起了十分重要的作用。西方马克思主义是在反思西欧各国革命失败原因的基础上产生的。而在西方马克思主义发展过程中，对苏联社会主义一直采取批判性的反思，他们认为苏联社会主义是一种集权主义，并不是马克思所设想的社会主义，因此他们提出建立工人自治社会主义、人道主义的社会主义、民主社会主义等设想。20 世纪 90 年代以来，西方马克思主义经历了东欧剧变的挫折，但并没有销声匿迹，反而在经过短暂的阵痛后重新升温，反思东欧剧变和社会主义受挫的教训已成为 20 世纪 90 年代以后一种新的研究趋势，成为西方马克思主义理论研究的一个生长点。2008 年美国次贷危机和全球金融危机爆发后，对于“美国次贷危机与资本主义经济危机”的反思，也成为西方马克思主义研究的新热点。

中国特色社会主义理论体系的形成和发展与我们党和国家善于总结结验，不断反思历史是密不可分的。以毛泽东为核心的第一代中央领导集体，正是在反思苏联模式的经验与教训的基础上，开始独立探索中国社会主义建设道路，为中国特色社会主义理论体系奠定了基础。改革开放以来，以邓小平为核心的第二代中央领导集体在反思我国社会主义建设正反两方面的经验与教训过程中，在借鉴其他社会主义国家经验教训的基础上，逐步提出建设有中国特色社会主义理论。20 世纪 80 年代末 90 年代初苏联解体，东欧剧变，社会主义遭受严重挫折，以江泽民为核心的第三代中央领导集体从反思东欧剧变的教训中，提出“三个代表”重要思想，特别突出和强调党先进性建设的重要性。而进入新世纪、新阶段，以胡锦涛为总书记的党中央在反思中国改革开放以来发展的经验与教训、反思国外发展经验教训的过程中，提出科学发展观等重大战略思想。

4. 创新性

西方马克思主义在探寻实现西方人的自由与解放道路过程中，走出了一条不同于“正统马克思主义”的道路。西方马克思主义特别是早期西方马克思主义在对待马克思主义的态度上是十分严肃认真的，他们在马克思主义的理解上也提出了许多创见。例如，在哲学观上，西方马克思主义突出实践在马克思主义哲学中的基础和中心地位，反对那种对马克思主义哲学的科学实证论的解读模式，主张实践唯物主义的马克思主义哲学，并且强调辩证法在马克思主义哲学中的重要地位，这对于我们理解马克思主义精神都具有重要的启发性。在政治上，西方马克思主义看到文化心理革命是西方革命的前提和先决条件，强调政治革命、经济革命与文化心理革命相结合的“总体性革命”，应当说这也是符合西方社会实际的有创新性的观点。此外，西方马克思主义对于资本主义工业文明的负面效应作了许多深刻批判，特别是他们并不像后现代主义那样完全否定现代性，而是把现代性与现代性的负面效应相区分开来，并强烈要求现代化运动不应该与资本主义，而应该与社会主义结合在一起①，这些见解应当说也是具有创新性的。

中国共产党是一个具有创新意识和创新精神的政党。江泽民同志指出：“创新是一个民族进步的灵魂，是一个国家兴旺发达的不竭动力，也是一个政党永葆生机的源泉。”② 创新包括理论创新、制度创新、科技创新，其中理论创新是整个创新思想的核心，是其他一切创新的基础。中国特色社会主义理论体系就是中国共产党人进行理论创新的成果，体现了中国共产党人理论创新的发展逻辑。

① 陈学明、王凤才：《西方马克思主义前沿问题二十讲》，复旦大学出版社2008年版，第121页。

② 《江泽民文选》第3卷，人民出版社2006年版，第64页。

而中国特色社会主义理论体系的实践性保证了其创新性，实践永无止境，创新也永无止境。

5. 民族性

西方马克思主义民族性主要体现在其“西方性”。第一，它所探讨的问题是一个“西方式”的问题，即西方资本主义工业文明时代人的自由与解放问题，西方马克思主义是现代工业文明时代精神的理论表达。第二，西方马克思主义理论与西方思想文化有着千丝万缕的联系。西方马克思主义与现代人本主义思潮都是对西方理性主义文化危机的反思，他们有着共同的批判指向、共同的理论主题和旨趣。不仅如此，他们还直接把各种西方文化思潮补充到马克思主义当中。

中国化马克思主义的奠基人毛泽东同志曾经指出：“马克思主义必须和我国的具体特点相结合并通过一定的民族形式才能实现。”① 中国特色社会主义理论体系作为马克思主义中国化的最新理论形态具有鲜明的中国特性、中国作风、中国气派。第一，中国特色社会主义理论体系体现了马克思主义基本原理与中国具体实际的有机结合。中国特色社会主义理论体系始终坚持从中国实际出发来解决中国实际问题，它紧紧抓住了当前中国最大的实际就是仍然处于并将长期处于社会主义初级阶段，并且能够正确认识当前我国发展的阶段性特征，社会主义初级阶段构成中国特色社会主义理论体系的立论基础。第二，中国特色社会主义理论体系还体现在马克思主义与中国历史、中国文化的有机结合。它不仅在形式上，用民族化的通俗语言来表述马克思主义思想，更重要的是在文化精神上，中国特色社会主义理论体系把坚持马克思主义基本原理与弘扬中华民族伟大精神、继承中华民族优秀历史文化紧密结合起来，从而深深地扎根于中华民族文化的土壤之中。

---

① 《毛泽东选集》第2卷，人民出版社1991年版，第534页。

三、中国特色社会主义理论体系与西方马克思主义理论的本质区别

中国特色社会主义理论体系与西方马克思主义作为马克思主义在20世纪世界化和民族化进程中形成的两种理论形态，虽然都具有民族性、时代性、开放性、反思性等某些理论特征上的相似性，但二者之间却存在着本质的区别。从比较视域揭示二者之间的本质区别，对于深入理解马克思主义的当代发展，准确把握马克思主义的民族化和时代化，澄清在中国特色社会主义理论体系理解上的模糊认识，具有重要意义。

任何一种比较研究，都必须建立在科学的前提下，方能保证比较结论的科学性和合理性。首先，比较要立足于平等的对话平台。我们的比较并不是先入为主地对西方马克思主义加以简单的肯定或者否定，而是建立在认同西方马克思主义作为探索中的马克思主义、作为20世纪马克思主义发展进程的内在组成部分、作为马克思主义发展谱系的内在组成部分，而不是将之排斥在外进行比较。① 我们只有以一种宽容和理解的态度深入其内在逻辑，在这一前提下所进行的中国特色社会主义理论体系与西方马克思主义的比较研究，才更具有实际意义和启示价值。其次，比较研究要克服非此即彼的简单做法，应该以辩证的否定取代形而上学的简单肯定或否定。再次，比较研究要避免形式上的简单类比，而是要深入到其文化精神的内核之中。最后，比较研究必须避免抽象化比较，而是要把各自的思想置于其历史文化传统、实践基础、现实语境及其发展的逻辑之中。

作为马克思主义中国化最新理论成果的中国特色社会主义理论体系与西方马克思主义之间存在以下本质的区别：

---

① 参见王雨辰：《哲学与文化价值批判——解读当代西方马克思主义》，湖北人民出版社2004年版，第21页。

（一）中国特色社会主义理论体系的整体性与西方马克思主义的庞杂性

整体性是指系统与要素、环境之间的辩证统一，系统与要素间、要素与要素间、系统与环境间都是相互联系的有机整体。作为一个整体性的理论，必须具有共同的理论主题，其具体理论内容与理论形态之间相互依存、相互支撑、逻辑自恰，并且具有一脉相承性和相对的稳定性。

马克思恩格斯在创立唯物史观时，就把人类社会作为一个有机系统来把握，反对脱离社会整体孤立地观察、理解和解释个别社会现象。在1847年的《哲学的贫困》一书中，马克思批判了蒲鲁东的唯心史观和形而上学的研究方法，强调社会是“一切关系在其中同时存在而又互相依存的社会机体”①。在1859年的《〈政治经济学批判〉序言》中，马克思以经典的语言表述了历史唯物主义的基本原理，特别是社会结构的理论和社会有机体的思想。

“有机体”这一概念，只是一个形象的比喻，旨在用这一术语形象地描述人类社会的最一般特征，即社会的系统性、整体性和有机性。正如马克思所指出的：“社会不是坚实的结晶体，而是一个能够变化并且经常处于变化过程中的有机体。”② 列宁在批评那种把社会关系视为只是这些或那些现象的简单的机械的联结的形而上学观点时，曾经指出：“按照马克思的理论，每一种这样的生产关系体系都是特殊的社会机体，它有自己的产生、活动和向更高形式过渡即转化为另一种社会机体的特殊规律。”③ 他还强调：“马克思主义的全部精神，它的整个体系，要求人们对每一个原理只是（α）历史地，（β）只是同其他原理联系起来，（γ）只是同具体的历史经验联系起来加以考察。”④

---

① 《马克思恩格斯选集》第1卷，人民出版社1995年版，第143页。
② 《马克思恩格斯选集》第2卷，人民出版社1995年版，第102页。
③ 《列宁全集》第1卷，人民出版社1984年版，第372页。
④ 《列宁全集》第47卷，人民出版社1990年版，第464页。

中国特色社会主义理论体系正是运用辩证唯物主义和历史唯物主义的世界观和方法论，从整体上揭示中国特色社会主义的建设规律，从整体上谋划和布局中国特色社会主义的伟大事业，从整体上设计中国特色社会主义的建设目标。

首先，中国特色社会主义理论体系从整体上揭示了中国特色社会主义的建设规律。中国特色社会主义理论体系涵盖了经济、政治、文化、社会和党的建设等各个领域，体现在改革发展稳定、内政外交国防、治党治国治军等各个方面，是一个系统的、完整的科学理论体系。中国特色社会主义理论体系的三大组成部分（邓小平理论、"三个代表"重要思想、科学发展观等重大战略思想）虽然各有侧重，但是它们都从整体上探索和回答了"什么是马克思主义、怎样对待马克思主义"，"什么是社会主义、怎样建设社会主义"，"建设什么样的党、怎样建设党"，"实现什么样的发展、怎样发展"等重大理论和现实问题，从整体上揭示中国特色社会主义经济建设、政治建设、文化建设、社会建设、生态文明建设、党的建设的基本规律。

其次，中国特色社会主义理论体系从整体上谋划和布局中国特色社会主义的伟大事业。在中国特色社会主义理论体系的视域中，中国特色社会主义事业总体布局是一个有机统一的整体，是以经济建设为中心，政治、文化和社会建设有机配合的我国现代化建设的战略构想和结构框架。其中，经济建设是中心，它为政治、文化和社会建设提供物质基础和物质保证。政治、文化和社会建设同经济建设相互联系，发挥着各自不可或缺、不可替代的重要功能。政治建设为经济、文化和社会建设提供制度保障，规定着经济、文化和社会建设的政治方向。文化建设为经济、政治和社会建设提供精神动力和智力支持，为经济、政治和社会建设提供理论先导、舆论支持、精神动力和思想保证。社会建设则为经济、政治和文化建设提供和谐的社会环境和社群支撑。而中国特色社会主义建设事业的基本框架就是社会整体的和谐。正如胡锦涛同志在《中共中央举办的省部级主要领导干部提高构建社会主义和谐社会能力专题研讨班开班式上的讲话》中，深刻而简明地指出的："构建社会主义和谐社会，同建设社会主义物质文明、政治文明、精神文明是有机统一的。要通过发展社会主义社会的生产力来不断增强和谐社会建设的物质基础，通过发展社会主义民主政治来不断加强和谐社会建设的政治保障，通过发展社会主义先进文化来不断巩固和谐社会建设的精神支撑，同时又通过和谐社会建设来为社会主义物质文明、政治文明、精神文明建设创造有利的社会条件。”①

再次，中国特色社会主义理论体系从整体上设计中国特色社会主义的建设目标。中国特色社会主义的奋斗目标，是把我国建设成为富强、民主、文明、和谐的社会主义现代化国家，实现中华民族的伟大复兴。其中富强是经济建设目标，民主是政治建设目标，文明是文化建设目标，和谐是社会建设目标。从邓小平同志提出的物质文明和精神文明“两手抓，两手都要硬”的“两个文明”建设目标，到江泽民同志提出“建设社会主义政治文明”从而发展出“三大文明”的目标框架，再到以胡锦涛为总书记的党中央强调加快推进以改善民生为重点的社会建设、加强社会管理、提出“四位一体”的总体目标，反映出中国共产党人对中国特色社会主义建设目标的认识不断深入、发展和完善。

与中国特色社会主义理论体系鲜明的整体性相反，我们很难在西方马克思主义理论中找到某种整体性的东西。在 20 世纪 20 年代，卢卡奇曾经率先提出“总体性”的概念，认为总体性是重建正统马克思主义的关键，也是真正马克思主义的实质所在。总体性是显现某种整体性的东西，但是，它能否达到中国特色社会主义理论所具有的整体性特征呢？在此，我们有必要对总体性作出具体的分析。

所谓总体性，卢卡奇赋予它至少四种含义：其一，总体性是一种整体理解和认识对象的思维方法。他说，马克思辩证法的目的“在于把社会作为整体来理解”②，“马克思把总体性确定为可以认

---

① 胡锦涛：《中共中央举办的省部级主要领导干部提高构建社会主义和谐社会能力专题研讨班开班式上的讲话》，《人民日报》2005 年 2 月 20 日。

② ［匈］乔治·卢卡奇：《历史和阶级意识》，张西平译，重庆出版社 1989 年版，第 31 页。

识的总体性和将要被认识的总体性两个方面”①，这两个方面的统一所构成的辩证的总体性概念的作用则是“使我们认识作为社会过程的现实。”② 其二，总体性标志着构成整体的诸要素或部分的相互作用过程，它不是把其中各种因素化为一种无差别的一致性或同一性；也不是把相互作用理解为简单片面的线性因果关系。卢卡奇引用马克思的话说，生产、分配、交换和消费作为总体经济活动的诸因素，它们不是同一的东西，相反，“它们构成一个总体的各个环节，一个统一体内部的差别……因此，一定的生产决定一定的消费、分配、交换和这些不同要素相互间的一定关系……不同要素之间存在着相互作用。每一个有机整体都是这样”③。在卢卡奇看来，由总体性决定的相互作用，也不能归结为庸俗唯物主义所理解的那种片面因果关系或简单的线性决定关系，否则，我们就没有认识社会的哪怕一丝一毫的可能性。其三，总体性是对主体和客体的整体设定。在卢卡奇看来，既然总体性构成整体的诸部分的相互作用过程，因此，总体性范畴就能够在对认识客体起决定作用的同时，决定认识的主体；并且，“只有假定主体本身是一个整体，客体的整体才能够被假定，如果主体想要了解自身那它必须把客体看作是一个整体”④。主体的整体存在同客体的整体存在的这种相互依存关系是辩证法的必然要求，是辩证法全面性原则的体现。卢卡奇认为，由于辩证法涉及的基本问题是对整个历史过程的认识，是对现实的总体把握，这种认识和把握的前提又是依赖于主体及其能动性的，因此，他指出：“行动、实践在本质上是对现实的干预和

① ［匈］乔治·卢卡奇：《历史和阶级意识》，张西平译，重庆出版社 1989 年版，第 45 页。

② ［匈］乔治·卢卡奇：《历史和阶级意识》，张西平译，重庆出版社 1989 年版，第 17 页。

③ 《马克思恩格斯全集》第 12 卷，人民出版社 1962 年版，第 749~750 页。转引自乔治·卢卡奇：《历史和阶级意识》，张西平译，重庆出版社 1989 年版，第 16 页。

④ ［匈］乔治·卢卡奇：《历史和阶级意识》，张西平译，重庆出版社 1989 年版，第 32 页。

改造……只有在主体自身是总体并具有这种干预能力时，现实作为总体性，才能被理解。”① 其四，总体性优先于部分的实质是理论的优先性和支配性。诚然，主体和客体的相互作用构成特定的现实，形成自由和必然相互关联的具体样式。但是，主体借以改造客体、认识必然、追求自由意志的现实化的基本条件，则是具有优先性和支配性的理论。虽然从理论的基本形成过程来看，理论是依赖于实践的，但从二者相互关系的总体性目的和内在构建过程来看，理论始终是作为整体的动力生发机制而突现其优先性和主导性的。他援引了马克思的话说，“光是思想竭力体现为现实是不够的，现实本身应当力求趋向思想”②，在他看来，只有当意识的出现必然成为历史的过程朝着它自己的目的所必须迈出的决定性步骤时，理论才能发挥其历史性的功能，使这个步骤成为实际的可能性，成为“随意识而出现的实践的必然前提”③。当然，理论的优先性和支配性，并不是指理论可以脱离实践，相反，它正是在主体和客体相统一的基础上通过与实践的相互关联表现其“革命功能的”。

显然，我们可以从卢卡奇对总体性的这种不同表述和说明中看出，其基本理念就是要把历史过程和历史事件看做一切历史构成要素相互作用的有机整体，并突现以特定理论作引导的主体能动性。

在卢卡奇之后，对总体性的关注和研究一直是西方马克思主义兴趣的焦点，尤其是在进入所谓后现代时期以后，面对后现代社会零碎化和平面化的趋势，作为西方马克思主义新的传人的詹姆逊依然秉承卢卡奇的理念，推动总体性思想的演绎，顽强地坚守总体化和历史化的方法，指出“那些貌似自主和不相干的领域之间有着隐秘的联系”，“通常认为只是孤立的和依次发生的事件却原来是事物的有规律的变化和有着某种内在的关联，它们具有一种全球性

---

① ［匈］乔治·卢卡奇：《历史和阶级意识》，张西平译，重庆出版社 1989 年版，第 44 页。

② 《马克思恩格斯全集》第 1 卷，人民出版社 1956 年版，第 462 页。

③ ［匈］乔治·卢卡奇：《历史和阶级意识》，张西平译，重庆出版社 1989 年版，第 4 页。

的特征"①。值得注意的是，詹姆逊在坚持历史本身是总体性的历史的基础上，又不断拓新对总体性概念的理解，提出了一种开放的总体化思想——总体化以差异为前提、包含种种对抗的力量、指向一个开放的整体并永远处于被超越的过程中。詹姆逊进而指出，由于事物本身是总体性的，因此在认识论上也必须采用总体性的方法，把资本主义的经济关系作为一个有机的整体，将其各个局部放在这个有机整体中加以考察。当然，这并不是詹姆逊的发现，他的贡献在于强调总体的认知是在把握系统或结构关系的同时应尊重差异、不连续性、相对自律和不平衡发展，即"在一个仅仅表面上统一的文化文本中，既考虑隐含在总体性或总体化概念中的方法论的必要性，又考虑一种'症状'分析对潜在的不连续性、裂缝和异质活动的关注，这二者之间也许没有很大的不一致"②。

由上可见，无论是卢卡奇的总体性概念，还是詹姆逊的总体性和总体化思想，都是与中国特色社会主义理论体系的整体性特征大相径庭的。因此，我们可以从总体上断定西方马克思主义在理论主题、理论形态和理论内容上具有庞杂性。

首先，在理论主题上，西方马克思主义很难找到一条始终如一、前后一致并能够囊括众多流派的鲜明主题。西方马克思主义在不同的历史时期不断发生主题变化，更为重要的是在这种主题变换的过程中，其理论立场渐行渐远。早期西方马克思主义的一个重要特点是把研究的重点始终放在哲学上。正如英国著名左翼思想家佩里·安德森在《西方马克思主义探讨》一书中所指出的："马克思这位历史唯物主义的创始人，不断从哲学转向政治学和经济学，以此作为他的思想的中心部分；而1920年以后涌现的这个传统的继承者们，却不断地从经济学和

① Fredric Jameson. The Cultural Turn: Selected Writing on the Postmodern, 1983—1998 [M]. Verso, 1998. p. 35.

② Fredric Jameson. The Political Unconscious: Narrative as a Socially Synbolic Act [M]. Cornell Uiversity Press, 1981. pp. 56-57.

政治学转回到哲学。”① 早期西方马克思主义者十分重视哲学研究，他们认为，传统的经济决定论、马克思主义的科学主义化和自然化等诠释导致了无产阶级在社会历史发展中的主体性丧失。他们试图通过重建马克思哲学的总体性、主体性和批判性，以解决资本主义条件下意识形态对于无产阶级革命意识和阶级意识的消磨、从而导致革命失败这一现实课题，为之提供哲学理论基础。总之，此时的西方马克思主义的政治立场，主要还是站在无产阶级的社会主义革命立场。1929 年席卷资本主义世界的经济危机爆发，这场危机不仅没有引发社会主义革命，反而使纳粹党支持率大幅度提高，法西斯主义上台，这就促使西方马克思主义从文化心理角度进行分析，将马克思主义与弗洛伊德学说结合起来揭示当时大众的心理结构、心理趋向和法西斯主义兴起的心理根源。二战后，发达资本主义国家出现了许多新情况、新矛盾、新问题，导致了西方马克思主义先是将其理论方向由政治和经济方向调整为哲学方向，继而又从原先抽象的哲学研究和人本主义的思辨哲学、逐步转向对现代资本主义的全面社会批判，形成了其当代资本主义理论。这一时期的西方马克思主义与其说是一种马克思主义，倒不如说更多的是一种西方人道主义理论——在政治立场上，他们主要是以一种资产阶级激进派的姿态而出现。到了 20 世纪 60 年代后期，西方马克思主义的批判逻辑已经达到了顶峰，他们开始了一种新的逻辑转换，即从西方马克思主义向后马克思主义的转变，运用后结构主义来解构和重建马克思主义。进入 20 世纪 90 年代以后，西方马克思主义的研究主题又从哲学、文化问题转向社会政治、经济、生态等现实问题，批判重心从对发达资本主义的批判转向对“现实社会主义”的批判，关注市场与社会主义、民主与社会主义之间的关系、全球化与生态等问题，其理论和政治立场与马克思主义之间的距离越来越远。

其次，在理论形态和理论内容上，西方马克思主义派别林立、

① ［英］佩里·安德森：《西方马克思主义探讨》，高铦等译，人民出版社 1981 年版，第 68～69 页。

观点繁杂，不同派别之间甚至同一派别内部存在激烈争论。西方马克思主义往往与各种资产阶级哲学文化主流思潮杂交在一起，形成了各种理论倾向的马克思主义，如黑格尔主义的马克思主义、存在主义的马克思主义、弗洛伊德的马克思主义、现象学的马克思主义、结构主义的马克思主义、生态学的马克思主义等等。这些理论或流派各自都有自己的话语表达，但却缺乏内在的统一性和稳定性。正如罗伯特·A·戈尔曼在《新马克思主义研究辞典》中所指出的：新马克思主义（西方马克思主义虽与新马克思主义不能等同，但主体是一致的）“像是一种马赛克，由各种互不相同、常常是相互冲突的理论镶嵌而成”①。西方马克思主义并不是一种统一的思潮，它只能被看作为一场多线索、多形态地展开的理论运动。“不同的思想之所以能够罗列在一起，是因为它们的共同特征都和马克思主义有着一定的关系。”②

（二）中国特色社会主义理论体系的实践性与西方马克思主义的理论同政治实践相脱离

实践性是马克思主义的本质特征，是马克思主义区别于其它形形色色的非马克思主义理论、学说、思潮最显著的特征和突出标志。马克思主义既不是一种道德浪漫主义的批判思潮，又不是后现代主义的虚无主义解构，也不是旨在建立包罗万象的“永恒真理”体系的乌托邦，而是强调在“批判旧世界中发现和建设新世界”，强调“任何真正的哲学都是自己时代精神的精华”，强调理论必须来源于实践又指导实践，并且在实践中检验、修正、丰富和发展理论本身。

马克思一生致力于人的自由全面发展与人类的解放事业，他的探索不只是为了从理论上解答人的自由全面发展与解放问题，更重

① 参见周穗明：《20世纪西方“新马克思主义”发展史》（上册），学习出版社2004年版，第5页。

② 张一兵、胡大平：《西方马克思主义哲学的历史逻辑》，南京大学出版社2003年版，第8页。

要的是为了实际地改变现存的世界。早在《〈黑格尔法哲学批判〉导言》中，他就指出："批判的武器当然不能代替武器的批判，物质力量只能用物质力量来摧毁。"① 此外，他还认识到，人类解放的实践主体是无产阶级。"德国人的解放就是人的解放。这个解放的头脑是哲学，它的心脏是无产阶级。"② 在《关于费尔巴哈的提纲》中，马克思更是以简洁精练的语言指出："哲学家们只是用不同的方式解释世界，而问题在于改变世界。"③ 马克思主义的实践性不仅体现在指导实践、改变世界的历史使命上，而且在于它整个理论学说都是奠基于实践基础之上。在实践中产生并接受实践检验，又随着实践的发展而不断发展，并在与各国具体实践相结合中彰显自身强大的生命力，是马克思主义的本质特征和根本精神。

实践性也是中国特色社会主义理论体系的本质特征，是中国特色社会主义理论体系产生、形成和发展的基础。在理论与实践的双重互动过程中实现理论创新，是中国特色社会主义理论体系产生、形成、发展和永葆生机活力的源泉与不竭动力，也是中国特色社会主义理论体系科学性、开放性和创新性的基础。中国特色社会主义理论体系的产生、形成和发展不是靠"本本"，而是靠实践，靠实事求是。中国特色社会主义理论体系植根于当代中国丰富而深刻变革的改革开放和社会主义现代化建设的实践活动之中，它是在和平和发展成为时代主题，世界多极化和经济全球化的趋势在曲折中发展，科技进步日新月异，综合国力竞争日趋激烈，世界的力量组合和利益分配正在发生新的深刻变化，国内经济体制经历深刻变革、社会结构深刻变动、利益格局深刻调整、思想观念深刻变化等新的历史条件下，对马克思列宁主义、毛泽东思想的继承和创造性发展。它面向现代化、面向世界、面向未来，坚持用邓小平理论、"三个代表"重要思想以及科学发展观等重大战略思想观察当今世界、观察当代中国，依靠和运用解放思想这个精髓和法宝不断研究

---

① 《马克思恩格斯选集》第1卷，人民出版社1995年版，第9页。
② 《马克思恩格斯选集》第1卷，人民出版社1995年版，第16页。
③ 《马克思恩格斯选集》第1卷，人民出版社1995年版，第61页。

新情况、解决新问题，及时概括、总结和提升中国特色社会主义建设实践的新鲜经验，从而丰富和发展马克思主义理论宝库。

中国特色社会主义理论体系在实践中产生，又在实践中得到检验、丰富和发展。实践永无止境，探索和创新也就永无止境。中国特色社会主义理论体系必须随着实践的发展而发展，这是马克思主义的本质体现，也是中国特色社会主义理论体系的内在要求。世界上没有放之四海而皆准的发展模式和发展道路，也没有一成不变的发展模式和发展道路。中国特色社会主义事业是前无古人的开创性事业，没有经典可依，也没有成例可援，只有靠中国共产党领导中国人民把马克思主义的普遍真理与中国的具体实际结合起来进行独立的探索。中国特色社会主义理论体系就是马克思主义基本原理与当代中国实践和时代特征相结合的产物。正如党的十七大报告明确指出的："改革开放以来我们取得一切成绩和进步的根本原因，归结起来就是：开辟了中国特色社会主义道路，形成了中国特色社会主义理论体系。"① 这句话简明而深刻地阐明了中国特色社会主义理论体系是来源于中国改革开放实践、是对我国改革开放实践经验的理论总结与提升，另一方面又给予中国特色社会主义实践以科学理论指导，并取得了伟大的成绩。

与中国特色社会主义理论体系的实践性相比较，虽然部分西方马克思主义理论家特别张扬实践的优先性，但是他们所讲的实践存在各类问题。比如，葛兰西的实践哲学重申和强调了马克思的实践概念，认为"实践哲学是绝对的'历史主义'思想，绝对的世俗化和此岸性，一种历史的绝对的人道主义。人们正是必须沿着这条路线追踪新世界观的这条线索"②。葛兰西的实践哲学从根本旨趣上高扬了人的实践，但由于其不仅不坚持、而且竭力抨击唯物主义，否认外部自然界独立存在于人的实践之外，这就使它成为一种只讲实践而不讲唯物主义的哲学。这种实践哲学是不能同马克思在

① 胡锦涛：《高举中国特色社会主义伟大旗帜　为夺取全面建设小康社会新胜利而奋斗》，《十七大报告辅导读本》，人民出版社 2007 年版，第 10~11 页。

② ［意］葛兰西：《狱中札记（选）》，1971 年伦敦英文版，第 465 页。

《关于费尔巴哈的提纲》和《德意志意识形态》中提出的“实践的唯物主义”相混淆的，因为，马克思不仅高扬实践，强调“对对象、现实、感性”，要“从主体方面”，“把它们当作感性的人的活动，当作实践去理解”，而且认为要“从客体的或者直观的形式去理解”①；不仅指出人们的感性“活动、这种连续不断的感性劳动和创造、这种生产，正是整个现存的感性世界的基础”，而且强调即使“在这种情况下，外部自然界的优先地位仍然会保持着”②。

法兰克福学派第二代传人哈贝马斯对实践的重视和研究，在所有西方马克思主义理论家中具有突出的代表性。首先，哈贝马斯遵循亚里士多德的理念，对“实践”和“技术活动”作了区分，他通过技术性问题与实践性问题之间的比较来具体解释这两种活动的不同：“技术性问题的提出，是在给定目标（价值或准则）的情况下，着眼于对手段作合理的、由目标引导的组织，以及对诸多可选择的工具的合理选择。而实践性问题的提出，则是着眼于对规范的认可或者拒绝，这里说的规范尤其指行动规范，对这些规范的有效性主张，我们是能够用理由来加以支持和反对的。”③换言之，技术性活动所涉及的是主体与客体的关系，实践性活动则涉及主体与主体的关系。技术性活动必须依据客观的自然规律，尽可能做到合规律性，这是不能违反的，而实践性活动所依据的是人们的一致或共识，它是一种合类性的活动，这种活动渗透着不同主体复杂的目的性，因而有时可能出现对合类性规则的违反。其次，哈贝马斯所言及的“实践”含涉交往行动、合理论辩、公共讨论三个基本层次，其中，交往行动实践最为核心，对合理论辩、公共讨论这两个层次具有支配性。这可以从哈贝马斯所界定的人类行动的四种基本类型看出端倪：“合目的性的行动”（包括工具性行动和策略性行动），主要指向客观世界；“合规范性的行动”，主要指向社会世界；“表

---

① 《马克思恩格斯选集》第1卷，人民出版社1995年版，第54页。

② 《马克思恩格斯选集》第1卷，人民出版社1995年版，第77页。

③ Juergen Habermas: Theory and Practice, translated by John Viertel, Beacon Press, Boston, 1973, p. 3.

演性行动”，指向主观世界；“交往行动”，作为“（或者以口头方式或者以非口头方式）建立人际关系的至少两个有说话和行动能力的主体之间的互动”①，则同时指向客观世界、社会世界和主观世界。这种互动的过程，也就是主体之间就他们的行动境遇和行动计划设法达成相互理解的过程；为了达成这种理解，行动者们必须已经掌握了他们彼此能理解的语言，而且已经有能力在可能的批评面前提出理由为自己所说的话进行辩护；这又意味着他们已经获得了“理由”的概念、用理由来捍卫的“有效性”的概念，以及与这些有效性概念(“真实”、“正当”、“真切”）有关的上述三个世界的概念。

由上可见，哈贝马斯所谈论的实践，是一种朝向主体间性的交往实践，是一种最终落脚于话语言谈的交往实践。他甚至把这种实践看作是解决现代性困境的一个必需的出路，但对于如何从阶级的政治实践上变革资本主义，却没有作出任何实质性的探索。

从总体上看，西方马克思主义在现实实践中存在明显的理论与政治实践相脱离的现象。佩里·安德森在《西方马克思主义探讨》中认为：“西方马克思主义首要的最根本的特点就是：它在结构上与政治实践相脱离。”② 但他同时也指出这种现象并不是立即发生的，而是经历了一个变化过程：早期西方马克思主义主要代表人物卢卡奇、柯尔施、葛兰西等人，本身都是各自党内的主要政治领导人，是当时革命群众斗争的直接参与者和组织者。因此，“第一次世界大战以前的一代经典马克思主义者实现了理论和实践的有机统一。”③ 然而，随着葛兰西 1926 年被意大利法西斯投入监狱，柯尔施由于拒绝接受共产国际的批评而被开除出党，后又流亡美国，卢卡奇也受到匈牙利共产党和共产国际的批判而不断作自我批评，并

① Juergen Habermas: The Theory of Communicative Action, Vol. I, trans. Thomas McCarthy, Polity Press, Cambridge, UK, 1997, p. 86.

② ［英］佩里·安德森：《西方马克思主义探讨》，高铦等译，人民出版社 1981 年版，第 41 页。

③ ［英］佩里·安德森：《西方马克思主义探讨》，高铦等译，人民出版社 1981 年版，第 41 页。

离开党的领导岗位，脱离了具体的革命活动而专注于理论研究，最终流亡苏联。这“标志西方马克思主义在西方群众中活动自如的阶段已告结束。从此以后，西方马克思主义就以自己的密码式语言来说话了，它与工人阶级的距离愈来愈远”①。到20世纪30年代，理论和实践之间最终脱离了联系，第二次世界大战后，理论与实践之间的距离是如此之大，似乎这种情况同西方马克思主义传统本身在实际上就是一体的。② 西方马克思主义最终发展为把自己囚禁在纯学术领域，法兰克福社会研究所就是第一个典型的在学院框架内研究马克思主义的学术团体，到第二次世界大战结束后，它们的理论实际上已经完全转移到既是外界政治斗争的避难所又是流亡地的大学。当然，值得一提的是，“西方马克思主义”的理论与实践相脱离，主要是就它与无产阶级革命实践的关系而言的，并不是说他们不关心现实问题；相反，他们十分重视社会现实问题的研究，对资本主义社会也作了十分深刻的剖析和尖锐的批判，并提出了一些解决方案，其中不少思想和见解对于中国特色社会主义建设具有一定的启示和借鉴意义，因此不能将他们的理论与那种脱离现实的纯粹思辨加以混同。

（三）中国特色社会主义理论体系的建设性与西方马克思主义的社会批判性

经济文化比较落后的国家如何建设社会主义，一直是社会主义国家建设的高难度课题。由于马克思和恩格斯生活在自由资本主义时代，当时并没有社会主义社会这样一个现实而具体的研究对象，因此，他们只能通过比较未来共产主义社会（包括它的第一阶段社会主义社会）与资本主义社会的不同特征，从与资本主义社会相对立的意义上非常谨慎地预测、描绘和揭示未来共产主义社会的

---

① ［英］佩里·安德森：《西方马克思主义探讨》，高铦等译，人民出版社1981年版，第44页。

② 参见［英］佩里·安德森：《西方马克思主义探讨》，高铦等译，人民出版社1981年版，第41页。

一般特征。十月革命后，列宁领导苏维埃俄国对社会主义建设道路进行了初步探索和深刻的理论思考，提出了许多精辟的论述。列宁逝世后，斯大林领导苏联逐步建立起一种高度集中的“苏联模式”的社会主义，这种社会主义在历史上曾经发挥了重要的、积极的历史作用，但其弊端随着社会的发展也日益暴露出来。1949 年新中国成立后，我们对于社会主义的建设问题，没有任何经验，只有向苏联学习。正如毛泽东所说：“因为我们没有经验，在经济建设方面，我们只得照抄苏联。”① 因而，中国的社会主义建设必然受到“苏联模式”的影响。苏共“二十大”赫鲁晓夫对斯大林的全盘否定，暴露出苏联在建设社会主义中存在的问题，使其他社会主义国家开始破除苏联经验的迷信。《论十大关系》的发表，标志着以毛泽东为核心的第一代中央领导集体开始独立探索适合中国国情的社会主义建设道路，并积累了许多宝贵的经验。然而，另一方面，我们在这一时期从总体上说并没有根本摆脱传统社会主义模式和框架的羁绊，一直受到“左”的思想困扰，最终发展为“文化大革命”十年动乱。中国特色社会主义理论体系正是立足新的时代背景，在不断反思历史的过程中、在改革开放的实践探索中所形成的科学理论体系，它所要回答的是经济文化比较落后的中国如何来建设、巩固和发展社会主义的问题，即如何使中国从一个传统的、落后的农业国向现代工业国的转变，实现中国的社会主义现代化和中华民族的伟大复兴问题。因此，它应当属于或定位为一种社会主义建设理论的范畴。

从理论内容来看，中国特色社会主义理论体系既包括了社会主义建设的奋斗目标即富强、民主、文明、和谐的社会主义现代化国家，也包括了实现这一建设目标的“三步走”的总体发展战略及其基本途径（即“一个中心、两个基本点”的社会主义初级阶段的基本路线），同时也指明了实现社会主义现代化建设的领导力量与依靠力量以及根本立足点。更重要的是，中国特色社会主义理论体系把我国社会主义初级阶段的基本路线，进一步细化为建设有中

① 《毛泽东文集》第 8 卷，人民出版社 1999 年版，第 305 页。

国特色社会主义的经济、政治、文化和社会的纲领，转化为具体的路线、方针、政策，以落到实处。由此，我们也不难看出中国特色社会主义理论体系的建设性特征。

与中国特色社会理论体系对于经济文化比较落后国家建设社会主义道路的探索不同，西方马克思主义的产生缘于对中西欧国家无产阶级革命失败及其命运的反思。为什么传统的无产阶级暴力革命在俄国取得胜利，却在德国、意大利、奥地利、匈牙利等国遭到失败？这一问题促使早期西方马克思主义者陷入深深的反思之中。他们通过对西方社会结构和统治机制的总体特征的探讨，对西方社会阶级结构变化和工人阶级地位及其态度的转变的分析，对传统无产阶级革命观提出质疑，制定了以意识革命和文化革命为先导和主要内涵的新的革命观。① 因此，西方马克思主义总体上属于一种西方人寻求自身的自由与解放的革命理论的组成部分，在他们看来，对现代资本主义社会的文化批判是现代西方革命的前提和必要条件，无论是站在共产党人立场的早期西方马克思主义的批判理论，还是后来站在资产阶级激进派立场的法兰克福学派的批判理论，都具有这一共同特点。所不同的是，法兰克福学派的文化批判更着眼于现代工业社会总体异化下个人的自由与解放。

早期西方马克思主义批判理论的切入点，主要集中于揭露资产阶级意识形态和物化意识的虚幻性，强调意识形态和文化领导权，旨在唤起无产阶级的革命意识，摆脱资产阶级意识形态和价值观念的影响。卢卡奇认为，资本主义商品经济发展导致物化现象的产生，这种物化到20世纪变得越来越严重，已成为发达工业社会人的普遍命运，“物化是生活在资本主义社会中每一个人所面临的必然的、直接的现实性”②。这种物化现象内化到人的意识当中，形成物化意识，从而导致工人阶级对现状的认同，丧失了阶级意识，

① 参见衣俊卿等著：《20世纪的文化批判——西方马克思主义的深层解读》，中央编译出版社2003年版，第38页。

② ［匈］乔治·卢卡奇：《历史和阶级意识》，张西平译，重庆出版社1989年版，第224页。

因此必须通过对西方社会的文化批判，唤醒工人阶级的阶级意识。葛兰西则通过分析东西方社会结构的差异，提出意识形态领导权问题。他认为，西方社会不同于东方社会之处在于其市民社会。在西方社会，资产阶级不仅拥有政治上的领导权，而且取得了对市民社会的意识形态领导权，因此要取得革命胜利，就必须与资产阶级争夺意识形态的领导权。

第二次世界大战之后，西方马克思主义逐步把批判的视野转向现代资本主义社会人的普遍的文化与生存困境，把批判的矛头延伸到资本主义社会的每一个角落。作为这一时期最有影响的法兰克福学派，甚至直接以“社会批判理论”自诩。该学派重要代表人物霍克海默认为，“传统理论”从固定不变的既成事实出发，得出同现存社会秩序相调和的“顺从主义”结论，旨在帮助社会再生产过程。而自己的主要目的是破坏一切既定性、事实性的东西，证明它们是不真实的，旨在推翻现存社会再生产过程。在西方马克思主义理论家看来，现代资本主义社会既是一个“总体性统治”的社会，又是一个“总体性异化”的社会。这种“总体性统治”主要表现在发达工业社会里不仅存在政治经济统治，更重要的是存在意识形态的控制，而且这种意识形态的控制已成为维护其统治的主要力量，它通过虚假消费、科学技术、大众文化、心理结构等多种方式影响和控制着人们，使人们无意识地认同和接受了资本主义的生产和文化价值体系。那么，所谓“总体性异化”也就是指在“总体性统治”下的社会的全面异化，它不仅体现在生产和消费中（“通过资本主义分工的维持自我生存过程越扩展，这种过程就越是强烈地迫使按照技术结构塑造自己肉体和灵魂的个人，进行自我外化”①，机器化使人们变得残缺不全），体现在大众文化中（本·阿格尔认为，当代大众文化的本质特征就是在全社会范围内宣传消费主义生存方式和价值观念，通过广告、社会舆论等控制和改变人们的消费选择，使人们沉醉于“异化消费”中），体现在科

---

① ［德］霍克海默、阿多尔诺：《启蒙辩证法》，洪佩郁、蔺月峰译，重庆出版社1990年版，第26页。

学技术中（马尔库塞认为，科学技术成就和日益提高的生产力都证明了现实的合理性，因而它使得一切超越成为泡影。哈贝马斯甚至提出，在晚期资本主义社会中的“科学技术就是意识形态本身”），体现在人的心理结构里（弗洛姆就对于现代人的性格结构中的病态状况进行了深刻揭示），体现在国家结构中（弗洛姆认为，资本主义社会劳动群众受“一个有组织的、专制的官僚机构所操纵，每一个人都成了这架大机器中的一个或大或小的零件”①），体现在生态环境中（生态学马克思主义认为，资本主义危机从根本上说就是生态危机），更集中综合地表现在作为主体的人身上，导致人们主体性的迷失，对社会批判能力的丧失，以及对真正的自由与解放追求的遗忘。马尔库塞认为，现代工业社会把人们变成一个个无批判性、无个性、无否定性的“单向度的人”，社会成为无对立面的“单向度的社会”。在大多数工人阶级身上，不革命的、甚至是反革命的意识占着统治地位，工人阶级的绝大部分已被资本主义社会同化，工人和他的老板享受同样的电视节目并漫游同样的游乐胜地，打字员打扮得同她雇主的女儿一样漂亮。② 因此，意识形态批判、技术理性批判、大众文化批判、现代国家批判、心理机制和性格结构批判以及对资本主义生态危机的批判等等，构成了西方马克思主义社会批判理论的主题。这些主题间密切联系，相互交织在一起，以至于我们很难把某一个理论家的批判理论与上述某一主题简单地一一对应，因为他们的批判也带有“总体性”。在这些批判主题当中，意识形态批判与技术理性批判无疑是这一时期社会批判理论中两个最重要的方面，它们分别揭示了发达工业社会中意识形态的本质和现代工业文明时代总体性异化的重要原因即技术理性的盛行。

西方马克思主义社会批判理论锋芒之所指，是进入垄断阶段的

① ［美］弗洛姆：《在幻想锁链的彼岸》，张燕译，湖南人民出版社 1986 年版，第 174~175 页。

② 参见［德］马尔库塞：《单向度的人》，刘继译，上海译文出版社 1989 年版，第 9 页。

资本主义和资产阶级现代性实践的弊端，与马克思的社会批判理论大相径庭：第一，从批判理论的主体身份来看，西方马克思主义者虽然大多标榜信仰或遵从马克思主义，并且有一些人还是共产党员身份，但是，由于第二国际后期以来马克思主义阵营中斗争的复杂性，对于什么是真正的马克思主义，常常有不同的解答，以至于出现有多少马克思主义的解说者就有多少种马克思主义的局面。比如，卢卡奇的马克思主义甚至被当时的共产国际指责为理论上的修正主义，他面对当时的政治压力不得不检讨自己理论上的错误，于是，共产党员为真理献身的精神在他那里也大打折扣。而马克思在形成他的科学批判理论之前，在参与当时的社会斗争并直接抨击普鲁士政权的过程中，完成了主体身份的两个重要转变，这就是从唯心主义者向唯物主义者的转变和从革命民主主义者向共产主义者的转变。马克思不仅在理论上与代表资产阶级利益的德国政府作不懈的斗争，而且在实践上深入工人群众，了解劳动大众的疾苦，站在工人斗争的最前沿。因此，当时的斗争实践不仅使马克思的身份获得重大的转变，也使马克思的批判理论获得科学性和现实性。第二，从批判理论的完整性上看，西方马克思主义理论家既没有建构出自己独有的哲学方法论，也没有系统提出具有革新意义的完整社会理论。他们往往搬用西方哲学中现成的观点和方法，或者把黑格尔主义与马克思主义结合起来，或者把弗洛伊德主义与马克思主义结合起来，或者把存在主义与马克思主义结合起来，并直接用于对资本主义社会的批判，这就注定他们的批判理论常常呈现出拼凑和杂糅的性质，同时也就使其批判理论不可能具有独特性和完整性，更不可能升华为一种具有历史变革意义的社会理论。而马克思在建构其批判理论的过程中，以其独有的唯物辩证法为方法论指南，以唯物史观和剩余价值理论为基础，提出了完整的科学社会主义学说，其批判理论是科学社会主义理论这一具有历史变革意义的社会理论的有机构成部分。第三，从批判理论的功能上看，西方马克思主义的理论批判仅仅是一种“解释世界”层面上的理论批判，而马克思的科学批判则是一种“改造世界”层面上的实践批判。西方马克思主义的批判虽然都是对现实的批判，也的确揭示了一些资本主义社会固有的矛盾和弊端，但它仅仅只是一种理论上的批判，是一种用“应有”来批判“现有”的浪漫主义批判，实质上是在重复着费尔巴哈那种以不同方式解释世界的做法而已。而马克思的科学批判“在于使现存世界革命化，实际地反对和改变事物的现状”①。

第四，西方马克思主义理论家的这种批判仅仅是一种对资本主义社会表层现象和要素的批判，而马克思的科学批判则是一种对资本主义社会的实质的整体批判。卢卡奇对物化现象和资产阶级意识的批判，法兰克福学派对文化、科技、意识形态等的批判，都局限在社会的表层领域和要素方面。除了卢卡奇等共产党人外，大多数西方马克思主义理论家不是为了推翻旧制度，而仅仅是为了唤醒被压制的个体意识。马克思的科学批判则在于从实质上揭示“两个必然”，引导人们摧毁资产阶级的旧世界，建立无产阶级当家做主的新世界。第五，西方马克思主义者的这种批判只是一种学术性的精神批判，它缺乏物质武器即实践主体，因而不能产生现实的效应。马克思的科学批判则始终注意物质武器和精神武器的统一，始终以无产阶级作为革命的实践主体，推动对旧世界的改造。

从总体上看，两种批判理论遵循的是两种不同的逻辑进路，马克思的批判理论走的是“从上到下”的进路，即从对文化和意识形态的批判转向对现实资本主义制度的批判；西方马克思主义的批判理论走的是“从下到上”的逻辑进路，即从经济、政治的批判，转向对文化和哲学意识形态的批判。两种批判理论的价值旨趣及现实功能也就迥然相异了。

（四）中国特色社会主义理论体系的科学性与西方马克思主义的解放乌托邦

科学性是马克思主义的基本理论特征，坚持真理性与价值性、科学性与意识形态性的辩证统一是马克思主义的重要原则。

中国特色社会主义理论体系之所以具有高度的科学性和真理

① 《马克思恩格斯全集》第3卷，人民出版社1960年版，第48页。

性，首先是因为它是以科学的世界观和方法论——辩证唯物主义和历史唯物主义为指导，科学地揭示了共产党执政规律、社会主义建设规律、人类社会发展规律；其次是因为它代表了最广大人民的根本利益，它不是为少数人、少数阶级、少数利益集团谋利益和作辩护的褊狭理论，而是立足于实现和维护中国最广大人民的根本利益，把“全心全意为人民服务”、“立党为公、执政为民”作为自己的理论生命、价值追求和理论导向；再次是因为它不是故步自封的“永恒真理”体系，而是开放的、与时俱进的思想理论体系，它能够始终站在时代的前沿，反映时代提出的矛盾和问题，揭示时代发展的规律，这是其具有科学性和真理性的根本原因。

实践是检验真理的唯一标准。中国特色社会主义理论体系的科学性和真理性已经为中国改革开放 30 多年的实践所检验和证明，并且将继续为中国改革开放和社会主义建设的实践所检验和证明。中国改革开放 30 多年取得举世瞩目成就的成功实践，以铁的事实和铁的逻辑，雄辩地证明：在当今中国，除了马克思主义与中国实际和时代特征相结合的中国特色社会主义理论体系以外，没有任何其他理论能够实现国家富强、人民幸福、民族振兴。

西方马克思主义反映了西方共产党、工人党及其党内理论家以及西方进步的知识分子立足于西方社会历史条件，结合西方文化传统，试图探索一条不同于苏联模式，适合西方发达国家人民的自由和解放道路。对此，我们应当客观地肯定他们所作的这样一种尝试与探索。但是，西方马克思主义在探索西方人的自由与解放道路过程中，特别强调主体性维度和主体性逻辑，致力于从人的主体性角度寻求西方人的自由与解放之路，他们倾全力于人的阶级意识的唤醒，重建无产阶级的总体意识，把意识的改变视为革命成功的根本保障。他们倾全力于人的主观结构、心理倾向和大众文化的分析批判，认为西方人的自由与解放取决于“人的主观精神发展程度”。而“人的主观精神发展程度”要么被归结为无产阶级的“阶级意识的成熟程度”，要么被看成是个体能否从“虚假需求”、“异化消费”、“文化工业”等异化的生存状态中摆脱出来，从而形成能够感受自由、个性的能力以及对外部世界独立的判断能力和批判能力。①

早期西方马克思主义主要探讨了作为整体的无产阶级的自由解放问题。他们在反思和探索西方国家革命道路的过程中，批判了第二国际、第三国际理论家对于马克思主义理解的偏颇，主张重建马克思主义哲学。卢卡奇重建“总体性辩证法”、柯尔施重建“总体性理论”，葛兰西重建“实践哲学”，但在理论的归属点上，他们却不约而同地走向强调意识革命。卢卡奇强调，唤醒无产阶级的阶级意识和革命意识是革命成功的重要前提和条件。“革命的命运（与此相关的人类命运）将依赖于无产阶级意识形态的成熟，也就是依赖于无产阶级的阶级意识。”② 柯尔施也认为，资产阶级实行的是一种包括经济剥削、政治压迫、文化控制在内的“总体专政”，因此无产阶级革命也应当是一种“总体革命”，并认为主观革命、意识革命是“总体革命”的核心。葛兰西指出，在西方社会中，资产阶级不仅控制国家政权而且掌握文化领导权，“任何一个历史集团，任何一个确立的秩序。它们的力量不仅仅在于统治阶级的暴力和国家机器的强制性能力，而且还在于被统治者接受了统治阶级的固有世界观。由于进行了一系列宣传，统治阶级的哲学已经成了‘共同志向’，已成为广大群众的哲学。即广大群众接受了他们生活的社会所公认的道德、风俗和行为准则”③。因此，要取得革命的成功，首先必须争夺文化领导权。

法兰克福学派是西方马克思主义中影响最大的流派，他们承继了早期马克思主义的文化批判传统，并将批判的触角扩张到现代工业文明社会的各个角落，也提出了各自的救赎之路。与早期西方马克思主义主要探讨作为整体的无产阶级的自由解放问题不同，法兰克福学派更多的是探讨在西方社会日益总体化、一体化的背景下如

① 参见王雨辰：《哲学与文化价值批判——解读当代西方马克思主义》，湖北人民出版社 2004 年版，第 272~273 页。

② ［匈］乔治·卢卡奇：《历史和阶级意识》，张西平译，重庆出版社 1989 年版，第 79 页。

③ ［意］朱赛佩·费奥里：《葛兰西传》，吴高译，人民出版社 1983 年版，第 256 页。

何保持个体的自由和尊严等问题，探讨作为个体的人的自由解放问题。他们看到，西方工业文明在给人们带来了更多的物质财富的同时，并没有给人们带来更多的幸福，相反却是社会对人的全面操纵和支配，是自由的丧失。因此，他们在对资本主义进行了各种诊断之后，提出了他们的救赎之路，最有代表性的当属马尔库塞提出的“艺术审美救世主义”。他认为，建立在“绝对贫困论”基础上的“正统马克思主义”的革命理论，在当代资本主义条件下面临着危机。资本主义社会对人的统治和压抑已经深入到人的感性即本质规定中，因此革命应该深入地触及人的本质。革命的任务就是建立“新感性”，其途径是艺术和审美，以此达到摆脱资本主义社会的文化控制，唤醒人们的批判意识和自由意识，实现个体的人的自由与解放。

总体而言，西方马克思主义在批判经济决定论的过程中，将关注点从经济政治领域转向哲学文化领域，这有其合理性。但与此同时，却又走向另一个极端，他们颠倒了经济基础与上层建筑的辩证关系，用一种文化决定论代替了历史唯物主义的经济决定论，陷入到另一种机械决定论。西方马克思主义的文化批判与主观世界的革命虽然对资本主义进行了深刻的批判，但是其主体性发展逻辑完全偏离了历史唯物主义的基本原则，最终使马克思主义的现实主义原则蜕变为一种空洞的理想化的乌托邦主义和美学救赎论。当他们的文化批判不能触动资本主义异化现实时，这一批判最后只能转化为对现有制度的一种泄愤，或走向一种悲观主义。1968 年在西方资本主义世界爆发了一场影响巨大的“五月运动”，这场运动使西方马克思主义思潮成为学生和“新左派”们造资本主义反的主要思想武器和指导思想。从某种意义上说，短暂的“五月运动”及其失败，代表的是包括“西方马克思主义”者在内的“新左派”和“左”倾思潮的失败。实践与事实证明，西方马克思主义对于西方人的自由与解放道路的探索是一种不成功的理论探索，其理论中充满着浓厚的个人主义和浪漫主义的乌托邦色彩，缺乏现实性。西方马克思主义理论并不能在现实中改变人的生存困境，也不能实际地解决人的自由与解放问题。

第十章

中国特色社会主义理论体系与民主社会主义之基本特征比较分析

一、民主社会主义的由来与发展

民主社会主义是当代西欧发达资本主义国家的社会民主党、社会党和工党奉行的思想理论体系的总称。随着 1951 年社会党国际的建立，民主社会主义正式成为介于共产主义与资本主义之间的另一种独立的社会运动，从某种意义上说，民主社会主义一直以“第三条道路”的形象出现。

（一）民主社会主义概念的演变

从名称来看，“民主社会主义”一词最早见于恩格斯写于 1847 年的《共产主义原理》一文，在此文中，恩格斯将当时欧洲的社会主义者划分为三类，并将其中带有民主主义倾向的社会主义者称为“民主主义的社会主义者”。恩格斯认为：“第三类是民主主义的社会主义者，他们希望沿着和共产主义者相同的道路去实现×××问题中所提出的部分措施，但他们不是把这些措施当做走向共产主义的过渡办法，而是当做足以消除贫困和现今社会的弊病的措施。这些民主主义的社会主义者，或者是还不够了解本阶级解放条件的无产者，或者是小资产阶级的代表，这个阶级直到争得民主和实行由此产生的社会主义措施为止，在许多方面都和无产者有共同的利益。"① 在《共产党宣言》中，马克思和恩格斯在论及共产党人对各类反对党派所持的立场时，又将上述的"民主主义的社会主义者"称为"民主派社会主义者"，"在瑞士，共产党人支持激进派，但是并不忽略这个政党是由互相矛盾的分子组成的，其中一部分是法国式的民主社会主义者，一部分是激进的资产者。"② 从马克思、恩格斯的分析看，"民主主义的社会主义者"属于小资产阶级，其基本政治倾向是寻求改良，而不是推翻资本主义制度，与马克思、恩格斯自称的共产主义者明显不同。从这一基本特征看，马克思、恩格斯所说的"民主主义的社会主义者"与后来的民主社会主义倒有相似之处。虽然有此相似之处，他们此时所说的"民主主义社会主义"或"民主派社会主义"与后来的"民主社会主义"并无直接的关联。

1951 年社会党国际成立之前，"民主社会主义"一词比较有影响的而且与后来民主社会主义有直接关系的用法与威廉·李卜克内西、爱德华·伯恩施坦和卡尔·考茨基有关。他们对这一术语赋予了为后来民主社会主义所直接继承的实际内涵。例如，李卜克内西曾经指出："普选权是人民的神圣权利，是民主国家——民主社会主义国家的一个基本条件。"③"没有民主的社会主义是空想的社会主义，正如没有社会主义的民主是虚伪的民主一样。"④ 虽然李卜克内西这一论述中的"民主社会主义"一词与今日"民主社会主义"一词的含义不同，但将"民主"与"社会主义"直接联系在

---

① 《马克思恩格斯文集》第 1 卷，人民出版社 2009 年版，第 691 页。

② 《马克思恩格斯文集》第 2 卷，人民出版社 2009 年版，第 65 页。

③ ［英］G. D. H. 柯尔：《社会主义思想史》第 3 卷（上册），商务印书馆 1981 年版，第 266 页。

④ ［德］威廉·李卜克内西：《论社会民主党的政治立场，特别是对国会的政治立场》，《不要任何妥协》，三联书店 1964 年版，第 19 页。

一起的思想却被后来的民主社会主义所继承，并被写入标志着社会党国际成立的《法兰克福宣言》中。

伯恩施坦认为："如果社会民主党有勇气从实际上已经过时的一套惯用语中解放出来，并且愿意表现为它今天实际上的那个样子，即一个民主的社会主义的改良政党，那它的影响将比今天更加大得多。"①"民主是手段，同时又是目的。它是争取社会主义的手段，它又是实现社会主义的形式"，"民主已经证明自己是社会进步的强有力的杠杆"②。伯恩施坦提出的这一改良策略被后来的社会党国际所吸收，成为民主社会主义的重要理论依据。而伯恩施坦的民主观也被民主社会主义继承，成为民主社会主义的基本理念，同样也体现在《法兰克福宣言》中。

尽管众多思想家曾经从不同方面阐述了民主社会主义的有关理论和理念，但直到1951年社会党国际第一次代表大会通过《民主社会主义的目标和任务》，即《法兰克福宣言》，"民主社会主义"才正式成为一个具有独立、系统意义的政治概念。因此，"民主社会主义"与"社会民主主义"并不相同，但这并不意味它们之间不存在内在的关联。

就成员构成看，社会党国际第一次代表大会的成员均是来自欧洲各国的社会民主党，因此，"民主社会主义"与社会民主党的"社会民主主义"又有密切关系。关于"社会民主主义"的含义及演变，恩格斯在1894年发表的《人民国家报国际问题论文集（1871—1875）序》中予以了简明的解释，恩格斯指出："读者将会看到，在所有这些文章里，尤其是在后面这篇文章里，我根本不把自己称做社会民主主义者，而称做共产主义者。这是因为当时在各个国家里那些自称是社会民主主义者的人根本不把全部生产资料转归社会所有这一口号写在自己旗帜上。在法国，社会民主主义者

---

① ［德］爱德华·伯恩施坦：《社会主义的前提和社会民主党的任务》，三联书店1965年版，第239页。

② ［德］爱德华·伯恩施坦：《社会主义的前提和社会民主党的任务》，三联书店1965年版，第191~192页。

指的是对工人阶级怀着或多或少真实的、但总是捉摸不定的同情心的民主共和主义者，即 1848 年的赖德律-洛兰式的人物和 1874 年的带有蒲鲁东主义情绪的‘激进社会主义者’。在德国，自称为社会民主主义者的是拉萨尔派；虽然他们中间的许多人已越来越深刻地意识到生产资料社会化的必要性，但是，道地拉萨尔式的由国家资助的生产合作社仍然是唯一得到他们公开承认的纲领要点。因此，对马克思和我来说，选择如此有伸缩性的名称来表示我们特有的观点，是绝对不行的。现在情况不同了，这个词也许可以过得去，但是对于经济纲领不单纯是一般社会主义的而直接是共产主义的党来说，对于政治上的最终目的是消除整个国家因而也消除民主的党来说，这个词还是不确切的。然而，对真正的政党说来，名称总是不完全符合的；党在发展，名称却不变。"① 从恩格斯的解释看，"社会民主主义" 一词最初指与他和马克思创立的科学社会主义相对立的资产阶级改良派。在 19 世纪 90 年代以后，即第二国际成立以后，由于各国的社会民主党都将马克思主义作为指导思想，此时社会民主主义与科学社会主义同义。

不仅恩格斯，在 19 世纪末至 20 世纪 20 年代，列宁也一直将社会民主主义视为科学社会主义。例如，在《什么是"人民之友"以及他们如何攻击社会民主党人?》一文中，列宁认为："一般说来，俄国共产主义者，马克思主义信徒，比其他任何人都更应该把自己称为社会民主党人。"② 在《俄国社会民主党人的任务》一文中，列宁指出："工人阶级这个反专制制度的战士对其他一切持反政府态度的社会阶级和集团所采取的态度，早已由著名的《共产党宣言》中所叙述的社会民主主义基本原则十分确切地规定出来了。"③ 在《俄国社会民主党中的倒退倾向》一文中，列宁指出："因此我们看到，欧洲各国已愈来愈趋向于把社会主义和工人运动结合成一个统一的社会民主主义运动。这样结合起来，工人的阶级

① 《马克思恩格斯文集》第 4 卷，人民出版社 2009 年版，第 448 页。
② 《列宁全集》第 1 卷，人民出版社 1984 年版，第 254 页。
③ 《列宁全集》第 2 卷，人民出版社 1984 年版，第 434 页。

斗争就成了无产阶级争取从有产阶级剥削下解放出来的自觉斗争，而社会主义工人运动的高级形式——独立的社会民主主义工人政党也就产生了。”①

“社会民主主义”与“科学社会主义”相对立，意味着修正主义、机会主义的思潮是在第一次世界大战结束、俄国“十月革命”之后。第一次世界大战期间，由于“第二国际”中的右翼支持本国政府参战，引发“第二国际”的分裂。“十月革命”爆发之后，“第二国际”中的右翼激烈指责俄国革命、无产阶级专政，引发左翼、右翼的激烈论战。1917 年 4 月，列宁在《无产阶级在我国革命中的任务》一文中指责社会民主党背叛社会主义、出卖社会主义，向本国资产阶级投降，提出抛弃社会民主党党名，改名为俄国共产党，脱离第二国际，建立第三国际的主张。1919 年 2 月，第二国际右翼在伯尔尼举行国际会议，复活第二国际。1919 年 2 月，第二国际中派在维也纳成立社会党国际工人联合会，史称“第二半国际”。1923 年 5 月，“第二国际”与“第二半国际”合并，成立“社会主义工人国际”。1919 年 3 月，“第三国际”在莫斯科成立。“第三国际”要求成员国改名共产党，修改党章。从此，国际工人运动在组织和思想上正式分裂，“社会民主主义”成为与“科学社会主义”相对立的思潮。

从指导思想来看，民主社会主义与第二国际中的右翼和中派有直接关系。19 世纪末，资本主义发生了很大变化，社会主义运动面临着许多新问题。在如何看待资本主义的新变化，如何分析垄断资本主义的基本特点，如何看待资本主义与战争和革命的关系，社会主义革命应当采取什么样的方式和道路等问题上，各国社会民主党有不同的认识，从而在第二国际内部引发了思想分化和斗争。在思想上引发第二国际分裂的主要是伯恩施坦。1899 年，伯恩施坦《社会主义的前提和社会民主党的任务》一书出版，对马克思主义的基本理论进行了全面的批评，并在此基础上系统地阐述了社会改良主义的策略。在哲学上，伯恩施坦批评马克思、恩格斯学说的

① 《列宁全集》第 4 卷，人民出版社 1984 年版，第 213 页。

“最致命之处”就在于坚持了“黑格尔的矛盾辩证法的残余”，黑格尔辩证法是马克思学说中的“叛卖性因素”，是妨碍对事物作出正确推理的陷阱。伯恩施坦认为，马克思在《〈政治经济学批评〉序言》和《资本论》中表述的唯物史观只是一种“庸俗经济史观”和“历史宿命论”。在政治经济学方面，伯恩施坦认为马克思所阐述的资本积累的一般规律已经过时，无产阶级贫困化的趋势已经不存在。随着资本主义生产组织方式的变化，马克思、恩格斯关于资本主义经济危机不可避免的论断已经失去了现实的依据。伯恩施坦还批评了马克思的阶级斗争和无产阶级专政理论。他认为在现代分工体系中，工人阶级之间利益并不一致，无产阶级是一个阶层的混合物。随着社会的民主化发展，无产阶级专政已经不必要。伯恩斯坦提出：社会民主党在指导思想上应该放弃马克思主义，在阶级基础上应该成为民主党。在实现社会主义的方式上，应该利用合作经营的方式，放弃暴力，在资本主义的国家制度内逐步发展民主、自由，最终实现向社会主义的和平过渡。伯恩施坦在这本书中的主要思想如放弃马克思主义的指导，建设代表多个阶层的党，放弃暴力革命，在现有制度内逐步改良资本主义等均被后来的民主社会主义吸收。在对待伯恩施坦的思想问题上导致了第二国际的内部主张暴力革命的左翼与主张放弃暴力革命的右翼分歧加剧。“十月革命”成功之后，以伯恩施坦、考茨基为代表猛烈批评布尔什维克的暴力革命模式，并指责无产阶级专政是实施独裁专制。最终导致以列宁为代表的第二国际内部的左翼建立“第三国际”，原第二国际中的右翼和中间派合并建立“社会主义工人国际”。在第二次世界大战结束之后，原“社会主义工人国际”主要成员国成立社会党国际，民主社会主义正式诞生。因此，“民主社会主义”与“第二国际”上述关系表明，民主社会主义无论在组织上和指导思想上均与“第二国际”中主张改良的右翼有直接关系。

（二）民主社会主义政治立场的演变

随着1951年社会党国际的建立，民主社会主义正式成为介于共产主义与资本主义之间的另一种独立的社会运动，从某种意义上说，民主社会主义一直以“第三条道路”的形象出现。由于世界格局和国内政治、经济形势的变化，民主社会主义也在变化，其与共产主义、资本主义之间的关系也在不断调整，在不同时期的倾向有所不同。

在1951年社会党国际成立初期，民主社会主义的特点是既反对资本主义，又批评共产主义。在社会党国际第一代表大会发表的《民主社会主义的目标与任务》的原则声明中，社会党国际对资本主义作了以下批评：“十九世纪以来，资本主义发展了巨大的生产力。其代价则是排除了绝大多数公民对生产的影响。它把所有权置于人权之上。它创造了一个没有财产和社会权利的、靠工资生活的新阶级。它使阶级之间的斗争尖锐化了。虽然世界蕴藏的资源足以供每个人过像样的生活，但是资本主义未能满足人口的基本需要。它证明了，没有灾害性的危机和大规模失业，它就无法运行。它产生了社会的不安定与贫富之间的悬殊差别。它诉诸帝国主义扩张和殖民剥削手段，从而使民族之间和种族之间的冲突更加剧烈。在某些国家中，强有力的资本主义集团帮助过去的野蛮主义，使之以法西斯主义和纳粹主义的形式重新抬头。”① “在资本主义制度下，剥削造成人群的分化。”② “社会党人之所以反对资本主义，不仅因为它造成经济上的浪费，也不仅因为它使群众不能享受物质权利，最主要的是它违背社会党人的正义感。社会党人反对任何形式的极权主义，因为它侵犯了人的尊严。”③

在1952年社会党国际第二次代表大会上，社会党国际再次批评资本主义：“社会党国际毫无保留地摒弃一切形式的资本帝国主义，资本帝国主义把各国人民束缚在政治统治和经济剥削的锁链

① 殷叙彝：《社会党国际文件集》（1951—1987），黑龙江人民出版社1989年版，第1~2页。

② 殷叙彝：《社会党国际文件集》（1951—1987），黑龙江人民出版社1989年版，第3页。

③ 殷叙彝：《社会党国际文件集》（1951—1987），黑龙江人民出版社1989年版，第7~8页。

上，并且在可憎的种族优越论神话基础上繁荣昌盛。”①

关于共产主义，社会党人指责说：“正当社会主义在全世界进展之际，新的力量也在兴起，威胁着争取自由与社会公正的运动。在俄国布尔什维克革命以后，共产主义造成了国际劳工运动的分裂，并使社会主义在许多国家的实现推迟了几十年。共产主义妄称继承了社会主义的传统。但事实上，它歪曲了这个传统，使它面目全非。它建立了一种僵硬的、同马克思主义的批判精神不相符的神学。在资本主义制度下，剥削造成人群的分化。社会党人的目的在于消灭这种剥削，以实现自由与公正；而共产党人则只是为了建立一党专政而企图使这些阶级的分化加剧。国际共产主义是新帝国主义的工具。不论在什么地方，只要它获得政权，它就破坏自由与获得自由的机会。它的基础是建立在军事官僚和警察恐怖之上的。由于造成财富和特权的鲜明悬殊，它已创立了一种新的阶级社会。强迫劳动在它的经济组织中起着重要的作用。”②

尽管社会党国际做如此声明，但事实上在共产主义与资本主义之间，社会党国际当时的做法更倾向联合资本主义反对共产主义，将共产主义视为最大的威胁。在《民主社会主义的目标与任务》这一声明中，社会党国际强调维护和平是社会党国际政策最基本的原则，即“是我们当前时代的最高任务”，但另一方面又主张“和平只有在集体安全制度下才能获得”，这事实上是在支持以美国为首的西方集团。声明还提出“维护和平的斗争与争取自由的斗争密不可分”，但同时又宣称共产主义“威胁着争取自由和社会主义的斗争”，“破坏了自由或是获得自由的机会”，这是在明确反对共产主义。在1956年发表的《关于社会主义与共产主义的原则声明》中，社会党国际宣布拒绝与共产主义建立统一战线或其他任何形式的政治合作。

---

① 殷叙彝：《社会党国际文件集》（1951—1987），黑龙江人民出版社1989年版，第25页。

② 殷叙彝：《社会党国际文件集》（1951—1987），黑龙江人民出版社1989年版，第3页。

在20世纪60年代，由于西方资本主义社会经济的快速发展，人们生活水平的全面提高，社会民主党对资本主义的批评态度开始转变，不再指责资本主义制度下工人阶级贫困、失业以及生产过剩危机不可避免。在1962年社会党国际发表的《奥斯陆声明》中，社会民主党转而批评资本主义中的社会不公，即财富和收入分配仍十分不平等，大部分私有财产仍掌握在极少数人手里，社会仍然按地位和生活水平的不同划分为不同的阶级。这种不同是由于出身和继承以及由此带来的接受教育和训练的机会不同导致的。

在60年代，民主社会主义仍然继续指责共产主义独裁专制。在《奥斯陆声明》中，社会党国际批评共产主义滥用社会主义一词，共产党一党执政是暴政的体现，否定了民主社会的精髓。共产党国家尽管在语言上强烈反对殖民主义，但他们自己却奴役着成千上万的人民。

在20世纪70年代，民主社会主义仍然批评资本主义和共产主义，批评的角度也趋向一致。在1976年社会党国际第十三次代表大会通过的决议认为：在当今世界上，资本主义和共产主义依然表现为现代社会压迫的主要形式。两者都为谋求利润和维护统治阶级的利益而不惜牺牲民主权利和公民自由，并为维护无所不能的官僚统治的特权服务。

20世纪80年代以后，社会党国际的文件中不再批评资本主义，只是谈论世界性的共同问题和共同任务。在社会党国际十八大发表的《原则声明》中，关于资本主义，只是谈到私有制与国有制问题。《原则声明》认为：经验已经表明，尽管国有化在某些情况下也许是必要的，但它本身并不是医治社会弊病的特效药。同样，经济增长也常常会是破坏性和造成分裂的，在私人集团回避自己的社会和生态责任时尤其如此。无论是私有制还是国有制，依靠它们本身都既不能保证经济效益，也不能保证社会公正。

但是，对于共产主义，社会党国际不仅继续批评，而且还从多个方面试图促使东欧共产主义国家走民主社会主义道路。在社会党国际十七次代表大会发表的《利马宣言》中，社会党国际认为：东欧集团的经济仍处于深刻的危机之中，其根源是不民主、计划化、官僚主义和缺少个人动力。1989年社会党国际十八大通过的《社会党国际原则声明》继续指责共产主义，《声明》宣称：共产主义在十月革命之后和反法西斯主义斗争期间曾一度吸收部分劳工运动和部分知识分子，但是现在已经失去了这种吸引力。共产主义作为代替民主社会主义的抉择或未来模式，其基础已经被斯大林的罪恶、大规模的迫害和侵犯人权，以及未能得到解决的经济问题所破坏。社会党国际支持共产主义社会的自由化和民主化，也同样支持发展非集中化的市场机制，以及反对官僚主义和腐化的斗争，特别是还要认识人权和政治公开性是有活力的和进步的社会的重要因素。

20世纪90年代以后，东欧社会主义国家的共产党全部失去政权，西欧社会民主党为了撇清与共产主义之间的关系，极力主张将民主社会主义改为社会民主主义。1992年9月，社会党国际在柏林举行第十九次代表大会，这次大会的决议以《变化中的世界上的社会民主主义》为标题，等于公开把社会党国际坚持40多年的"民主社会主义"旗帜替换为"社会民主主义"。大会同时放弃社会主义的目标和任务，宣称只有以混合经济以及一个提供基本安全和强大国际合作的福利国家为基础的社会民主主义传统才能指引道路，解决未来发展的难题。因此，这一名称的改变并不仅仅是一个名称的更替，而是社会党国际关于社会主义和资本主义信念的表现。一方面是为了同原东欧的现实社会主义以及同近年来一些由原共产党改称的民主社会主义政党划清界限，淡化意识形态，突出强调其民主主义成分，另一方面也是丧失了对社会主义信念的表现。

（三）民主社会主义的实践及发展趋势

民主社会主义在"二战"后的半个多世纪中获得了快速的发展，从成员党及分布来说，在1951年社会党国际刚成立时，只有34个成员党，基本上来自西欧各国，拥有978万名党员和4354万名选民。到1992年9月第十九次代表大会时，社会党国际拥有111名成员党和2500万名党员，选民突破2亿。截至目前，据社会党国际网站显示，社会党国际有各类成员党和组织168个，其中有50多个成员党在约50个国家执政或参政，是当今世界上规模与影响力最大的国际性政党联盟。成员党遍布世界各地，其中，来自第三世界的成员党超过一半。

从社会党国际成立起至今的60多年间，以欧洲民主社会主义为例，民主社会主义的发展状况可以划分为以下几个阶段：

第一阶段：20世纪50年代至70年代是民主社会主义发展的黄金阶段。从20世纪40年代开始，欧洲国家的社会民主党陆续在英国、法国、德国等25个国家执政或者参政。在执政和参政期间，社会民主党积极推动政治民主，加强工会势力，促进劳资合作，发展混合经济，提高普通劳动者的工资、福利，普及提高社会保障水平，有力地促进了战后欧洲的政治稳定和经济繁荣。这一阶段既是西欧资本主义经济发展的黄金时期，也是欧洲民主社会主义发展的顶峰阶段。

第二阶段：20世纪70年代至90年代，西欧民主社会主义陷入危机状态，在80年代末至90年代初跌入低谷。20世纪70年代以后，民主社会主义所倡导的经济政策的负面效应开始显现，西欧各国普遍出现政府财政赤字增加，通货膨胀严重，生产率下降，失业人数剧增等危机现象，经济危机和社会危机引发政治危机，最终导致民主社会主义的危机。其最明显的证据是英国和德国两大民主社会主义政党长期处于在野党的地位。在社会民主党无力应对经济社会危机之际，主张削减社会福利、紧缩财政支出、减少税收、控制工会权力、大力推进私有化的新自由主义日益获得人们认可。在新自由主义的理论攻势面前，社会民主党一时缺乏有效的应对策略。

20世纪80年代末，丹麦、英国、荷兰、挪威、法国、联邦德国、意大利、瑞典举行大选，社会民主党得票率比战后大选最高得票率几乎都有所下降，有的跌幅相当大，其下降幅度是：丹麦（1988）8%，英国（1987）18%，荷兰（1989）3%，挪威（1989）12%，法国（1988）3%，联邦德国（1987）9%，意大利（1987，指社会党和共产党的得票率之和）3%，瑞典7%。① 在90

① 林建华：《社会党国际论纲》，东北师范大学出版社1997年版，第334页。

年代初，西欧主要社会民主党均遭遇了严重挫折。例如，号称拥有近百万党员的德国社会民主党，在德国统一后的 1990 年 12 月第一次大选中，得票率由 1987 年的 37%下降到 33.5%，是 60 年代以来该党在大选中得票率的最低点。法国社会党在 1992 年的市政选举中，得票率仅 18.3%，在 1993 年的立法选举中，得票率仅 17.6%，比上届立法选举减少 15%，议席 53 个，比上届减少 200 个，为建党以来的最低点。号称"世界上最成功的社会民主党"的瑞典社会民主党在 1991 年 9 月大选中也遭到战后最严重的失败，得票率从 1988 年的 43%减到 38%，失去执政地位。英国工党在 1992 年大选中连续第四次失利，工党主席金诺克被迫引咎辞职。

民主社会主义从 20 世纪 70 年代起遇到的问题有其深层次原因，总体来说，造成民主社会主义运动困境的深层次原因主要有两个方面：

第一，社会民主党的社会基础和传统选民正在不断分化。以欧洲为例，中欧、北欧的社民党党员和选民主要来自工人特别是产业工人，南欧社会党的成员多为教师、律师、职员等中间阶层。这主要是因为南欧各国如意大利等都有强大的共产党存在。① "二战"以后，随着技术进步和产业转型，欧洲社会经济结构发生了巨大变化，阶级结构也随之改变。一个明显的特点就是中间阶级人数大量增加，传统的产业工人特别是体力劳动者相对减少。面对这一变化，社会民主党被迫改变策略，从宣称代表产业工人阶级转而宣称代表劳动者和全民，在政治纲领上日益走中间化道路，更符合中间阶级的要求。这一中间化路线，一方面为社会民主党争取到了新选民的支持，但另一方面也面临着失去传统选民特别是蓝领工人的风险。中间化也使社会民主党失去了自己的特点，导致了左、右趋同的现象。中间化路线还导致党内左翼的不满，引发内部分裂。这一切都会导致支持者减少。

第二，"福利国家"的策略难以为继。历史上社会民主党之所

---

① 王捷、杨祖功：《欧洲民主社会主义》，社会科学文献出版社 1996 年版，第 263 页。

以能够获得广泛的支持，一个重要的原因就是社会民主党推行提高社会福利水平、建立覆盖全民的社会保障制度的“福利国家”策略。但“福利国家”政策的实施需要经济的持续增长和庞大的财政资金支持。例如，1957 年英国、法国、联邦德国、意大利、荷兰和比利时的社会保障开支在政府总支出中所占比重平均为 55.3%，1978 年上升到 69.7%，1986 年已达 70%左右。① 在 20 世纪 50 年代至 70 年代，西方发达国家经济高速增长，为社会民主党推行“福利国家”的政策提供了坚实的物质基础。但 70 年代以后，西方国家经济增长明显放缓，增长乏力，“福利国家”所需的支出日益成为国家财政的巨大负担。在这样的形势下，一旦遇到经济衰退，社会民主党政府就会限入两难境地。从恢复经济发展的需要出发，应该采取压缩公共开支，减税和降低银行利率，控制工资和社会福利增长，但这样做的后果就会违背社会民主党的价值理念和竞选承诺，从而丧失中下层选民的支持。而放弃这样的策略又会造成经济形势恶化，引发严重失业，最终被迫下台。在经济全球化的背景下，“福利国家”的政策又遭遇了进一步的挑战。为了降低成本，欧洲的制造业和服务业纷纷向低工资、低福利的第三世界国家转移，造成了欧洲国家资金严重外流、失业大量增加，维持“福利国家”的政策越来越难以为继。这构成了社会民主党继续发展所面临的最大困难。

第三阶段，20 世纪 90 年代至今，民主社会主义进入新的转型发展时期。

20 世纪 80 年代末 90 年代初，在西欧社会民主党遭遇低潮之际，民主社会主义却在东欧地区迅速兴起。从上世纪 80 年代末至 90 年代初，东欧各国的共产党纷纷转向社会民主党，东欧 12 国全部选择了民主社会主义道路。从 1993 年起，在 1989—1990 年剧变中上台的右翼势力在新一轮竞选中失利，由原执政党（共产党）转变过来的社会民主党（社会党）上台执政或与其他政党联合执

---

① 王捷、杨祖功：《欧洲民主社会主义》，社会科学文献出版社 1996 年版，第 264 页。

政。东欧12国中，由社会民主党一党执政或组织联合政府的有：波兰、匈牙利、保加利亚、罗马尼亚、南斯拉夫联盟、斯洛伐克和马其顿等国家；阿尔巴尼亚和斯洛文尼亚两国的左右势力旗鼓相当；只有捷克、克罗地亚和波黑，或由于左翼内部分裂或由于战乱，继续由右翼势力掌权。①

在经历了20世纪90年代初期的低潮之后，在90年代中后期，西欧社会民主党的力量开始回升。例如，在北欧，瑞典社民党虽然在1991年被排除在政府之外，但在1994年，瑞典社民党再次获得选举胜利，重新执政。挪威工人党在1989年的选举中落后，不得不联合工人党组织政府，并由处于少数派的工人党来领导政府。但在1993的选举中丹麦社会民主党取得了1914年以来的最好成绩，在179个席位中占有69个席位。芬兰社会民主党在1991年选举中25年来第一次被排挤出联合政府。但它在1992年的地方选举中取得了1945年以来的最好成绩，得票率达到27%。英国工党虽然在1992年选举中再次失利，但它在下院选举中增加了42个席位。这是1945年以来第二个最好的成绩。不管执政与否，社民党在欧洲各国中仍然是占第一位或第二位的政治力量。② 社会党议会党团在欧洲议会中一直是最大的党派。1989年欧洲议会总议席数是518席，社会党集团占180席，位居第一位。1994年，总议席567席，其中社会党集团增至200席，仍居第一位。欧洲社会党集团作为欧洲议会中最大的议会党团，在当时的欧盟15个成员国中，每个国家至少有一名欧洲议会议员属于欧洲议会社会党集团成员。英国共有84名欧洲议会议员，其中62名属于工党。③ 总之，在欧洲政治格局中，社会民主党始终是一支举足轻重的力量。

20世纪90年代以后，民主社会主义虽然再次兴起，但所面临

---

① 张月明：《民主社会主义在东欧》，上海人民出版社1999年版，第143页。

② 王捷、杨祖功：《欧洲民主社会主义》，社会科学文献出版社1996年版，第262页。

③ 陈林、侯玉兰等：《激进，温和，还是僭越?：当代欧洲左翼政治现象审视》，中央编译出版社1998年版，第360页。

的背景和所凭借的策略与 50 年代相比却是大相径庭。20 世纪 70 年代以后，西欧的民主社会主义面临着党员尤其是年轻党员减少、传统群众基础丧失、福利社会政策难以为继的困境，再加上主张私有化和市场自由的新自由主义的冲击，欧洲各国社会党纷纷沦为在野党，民主社会主义似乎就要面临终结的局面了。在这样的背景下，以英、法、德、意等国为代表的社会民主党率先进行被称为“第三条道路”的重大策略调整。就其内容来说，“第三条道路”的策略主要包括以下方面：在政治哲学上主张放弃以阶级为基础和左右两极对立的政治观点，团结和吸收以中间力量为核心的各种政治力量；政党政治要走出传统上只为某些政治力量服务的阴影，形成能够团结各种政治力量和团体的政治中心。

在经济与所有制问题上既不主张全面的国家干预，也不主张完全放任自由，不再纠缠于公共部门与私营部门之争，而是要促进政府和工业界之间在经济部门、在工作场所建立现代化的工业伙伴关系以取得可持续的增长和高就业。在所有制方面主张创造新的混合经济，“这种混合经济不同于老左派提出的混合经济，不是在国有与私有之间取得平衡，而是在管制与解除管制之间，在社会生活的经济领域与非经济领域之间取得平衡”。①

在国家和政府的作用上，主张政府在社会领域中作用有限，在有限的领域内重建政府与非官办部门之间的关系。其方法就是进行宪政改革，推动地方民主，实行权力下放，开放政治，还政于民，恢复民主，重新唤起人民对政治的信念与关心等。

在社会福利政策上，主张奉行积极的福利政策，改变传统的福利国家观，认为福利应是机会与安全。福利的重点应由公益事业转为“人力资本投资”，应该实施鼓励自立而不是依赖性的税收和福利政策。应该兼顾权利与责任、公平与效率。对待失业者不是单纯向失业者提供救济，而是将资金支持的重点转向促使当事人学习新技能，接受新工作或进行新创业，改“授人以鱼”为

① 杨雪东：《吉登斯论“第三条道路”》，《国外理论动态》1999 年第 2 期，第 23 页。

“授人以渔”。

在民主、人权问题上，主张扩大民主和人权的范围，提出“人权高于主权”、“人权无国界”等口号。鼓吹通过所谓的“积极的社会共同体”扩大“世界民主”，要通过国际行动来建立民主和人权理念。这实际上为干涉别国内政提供了依据。

关于“第三条道路”，国内外的评价并不一致，赞扬者称之为民主社会主义的复兴，批评者斥之为彻底背离社会主义传统，中立者认为这是欧洲左翼运动对时代变革的一种正常反应。从民主社会主义的发展情况看，在福利社会政策难以为继，社会基础持续削弱的情况下，西欧各国社会党对传统策略进行大变革是非常必要的。放弃公有制，放弃对传统工人阶级的依赖，放弃福利社会的传统策略和国家对市场的过多干预，是在西欧当时的社会背景下社会民主党能够继续存在的不二选择。西欧的社会现实决定，任何政党想继续执政，都必须处理好公平与效率、进步与公正、市场与社会、权利与责任之间的关系，这就是西欧政党在政策主张上普遍趋同的原因。对西欧的民主社会主义来说，施行“第三条道路”的策略以后，虽然西欧各国的社会民主党大都重新获得了执政地位，但由于放弃了传统的价值理念和策略，会不会失掉自己的特色，彻底成为专门为谋求执政的选举党，这是国际左翼运动普遍担心的一个问题，也是民主社会主义继续发展必须面对的一个问题。

二、中国特色社会主义理论体系与民主社会主义的本质区别

（一）关于社会主义的认识不同

在什么是社会主义问题上，中国特色社会主义理论体系与民主社会主义存在明显不同。

中国特色社会主义理论体系中关于社会主义认识的主要依据是邓小平的社会主义本质论。邓小平同志指出：“社会主义的本质，是解放生产力，发展生产力，消灭剥削，消除两极分化，最终达到

共同富裕。”① 邓小平同志这一论断包括三个要点：第一是解放生产力，发展生产力，这是实现社会主义的物质基础；第二是消灭剥削，消除两极分化，这是实现社会主义的根本途径和手段；第三是最终达到共同富裕，这是社会主义的价值目标。三者相互联系、相互补充，共同构成社会主义的完整观念。之所以将解放和发展生产力放在首位，邓小平同志指出：“根据我们自己的经验，讲社会主义，首先就要使生产力发展，这是主要的。只有这样，才能表明社会主义的优越性。”② 而之所以要消灭剥削、消除两极分化，邓小平同志认为：“社会主义的目的就是要全国人民共同富裕，不是两极分化。如果我们的政策导致两极分化，我们就失败了；如果产生了什么新的资产阶级，那我们就真是走了邪路了。”③ 关于共同富裕，邓小平指出：“社会主义不是少数人富起来、大多数人穷，不是那个样子。社会主义最大的优越性就是共同富裕，这是体现社会主义本质的一个东西。”④ “我们坚持走社会主义道路，根本目标是实现共同富裕。”⑤ “社会主义与资本主义不同的特点就是共同富裕，不搞两极分化。创造的财富，第一归国家，第二归人民，不会产生新的资产阶级。国家拿的这一部分，也是为了人民。”⑥

以邓小平社会主义观为基础的中国特色社会主义理论体系的社会主义观基本上继承了马克思主义经典作家的理论观点：即将生产力和生产关系的矛盾作为社会主义发展的根本矛盾，生产力是社会发展进步的根本动力。资本主义是人类历史发展的一个阶段，资本主义必将为社会主义所代替。由于在生产资料上实施社会所有，社会主义将消除资本主义的剥削和两极分化，最终达到以人的需要和尊严为目标的共产主义社会，其生活资料的分配特点是按需分配。所以，中国特色社会主义的社会主义观集中在两个方面：一是解放

---

① 《邓小平文选》第3卷，人民出版社1993年版，第373页。
② 《邓小平文选》第2卷，人民出版社1994年版，第314页。
③ 《邓小平文选》第3卷，人民出版社1993年版，第110~111页。
④ 《邓小平文选》第3卷，人民出版社1993年版，第364页。
⑤ 《邓小平文选》第3卷，人民出版社1993年版，第155页。
⑥ 《邓小平文选》第3卷，人民出版社1993年版，第123页。

和发展生产力，二是在生产力发展的基础上实现共同富裕。当然，共同富裕不仅仅指物质层面，而是包括经济、政治、文化、社会、生态等方面的全面发展。

关于什么是社会主义，民主社会主义的理解主要是从价值层面展开的。在1951年的《法兰克福宣言》中对什么是社会主义进行了如下阐述：社会主义的目的是要把人们从对占有或控制生产资料的少数人的依附中解放出来。它的目的是要把经济权力交到全体人民手中，以建立一个自由人能以平等地位共同工作的社会。

没有自由，就不可能有社会主义。社会主义只有通过民主制才能完成，而民主制也只有通过社会主义才能完全得到实现。

社会主义的意义远不止于建立新的经济和社会制度。凡是有助于解放和发展人的个性的经济与进步，都具有相应的道德价值。

社会党人之所以反对资本主义，不仅因为它造成经济上的浪费，也不仅因为它使群众不能享受物质权利，最主要的是它违背社会党人的正义感。社会党人反对任何形式的极权主义，因为它侵犯了人的尊严。

社会主义为使人类从恐惧和忧虑下解放出来而斗争，因为恐惧和忧虑同各种形式的政治与经济的不安全是分不开的。这一解放将为意识到自己责任的人们在精神上得到发展和在文化上逐渐形成完整的个性开辟道路，社会主义是这种文化发展的有力促进因素。

在社会党国际第十七次代表大会发表的《利马委托书》中，民主社会主义再次就社会主义问题发表看法：无论社会主义的形式如何多种多样，一切社会主义者都致力于实现这样一个社会，在这个社会中，全体公民都能自由地参与政治、经济与社会决策，能够不断探索与支持参与制的新方式，社会问题与政治差异可以通过公开与批评性的讨论而得到解决。

1989年社会党国际十八大发表的原则声明强调指出：社会党人并不宣称自己拥有建设某种到了终点的、固定的社会蓝图——某种不能改变、改进或进一步发展的社会。在一个致力于民主自决的运动中，创造性将始终有用武之地，因为每个民族和每一代人都必须确定自己的目标。除了指导所有民主社会主义的原则外，社会党人对基本价值观念还有明确的共识。尽管存在各种差异，他们都主张民主和人权不仅仅是实现社会主义的政治手段，而且是社会主义目的（建立民主的经济和民主的社会）的根本实质。

从社会党国际的上述表述可以看出：民主社会主义对社会主义目标的描述都是价值层面的，其立足点是自由、民主、平等、正义、人权、个性发展。民主社会主义认为，社会民主党没有统一的意识形态和信仰，把他们团结在一起的纽带是共同的道德价值观以及建立在共同价值之上的政治目标。因此，民主社会主义的最大特点是从价值观念上界定社会主义。

社会民主党人普遍认可的民主社会主义的基本价值有四个：即自由、公正和平等、团结互助、和平。"自由"的内容包括两个方面：即基本自由和高层次的自由。基本自由主要是指人权和公民权方面，包括言论、出版、迁徙、信仰、法律面前人人平等、免受政治强制的自由等。高层次自由包括摆脱有损尊严的依赖关系，发展自由个性的自由。关于公正和平等，社会党国际的解释是：公正意味着结束对人的一切歧视，意味着权利和机会的平等。平等是所有人具有平等价值的表现，也是人性自由发展的前提。基本的政治、经济、文化平等是个人多样化和社会进步的必要条件。关于团结，社会党国际认为，团结是无所不包和全球性的，以理解代替猜疑，以友爱和互助代替冷漠和仇视，以合作代替斗争，是当今时代人类生存和发展的共同要求。和平之所以成为社会民主党的基本价值观，是因为社会民主党人认为和平是一切希望的前提，符合一切政治制度的共同利益，是人类社会必需的。

关于自由、公正和平等、团结互助三个基本价值观之间的关系，社会党国际认为，三个基本价值观是相互制约、相互补充和解释的。没有社会平等的自由会蜕变为特权，没有单个人的自由，平等和公正的实施就会变成强制，没有团结互助，即使自由和公正得以实现，社会也会变得丧失人的尊严。

民主社会主义反对社会主义具有必然性的论断，它认为：社会主义的实现不是必然的。它要求所有信仰者做出个人的贡献。它的做法不同于极权主义，并不强使人民充当被动的角色。相反，若没有人民全面的、积极的参与，它就不能成功。

民主社会主义也不认为社会主义具有制度性的特征，它明确反对将公有制和计划经济作为社会主义的特征。在《法兰克福宣言》中，民主社会主义认为：不应把各种不同形式的公有制本身看成是目的，而应看成是对决定经济生活和社会福利的基础工业和服务行业的监督手段，也是使效益差的工业合理化，或是阻止私营垄断企业和卡特尔剥削公众的手段。社会主义的计划并不以所有生产资料的公有为先决条件。它同重要生产领域内，如农业、手工业、零售业和中小型工业内私有制的存在是可以相容的。国家必须防止私有者滥用他们的权力。国家可以而且也应该在计划经济的范围内帮助私有者，使其对增加生产和福利做出贡献。

民主社会主义认为实现社会主义的手段是民主化。在《法兰克福宣言》中，民主社会主义认为：社会党人为通过民主手段建立一个自由的新社会而奋斗。没有自由，就不可能有社会主义。社会主义只有通过民主制才能完成，而民主制也只有通过社会主义才能完全得到实现。在《利马委托书》中，民主社会主义又对民主化进行了补充，它认为：社会主义是以对国内社会与世界社会的政治、经济、社会与文化结构实行民主化为手段，来争取人类解放的运动。可以说，社会主义是民主的最深刻、最全面和最具国际性的表现。以此而言，就不能把社会主义看做经济先进国家公民的一种奢侈品，而应该看做世界上个人与集体自决的普遍人权。民主社会主义不只是财产的社会化或政府的计划化，虽然两者都很可能是实现这一目的的手段。它也绝不是一种经济制度的固定蓝图，而是通过民主化进程来实现自由、公正和团结这些基本价值观念，民主化进程恰恰是要使基层人民的自发的创造得到解放。

依据民主对于实现社会主义重要性的理解，民主社会主义提出要实现四个方面的民主：即政治民主、经济民主、社会民主和国际民主。政治民主的主要内容是人权和公民权，突出强调反对独裁专制、人民主权。经济民主强调反对将经济权力集中在少数人手中，强调公民对宏观经济和微观经济的影响和参与。社会民主强调的是人们在工作、家庭和社会一切领域内的平等，强调维护人的自由和尊严。国际民主包括：通过在全世界提倡民主社会主义的基本价值观，实现国际民主；通过推广民主社会主义运动，使全世界人民都能从各种束缚中解放出来；各民族在自由、平等的基础上处理国家、民主之间的关系。

关于四种民主之间的关系，社会民主党人认为：政治民主是社会主义的第一个重要前提和必要基础。政治民主只有与经济民主和社会民主相结合才能使民主渗透到社会各个领域。政治民主、经济民主是实现社会主义的手段，社会民主是民主社会主义的最大目的。国际民主在于保持和平的国际环境，保障各国发展政治、经济和社会民主，并使之不断向国际扩展。

（二）指导思想不同

在指导思想上，中国特色社会主义理论体系与民主社会主义的不同之处在于：中国特色社会主义理论体系坚持指导思想的一元化，而民主社会主义则主张指导思想的多元化。

中国共产党第十八次全国代表大会报告指出：中国特色社会主义理论体系，就是包括邓小平理论、“三个代表”重要思想、科学发展观在内的科学理论体系。党的十八大通过的中国共产党章程修正案规定：中国共产党以马克思列宁主义、毛泽东思想、邓小平理论、“三个代表”重要思想和科学发展观作为自己的行动指南。这明确说明中国特色社会主义理论体系的指导思想是马克思列宁主义、毛泽东思想、邓小平理论、“三个代表”重要思想和科学发展观。

之所以要坚持这一指导思想，中国共产党党章指出：马克思列宁主义揭示了人类社会历史发展的规律，它的基本原理是正确的，具有强大的生命力。坚持马克思列宁主义的基本原理，走中国人民自愿选择的适合中国国情的道路，中国的社会主义事业必将取得最终的胜利。以毛泽东同志为主要代表的中国共产党人，把马克思列宁主义的基本原理同中国革命的具体实践结合起来，创立了毛泽东思想。毛泽东思想是马克思列宁主义在中国的运用和发展，是被实践证明了的关于中国革命和建设的正确的理论原则和经验总结，是中国共产党集体智慧的结晶。邓小平理论是马克思列宁主义的基本原理同当代中国实践和时代特征相结合的产物，是毛泽东思想在新的历史条件下的继承和发展，是马克思主义在中国发展的新阶段，是当代中国的马克思主义，是中国共产党集体智慧的结晶，引导着我国社会主义现代化事业不断前进。“三个代表”重要思想是对马克思列宁主义、毛泽东思想、邓小平理论的继承和发展，反映了当代世界和中国的发展变化对党和国家工作的新要求，是加强和改进党的建设、推进我国社会主义自我完善和发展的强大理论武器，是中国共产党集体智慧的结晶，是党必须长期坚持的指导思想。始终做到“三个代表”，是我们党的立党之本、执政之基、力量之源。关于科学发展观，十七大报告指出：科学发展观，是对党的三代中央领导集体关于发展的重要思想的继承和发展，是马克思主义关于发展的世界观和方法论的集中体现，是同马克思列宁主义、毛泽东思想、邓小平理论和“三个代表”重要思想既一脉相承又与时俱进的科学理论，是我国经济社会发展的重要指导方针，是发展中国特色社会主义必须坚持和贯彻的重大战略思想。党的十八大报告对于科学发展观作了系统总结，指出：“科学发展观是马克思主义同当代中国实际和时代特征相结合的产物，是马克思主义关于发展的世界观和方法论的集中体现，对新形势下实现什么样的发展、怎样发展等重大问题作出了新的科学回答，把我们对中国特色社会主义规律的认识提高到新的水平，开辟了当代中国马克思主义发展新境界。科学发展观是中国特色社会主义理论体系最新成果，是中国共产党集体智慧的结晶，是指导党和国家全部工作的强大思想武器。科学发展观同马克思列宁主义、毛泽东思想、邓小平理论、‘三个代表’重要思想一道，是党必须长期坚持的指导思想。”① 民主社会主义则坚持指导思想的多元化。社会党国际在 1951 年发表的《法兰克福声明》中明确表示：社会主义是一个国际性运动，它不

① 胡锦涛：《坚定不移沿着中国特色社会主义道路前进 为全面建成小康社会而奋斗——在中国共产党第十八次全国代表大会上的报告》，《人民日报》2012 年 11 月 18 日。

要求对事物的态度严格一律，不论社会党人把他们的信仰建立在马克思主义或其他的分析社会的方法上，不论他们是受宗教原则还是受人道主义原则的启示，他们都是为共同的目标，即为一个社会公正、生活美好、自由和世界和平的制度而奋斗。这一声明中虽然提到马克思主义，但只是肯定坚持马克思的社会分析方法，而且还将马克思主义与宗教原则、人道主义相并列。

在指导思想问题上，德国社会民主党的解释最为典型。德国社会民主党在1959年的《哥德斯堡纲领》中表示：在欧洲植根于基督教的伦理学、人道主义和古典哲学的民主社会主义，不想宣布任何最后的真理，这并不是因为它对各种世界观或宗教的真理缺乏了解和漠不关心，而是因为它尊重人们对信仰的选择，无论是一个政党还是国家，都无权决定信仰的内容。这一纲领中虽然提到基督教、人道主义和古典哲学，但并没有提到马克思主义。

1989年12月德国社会民主党柏林代表大会通过的《德国社会民主党的基本纲领》中专门阐述了该党的思想历史渊源，该纲领认为：具有各种不同基本信念和信仰的人在德国社会民主党中进行合作。他们的协调一致是以共同的基本价值和相同的政治目标为基础的。欧洲的民主社会主义思想渊源来自基督教、人道主义哲学、启蒙运动思想、马克思主义的历史和社会学说，以及工人运动的经验。妇女解放的思想早在19世纪就已被工人运动所接受，并且得到进一步发展。我们用了一百多年的时间才使这样一些思想能够发挥作用。我们欢迎并尊重每个人的个人基本信念和信仰，它们绝不能屈从于党的决议。这一决议虽然又提到了马克思主义，但同样只是指导思想之一，而且还强调并不要求党员坚持。

民主社会主义之所以主张指导思想多元化并且有意淡化马克思主义在思想渊源中的指导地位，是由于如下原因导致的：

首先，社会民主党认为马克思主义中的一些理论已经过时。如德国社会民主党领袖勃兰特认为马克思的工作在三个方面对民主社会主义有意义：一是按照欧洲古典人道主义的哲学传统，致力于个人自由和幸福的社会哲学；二是无论就方法还是就内容来说，马克思都是一位具有革新意义的社会科学家，他提出并运用辩证法来解释思想的意义和社会经济结构在历史上的发展；三是在第一国际工人运动组织中起了关键性作用。但在同时，勃兰特认为，必须否定和抛弃马克思对资本主义社会的阶级分析，马克思关于打碎资产阶级国家机器而代之以无产阶级专政的论述，马克思关于无产阶级绝对贫困化的概念，必须抛弃列宁主义对马克思主义的理解，因为它至今仍将马克思主义与俄国地下革命的密谋传统联系在一起，如此等等。①

法国社会民主党代表保罗·拉马第也说："到了1958年，信仰马克思主义已经不是社会主义的特点了"，因为"马克思主义已经过时了"，"关于社会变革是由社会关系尖锐化而发生的浩劫和革命所造成的必然后果的思想，再也不符合现实了，社会进步要通过逐渐缓慢的发展来实现"，而"资本主义的演变则是另一个新的因素，资本主义再也不会建立在企业主私有制和自由竞争的基础上，这种资本主义（除起源外）与马克思熟悉和研究过的私有资本主义，再也不会发生任何关系"。②

其次，是在资本主义制度框架下推行改良主义策略的需要。由于社会民主党遵从的是在资本主义制度下进行改良的策略，因此，参政或执政是其推行改良策略的必备方法。在这样的情况下，社会民主党就必须尽量缓和自己的立场，采用主流社会所能够接受和认可的政治纲领，极力迎合多个社会阶层的需要。在资本主义社会政治稳定、经济发展的情况下，此时再提倡阶级斗争、暴力革命、无产阶级专政等思想显然会失去大多数人的支持，失去参政、执政的机会。因此，从某种意义上说，这也是社会民主党在资本主义制度下生存发展的必然选择。荷兰工党领导成员班牙恩格在1960年社会党国际特别会议上的谈话就体现了这一点。他说："如果社会主义运动不想变成宗派主义，而想在那些对社会主义道德主题感兴趣的集团中扩大自己影响的话，那么它就应当使自己摆脱无产阶级意识形态的一切残余，因为随着社会和经济的发展，无产阶级意识形

① 徐崇温：《民主社会主义评析》，重庆出版社1995年版，第238页。
② 徐崇温：《民主社会主义评析》，重庆出版社1995年版，第230页。

态已经失去了工人阶级的吸引力，而且它完全不符合‘新的社会集团’的利益。”①

民主社会主义声称它们的指导思想是基督教、人道主义哲学、启蒙运动思想、马克思主义的历史和社会学说、工人运动的经验以及妇女解放思想。就基督教来说，民主社会主义吸收的是其仁爱、平等思想。欧洲国家有浓厚的宗教传统，大多数人口都信仰宗教。民主社会主义若想参政、执政，争取宗教信徒的支持显然是必需的。就人道主义来说，民主社会主义吸收的是其以人为中心的人文理念，主张张扬人的个性。启蒙运动所开创的自由主义运动及其自由、平等、博爱的政治理念在西方影响深远、深入人心。民主社会主义以人道主义和启蒙运动思想作为指导思想，显然能够赢得更多阶层人士的支持。关于马克思主义，民主社会主义进行了选择性吸收，吸收的是其主张自由、公正的价值理念，而不是其阶级斗争、暴力革命、无产阶级专政等思想。这一选择方式，显然也是基于参政、执政的现实需要。

（三）对于所有制的主张不同

在所有制问题上，中国特色社会主义理论体系与民主社会主义有根本不同的政治主张。

在所有制问题上，中国特色社会主义理论体系主张“以公有制为主体、多种所有制共同发展”。之所以施行这一所有制形式，中国共产党第十五次全国代表大会报告指出：“公有制为主体、多种所有制经济共同发展，是我国社会主义初级阶段的一项基本经济制度。这一制度的确立，是由社会主义性质和初级阶段国情决定的：第一，我国是社会主义国家，必须坚持公有制作为社会主义经济制度的基础；第二，我国处在社会主义初级阶段，需要在公有制为主体的条件下发展多种所有制经济；第三，一切符合‘三个有利于’的所有制形式都可以而且应该用来为社会主义服务。”②

---

① 徐崇温：《民主社会主义评析》，重庆出版社 1995 年版，第 232 页。

② 《江泽民文选》第 2 卷，人民出版社 2006 年版，第 19 页。

"只要坚持公有制为主体，国家控制国民经济命脉，国有经济的控制力和竞争力得到增强，在这个前提下，国有经济比重减少一些，不会影响我国的社会主义性质。"① 十六大报告指出："根据解放和发展生产力的要求，坚持和完善公有制为主体、多种所有制经济共同发展的基本经济制度。第一，必须毫不动摇地巩固和发展公有制经济。发展壮大国有经济，国有经济控制国民经济命脉，对于发挥社会主义制度的优越性，增强我国的经济实力、国防实力和民族凝聚力，具有关键性作用。集体经济是公有制经济的重要组成部分，对实现共同富裕具有重要作用。第二，必须毫不动摇地鼓励、支持和引导非公有制经济发展。个体、私营等各种形式的非公有制经济是社会主义市场经济的重要组成部分，对充分调动社会各方面的积极性、加快生产力发展具有重要作用。第三，坚持公有制为主体，促进非公有制经济发展，统一于社会主义现代化建设的进程中，不能把这两者对立起来。各种所有制经济完全可以在市场竞争中发挥各自优势，相互促进，共同发展。"②

关于公有制"主体"地位的含义，十五大报告指出："要全面认识公有制经济的含义。公有制经济不仅包括国有经济和集体经济，还包括混合所有制经济中的国有成分和集体成分。公有制的主体地位主要体现在：公有资产在社会总资产中占优势；国有经济控制国民经济命脉，对经济发展起主导作用。这是就全国而言，有的地方、有的产业可以有所差别。公有资产占优势，要有量的优势，更要注重质的提高。国有经济起主导作用，主要体现在控制力上。要从战略上调整国有经济布局。对关系国民经济命脉的重要行业和关键领域，国有经济必须占支配地位。在其他领域，可以通过资产重组和结构调整，以加强重点，提高国有资产的整体质量。"③

关于集体所有制的地位和作用，十五大报告指出："集体所有制经济是公有制经济的重要组成部分。集体经济可以体现共同致富

① 《江泽民文选》第2卷，人民出版社2006年版，第19~20页。
② 《江泽民文选》第3卷，人民出版社2006年版，第547~548页。
③ 《江泽民文选》第2卷，人民出版社2006年版，第19页。

原则，可以广泛吸收社会分散资金，缓解就业压力，增加公共积累和国家税收。要支持、鼓励和帮助城乡多种形式集体经济的发展。这对发挥公有制经济的主体作用意义重大。”①

关于非公有制的地位和作用，十五大报告指出：“非公有制经济是我国社会主义市场经济的重要组成部分。对个体、私营等非公有制经济要继续鼓励、引导，使之健康发展。这对满足人们多样化的需要，增加就业，促进国民经济的发展有重要作用。”② 十六大报告指出：“个体、私营等各种形式的非公有制经济是社会主义市场经济的重要组成部分，对充分调动社会各方面的积极性、加快生产力发展具有重要作用。”③

简言之，在中国特色社会主义理论体系中，虽然也发展多种所有制，但强调公有制的主导地位，非公有制经济的作用只起补充和辅助作用。

在所有制问题上，民主社会主义主张施行混合制，并不主张公有制占主导地位。在1951年社会党国际第一次代表大会发表的《法兰克福宣言》认为：不应把各种不同形式的公有制本身看成是目的，而应看成是对决定经济生活和社会福利的基础工业和服务行业的监督手段，也是使效益差的工业合理化，或是阻止私营垄断企业和卡特尔剥削公众的手段。它同重要生产领域内，如农业、手工业、零售业和中小型工业内私有制的存在是可以相容的。国家必须防止私有者滥用他们的权力。国家可以而且也应该在计划经济的范围内帮助私有者，使其对增加生产和福利做出贡献。1962年的社会党国际的《奥斯陆声明》中对于公有制也有类似的表述，即：为了使财富得到合理分配，社会党人要求扩大公有制，加强公共监督和另外制定一些法规对私人垄断企业加以限制，从根本上保护税制并保护消费者。

从上述声明可以看出，在20世纪60年代以前，民主社会主义

① 《江泽民文选》第2卷，人民出版社2006年版，第20页。
② 《江泽民文选》第2卷，人民出版社2006年版，第20页。
③ 《江泽民文选》第3卷，人民出版社2006年版，第548页。

对于所有制的主张主要有以下几点：一是认为公有制的作用在于合理分配社会财富和实现社会公平，并不主张其在所有制形式中占主导地位，而且也不将公有制与社会主义属性之间作必然的关联。二是认为国有化有多种形式，即公有制可采取把现有私营企业国有化，建立市有或地区性企业、消费合作社或生产合作社等形式。三是主张允许私有制在重要生产领域内存在，但要防止他们滥用权力，对于私人垄断企业，要加以限制，目的是保护税制和消费者。

20 世纪 80 年代，社会党国际对所有制的看法又有所转变。1989 年社会党国际第十八次代表大会通过的《社会党国际原则声明》表示：经验已经表明，尽管国有化在某些情况下也许是必要的，但它本身并不是医治社会弊病的特效药。无论是私有制还是公有制，依靠它们都既不能保证经济效益，也不能保证社会公正。从这一论断可以看出，民主社会主义已不再把公有制与社会公正联系在一起了，而是认为私有制、公有制都只是实现社会主义的手段。

民主社会主义关于所有制这一认识来源自社会民主党执政期间国有化的实践。“二战”以后，英、法两国社会民主党的国有化实践最为显著。英国工党政府分别在 1945—1951 年和 1974—1979 年发动了两次国有化浪潮。经过两次国有化运动之后，到 1979 年，英国国有企业共有 16283 家；国有企业产值占国民生产总值的 10. 5%；就业人数占总劳动力的 8. 1%；固定资本约占全国固定资本总额的 15. 3%，大致与私营制造业固定资本总额相等。在煤炭、造船、电力、煤气、铁路、邮政和电讯等部门，国有企业的比重达到 100%，钢铁和航空部门达到 75%，汽车制造和石油工业部门也分别达到 50%和 25%。① 法国政府则分别在 1944 年和 1982 年发动了两场大规模的国有化运动。1982 年，法国国营部门的就业人数从 165 万增到 240 万，增加 45%，其中国营工业部门职工增加近三倍。占全国就业人口的比重从 7. 5%上升到 11%。国营企业产值在工业总产值中的比重从 12%上升到 21%，在固定资本中的比重从

---

① 毛锐：《二战后英国国有化运动述评》，《探索与争鸣》2007 年第 3 期，第 58 页。

30.5%上升到35%。国有化银行在注册银行的存款和贷款的比重分别由59%、49%上升到90.6%、85.2%。①

大规模国有化的实践使国有企业的弊端充分显现，其主要表现为：国有企业效益低下，亏损严重。为了维持国有企业的继续生产和弥补亏损，国家被迫通过预算和银行贷款向企业提供大量资金。例如在1973—1980年，英国政府以贷款、赠予、注销债务等形式对国有企业的投资累计高达205亿英镑。仅对煤矿、铁路和钢铁3个国有部门的财政补贴，在1978—1979年度就达到18亿英镑。②1982年法国政府向国有企业提供资金90亿法郎，其中60亿用于投资，30亿作为对亏损企业的补贴。1983年增至200亿法郎，其中亏损补贴占了76亿。③ 亏损导致公共开支增加，财政赤字扩大诱发通货膨胀，最终形成恶性循环。例如英国在1975年的通货膨胀率高达24.2%。④

这样严重的问题促使社会民主党不得不反思国有化以及公有制的实际作用问题。宪政民主的条件下社会民主党难以做到靠暴力强行进行公有制改造，再加上多党制造成的执政竞争局面，社会民主党难以长期进行国有化实验并在试错中进行改善。所以民主社会主义关于公有制弊端的看法是否具有普适性还难以确定。

---

① 杨祖功：《法国的国有化》，《法国研究》1984年第4期，第71页。

② 毛锐：《二战后英国国有化运动述评》，《探索与争鸣》2007年第3期，第61页。

③ 杨祖功：《法国的国有化》，《法国研究》1984年第4期，第73页。

④ 毛锐：《二战后英国国有化运动述评》，《探索与争鸣》2007年第3期，第61页。

结　束　语

通过对中国特色社会主义理论体系的基本特征及其逻辑结构的整体研究和比较研究，我们可以得出以下三点基本结论：

第一，中国特色社会主义理论体系是中国共产党人长期探索的伟大理论创造，是改革开放30多年成功实践的理论结晶，凝结着改革开放前30年我们党实践探索的心血和成果，也凝结着近代以来170多年中华民族奋发图强的不懈努力和奋斗历程，还凝结着500年来人类对社会主义的孜孜追寻和执著探求。因此，只有将中国特色社会主义理论体系放在马克思主义发展史、社会主义发展史中进行历史考察和比较研究，才能深刻揭示中国特色社会主义理论体系与马克思列宁主义、毛泽东思想的一脉相承性和与时俱进性，才能深刻理解中国特色社会主义理论体系既坚持了科学社会主义的基本原则、又根据中国实际和时代特征赋予其鲜明的中国特色，才能准确把握中国特色社会主义理论体系的基本特征。

第二，中国特色社会主义理论体系具有鲜明的实践特色、理论特色、民族特色、时代特色，具有实践性、整体性、辩证性以及民族性与时代性、真理性与价值性、一脉相承性和与时俱进性等基本理论特征。其中，实践性是中国特色社会主义理论体系的基础和核心，是中国特色社会主义理论体系的本质特征；整体性和辩证性是中国特色社会主义理论体系的结构特征，是中国特色社会主义理论体系的突出标志；民族性与时代性、真理性与价值性、一脉相承性和与时俱进性的有机统一，是中国特色社会主义理论体系的基本理论特征。

第三，不断推进马克思主义的中国化、时代化、大众化，是发展中国特色社会主义理论体系、丰富和彰显中国特色社会主义理论体系基本特征的内在要求。中国特色社会主义理论体系的产生、形成和发展过程证明，不断推进马克思主义中国化、时代化、大众化，是中国特色社会主义理论体系生命力之所在，也是中国特色社会主义理论体系彰显其理论特征、凸显其理论价值和实践意义的根本依据。所谓“马克思主义中国化”就是要使马克思主义“说中国话”，而不是说“德国话”、“苏联话”或者“美国话”，就是实现马克思主义基本原理与中国实际的辩证结合和双向互动，让中国人民自主地解决中国的问题。所谓“马克思主义时代化”就是让马克思主义说“新话”、“实话”，而不是说“旧话”、“老话”、“假话”、“大话”、“空话”，就是使马克思主义不断反映时代精神和时代规律，用马克思主义的基本立场、观点和方法解答时代的基本矛盾和问题，用发展着的马克思主义理论指导新的实践。所谓“马克思主义大众化”就是使马克思主义“说人民群众喜闻乐见的话”，而不是说人民群众“不想听”、“不愿听”、“听不懂”的话，就是要反映和表达人民群众的根本利益和价值诉求，把马克思主义的科学真理转化为人民群众的内在观念，变成人民群众认识世界和改造世界的强大精神武器。正是在马克思主义中国化、时代化、大众化的历史进程中，中国特色社会主义理论体系的实践特色、理论特色、民族特色、时代特色不断丰富，中国特色社会主义理论体系的实践性、时代性、整体性、辩证性、真理性、人民性、继承性、开创性、开放性等理论特征不断彰显。

主要参考文献

[1]《马克思恩格斯文集》(1—10卷)，人民出版社2009年版。

[2]《列宁专题文集》(1—5卷)，人民出版社2009年版。

[3]《马克思恩格斯选集》(1—4卷)，人民出版社1995年版。

[4]《列宁选集》(1—4卷)，人民出版社1995年版。

[5]《斯大林选集》(上、下)，人民出版社1979年版。

[6]《毛泽东选集》(1—4卷)，人民出版社1991年版。

[7]《毛泽东文集》(6—8卷)，人民出版社1999年版。

[8] 中共中央文献研究室编:《毛泽东年谱》(上、中、下)，人民出版社1993年版。

[9]《毛泽东著作选读》(上、下)，人民出版社1986年版。

[10]《毛泽东的读书生活》，三联书店1986年版。

[11]《邓小平文选》(1—2卷)，人民出版社1994年版。

[12]《邓小平文选》(第3卷)，人民出版社1993年版。

[13] 中共中央文献研究室编:《邓小平年谱》(上、下)，中央文献出版社2004年版。

[14] 中共中央文献研究室编:《邓小平思想年谱》(1975—1997)，

中央文献出版社 1998 年版。
[15]《江泽民文选》（1—3 卷），人民出版社 2006 年版。
[16]《江泽民论有中国特色社会主义》（专题摘编），中央文献出版社 2002 年版。
[17] 江泽民：《论“三个代表”》，中央文献出版社 2001 年版。
[18] 江泽民：《论党的建设》，中央文献出版社 2001 年版。
[19] 江泽民：《论科学技术》，中央文献出版社 2001 年版。
[20] 江泽民：《在庆祝中国共产党成立 70 周年大会上的讲话》，红旗出版社 1991 年版。
[21] 江泽民：《全面建设小康社会开创中国特色社会主义事业新局面——在中国共产党第十六次代表大会上的报告》，人民出版社 2002 年版。
[22] 胡锦涛：《高举中国特色社会主义伟大旗帜　为夺取全面建设小康社会新胜利而奋斗——在中国共产党第十七次全国代表大会上的报告》，人民出版社 2007 年版。
[23] 胡锦涛：《坚定不移沿着中国特色社会主义道路前进　为全面建成小康社会而奋斗——在中国共产党第十八次全国代表大会上的报告》，人民出版社 2012 年版。
[24] 胡锦涛：《关于构建社会主义和谐社会若干重大问题的决定》，人民出版社 2006 年版。
[25] 胡锦涛：《在省部级主要领导干部提高构建社会主义和谐社会能力研讨班上的讲话》，《人民日报》2005 年 6 月 27 日。
[26] 胡锦涛：《在庆祝中国共产党成立 90 周年大会上的讲话》，《人民日报》2011 年 7 月 2 日。
[27] 习近平：《关于中国特色社会主义理论体系的几点学习体会和认识》，《求是》2008 年第 7 期。
[28] 习近平：《全面贯彻落实党的十八大精神要突出抓好六个方面工作》，《求是》2013 年第 1 期。
[29] 习近平：《紧紧围绕坚持和发展中国特色社会主义学习宣传贯彻党的十八大精神——在十八届中共中央政治局第一次集体学习时的讲话》，《人民日报》2012 年 11 月 19 日。

[30] 习近平：《在参观〈复兴之路〉展览时的讲话》，《人民日报》2012年11月30日。
[31] 习近平：《在第十二届全国人民代表大会第一次会议上的讲话》，《人民日报》2013年3月18日。
[32] 刘少奇：《论党》，中央文献出版社1980年版。
[33] 薄一波：《若干重大决策与事件的回顾》（下），中共中央党校出版社1993年版。
[34] 刘奇葆：《关于中国特色社会主义理论体系的几点认识》，《人民日报》2013年7月8日。
[35] 中共中央文献研究室编：《十三大以来重要文献选编》（上、中），人民出版社1991年版；《十三大以来重要文献选编》（下），人民出版社1993年版。
[36] 中共中央文献研究室编：《十四大以来重要文献选编》（上、中、下），人民出版社1996年、1997年、1999年版。
[37] 中共中央文献研究室编：《十五大以来重要文献选编》（上、中、下），人民出版社2000年、2001年、2003年版。
[38] 中共中央文献研究室编：《十六大以来重要文献选编》（上、中），中央文献出版社2005年、2006年版；《十六大以来重要文献选编》（下），人民出版社2008年版。
[39]《中共中央关于加强和改进新形势下党的建设若干重大问题的决定》，人民出版社2009年版。
[40]《中共中央关于全面深化改革若干重大问题的决定》，人民出版社2013年版。
[41] 中共中央宣传部理论局：《中国特色社会主义理论体系学习读本》，学习出版社2009年版。
[42] 中共中央宣传部理论局：《中国特色社会主义学习读本》，学习出版社2013年版。
[43] 中共中央宣传部理论局：《六个“为什么”——对几个重大问题的回答》，学习出版社2009年版。
[44] 中共中央宣传部：《“三个代表”重要思想学习纲要》，学习出版社2003年版。

[45] 中共中央宣传部：《科学发展观学习读本》，学习出版社 2008 年版。
[46] 中共中央宣传部：《社会主义核心价值体系学习读本》，学习出版社 2009 年版。
[47] 中共中央文献研究室编：《科学发展观重要论述摘编》，中央文献出版社、党建读物出版社 2009 年版。
[48] 中共中央文献研究室编：《毛泽东邓小平江泽民论科学发展》，中央文献出版社、党建读物出版社 2009 年版。
[49] 中共中央宣传部：《习近平总书记系列重要讲话读本》，学习出版社、人民出版社 2014 年版。
[50] 中共中央宣传部、中共中央文献研究室：《论文化建设——重要论述摘编》，学习出版社、中央文献出版社 2012 年版。
[51] 中共中央宣传部理论局编：《中国梦》，学习出版社 2013 年版。
[52] 中共中央宣传部理论局编：《中国梦　我们的梦》，学习出版社 2013 年版。
[53]《十六大报告辅导读本》，人民出版社 2002 年版。
[54]《十七大报告辅导读本》，人民出版社 2007 年版。
[55]《十八大报告辅导读本》，人民出版社 2012 年版。
[56] 教育部邓小平理论研究中心组编：《有中国特色社会主义论丛》，山东人民出版社 1999 年版。
[57] 靳辉明主编：《中国特色社会主义理论体系研究》，海南出版社 1998 年版。
[58] 靳辉明、谷源洋主编：《当代资本主义与世界社会主义》（上、下），海南出版社 2004 年版。
[59] 吴树青、赵曜主编：《中国特色社会主义文库》（四卷本），团结出版社 1999 年版。
[60] 赵曜主编：《中国特色社会主义理论体系读本》，红旗出版社 2008 年版。
[61] 苏星、龚育之、杨春贵主编：《建设有中国特色社会主义理论教程》，中共中央党校出版社 1996 年版。

[62] 龚育之：《中国特色社会主义论二十题》，中共中央党校出版社 1995 年版。
[63] 冷溶主编：《当代中国马克思主义——邓小平同志建设有中国特色社会主义理论的形成和发展》（上、中、下），河南科学技术出版社 1994 年版。
[64] 冷溶主编：《科学发展观与构建社会主义和谐社会》，社会科学文献出版社 2007 年版。
[65] 石仲泉：《我观邓小平》，中共党史出版社 2004 年版。
[66] 石仲泉：《当代中国的邓小平理论》，湖北人民出版社 1998 年版。
[67] 李君如：《邓小平理论是当代中国的马克思主义》，学习出版社 1998 年版。
[68] 李君如等主编：《国内邓小平理论研究述评》，高等教育出版社 2004 年版。
[69] 赵智奎：《邓小平理论的范畴体系》，河南人民出版社 2001 年版。
[70] 侯惠勤等：《马克思主义中国化理论创新 30 年（1978—2008）》，中国社会科学出版社 2008 年版。
[71] 顾海良主编：《中国特色社会主义理论体系研究》，中国人民大学出版社 2009 年版。
[72] 顾海良主编：《马克思主义发展史》，中国人民大学出版社 2009 年版。
[73] 顾海良主编：《从“三个代表”重要思想到科学发展观》，高等教育出版社 2007 年版。
[74] 顾海良主编：《从十四大到十六大——马克思主义在当代中国的新发展》，高等教育出版社 2004 年版。
[75] 顾海良、梅荣政主编：《科学社会主义理论与实践》，武汉大学出版社 2006 年版。
[76] 梅荣政：《中国特色社会主义基本问题研究》，武汉大学出版社 2007 年版。
[77] 罗文东：《中国特色社会主义理论体系新论》，人民出版社

2008 年版。
[78] 唐家柱：《现代化进程中的中国特色社会主义理论体系》，人民出版社 2008 年版。
[79] 袁银传等：《从十六大到十七大：马克思主义基本原理在当代中国的运用和发展》，中国社会科学出版社 2008 年版。
[80] 王东：《中华腾飞论——毛泽东、邓小平、江泽民三代领导集体的理论创新》，中国人民大学出版社 2001 年版。
[81] 秦宣主编：《邓小平理论研究述评》，中国人民大学出版社 2002 年版。
[82] 秦宣主编：《“三个代表”重要思想研究述评》，中国人民大学出版社 2006 年版。
[83] 李屏南主编：《社会主义观：从马克思到江泽民》（1—7 卷），湖南师范大学出版社 2002 年版。
[84] 刘林元主编：《中国马克思主义理论的丰碑》，南京大学出版社 2001 年版。
[85] 郭德宏主编：《中国马克思主义发展史》，中共中央党校出版社 2001 年版。
[86] 中国人民大学马列主义发展史研究所编：《马克思主义史》（1—4 卷），人民出版社 1996 年版。
[87] 黄楠森、庄福龄、林利主编：《马克思主义哲学史》（八卷本），北京出版社 1996 年版。
[88] 侯树栋、辛国安主编：《马克思主义中国化的基本经验》，人民出版社 2009 年版。
[89] 陈先达：《马克思和马克思主义》，中国人民大学出版社 2006 年版。
[90] 陶德麟：《哲学的现实与现实的哲学：马克思主义哲学及其中国化研究》，北京师范大学出版社 2005 年版。
[91] 陶德麟等主编：《马克思主义哲学中国化：历史与反思》，北京师范大学出版社 2007 年版。
[92] 何萍、李维武：《马克思主义中国化探论》，人民出版社 2002 年版。

［93］雍涛：《马克思主义哲学中国化的历史进程》，武汉大学出版社 2006 年版。
［94］郭建宁：《二十世纪中国马克思主义哲学》，北京大学出版社 2005 年版。
［95］汪青松：《马克思主义中国化与中国化的马克思主义》，中国社会科学出版社 2009 年版。
［96］李毅：《中国马克思主义与现代新儒学》，天津教育出版社 2007 年版。
［97］孙居涛：《马克思主义经济理论中国化基本问题》，中国社会科学出版社 2008 年版。
［98］江流、徐崇温：《20—21 世纪：社会主义的回顾与展望》，中国社会科学出版社 1995 年版。
［99］李会滨主编：《社会主义：20 世纪的回顾与前瞻》，华中师范大学出版社 1999 年版。
［100］俞思念主编：《中国社会主义认识史》，湖北人民出版社 2001 年版。
［101］俞思念等：《社会主义在当代中国的理论创新》，湖北人民出版社 2004 年版。
［102］丰子义：《发展的呼唤与回应——哲学视野中的社会发展》，北京师范大学出版社 2009 年版。
［103］杨耕：《东方的崛起：关于中国式现代化的哲学反思》，北京师范大学出版社 2009 年版。
［104］俞可平主编：《全球化时代的“马克思主义”》，中央编译出版社 1998 年版。
［105］陆南泉、姜长斌等：《苏联兴亡史论》，人民出版社 2002 年版。
［106］肖枫、王志先：《古巴社会主义》，人民出版社 2004 年版。
［107］毛相麟：《古巴社会主义研究》，社会科学文献出版社 2005 年版。
［108］申旭、马树洪：《当代老挝》，四川人民出版社 1992 年版。
［109］张一兵、胡大平：《西方马克思主义哲学的历史逻辑》，南

京大学出版社 2003 年版。
[110] 陈学明、王凤才：《西方马克思主义前沿问题二十讲》，复旦大学出版社 2008 年版。
[111] 王凤才：《追寻马克思——走进西方马克思主义》，山东大学出版社 2003 年版。
[112] 衣俊卿等：《20 世纪的文化批判——西方马克思主义的深层解读》，中央编译出版社 2003 年版。
[113] 周穗明：《20 世纪西方"新马克思主义"发展史》（上），学习出版社 2004 年版。
[114] 王雨辰：《哲学与文化价值批判——解读当代西方马克思主义》，湖北人民出版社 2004 年版。
[115] 殷叙彝：《社会党国际文件集（1951—1987）》，黑龙江人民出版社 1989 年版。
[116] 王捷、杨祖功：《欧洲民主社会主义》，社会科学文献出版社 1996 年版。
[117] 徐崇温：《民主社会主义评析》，重庆出版社 1995 年版。
[118] 林建华：《社会党论纲》，东北师范大学出版社 1997 年版。
[119]《就毛泽东的探索和邓小平的业绩：薄一波答中央文献研究室问》（1994 年 10 月 11 日），《党的文献》1995 年第 1 期。
[120] 梅荣政：《论中国特色社会主义旗帜、道路、理论体系三个范畴之间的内在联系》，《思想理论教育导刊》2009 年第 4 期。
[121] 张雷声：《论中国特色社会主义道路、理论体系、制度的统一》，《高校理论战线》2013 年第 1 期。
[122] 肖贵清：《中国特色社会主义理论体系的整体性》，《思想理论教育导刊》2008 年第 7 期。
[123] 辛向阳：《"多维一体"的中国特色社会主义》，《江西社会科学》2013 年第 2 期。
[124] 袁银传、李琨：《三位一体与中国特色社会主义的整体结构》，《思想理论教育导刊》2013 年第 9 期。
[125] 徐觉哉：《国外学者论中国特色社会主义》，《中国特色社会

主义研究》2008 年第 3 期。
[126] 周建军：《斯蒂格利茨批评新自由主义的发展政策》，《国外理论动态》2004 年第 11 期。
[127] 吴仁彰：《十月革命与苏联模式的改革》，《俄罗斯中亚东欧研究》1987 年第 6 期。
[128] 陈学明：《评“西方马克思主义”的最新理论成果》，《毛泽东邓小平理论研究》2005 年第 1 期。
[129] 邹诗鹏：《2006 年国外马克思主义研究报告》，《马克思主义研究》2007 年第 9 期。
[130] 袁银传：《近年来国内外马克思主义理论研究趋势述评》，《思想理论教育导刊》2009 年第 3 期。
[131] 袁银传、杨乐强：《论中国特色社会主义理论体系与西方马克思主义的本质区别》，《马克思主义哲学研究》，湖北人民出版社 2011 年版。
[132] 袁银传、杨乐强：《西方马克思主义的批判路径及其启示》，《中国社会科学》2012 年第 5 期。
[133] 范宏贵：《越共对社会主义和剥削问题的新认识》，《当代世界社会主义问题》1999 年第 2 期。
[134] 吴宇晖、杜氏秋恒、张嘉昕：《论越南社会主义定向市场经济体制——中越社会主义市场经济体制改革之比较》，《经济社会体制比较》2008 年第 3 期。
[135] 于向东：《越南“社会主义方向市场经济”理论的确立》，《当代亚太》2002 年第 11 期。
[136] 朱佳木：《古巴的社会主义政权为什么能够长期存在——访问古巴后的思考》，《马克思主义研究》2007 年第 11 期。
[137] 宋晓平：《从马蒂到卡斯特罗：古巴革命的实践与思想轨迹》，《拉丁美洲研究》2008 年第 3 期。
[138] 郝名玮：《评马蒂的爱国主义思想和实践》，《世界历史》1995 年第 2 期。
[139] 徐世澄：《试论何塞·马蒂思想——纪念何塞·马蒂 150 周年诞辰》，《拉丁美洲研究》2002 年第 6 期。

[140] 崔桂田：《论美古关系与古巴社会主义发展的特点》，《当代世界与社会主义》2003 年第 1 期。
[141] 李锦华：《古巴共产党是如何继承和发扬何塞·马蒂思想进行治国理政的》，《当代世界》2008 年第 5 期。
[142] 肖枫：《关于古巴社会主义革命与建设若干问题的思考》，《当代世界与社会主义》2005 年第 1 期。
[143] 谭荣邦：《走向全面革新的老挝》，《社会主义研究》2001 年第 1 期。
[144] 朝鲜劳动党中央委员会党史研究所编，沈仪琳等译：《朝鲜劳动党简史》，人民出版社 1986 年版。
[145] [美] 莫里斯·迈斯纳著，张宁、陈铭康译：《马克思主义、毛泽东主义与乌托邦主义》，中国人民大学出版社 2005 年版。
[146] [美] 约翰·奈斯比特、[德] 多丽丝·奈斯比特著，魏平译：《中国大趋势》，吉林出版集团、中国工商联合出版社 2009 年版。
[147] [美] 布热津斯基著，军事科学院外国军事研究部译：《大失败——20 世纪共产主义的兴亡》，军事科学出版社 1989 年版。
[148] [美] 伊曼努尔·华勒斯坦：《历史资本主义》，路爱国、丁浩金译，社会科学文献出版社 1999 年版。
[149] [美] 吉尔伯特·罗兹曼：《中国的现代化》，江苏人民出版社 1988 年版。
[150] [英] 安德鲁·韦伯斯特：《发展社会学》，陈一筠译，华夏出版社 1987 年版。
[151] [德] 马克斯·韦伯：《新教伦理与资本主义精神》，黄晓京、彭强译，四川人民出版社 1986 年版。
[152] [朝鲜] 金正日：《主体思想的继承与发展》，（朝鲜）外文出版社 1995 年版。
[153] [叙利亚] 穆罕默德·阿·米苏利：《金日成主义理论与实践》，（朝鲜）外文出版社 1978 年版。

[154] [匈] 乔治·卢卡奇:《历史和阶级意识》,张西平译,重庆出版社 1989 年版。
[155] [德] 柯尔施:《马克思主义和哲学》,王南湜、荣新海等译,重庆出版社 1989 年版。
[156] [意] 葛兰西:《狱中札记》,曹雷雨等译,中国社会科学出版社 2000 年版。
[157] [意] 朱赛佩·费奥里:《葛兰西传》,吴高译,人民出版社 1983 年版。
[158] [英] 佩里·安德森:《西方马克思主义探讨》,高铦等译,人民出版社 1981 年版。
[159] [英] 佩里·安德森:《思想的谱系——西方思潮左与右》,袁银传、曹荣湘等译,社会科学文献出版社 2011 年版。
[160] [法] 阿尔都塞:《保卫马克思》,顾良译,商务印书馆 1984 年版。
[161] [美] 弗洛姆:《马克思关于人的概念》,复旦大学哲学系现代西方哲学研究室编译,《西方学者论〈一八四四年经济学哲学手稿〉》,复旦大学出版社 1983 年版。
[162] [美] 弗洛姆:《在幻想锁链的彼岸》,张燕译,湖南人民出版社 1986 年版。
[163] [德] 霍克海默、阿多尔诺:《启蒙辩证法》,洪佩郁、蔺月峰译,重庆出版社 1990 年版。
[164] [德] 霍克海默:《批判理论》,李小兵译,重庆出版社 1989 年版。
[165] [德] 马尔库塞:《单向度的人》,刘继译,上海译文出版社 1989 年版。
[166] [德] 马尔库塞:《现代文明与人的困境》,李小兵等译,上海三联书店 1989 年版。
[167] [英] G. D. H. 柯尔:《社会主义思想史》(第 3 卷上),商务印书馆 1981 年版。
[168] [德] 爱德华·伯恩施坦:《社会主义的前提和社会民主党的任务》,三联书店 1965 年版。

[169] [英] 戴维·麦克莱伦:《马克思以后的马克思主义》，李智译，中国人民大学出版社 2008 年版。
[170] [英] 梅格纳德·德赛:《马克思的复仇——资本主义的复苏和苏联集权社会主义的灭亡》，江澄清译，郑一明校，中国人民大学出版社 2008 年版。
[171] [美] 大卫·科兹、弗雷德·威尔:《来自上层的革命——苏联体制的终结》，曹荣湘、孟鸣歧等译，中国人民大学出版社 2008 年版。
[172] [美] 田辰山:《中国辩证法：从〈易经〉到马克思主义》，萧延中译，中国人民大学出版社 2008 年版。
[173] [越] 梅胡蒂:《越南社会主义市场经济的特征》，《国外社会科学》2001 年第 4 期。
[174] [越] 双成:《胡志明思想的概念和体系》，谭志词译，《东南亚纵横》1995 年第 2 期。
[175] [越] 武贤:《论越南社会主义模式》，朱建锋译，《当代世界社会主义问题》1992 年第 3 期。
[176] [古巴] 埃斯特万·拉索·埃尔南德斯:《菲德尔与古巴社会主义》，《拉丁美洲研究》2006 年第 5 期。
[177] [苏联] H. 费多谢耶夫:《马克思列宁主义关于社会主义的学说与现时代》，中国人民大学出版社 1983 年版。
[178] 中国社会科学院马克思主义研究院主办:《马克思主义研究》2007 年第 1 期至 2013 年第 12 期。
[179] 高等教育出版社主办:《思想理论教育导刊》2007 年第 1 期至 2013 年第 12 期。
[180] Perry Anderson: SPECTRUM, First published by Verso 2005 © Perry Anderson 2005, This paperback edition published by Verso 2007 © Perry Anderson 2007.
[181] Gilbert Rozman: Confucian Heritage and its Modern Adaption, Princeton University Press, 1991.
[182] Mark Elvin: The Pattern of the Chinese Past, London, 1973.
[183] Juergen Habermas: Theory and Practice, translated by John Vi-

ertel, Beacon Press, Boston, 1973.

[184] Juergen Habermas: The Theory of Communicative Action, Vol. I, trans. Thomas McCarthy, Polity Press, Cambridge, UK, 1997.

[185] Juergen Habermas: Knowledge and Human Interests, trans. Jeremy J. Shapiro, Polity Press, 1987.

[186] Erich Fromm. The Revolution of Hope: toward a Humanized Technology [M]. New York: Harper & Row. 1968.

后　　记

本课题研究的基本框架曾经入围教育部 2008 年度哲学社会科学重大课题攻关项目“当代中国马克思主义的基本理论特征研究”并且参加招标课题答辩，目前呈现的书稿是作者主持的国家社会科学基金 2010 年度一般项目“中国特色社会主义理论体系的基本特征及逻辑结构研究”（项目批准号［10BKS017］）的最终结项成果，被遴选为 2013 年度“武汉大学人文社会科学学术丛书”。

在本书的写作过程中，得到武汉大学人文社会科学资深教授陶德麟先生、武汉大学马克思主义学院教授顾海良先生和梅荣政先生的指导，陶德麟先生和梅荣政先生还为本书作了序言。武汉大学人文社会科学研究院沈壮海院长和曾彦博士、武汉大学出版社王雅红副社长和胡程立编辑为本书的出版提供了大力支持和帮助。在本书的资料收集和整理过程中，郭强博士、李群山博士做了大量工作。在本书出版之际，对上述各位同志所付出的艰辛劳动表示衷心的感谢。本书的撰写过程中，参考了国内外学者的相关研究成果，我们已经在注释和参考文献中加以注明。这里向所有为本书提供思想营养的同志表示感谢。

马克思主义中国化是一个不断发展的过程，中国特色社会主义理论体系是一个发展着的开放体系，对于中国特色社会主义理论体系及其基本特征的认识和研究必然要随着实践的发展而不断发展。本书所提供的只是作者目前研究中国特色社会主义理论体系基本特征的初步成果，提出的理论观点也只是一家之言，肤浅片面之处，敬请各位读者和专家批评指正。我们也想在听取有关读者和专家的意见之后，在现有非常初步的研究基础上，将该问题的研究进一步引向深入。

作　者

2014 年 7 月 16 日于武昌珞珈山

武汉大学学术丛书 书目

中国当代哲学问题探索
中国辩证法史稿（第一卷）
德国古典哲学逻辑进程（修订版）
毛泽东哲学分支学科研究
哲学研究方法论
改革开放的社会学研究
邓小平哲学研究
社会认识方法论
康德黑格尔哲学研究
人文社会科学哲学
中国共产党解放和发展生产力思想研究
思想政治教育有效性研究（第二版）
政治文明论
中国现代价值观的初生历程
精神动力论
广义政治论
中西文化分野的历史反思
第二次世界大战与战后欧洲一体化起源研究
哲学与美学问题
行为主义政治学方法论研究
政治现代化比较研究
调和与制衡
“跨越论”与落后国家经济发展道路
村民自治与宗族关系研究
中国特色社会主义基本问题研究
一种中道自由主义：托克维尔政治思想研究
社会转型与组织化调控
中国现阶段所有制结构及其演变的理论与实证研究
战后美国对外经济制裁
从简帛中挖掘出来的政治哲学
物理学哲学研究
中国特色社会主义理论体系的基本特征研究

国际经济法概论
国际私法
国际组织法
国际条约法
国际强行法与国际公共政策
比较外资法
比较民法学
犯罪通论
刑罚通论
中国刑事政策学
中国冲突法研究
中国与国际私法统一化进程（修订版）
比较宪法学
人民代表大会制度的理论与实践
国际民商新秩序的理论建构
中国涉外经济法律问题新探
良法论
国际私法（冲突法篇）（修订版）
比较刑法原理
担保物权法比较研究
澳门有组织犯罪研究
行政法基本原则研究
国际刑法学
遗传资源获取与惠益分享的法律问题研究
欧洲联盟法总论
民事诉讼辩论原则研究
权力的法治规约
宪法与公民教育
国际商事争议解决机制研究
人民监督员制度的立法研究
论自然国际法的基本原则

当代西方经济学说（上、下）
唐代人口问题研究
非农化及城镇化理论与实践
马克思经济学手稿研究
西方利润理论研究
西方经济发展思想史
宏观市场营销研究
经济运行机制与宏观调控体系
三峡工程移民与库区发展研究
２１世纪长江三峡库区的协调与可持续发展
经济全球化条件下的世界金融危机研究
中国跨世纪的改革与发展
中国特色的社会保障道路探索
发展经济学的新发展
跨国公司海外直接投资研究
利益冲突与制度变迁
市场营销审计研究
以人为本的企业文化
路径依赖、管理哲理与第三种调节方式研究
中国劳动力流动与“三农”问题
新开放经济宏观经济学理论研究
关系结合方式与中间商自发行为的关系研究
发达国家发展初期与当今发展中国家经济发展比较研究
旅游业、政府主导与公共营销
创新、模仿、知识产权和全球经济增长
消费者非伦理行为形成机理及决策过程研究
网络口碑的形成、传播与影响机制研究
消费者参与企业创造的心理机制研究
企业间信任问题研究
学术创业：中国研究型大学“第三使命”的认知与实现机制

武汉大学学术丛书 书目

文言小说高峰的回归
文坛是非辩
评康殷文字学
中国戏曲文化概论（修订版）
法国小说论
宋代女性文学
《古尊宿语要》代词助词研究
社会主义文艺学
文言小说审美发展史
海外汉学研究
《文心雕龙》义疏
选择·接受·转化
中国早期文化意识的嬗变（第一卷）
中国早期文化意识的嬗变（第二卷）
中国文学流派意识的发生和发展
汉语语义结构研究
明清词研究史
新文学的版本批评
中国古代文论诗性特征研究
唐五代逐臣与贬谪文学研究
王蒙传论
教育格言论析
嘉靖前期诗坛研究（1522-1550）
清词话考述
“原来”、“从来”、“连连”三组时间副词研究
中唐元和诗歌传播接受史的文化学考察
宋词传播方式研究
神道设教：明清章回小说叙事的民族传统
袁宏道与晚明性灵文学思潮研究
中古汉语称数法研究
宋代文学传播探原
文学研究的知识论依据
元代科举与文学
批评文体论纲
文本周边
中国早期文化意识的嬗变（第三卷）

中国印刷术的起源
现代情报学理论
信息经济学
中国古籍编撰史
大众媒介的政治社会化功能
现代信息管理机制研究
科学信息交流研究
比较出版学
IRM-KM范式与情报学发展研究
公共信息资源的多元化管理
学术期刊主题可视化研究
非物质文化遗产档案管理理论与实践
数字信息资源配置

随机分析学基础
流形的拓扑学
环论
近代鞅论
鞅与ｂａｎａｃｈ空间几何学
现代偏微分方程引论
算子函数论
随机分形引论
随机过程论
平面弹性复变方法（第二版）
光纤孤子理论基础
Ｂａｎａｃｈ空间结构理论
电磁波传播原理
计算固体物理学
电磁理论中的并矢格林函数
穆斯堡尔效应与晶格动力学
植物进化生物学
广义遗传学的探索
水稻雄性不育生物学
植物逆境细胞及生理学
输卵管生殖生理与临床
Ａｇｅｎｔ和多Ａｇｅｎｔ系统的设计与应用
因特网信息资源深层开发与利用研究
并行计算机程序设计导论
并行分布计算中的调度算法理论与设计
水文非线性系统理论与方法
拱坝CADC的理论与实践
河流水沙灾害及其防治
地球重力场逼近理论与中国2000似大地水准面的确定
碾压混凝土材料、结构与性能
喷射技术理论及应用
Dirichlet级数与随机Dirichlet级数的值分布
地下水的体视化研究
病毒分子生态学
解析函数边值问题（第二版）
工业测量
日本血吸虫超微结构
能动构造及其时间标度
基于内容的视频编码与传输控制技术
机载激光雷达测量技术理论与方法
相对论与相对论重力测量
水工钢闸门检测理论与实践
空间信息的尺度、不确定性与融合
基于序列图像的视觉检测理论与方法
GIS与地图信息综合基本模型与算法

中日战争史（１９３１～１９４５）（修订版）
中苏外交关系研究（１９３１～１９４５）
汗简注释
国民军史
中国俸禄制度史
斯坦因所获吐鲁番文书研究
敦煌吐鲁番文书初探（二编）
十五十六世纪东西方历史初学集（续编）
清代军费研究
魏晋南北朝隋唐史三论
湖北考古发现与研究
德国资本主义发展史
法国文明史
李鸿章思想体系研究
唐长孺社会文化史论丛
殷墟文化研究
战时美国大战略与中国抗日战场（1941～1945年）
古代荆楚地理新探·续集
汉水中下游河道变迁与堤防
吐鲁番文书总目（日本收藏卷）
用典研究
《四库全书总目》编纂考
元代教育研究
中国实录体史学研究
分歧与协调
清代财政政策与货币政策研究
“封建”考论（第二版）
经济开发与环境变迁研究
中国华洋义赈救灾总会研究
明清长江流域山区资源开发与环境演变
明清鄂东宗族与地方社会
历史时期长江中游地区人类活动与环境变迁专题研究
国家权力与民间秩序：多元视野下的明清两湖乡村社会史研究